KB274805

언어권별 한국어문법교육

저자 정정덕

지식과교양

머리말

 최근에 대한민국의 국제적 위상이 높아감에 따라 한국의 언어와 문화를 공부하려는 외국인 학습자가 크게 늘어나고 있다. 특히 한류의 열풍을 타고 동북, 동남아시아(중국 · 일본 · 태국 · 베트남 · 말레이시아 · 캄보디아)에서는 물론 그 외 다른 나라에서도 더욱 그렇다. 이 뿐만 아니라 세계 각 대학에서 한국어과가 새로 많이 신설되기도 하고 연구 기관도 많이 생기고 있다. 또한 외국의 세종학당, 주말 한글학교 등에서 한국어를 배우려는 학습자가 넘쳐나고 있다. 또한 다문화가정, 이주노동자들도 점점 늘어나고 있다. 이에 따라 외국인들에게 한국어를 가르치고자 하는 사람들이 많아졌다. 서울 중심의 대학에서부터 지방대학까지 외국어로서 한국어 교육의 석사과정, 박사과정을 설립하였고, 단기과정의 한국어 교사 양성과정도 설립되어 운영되고 있다. 그리고 몇몇 대학에서는 학부에서도 한국어 교육과 관련된 학과를 신설하기도 하였다. 이처럼 한국어를 배우려는 외국인들이 많아졌고, 외국인을 대상으로 하는 한국어 교원이 되려는 사람들과 한국어 교육은 이제 하나의 유행처럼 일어나고 있다.

 필자는 외국인을 위한 한국어교육을 연세대 한국어학당 강사를 시작으로 폴란드 바르샤바 대학, 그리고 중국의 북경외대와 산동대학(위해)에서 정부 파견교수로서 한국학을 강의해 왔다. 또한 이곳 국립 창원대에서 다국적 유학생, 교환학생을 대상으로 한국어 교육을 해 왔다.

 얼핏 필자가 가르친 외국인의 나라들을 헤아려 봐도 50여 개국이 된다. 필자가 30여 년 동안 가르친 외국인의 수는 지금 헤아릴 수 없이 많다. 필자가 가르친 제자들이 각기 각 나라의 대학이나 연구소에서 한국어 교육을 담당하고 있어 흐뭇

하기도 하다.

필자가 세계 여러 나라의 외국인을 가르치는 동안 중요하게 터득된 것이 하나 있다. 언어권별로 한국어 교육은 달라야 한다는 것이 그것이다. 이 때부터 필자는 언어권별 한국어 교육에 초점을 맞추어 연구하고 가르쳐 왔다. 지금까지 한국어 교육의 일반론은 여러 분야에서 많이 연구되었다. 그러나 각각의 언어권에 알맞은 한국어 교육에 대해서는 극히 부분적으로 논의 연구된 바 있으나, 전문적이고 체계적인 논의와 연구는 극히 미미한 실정이다.

언어권별 한국어 교육이 필요한 이유는 다음과 같다.

1) 다국적 학습자가 폭발적으로 증가하고 있기 때문이다. 이에 대한 언어권별 한국어 교재 개발이나 반편성은 물론 언어권별 한국어 교원양성 등 언어권별 맞춤식 교육이 필요하다.
2) 각각의 언어마다 음운구조, 문법구조, 어휘구조, 의미구조가 다르기 때문이다.
3) 각 나라마다 언어가 다르고 문화가 다르고 문법의식이 다르기 때문이다.
4) 언어권에 따라 한국어 학습 능력이 다르다.

위와 같은 이유로 언어권별 맞춤식 한국어 교육이 필요함은 물론이고, 언어권별 한국어 교원양성이 절실히 필요하다.

이 책은 필자가 그동안 언어권별 한국어 교육에 초점을 맞추어 연구한 논문들과 교재들을 하나로 묶은 것이다. 이 책의 구성은 제 1장 언어권별 문법교육, 제 2장은 언어권별 발음교육, 제 3장은 몸짓말의 차이를 다루었다. 그리고 제 4장은 언어권별 문법용어의 설명을 다루었다.

이 책의 작은 연구가 앞으로 한국어 교육을 전공하려는 국내외 석·박사 대학원생이나 국내외 대학교, 연구기관, 사설학원, 세종학당, 주말한글학교, 각 중고등학교에서 한국어를 가르치려는 모든 선생님들에게 좋은 참고가 되고, 작은 도움이 되었으면 한다. 아울러 다문화가정, 이주노동자를 대상으로 한국어를 가르치는 선생님들에게도 도움이 되었으면 한다.

끝으로 경제적으로 도움이 되지 않는 이 책을 기꺼이 출판하여 주신 지식과 교양의 관계자 여러분들께 깊은 감사를 드린다. 또한, 이 책의 원고를 정리하여 준 제자 정은경, 이선희 양에게도 고마움을 보낸다.

2011.5.

정 정 덕

차 례

언어권별
한국어 문법교육

제 1 장 : 문법

제 1장 : 문법

1. 중국인 학습자의 한국어 조사 교수 · 학습 방법
- 중국어 표현과의 대응을 중심으로 -

Ⅰ. 서론

한국인을 대상으로 하는 국어문법에 대한 연구는 그 동안 여러 방면 즉, 여러 이론에 근거하여 많이 연구되었다. 최근에는 한국어의 위상이 전 세계에 높아지고, 외국인 학습자가 크게 늘어남에 따라, 외국인을 위한 한국어 문법교육에 대한 연구가 활발히 이루어지고 있다. 이미 한국어 문법교육의 필요성과 타당성, 그리고 방법적인 면에서도 많은 논의가 되었다.

외국인을 위한 한국어 문법에 대한 관점은 크게 2가지로 나누어진다.

하나는, 외국인을 위한 문법체계도 내국인(한국인)을 위한 학교문법과 같은 체계로 보아야 한다는 관점이고, 또 하나는 외국인을 위한 문법체계는 내국인을 위한 문법체계와는 달라야 한다는 관점으로 나누어 볼 수 있다.

전자의 관점을 대표하는 연구로는 민현식(2002)과 이관규(2002)가 있고, 후자의 관점을 대표하는 연구로는 김유정(1998), 백봉자(2001), 김정숙(2002), 우형식(2002)[1], 정정덕(2005) 등이 있다. 전자의 관점 중 민현식(2002)에서는 한국어 교육에서의 외국인을 위한 문법과 내국인을 위한 문법은 그 체계가 동일한 체계여야 한다고 주장하면서도 문법교육의 방법은 다를 수 있다고 하였다.

또한, 이관규(2002)에서도 한국어 교육에서 외국인을 위한 문법체계와 내국인을 위한 문법체계는 동일해야 하나, 이것이 현행 학교문법과 같아야 한다는 뜻이 아니라고 하면서도, 한국어 교육학 연구진이 구성되어 한국어 표준문법이 새롭게 연구 기술되어야 한다고 하였다.[2] 이와 같이 전자를 주장하는 민현식이나 이 관규도 내국인을 위한 문법과는 무엇인가는 달라야 함을 나타내고 있다.

후자의 연구들에서는 이론적으로 내국인을 위한 문법을 학습하는 경우와는 달리, 외국인이 실용적이고 교육적으로 한국어 문법을 학습하는 데에는 내국인과 달라야 한다고 하였다.[3]

그 이유로는 외국인은 내국인과 달리 학습목표, 학습기간, 학습대상, 문법의식, 배경지식, 직관 그리고 문화가 서로 다르기 때문이라고 하였다.

따라서 국어문법과 외국어로서의 한국어문법은 정의부터 달라야 한다.[4] 서정수(2002)에서는 외국어로서의 한국어교육을 위한 새로운 문법체계를 확정하였다.[5] 그 뿐만 아니라 한국어 문법교육에서 다루어야 할 문법형태들도 김유정 (1998:26), 우형식(2002:22), 김정숙(2002:18), 정정덕(2005:331)에서 이미 밝혔듯이, 단일한 문법 형태소뿐만 아니라 한국어를 이해하고 실제 사용하는데 필요한 결합

---

1. 우형식(2002:22)은 아래 〈표〉와 같이 국어문법과 한국어문법은 다르게 보아야 한다고 주장하였다.
   〈표〉

추상적 실체로서의 문법	(한국어에 내재한 규칙과 질서)		
구체적 기술로서의 문법	학문문법		(이론 중심)
	실용문법	규범 문법	(규범성)
		교육 문법	국어문법(학교문법)
			한국어문법 (한국어문법)

2. 이와 관련하여 2002년부터 2003년까지 4개년 계획으로 국립 국어연구원에서 현재 한국어 표준문법을 개발하였다.
3. 김정숙(2002:17)은 학교문법과 한국어 교육문법을 구별하면서 학교문법은 학습자들이 모국어로서 이미 익숙하게 사용하고 있는 한국어를 규칙화·체계화함으로써, 모국어의 규칙 체계를 이해하고 바른 언어생활을 할 수 있도록 하는 기능을 하는 반면, 한국어 교육문법은 한국어를 모르는 외국인들에게 한국어를 규칙화시켜 제시함으로써, 한국어 구조에 대한 이해를 바탕으로 한국어를 보다 쉽게 익히고 사용할 수 있도록 하는 기능을 한다고 하였다.
4. 김재욱(2003 : 167)은 외국어로서의 한국어 문법은 한국어에 대한 배경지식과 직관이 없는 외국인을 대상으로 이들이 이해할 수 있는 차원에서 한국어에 대한 추상적인 문법지식이 아닌 각 문법 형태들의 구체적인 의미와 형태·통사·화용적 기능을 제시하여 외국인 학습자들이 한국어로의 의사소통을 원활하게 돕는 것을 목표로 하는 문법 체계로 정의하였다.

형도[6] 포함되어야 한다고 하였다.[7]

　필자도 이미 정정덕(2005)에서 밝혔듯이, 외국인을 위한 한국어문법은 앞에서 언급한 크게 2가지 관점 중 후자의 관점에 동의한다. 그 뿐만 아니라 이제는 더 나아가서 한국어 표준문법의 완성은 물론이거니와 언어권별 맞춤식 한국어 문법 교육이 필요한 시점에 와 있다고 본다.[8]

---

5. 서정수(2002)는 "외국어로서의 한국어 교육을 위한 새 문법체계"에서 기존 문법과 달리 다음과 같이 새 문법체계를 확정하였다.

〈표〉 새로운 범주 구분의 체계와 용어

	범주명(category)	하위 범주(subcategory)	보기(example)
어휘범주	(1)명사류어 (noun class words)	명사(noun) 대명사(pronoun) 수사(numera)1)	서울, 나무,넋 나, 너, 당신 하나, 둘, 세
	(2)동사류어 (verb class words)	동사(verb) 존재사(existentive) 형용사(adjective) 지정사(copula)	가(다), 덕(다) 있(다), 없(다) 좋(다), 길(다) -이(다), 아니다
	(3)수식어 (modifier class words)	관형사(determinative) 부사(adverb)	이, 그, 서, 헌 잘, 빨리, 매우
	(4)독립어 (absolutes)	감탄사(exclamative) 간투사(interjector)	아이구, 참 예, 아니오
문법범주	(5)기능표지 (function marker)	주격격표지(subject maker) 목적격표지(object maker)	-이/-가 -를/-을
	(6)기능변환소 (funtional transformer)	관형화소(determinativizer) 명사화소(nominalizer) 후치사(postposition) 피동 형태(passivizer) 사동 형태(causativizer) 주제존대형태(honorificator)	-의, -는, -을 -ㅁ, -음, -기 -에, -에서, -로 이, 히, 기, 리 이, 히, 리, 기, 우, 추 시
	(7)의미한정소 (meaning delimiter)	한정사(delimiter)	는, 도, 만
	(8)접속기능소 (conjunctor)	명사접속형(nominal conjunctor) 절접속형(clausal conjunctor)	및, 와, 하고 고, 어서, 도록
	(9)서술보조소 (predicate auxiliary)	시제/상(tense/aspect) 서법형태(modal, mood)	었, 었었 겠, 더, 는다

6. 결합형이란 어미결합형, 습관적-조사 결합형, 조사, 어미, 의존명사, 서술어 결합형, 공기관계의 결합형, 관습화 표현과 같은 특정한 유형(pattern), 덩어리 유형, 패턴형 등 모두 다 포함하는 개념이다.

7. 이미혜(2002)는 이러한 문법 유형을 개별 형태소 유형인 문법 항목과 덩어리 유형으로 구분하고, 다시 덩어리 유형을 문법적인 특성이나 제약, 예측하기 어려운 언어사용에 쓰이는 표현항목과 형태소들의 단순결합인 단순 결합항목으로 나누고, 표현항목도 한국어 문법 교육에 포함되어야 함을 주장하였다.

지금까지 외국인을 위한 한국어 교수법은 전 언어권에 공통적으로 필요한 일반론이 주로 논의되고 연구되었다. 2000년도 이후에는 이러한 연구는 더욱 증가되고 있다. 그러나 지금까지 출판된 교과서나 논문에서 구체적으로 각각의 언어권에 알맞은 맞춤식 한국어 교육에 대해서는 극히 부분적으로 논의된 바 있다. 전문적이고 체계적인 논의와 연구는 전혀 되지 않았다.[9] 최근에 이르러 대한민국의 위상이 국제사회에서 높아감에 따라 세계 여러 나라에서 한국어와 문화를 배우겠다는 학습자가 폭발적으로 증가하고 있다.[10]

따라서 한국어 교수법의 일반론은 물론이고, 더 나아가서 언어권별 맞춤식 한국어 교수법이 더욱 필요한 시점에 와 있다. 언어권별 한국어 교수법이 필요한 이유로는 첫째, 다국적 학습자가 폭발적으로 증가하기 때문이다. 이에 대한 언어권별 교재 개발이나 반 편성은 물론이고, 언어권별 교사양성 등 언어권별 맞춤식 교육이 필요하다.[11]

둘째, 나라마다 음운구조, 문법구조, 어휘구조가 다르기 때문이다. 예를 들어 일본어에서는 단 모음이 5개(あいうえお)인데 한국어는 10개의 단모음으로 음운구조가 다르다. 따라서 모음을 가르칠 때 언어권별로 달리 가르쳐야 효과적이다. 또한 한국어 문법 표현 'Vst+(으)ㄹ 수 있다'의 문법항목을 가르칠 때, 이 구조의 대응으로 영어로는 'can'에 해당되고, 중국어로는 '能'에 해당된다. 즉 한 단어에 해당된다.

---

8. 지금까지 각 대학이나 각 사회기관에서 출판된 교과서가 언어권별로 출판된 것이 거의 없다. 다만 연세대 출판부 「Ⅰ, Ⅱ, Ⅲ」이 영어, 일어, 중국어, 러시아어로 출판된 것뿐이다. 최근 2003년 'Language PLUS'에서 영어판, 중국어판, 일어판이 출판되었다. 그러나 한국어 교사용 언어권별 교과서는 아직 한 권도 없다.

9. 지금까지 언어권별 체계적 한국어 교수법의 논문으로는 정정덕(2003), 외국인을 위한 한국어 문법 교육Ⅰ(인문논총 제10집 : 창원대 인문과학연구소) 등 2편 정도가 있다.

10. 최근 한국의 위상이 국제적으로 높아감에 따라, 중국어권, 일본어권, 슬라브 언어권, 유럽어권, 그리고 동남아시아 언어권의 학습자가 한류의 바람을 타고 교육이나 구직을 위하여 한국에 몰려오는 추세이다. 최근 2004년도 재 부산 중국 영사관의 외교관에 의하면 부산 지역만 중국인 학습자가 1000명이 넘었다고 한다. 지금 2010년에 이르러는 몇 배의 중국인 학습자가 한국 각 대학 또는 한국어교육센터에 와 있다.

11. 연세대, Language PLUS 등 언어권별 즉 영어권, 중국어권, 일본어권, 러시아권 등 교재가 개발되었다. 그러나 언어권별 맞춤식 교육에 대한 구체적 논의는 아직 미진한 상태이다.

따라서 영어권이나 중국어권 학습자에게 위의 문형(pattern)2)을 가르칠 때 한국어 구조를 분석하지 말고, 외국인 학습자의 문법의식에 맞게 한 단어나 한 덩어리(문형, 말뭉치, 결합형, 표현단위)로 가르쳐야 함을 말해 준다. 그러나 일본어권의 학습자에게 위의 문형을 가르칠 때에는 하나의 표현 단위로 가르치지 말고, '동사어간+관형사형 어미+의존명사+서술어'로 분석하여 가르치는 것이 효과적이다. 일본어 문법구조는 우리의 문법구조와 거의 같기 때문이다. 한국어 'Vst+(으)ㄹ 수(가) 있다'의 구조는 일본어의 '동사원형+어미+의존명사+조사+서술어'에 대응된다. 따라서 위에서 보인 것처럼 언어권별로 교수법이 달라야 함은 자명하고 맞춤식 한국어 교육이 필요함은 당연한 논리이다.

셋째, 각 나라마다 문화가 다르고 문법의식이 다르기 때문이다. 문화가 다르면 몸짓말이 다르고 문법의식도 다르다. 아울러 어휘구조나 의미구조, 그리고 문법구조도 다르다. 어휘구조면에서 예를 들면, 한국어의 '소개(紹介)'는 중국어로 '介紹'이다. 한국어 '시낭송회(詩朗訟會)'는 중국어로 '朗誦詩會'이다. 이와 같이 어순이 달라 어휘구조가 다르다. 의미구조면에서 예를 들면, 중국어로 '女朋友'와 '女的朋友'는 의미가 다르다. 중국어로 '女朋友'는 한국어의 '애인'의 뜻이고 '女的朋友'는 한국어 '여자친구'에 해당된다. 중국어로 '愛人'은 '남편' 또는 '아내'를 뜻하나 한국어의 '애인(愛人)'과 그 뜻이 아주 다르다.

넷째, 문화권 즉 언어권에 따라 한국어 습득능력이 다르다. 당연히 영어권 학습자보다는 알타이 언어를 사용하는 일본어권 학습자가 한국어 언어 습득에서 빠르다는 것은 이미 다 알려진 사실이다. 그러나 중국어권은 좀 다르다. 처음엔 일본어권 학습자가 중국어권 학습자보다 빠르게 습득한다. 특히 문법 교육면에서 그렇다. 중급 이상 되면 어휘력이 중국인 학습자가 일본인 학습자보다 더 빨리 한국어를 더 잘 익힌다. 한국어 한자어 어휘는 중국어 어휘와 같거나 유사한 것이 일본어 어휘보다 많기 때문이다. 이상 위와 같이 4가지 이유에서, 언어권에

---

12. 문형(sentence pattern)의 용어와 같은 뜻으로 '복합형태', '관용어' 그리고 '복합표현' 등 다양하게 쓰고 있다.

따라 한국어 교수법 즉 발음교수법, 문법교수법, 어휘교수법 등이 언어권별로 달라야 함은 자명하다. 이러한 점에서 맞춤식 한국어 교육이 더욱 필요하다.

따라서 이 논문의 연구목적은 한국어 교수법의 일반론[13]과 외국인 학습자에 대해 여러 요소를 알고 있는[14] 한국어 교사가 실제적으로 외국인 학습자에게 한국어 조사(격조사와 보조사)를 가르칠 때, 언어권별로 대조언어학적 측면에서 대응표현을 알고 한국어를 교육하는 것이 보다 효과적임을 밝히는 데에 그 연구 목적이 있다. 즉 언어권별 맞춤식 한국어 문법교육을 제시하기 위하여 구체적인 연구 목적으로, 첫째 중국인 학습자를 위한 한국어 조사를 대조언어학적 측면에서 대응구조 또는 대응표현(형태)을 살핀다. 둘째, 대조언어학 면에서 살펴 본 대응표현을 가지고 실제 수업시간에 고려해야 할 효과적인 교수·학습 방법을 제시한다. 이렇게 함으로써 각 언어권별 학습자의 언어를 잘 아는 한국어 교사는 물론이고, 잘 모르는 한국어 교사라도 기본적으로 외국인 학습자의 언어 또는 문자만이라도 알고, 이 논문에서 밝힐 대응표현(대응구조)의 예를 보여주고 설명하면, 실제 구체적으로 한국어를 가르치는 데에 쉽고 보다 많은 효과가 있을 것이다. 또한 언어권별 한국어 교재를 개발하거나 외국인을 위한 한국어 문법교육의 학습지도안을 짜는 데에도 기여할 것이다.

II. 한국어 '조사'의 중국어 대응표현

앞의 서론에서 외국인을 위한 한국어문법에 대한 관점을 크게 2가지로 나누어 설명하면서 필자는 외국인을 위한 문법체계는 내국인을 위한 문법체계와는 달라야 한다는 데에 동의했다. 더 나아가서 언어권별 즉 맞춤식 한국어 문법교육의 필요성과 타당성을 예를 들어 설명하였다.

---

13. 백봉자(1998:253~270)는 언어교육의 4가지 기능 교육 (말하기 교육, 쓰기 교육, 듣기 교육, 읽기 교육)의 일반론을 제시하고 있다.

14. 학습자의 분석요소로는 1)국적 2)나이 3)성 4)국민성 5)직업 6)문화 7)종교 8)학습목적 9)학습기간 10)한국어 수준 11)사상 12)외국어 수준 13)한국에 대한 관심도 등이 있다.

이제 이 곳 제2장에서는 언어권별 맞춤식 한국어 문법 중, 한국어 조사를 대조 언어학적 측면에서 항목별로 한국어와 중국어의 대응표현(형태, 구조)을 살펴보겠다. 각각의 언어에서의 대부분은 문법적, 또는 어휘적 형태는 다르나 어떤 방법(표현)으로든 대응관계(대응표현)가 되는 것이 일반적이다. 물론 1:1 대응 관계가 있을 때에는 말할 것도 없고, 1:1 대응관계가 안 될 경우에도 비슷한 대응관계를 설명하거나 보이면서, 그 차이점에 대해 더 설명하는 것이 효과적임은 말할 것도 없다. 이 논문에서 '대응'이란 한 개별언어와 다른 한 개별언어에 관한 대조연구 분야에서 나타나는 현상을 말한다. 한국어와 중국어의 대응이란 하나의 한국어 문법 형태의 의미기능이 같은(비슷한) 하나 또는 여러 개의 중국어 표현이 대응하는 것을 말한다(김찬화2005:25).

한 언어와 다른 한 언어(여기서는 중국어)의 대조에는 일대일 대응, 다대일 대응 뿐만 아니라 이쪽 언어에서 사용하는 문법 형태가 저쪽 언어에서는 그 문법 형태가 빈칸, 즉 없을 수도 있다(김영란2009:162). 그러나 대응되는 문법 형태는 없지만 기타 다른 어떤 표현 즉, 어순이나 어휘적 표현 또는 성조(어조)표현 등으로 대응 표현된다. 어떤 방식으로든 간에 서로 대응되는 표현은 있는 것이다. 이제 한국어 조사에 대해 중국어 대응표현(형태)을 하나하나 문법적 범주별로 살펴보겠다.

2.1. 한국어 격조사의 대응표현

한국어 조사는 한 문장 내에서 주로 체언이나 체언 상당어에 연결되어 그것이 통사적 구성에 참여하는 다른 문장 성분들과의 문법적 관계를 표시하여 주거나 또는 어떤 의미를 첨가해 주는 기능을 가지고 있는 형태이다.

이러한 조사는 일반적으로 크게 격조사와 보조사로 분류한다(홍은표1990:221). 하지만, 학자에 따라서 격조사 외에 분류기준에 따라 다른 조사 즉, 구문조사, 접속조사, 감탄조사, 연결조사, 한정조사 등을 첨가하여 분류하기도 한다. 이 논문에서는 학교문법에서 분류한 조사에 근거하여 다룬다. 학교문법에서는 격조사의 종류로 선행명사의 주어로 기능하게 하는 주격조사, 목적어로 기능하게 하는 목적격조사, 관형어로 기능하게 하는 관형격조사, 부사어로 기능하게 하는 부사격조사, 독립어 중 누군가를 부르는 기능을 하는 호격조사, 보어로 기능하게 하는 보격조사, 그리고 문장의 서술 기능을 하는 서술격조사로 분류한다.

하지만, 이 분류 중 보격조사와 서술격 조사는 외국인을 대상으로 가르칠 때, 격조사 그대로 가르칠 때는 많은 어려움이 있다. 이 중 서술격 조사는 '이다'의 '이-'를 말하는데, 이 조사는 다른 조사와는 달리 활용을 하고, '지정사'나 '계사'라는 이름으로 불리기도 한다. 한국어 문법 교육에서는 '이다'가 활용을 하고, 명사+이다가 서술어 기능을 하기 때문에 조사로 다루기보다는 용언의 일부로 다루는 것이 더 효과적이기 때문에 이 논문에서는 제외한다.

한편, 보격조사는 서술어 '되다, 아니다'일 경우에 그 앞에 사용되는 '-이/가'를 의미하는데, 외국인을 위한 한국어 문법교육에서는 굳이 보격조사를 따로 설명하여 가르칠 필요가 없다. 이 보격조사는 형태가 주격조사와 똑같으므로 주격조사를 다루는 자리에서 중국어 대응표현을 예를 들어 그냥 그 쓰임새만 언급하면 쉽게 효과적으로 가르칠 수 있다. 따라서 이곳에선 보격조사도 제외한다(한재영 외(2008:116), 허용 외(2005:217)). 이제 학교 문법에서 분류한 조사 중 보격조사와 서술격조사는 제외하고, 격조사의 대응표현을 살펴보자.

2.1.1. 주격조사 '이/가, 에서, 께서'의 대응

주격조사는 문장의 주어임을 나타내는 격조사이다. 주격조사의 종류에는 '이/가, 께서, 에서'가 있다. 이 중 주격조사 '이/가'는 명사와 결합하여 선행명사가 '문장의 주어임'을 나타낸다. 선행명사가 모음으로 끝나면 '가'와 결합하고, 선행명사가 자음으로 끝나면 '이'와 결합한다. 중국인 학습자는 이 둘의 격조사의 쓰임의 차이를 모르기 때문에 꼭 설명을 해야 한다. 주격조사 '께서'는 그 앞에 오는 명사가 '존칭(높임)명사'가 오며, 문장의 주어임을 나타낸다. 주격조사 '에서'는 그 앞에 오는 명사가 '단체임'을 나타내며, 역시 문장의 주어임을 나타낸다.

이제 다음 보기(1)에서 주격조사 기능과 중국어의 대응표현을 살펴보자.

(1) ㄱ.꽃<u>이</u> 예쁩니다.

　　　　花漂亮。

　　ㄴ.철수<u>가</u> 노래합니다.

　　　　哲秀在唱歌。

　　ㄷ.사장님<u>께서</u> 외출하셨습니다.

　　　　社长外出了。

　　ㄹ.우리 반<u>에서</u> 이겼습니다.

　　　　我们班级赢了。

　　ㅁ.우리 반<u>이</u> 이겼습니다.

　　　　我们班级赢了。

위의 보기(1ㄱ,ㄴ)에서 주격조사 '이'와 '가'를 중국어 문장과 대조해 보면, 중국어에서는 대응되는 형태가 없다. 중국어에서는 '어순'이 주격조사의 기능을 담당한다. 마찬가지로 (1ㄷ,ㄹ)에서 주격조사 '께서'와 '에서'도 중국어 표현에서 대응되는 형태가 없다. (1ㄹ)의 문장 보다 (1ㅁ)의 문장이 더 자연스럽다. 그러나 대화에서 "어느 반이(에서) 이겼습니까?" 라는 질문의 대답으로는 "우리 반이 이겼습니다."와 "우리 반에서 이겼습니다."라는 두 문장이 자연스러운 문장이다. 중국인 학습자는 (1ㄹ)의 '에서'나 (1ㅁ)의 '이'를 둘 다 주격 조사로 인식한다. 중국인 학습자를 위해서는 '에서'를 주격 조사로 가르치는 것이 자연스럽다. 한국어에서는 '에서'를 주격조사로 보지 않는 이론도 있다. 그러나 학교 문법에서 주격조사로 다루고 있으므로 여기서 주격조사로 다루었다. 한편 "둘이서 가다"라는 문장에서 '이서'도 주격조사로 볼 수 있다. 학자에 따라서는 주격 조사냐 아니냐의 논란이 되겠지마는, 중국인 학습자에게 가르칠 때는 주격조사로 가르치면 효율적이다. 이 논문에서 '이서'의 문장을 주격조사에서 다루지는 않았다. 학교문법에 근거하여 이 논문에서 제외시켰다.

보기(1) 전체의 주격조사에서 보듯이 중국어 어순이 주격즈사의 기능을 담당하고, 존칭 주격조사와 단체 주격조사의 형태가 모두 없음을 알 수 있다. 한국어보다 중국어에서는 존칭을 나타내는 문법적 형태가 없다. 따라서 한국어 교사는 이

러한 주격조사의 대응표현(형태)이 중국어에서는 없음을 알고, 초급과정에서 한
국어 주격조사를 중국인 학습자에게 가르치면 쉽게 효과적으로 가르칠 수 있다.

  한편, 주격조사 '가'가 인칭대명사와 결합할 때 축약 형태로 바뀐다. 또 주격조
사 '이'가 지시대명사와 결합할 때에도 축약 형태로 바뀐다. 단, '누구+가'가 결합
할 때는 '구'가 탈락되나, '누구+를'과 결합할 때에는 탈락되지 않는다. 다음 (2)와
(3)이 축약 형태를 잘 보여준다.

      (2) 저(존칭형) + 가   →   제가 (주어)
           나(평칭형) + 가   →   내가 (주어)
           너(평칭형) + 가   →   네가 (주어)
           누구 + 가   →   누가 (주어)

      (3) 이것 + 이   →   이게
           저것 + 이   →   저게
           그것 + 이   →   그게

  위의 (2), (3)에서 축약 형태와 탈락되는 형태를 한국어 교사는 알고, 초급과정
에서 위의 예를 가지고 설명한 후, 문장에서 연습시키면 쉽게 가르칠 수 있다.

  또한, 격조사의 생략에서 주격조사 '이/가'는 문어체에는 생략되지 않으나 구어
체 문장에선 자주 생략된다. 그러나 존칭주격조사 '께서'와 단체 혹은 기관을 나
타내는 주격조사 '에서'는 문장에서 생략될 수 없다. 다음 보기(4)가 그 점을 잘
나타내 준다.

      (4) ㄱ. 영희(가) 어디에 갑니까?
           ㄴ. 지금 밖에 눈(이) 옵니까?
           ㄷ. *교수님 학교로 오십니다.
           ㄹ. *한국 정부 공식 발표가 있겠습니다.

위의 (4)와 같이 한국어 주격조사 생략을 가르칠 때, 한국어 교사는 주격조사 '이/가'는 구어체에서 생략될 수 있다는 것을 문장에서 예를 들어 초급과정에서 설명하고, 여러 문장을 연습시키면 쉽게 가르칠 수 있다. 단, '께서'와 '에서'의 생략 여부는 직접 가르치지 말고, 질문이 있을 때 생략될 수 없음을 설명하면 된다.

한편, 앞에서 학교문법에서 보격조사 '이/가'를 설정하고 있지만 외국인 학습자에게 가르칠 때, 이것이 주격조사와 똑같은 형태이고, 또 서술절의 주어로 봐도 가능하기 때문에 이곳에선 제외한다고 하였다. 실제 이 보격조사 '이/가'는 문장의 보어가 됨을 표시하고, 학교문법에선 서술어 '되다, 아니다' 앞의 조사만을 보격조사로 보고 있다. 다음 보기(5)에서 살펴보자.

    (5) ㄱ. 얼음<u>의</u> 물이 되었다.
             冰变成水。
       ㄴ. 그는 학<u>생이</u> 아니다.
             他不是学生。
       ㄷ. 얼음이 물로 되었다.
             冰变成水。

위의 (5ㄱ,ㄴ)에서와 같이 보격조사 '이'는 중국어와 대응형태가 없다. 역시 어순이 결정한다. (5ㄱ)의 문장 "얼음이 물이 되었다"는 (5ㄷ)의 "얼음이 물로 되었다"라는 문장과 뜻이 같다. 중국어 표현으로는 보격조사 '이'가 쓰인 (5ㄱ)과 부사격 조사 '(으)로'가 쓰인 (5ㄷ)이 똑같이 대응 형태 없이 같은 뜻으로 사용된다. 따라서 중국인 학습자에게 보격 조사 '이'를 가르칠 때, 부사격 조사 '(으)로'도 같은 의미로 가르쳐야 효율적이다. 학교문법에서 '(으)로'는 보격 조사로 보지 않기 때문에 이곳에서 제외했다. 현재 보격 조사에 대한 논의는 학자에 따라 다르다. 다만 이곳에서는 한국어 교육적인 측면을 고려하여 학교문법 체계를 따랐다.

한국어 교사가 위의 문장을 가르칠 때 문법적 설명을 하지 않고, 한국어와 대응되는 중국어 문장을 예를 들고 그냥 연습시키면 된다. 외국인 학습자에게 문법적 지식이 중요한 것이 아니고, 한국어 구사 능력이 중요하기 때문에 그냥 연습시켜 한국어로 구사할 수 있도록 하면 된다. 만약 중국어 학습자가 질문이 있을 때는 서술절의 주어로 설명하거나 중국어 (5ㄱ,ㄴ)에서처럼 '물, 학생'이 보어 자리에 오기 때문에 보어로 설명하면 된다.

다만 문법을 강조하여 가르칠 필요가 없다.

2.1.2. 목적격조사 '을/를'의 대응

목적격조사 '을/를'은 그 앞에 오는 명사가 문장의 '목적어임'을 나타내는 격조사이다. 선행명사가 모음으로 끝날 때는 '를'과 결합하고, 선행명사가 자음으로 끝날 때는 '을'이 결합한다. 다음 보기(6)에서 목적격조사 '을/를'의 기능과 중국어 대응표현을 살펴보자.

    (6) ㄱ. 그는 운동을 좋아합니다.
        他喜欢运动。
      ㄴ. 저 사람은 영어를 잘 합니다.
        他英语说得好。

위의 보기(6ㄱ,ㄴ)에서 목적격조사 '을/를'을 중국어 문장 표현과 대조해 보면, 중국어에서는 대응되는 형태가 없음을 알 수 있다. 중국어에서는 한국어와는 달리 어순이 목적격조사의 기능을 담당한다.

한국어 교사는 이러한 목적격조사의 대응 형태가 없음을 알고, 초급과정에서 중국인 학습자에게 용례를 들어 가르치면 쉽게 효과적으로 가르칠 수 있다.

또한, 목적격조사 '을/를'은 또 다른 조사나 부사어 또는 부정형(negative form) 어미에 붙어 '강조'의 뜻을 나타낸다. 이때 '를'은 'ㄹ'로 축약되어 사용되기도 한다.

    (7) ㄱ. 저는 부산엘 자주 갑니다.
        我经常去釜山。

ㄴ.나는 학굘 간다.

我在去学校。

ㄷ.놀라질 마세요.

别惊慌。

(7ㄱ,ㄴ,ㄷ)에서처럼 '을/를'이 목적격조사가 아니고 강조의 뜻을 나타내는 경우에도 중국어 대응형태는 없다.

한편, 목적격조사 '을/를'은 구어체에서 자주 생략되어 쓰이거나 축약되어 사용된다. 다음 (8)의 보기가 그 점을 잘 보여준다.

(8) ㄱ.철수가 시계 샀어요.

　　 ㄴ.철수가 시곌 샀어요.

위의 (8ㄱ)는 목적격조사가 생략된 문장이고, (8ㄴ)는 목적격조사가 축약된 표현이다. 한국어 교사는 위와 같이 생략되거나 축약할 수 있다는 것을 알고 용례를 들어 가르치면 학습자는 조사 표현 문장과 생략된 문장을 쉽게 익히게 된다.

또한 목적격조사 '을/를'은 한국어에서 이중목적어 문장에서 쓰인다. 예를 들면, "그가 밥을 떡을 먹었다"라는 문장은 중국어 표현 구조로는 "그가 밥과 떡을 먹었다" 구조로 바뀐다. 중국인 학습자에게 한국어의 이중목적어 문장을 가르칠 때에는 이중목적어 문장이 아닌 문장 구조로 변형하여 가르치면 효과적이다. 이중 목적어에 대한 것과 이중주어에 대한 것은 학자에 따라 많은 이론이 있어 여기서는 더 깊이 다루지 않는다.

2.1.3. 관형격조사 '의'의 대응

문장에서 관형격조사 '의'는 명사 뒤에 결합하여 뒤에 오는 명사를 수식하는 기능 즉 '관형어임'을 나타내는 조사이다. 흔히 속격(Genitive) 또는 소유격 조사로 부르기도 한다. 다음 보기(9)에서 관형격조사 '의'의 기능과 중국어 대응표현(형태)을 살펴보자.

(9) ㄱ. 이것은 나의 책이오.

这是我的书。

ㄴ. 창원대학(의) 학생들은 모두 공부를 잘한다.

昌原大学的学生们学习都好。

ㄷ. 제주(의) 귤이 달다.

济洲的桔子甜。

ㄹ. 부산(의) 해운대는 해수욕장이 유명하다.

釜山海云台的海水浴场闻名。

ㅁ. 가을(의) 국화가 예쁘다.

秋菊漂亮。

ㅂ. 독일(의) 시인 릴케는 이렇게 말했다.

德国(的)诗人莱克是这样说的。

위의 보기(9ㄱ,ㄴ,ㄷ)에서 관형격조사 '의'를 중국어 대응표현을 살펴보면 모두 '的'로 대응됨을 알 수 있다. (9ㄹ,ㅁ,ㅂ)에서 대조해 보면, 중국어 '的'가 생략되어 쓰였음을 알 수 있다. 한국어에서도 관습적으로 또는 관용적으로 쓰일 때는 생략될 수 있는데, 중국어에서도 '的'가 생략되어 쓰이는 것이 자연스러움을 알 수 있다. 다만, 중국어에서 '的'가 '누구의 소유'의 뜻일 때는 '的'가 생략될 수 없다. 이는 한국어에서도 마찬가지인데, 한국어에서는 '나'와 '의'가 '내'로 축약될 수 있으나 생략할 수 없다. 중국어와 마찬가지이다.

한국어 교사는 관형격조사 '의'는 중국어에서 '的'의 형태(표현)로 대응되거나 생략된다는 것을 알고, 용례를 들어 설명하고 가르치면 쉽게 효과적으로 가르칠 수 있다. 사실 관형격조사 '의'는 그 앞뒤에 오는 명사의 관계에서 의미적으로 여러 가지 기능을 한다.[15]

---

15. 김승곤(1996:291~293)은 '의'를 매김자리토씨로 분류하고 그 의미기능을 다음과 같이 13가지로 밝혀 놓고 있다.
① 소유주　② 소속　③ 소생　④ 생산·산출　⑤ 집필자·주체자의 행위　⑥ 존재
⑦ 위치와 방향　⑧ 어떤 관계 기점　⑨ 시간·시기　⑩ 비율　⑪ 선택범위　⑫ 발생
⑬ 사실의 관계

그러나 외국인 학습자에게 일일이 관형격조사의 의미기능을 설명할 필요가 없다. 관형격조사 '의'의 앞뒤에 오는 명사의 의미 속성에 의해 결정되고, 또 의미관계를 자연적으로 알 수 있기 때문이다.

따라서 한국어 교사는 '의'의 의미기능을 분석하여 용례를 들어 가르칠 필요가 없는 것이다.

한편, 대명사 '저, 나, 너'에 관형격 조사 '의'가 붙으면, 축약(contraction)되어 각각 '제, 내, 네'로 쓰이기도 한다. 다음 (10)에서 살펴보자.

(10) ㄱ. 제(저의) 집은 한국에 있어요.
　　我家在韩国。
ㄴ. 내(나의) 이름은 철수예요.
　　我(的名字)叫哲秀。
ㄷ. 이것이 네(너의) 책이니?
　　这是你的书吗?
ㄹ. 이것이 철수(의) 책이다.
　　这是哲秀的书。

위의 보기(10ㄱ,ㄴ,ㄷ)에서처럼 관형격조사 '의'가 한국어에서는 1인칭, 2인칭 주어 문장에서 축약되어 쓰일 수는 있으나, 생략될 수는 없다. 단, 3인칭 문장에서는 (10ㄹ)과 같이 한국어에서 생략될 수는 있지만 중국어에서는 생략할 수 없다. 중국어에서는 늘 관습적으로 다 아는 사실일 때는 '的'가 생략될 수 있다. 그러나 중국어에서 어떤 사람의 '소유'의 뜻으로 쓰일 때에는 '的'가 (10ㄷ,ㄹ) 문장처럼 생략될 수 없다. 한국어 교사는 이러한 사실을 알고 용례를 들어 가르치면 효과적으로 가르칠 수 있다.

2.1.4. 부사격조사의 대응

부사격조사들은 문장에서 부사어임을 표시하는 조사이다. 이 부사격조사는 앞에 오는 명사와 결합하여 뒤에 오는 서술어에 따라서 여러 가지 뜻(의미)으로 쓰이기 때문에 매우 복잡하며 종류도 많다.

부사격조사의 종류는 1)여격(dative)조사 '에, 에게, 한테, 께', 2)처격(locative)조사 '에서, 에게서, 한테서', 3)조격(instrument)조사 '(으)로, (으)로서, (으)로써'가 있다. 이들 조사 중 어떤 조사는 자기의 격 이외의 뜻으로 쓰이는 경우도 물론 있다. 여기선 편의상 중심의미를 갖고 분류하였으며, 그것을 갖고 용법상 의미를 부차적으로 설명하면서, 중국어와의 대응표현(형태)을 살펴보겠다.

2.1.4.1. 여격조사 '에, 에게, 한테, 께'의 대응

다음 보기(11)에서 여격조사들의 중국어 대응표현을 살펴보자.

    (11) ㄱ. 철수가 꽃<u>에</u> 물을 준다.
         哲秀<u>给</u>花浇水。
      ㄴ. 나는 친구<u>에게</u> 선물을 준다.
         我<u>给</u>朋友礼物。
      ㄷ. 난 친구<u>한테</u> 편지를 보낸다.
         我寄信<u>给</u>朋友。
      ㄹ. 부모님<u>께</u> 여쭈어 보세요.
         <u>向</u>父母问一问。

위의 보기(11ㄱ, ㄴ)에서 여격조사 '에'는 한국어에서 무정물에 사용되고, '에게'는 유정물(사람이나 동물)에 쓰이는 조사이다. 중국어에서는 한국어와는 달리 둘 다 '给'에 대응됨을 알 수 있다. (11ㄷ)에서 여격조사 '한테'는 주로 구어체에서 많이 쓰이고 유정물에 쓰인다. 역시 중국어 '给'에 대응된다. (11ㄹ)에서 여격조사 '께'는 존경의 뜻을 나타나는 데에 쓰인다. 중국어에서는 '向'에 대응되거나, 형태 없이 어순으로 표현된다.

일반적으로 여격에 대응되는 '给'와 '向'은 차이가 있다. '给'는 구체적 대상일 때 대응되고, 추상적일 때는 '向'이 대응된다.

한국어 교사는 위와 같은 대응형태(표현)와 그 쓰임새의 차이를 알고 초급과정에서 용례를 들어 가르치면 쉽게 가르칠 수 있다.

한편, 여격조사 '에'는 여격 외로 또 다른 의미기능을 하는 데에 사용된다.

(12) ㄱ. 나는 학교에 갑니다.
　　　 我去学校。
　　 ㄴ. 내일 우리 집에 오세요.
　　　 请明天到我家来。

위의 (12ㄱ,ㄴ)에서 '에'는 동작의 이동을 뜻하는 동사(가다, 오다 등)와 어울릴 때, '이동의 도착점'을 나타낸다. 중국어로 대응되는 형태가 없다. 한국어 교사는 '에'를 가르칠 때 '에'만 놓고 가르치지 말고, 반드시 '에 가다/오다'와 같이 이동동사와 함께 한 문법항목으로 보고 가르치는 것이 효과적이다.

(13) ㄱ. 부모님은 서울에 계세요.
　　　 父母在首尔。
　　 ㄴ. 영희는 대학교에 입학했습니다.
　　　 英姬考上大学了。

위의 보기(13ㄱ,ㄴ)에서 '에'는 이동 동사 외의 서술어와 쓰이고, 장소를 나타내는 명사에 붙어 쓰이면, 공간적 위치의 범위를 나타내 준다. 이 때에 '에'에 대응되는 중국어 대응형태는 없다.

또한 여격조사 외의 뜻으로 쓰이는 '에'는 시간을 나타내는 명사에 붙어 '시간적 범위'를 나타낸다. 다음 보기(14)가 그 용례이다.

(14) ㄱ. 아침에 우리 집에 오세요.
　　　 请早上到我家来。
　　 ㄴ. 몇 시에 학교에 갑니까?
　　　 几点去学校?

위의 (14ㄱ, ㄴ)에서 '에'는 '시간적 범위'를 나타낸다. 중국어로는 이에 대응되는 형태가 없다.

또 '에'는 서술어의 동작에 대한 'F(source)'의 뜻을 나타낼 때도 쓰인다. 다음 (15)에서 중국어 대응을 살펴보자.

(15)ㄱ. 천둥소리에 깜짝 놀랐어요.
　　　由于(因为)打雷吓了我一跳。
　　ㄴ. 바람에 나무가 쓰러졌습니다.
　　　风把树刮倒了。　树被风刮倒了。

위의 (15ㄱ)에서 '에'는 서술어 동작에 대한 '원인'의 뜻으로 쓰이는데, 중국어 '由于(因为)'에 대응된다.

(15ㄴ)에서 '에'는 중국어 '把'로 대응되거나, 어휘적으로 '被'를 대응시켜 피동문으로 표현되기도 한다.

또, '에'는 이외에도 숫자 뒤에 붙어, '가치 판단의 기준적 단위'를 나타내는 데 쓰인다. 다음 보기(16)이 그 용례이다.

(16)ㄱ. 이 물건은 한 개에 천 원입니다.
　　　这个东西一千一个。
　　ㄴ. 한 달에 한 번 출장 갑니다.
　　　一个月出差一次。

위의 (16)에서 '에'에 대응되는 중국어 형태는 없다.

이상 살펴본 바와 같이 여격조사 '에'는 여격 외에도 여러 가지 뜻으로 쓰이어 외국인 학습자가 한국어 문법 '에'를 습득하는데 상당히 어려워 한다. 따라서 한국어 교사는 초급과정에서는 여격조사로 쓰일 경우를 가르치고, 여격 외의 다른 의미 기능으로 쓰일 때는 단계적으로 초급 후반이나 중급 과정에서 가르치고, 고급과정에서 전체의 의미를 가르쳐야 한다. 또한 한국어 교사가 주의할 것은 한꺼

번에 이 모든 '에'의 의미기능을 가르쳐서는 안 된다. 그때 그때 대화의 문장에서 '에'의 의미기능이 나올 때 한 가지 의미 기능만 가르쳐야 한다. 특히 '에'가 이동의 도착점을 뜻하거나 공간적 범위의 위치를 뜻하는 '에'를 가르칠 때는 앞에서 언급했듯이 '-에 가다/오다', '-에 있다(계시다)/없다'와 같이 덩이형태(하나의 문법항목)로 가르쳐야 함을 잊어서는 안 된다. 특히 한국어 교사는 각 의미기능에 대응되는 중국어 형태를 알고, 한국어와 중국어의 대응문장을 예를 들어 습득하게 하는 연습활동이 중요하다. 초급과정에서 문법적 설명보다는 의미기능의 대응형태를 중심으로 가르치면 효과적이다.

2.1.4.2. 처격조사 '에서, 에게서, 한테서'의 대응

처소격조사는 문장에서 그 앞에 오는 명사와 결합하여, 기본적으로 서술행위와 관련하여 일정한 '처소(장소)나 범위'를 나타내는 조사이다. 이러한 의미관계가 다소 확장되어 시간적·공간적 범위, 그곳으로부터의 출발점(시발점)을, 그리고 서술어 행동이 그 주체로부터 일어남(시작됨)을 나타내는 조사이다. 처격조사의 종류는 '에서, 에게서, 한테서'가 있다. 다음 보기(17)에서 이들의 의미기능에 대한 중국어의 대응형태(구조)를 살펴보자.

(17) ㄱ. 중국<u>에서</u> 무엇을 하십니까?
　　　 <u>在</u>中国干什么?
　　 ㄴ. 나는 시장<u>에서</u> 모자를 샀어요.
　　　 我<u>在</u>市场买了一顶帽子。

(18) ㄱ. 친구<u>에게서</u> 초대를 받았어요.
　　　 朋友邀请我。(주동) 我受到朋友的邀请。(피동)
　　 ㄴ. 친구<u>한테서</u> 초대를 받았어요.
　　　 朋友邀请我。(주동) 我受到朋友的邀请。(피동)

(19) ㄱ. 어느 나라<u>에서</u> 오셨습니까?

　　　　<u>丛</u>哪个国家来?

　　ㄴ. 할머니<u>에게서(한테서)</u> 선물을 받았습니다.

　　　　<u>丛</u>奶奶那儿得到礼物。

　위의 보기(17ㄱ,ㄴ)에서 처격조사 '에서'는 서술 행위와 관련하여 일정한 처소(장소)를 나타낸다. 중국어와 대조해 보면 '에서'는 '在'와 대응됨을 알 수 있다.

　(18ㄱ,ㄴ)에서 처격조사 '에게서'와 '한테서'는 서술어 행동이 그 '주체로부터 일어남(시작됨)'을 나타내는 조사이다. 중국어와 대조해 보면 대응되는 표현(형태)이 없다. 어휘적으로 주동이나 피동적 표현으로 나타낸다. (19ㄱ,ㄴ)에서 처격조사 '에서, 에게서, 한테서'는 '공간적 출발점(시발점)'을 나타내는 조사이다. 중국어 표현과 대조해 보면, 모두 중국어 '丛……'과 대응됨을 알 수 있다.

　(19ㄴ)에서 '에게서'와 '한테서'는 상호 자유롭게 교체하여 사용할 수 있다. 다만 '한테서'가 '에게서'보다 구어체에 사용된다.

　한국어 교사는 처격조사를 가르칠 때, 대응형태를 잘 알고 용례를 들어 대조 설명하고 가르치면 효율적이다. 만약 (18ㄱ,ㄴ)처럼 대응형태가 없을 때는 어휘적으로 어떻게 대응표현 하는지를 대조 설명하고 가르친다.

(20) ㄱ. 나는 3시<u>에서</u> 4시<u>까지</u> 공부를 합니다.

　　　　我<u>丛</u>三点(开始)学<u>到</u>四点。

　위의 (20ㄱ)에서 '에서'는 '시간적인 출발점(시작점)'을 나타낸다. 이때의 '에서'는 '까지'와 함께 관용적으로 사용된다. 흔히 영어에서 'from...to...' 용법과 같다. 중국어로는 '丛...到'로 대응된다. 한국어 교사는 이때의 '에서'를 가르칠 때는 '에서' 하나만 독립하여 가르치지 말고, 반드시 관용적 표현으로 '에서…까지'를 용례를 들어 대조 설명하고 하나의 문법항목처럼 가르쳐야 효과적이다.

　한편 기본의미가 여격조사인 '에'가 처격의미로 쓰일 때가 있는데, 이미

2.2.4.1에서 여격조사 이외의 의미에서 다루었기 때문에 여기서 다루지 않는다. 다만 '에서'와 '에'는 같은 처격의미로 쓰일 수 있지만, 문장 속의 생략에서 '에'와는 달리 '에서'는 생략될 수 없음이 다른 점이다. 의미기능면에서 '에'는 어떤 동작이 '미치는 위치'를 나타내고, '에서'는 어떤 동작이 '발생하는 공간'을 나타내는 점이 다른 점이기도 하다(한국방송통신대평생교육원 편(2005:195)참조).

2.1.4.3. 조격조사 '(으)로, (으)로서, (으)로써'의 대응

조격조사는 어떤 행위에 대한 '도구, 수단이나 방법, 자격 등'을 나타내는 것이 기본적 의미이다. 이 기본적 의미가 확대되어 또 다른 의미로 쓰이기도 한다. 학자에 따라서는 의미에 초점을 놓고 '(으)로서'는 자격격으로, '(으)로써'는 수단격으로 분류하기도 한다. 수단이나 자격도 기본적으로 조격조사의 기본의미로 볼 수 있기 때문에 여기서 같이 다룬다. 실제 외국인 학습자에겐 '(으)로서'와 '(으)로써'를 따로따로 나누어 가르치는 것이 효과적이다. 이제 다음 (21), (22), (23)에서 조격 조사의 각각의 의미기능에 대한 중국어 대응표현(형태)를 살펴보겠다.

  (21) ㄱ. 한국어로 말씀하세요.
     用韩国语说吧。
    ㄴ. 붓으로 동양화를 그립니다.
     用毛笔画东洋画。
    ㄷ. 나는 비행기로 위해에 왔습니다.
     我乘(坐)飞机来到威海。

  (22) ㄱ. 그 남자는 신랑감으로(서) 좋아요.
     作为新郎那个男人很好。
    ㄴ. 그는 외교관으로(서) 한국에 왔어요.
     他作为外交官到韩国来。

(23) ㄱ. 나는 내일 중국으로 떠납니다.

　　　　我明天出发去中国。

　　ㄴ. 어디로 가십니까?

　　　　往哪儿去啊?

　　ㄷ. 동쪽으로 갑니다.

　　　　往(向)东走吧。

　　위의 보기(21ㄱ,ㄴ)에서 '(으)로'는 어떤 도구를 사용하여 '수단이나 방법'을 나타내는 데 쓰였다. 중국어와 대조해 보면, 이때의 조격조사 '(으)로'는 중국어 표현 '用'과 대응된다. (22ㄱ,ㄴ)에서 '(으)로(서)'는 사람을 뜻하는 명사에 붙어 어떤 자격이나 신분을 나타낸다. 이때의 '(으)로(서)'는 중국어 '作为'로 대응됨을 알 수 있다. (23ㄱ,ㄴ)에서 '(으)로'는 조격 외의 의미기능을 한다. 즉 움직이는 동사와 함께 쓰여, '동작의 방향'을 나타낸다. 이때의 '(으)로'는 중국어 표현에서 대응되는 형태가 없다. 어순이 그 기능을 담당한다. 단, 방향성의 의미가 뚜렷이 드러날 때는 중국어 대응 형태 '往, 向'으로 대응된다. 이 외에도 '(으)로'는 또 다른 의미로 쓰인다. 다음에서 살펴보자.

(24) ㄱ. 저는 병으로 병원에 입원했습니다.

　　　　我因为(由于)生病(所以)住院了

　　ㄴ. 이번 장마로 피해가 많아요.

　　　　因为这次洪水受灾很严重。

(25) ㄱ. 서로 악수로(써) 인사를 나눕니다.

　　　　互相握手(的方式)打招呼。

　　ㄴ. 그는 이제 기쁜 마음으로(써) 돌아왔습니다.

　　　　他现在以高兴的心态回来了。

　　위의 (24ㄱ,ㄴ)에서 '(으)로'는 어떤 일이 일어나게 된 '원인'의 뜻으로 쓰였다. 이때의 '(으)로'의 의미기능을 중국어와 대조해 보면 '因为... 所以, 由于 ... '로 대응됨을 알 수 있다.

(25ㄱ,ㄴ)에서의 '(으)로(써)'는 어떤 행동의 양태, '수단이나 방법', '귀착점'을 나타낸다. 중국어와 대조해 보면, 이때의 '(으)로(써)'는 중국어 표현 '…的方式, 以…'로 대응됨을 알 수 있다.

한편, 한국어 문장에서 "실습으로 몸이 힘들다"와 "실습으도 평가하겠다"의 두 문장의 경우, 동일한 단어 뒤에 쓰인 '(으)로'의 의미기능은 서로 다르다. 앞의 문장은 실습 때문에 즉, 이유로 쓰인 것이고, 뒤의 문장의 '(으)로'는 평가 수단이나 방법으로 쓰였다. 따라서 중국어 대응표현으로는 앞의 것은 '因为… 所以, 由于…'에 대응되고, 뒤의 것은 '…的方式, 以…'로 대응표현된다. 동일한 환경에 쓰는 '(으)로'일지라도 뒤에 오는 서술어에 따라 의미가 달라지기 때문에 '(으)로' 문장을 중국인 학습자에게 가르칠 때는 문장의 대응표현의 여를 들어 그 의미 기능이 다른점을 가르쳐야 효율적이다.

이상 조격조사 '(으)로, (으)로서, (으)로써'의 의미기능과 중국어의 대응표현(형태)을 살펴보았다. 이 중 '(으)로'는 조격조사의 기본의미 외에 의미가 확장되어 여러 의미기능을 함을 살펴보았다. 그리고 이 각각의 의미 기능에 중국어 대응표현들이 각각 다름을 알게 됐다. 중국인 학습자는 물론 다른 외국인 학습자들도 이 '(으)로'의 쓰임에 대해 상당히 어려움을 느끼고 질문을 많이 한다. 따라서 한국어 교사는 이 조격조사들의 의미기능을 정확히 알고 또 중국어 대응표현(형태)을 알고 가르쳐야 효율적이다.

특히 '(으)로'는 한 번에 여러 의미 기능을 가르치지 말고, 초급과정에서는 기본 의미만을 가르치고, 점차 단계적으로 시간을 달리하여 기본의미 외의 의미를 하나씩 용례를 들어 설명하고 가르쳐야 한다. 기본 외의 의미는 초급과정 후반이나 중급과정에서 가르칠 것이 있고, 고급과정에서는 '(으)로'와 '(으)로서', '(으)로'와 '(으)로써'의 공통점과 차이점을 가르치면서, 전체적 체계 속에서 조격조사의 의미기능을 모두 정리하여 다시 가르칠 필요가 있다. 외국인에게 '조사'라는 문법 범주는 상당히 낮설고 어려운 부분이다(허용 외(2005:212)참조).

2.1.4.4. 비교격조사 '-보다/처럼/만큼/같이'의 대응

비교격조사는 두 가지 이상을 '비교하는 의미'로 쓰이는 부사격 조사이다.[16]

비교격 조사의 종류로는 '-보다/처럼/만큼/같이'의 4종류가 있다. 이 비교격 조사들의 의미기능과 중국어에서의 대응표현을 다음 보기(26)에서 살펴보자.

> (26) ㄱ. 영희가 영숙이<u>보다</u> 더 예쁩니다.
>
> 英姬<u>比</u>英淑更漂亮。
>
> ㄴ. 나는 그<u>보다</u> 공부를 잘해요.
>
> 我<u>比</u>他学习好。
>
> ㄷ. 나는 그 사람<u>처럼</u> 노래를 잘해요.
>
> 我<u>像</u>他<u>一样</u>唱得好。
>
> ㄹ. 나는 그 사람<u>만큼</u> 노래를 잘해요.
>
> 我<u>像</u>他<u>一样</u>唱得好。
>
> ㅁ. 나는 그 사람<u>같이</u> 노래를 잘해요.
>
> 我<u>像</u>他<u>一样</u>唱得好。

위의 (26ㄱ,ㄴ)에서 '보다'는 두 가지 이상의 대상 간의 '비교의 뜻'으로 사용한다. 중국어와 대조해 보면, '比'에 대응된다.

(26ㄷ,ㄹ)에서 '처럼'과 '만큼'은 어느 것을 다른 것에 비교하여 '-와 같이 정도의 비슷함'을 비교·비유하는 뜻으로 사용한다. 중국어 표현으로는 '像…一样'과 대응 표현된다. 중국어로는 '처럼'과 '만큼', '같이'는 서로 교체하여 쓰여도 의미 차이가 드러나지 않는다. 그러나 중국어에서 '보다'와는 의미가 차이가 있다. 중국어 대응 표현을 비교하면 알 수 있다. 단, 한국어에서 '처럼'과 '같이'는 자유롭게 교체하여 쓸 수 있으나, '만큼'과는 자유롭게 교체되지 않는다. '처럼'과 '같이'는 비교, 비유의

---

16. 김승곤(1996)은 '보다, 처럼, 만큼'을 겸줌자리토로 분류하고 있다. 학자에 따라서는 보조사로 분류하기도 하나, 이곳에선 격조사의 하위분류인 부사격조사로 보고 이 곳 격조사 부문에서 다룬다.

대상과 똑같은 정도의 의미이고, '만큼'은 대상과의 유사한 그 정도로의 의미이므로 그 쓰임이 서로 다르다. 그러나 중국어로는 '처럼', '같이', '만큼'이 똑같이 대응표현이 같다. 중국인 학습자에게 비교격 조사를 가르칠 때 구체적인 예를 들어 대응표현과 함께 가르치되, 미세한 의미 차이를 설명하면서 가르쳐야 한국어의 비교격 조사의 의미 차이를 알 수 있게 된다.

한편, 한국어에는 문장 끝에 붙는 인용격조사 '라고'가 있다. '라고'가 쓰인 한국어 문장을 중국어의 대응표현을 살펴보면 대응 형태가 전혀 없다. 또한 한국어 학자에 따라서 인용격 조사의 범주의 문제가 논란이 되기 때문에 이곳에서 제외시켰다. 인용격조사 문장을 중국인 학습자에게 가르칠 때에는 대응표현 형태가 전혀 없기 때문에 대응표현의 문장 구조를 설명하면서 대응표현과 함께 가르치면 쉽게 가르칠 수 있다.

2.1.5. 호격조사 '아/야'의 대응

호격조사는 선행명사구를 부를 때 사용하여 독립어로 만들어 주는 기능을 한다. 대표적인 호격조사의 종류로는 '아/야'가 있다. '아'와 '야'는 선행명사의 받침 유무에 따라 구별되어 쓰인다. 이 호격조사는 어려운 상대를 부를 때는 사용할 수 없다. 때로는 사람이 아닌 일부명사(동물과 식물)에서 의인화하여 인명처럼 쓰일 수 있다. 호격조사 종류에는 '아/야' 외에 '여/이여/이시여'도 있다. 이 조사는 면전에 있는 상대방을 영탄적 어조로 간접적으로 부를 때 사용한다. 따라서 시적 표현이나 주기도문에서 자주 쓰인다(박숙자(2006:124), 차욱승(2006:177)).

    (27) ㄱ. 영숙아, 저 나무를 봐라.

        英淑, 看那棵树!

       ㄴ. 영수야, 가라.

        英秀, 走吧。

       ㄷ. 해야, 솟아라.

        太阳啊!升起来吧。

ㄹ. 여성들<u>이여(이시여)</u>, 내게 오라.
　　啊!女人们!请来吧。

위의 (27ㄱ,ㄴ)에서 호격조사 '아'와 '야'는 선행명사의 받침 유무에 따라 쓰인 것이다. (27ㄷ)의 '야'는 사람이 아닌 태양을 의인화하여 쓰인 것이고, (27ㄹ)의 '이여(이시여)'는 영탄적 어조를 간접적으로 쓰인 것이다. '이여(이시여)'의 '이-'를 서술격 조사로 보면 여기서 제외할 수 있다. 편의상 여기서 다루었다. 이들 호격 조사를 중국어와 대조해 보면 모두 대응형태가 없음을 알 수 있다. 중국어에서 는 사람을 부를 때 이름만 부르면 된다. 이 호격조사를 한국어 교사가 가르칠 때 는 어려움이 없다. 대응문장을 예를 들어 대응형태가 없음을 설명하고 가르치면 아주 중국인 학습자가 쉽게 이해된다. 다만 한국어 호격조사의 형태가 여러 가지 있으므로 많은 연습이 필요하다. 호격조사 중 비유적 표현을 가르칠 때는 중급 또는 고급 과정에서 가르치고, '아/야'는 초급과정에서 가르치는 것이 일반적 순 서이다.

2.2. 접속조사의 중국어 대응표현

학교 문법에 근거하여 접속 조사를 부사격 조사와 달리 분류하였다. 접속조사 는 단순히 둘 이상의 명사구를 '연결(접속)하는 기능'을 하는 조사이다.[17]

2.2.1. 접속조사 '와/과, 하고, (이)랑'의 대응

접속조사의 종류로는 '와/과, 하고, (이)랑'의 세 종류의 형태가 있다. 다음 (27) 에서 이 조사들의 의미기능과 중국어 대응표현(형태)을 살펴보자.

---

17. 이 접속조사는 학자에 따라 격조사로 분류하기도 하고, 연결조사로 분류하여 다시 접속조사 와 관형격조사로 하위분류하기도 한다. 또한 공동격조사로 따로 분류하기도 한다. 이곳에선 학교 문법에 따라 따로 격조사에서 분리하여 접속조사로 분류하였다. 외국인 학습자에게 이 조사를 가르칠 때는 어느 것으로 분류하여도 괜찮다. 편의상 학교 문법에 의거하여 분류하였 음을 밝혀 둔다.

(28) ㄱ. 이 사무실에는 의자와 책상이 많아요.

　　　这个办公室有很多椅子和(与,跟)桌子。

　　ㄴ. 선생님하고 제자가 같이 노래를 불러요.

　　　老师和(与,跟)学生一起唱歌。

　　ㄷ. 너랑 나랑 내일 등산가자.

　　　你和(与,跟)我一起去登山吧。

위의 (28ㄱ,ㄴ,ㄷ)에서 접속조사 '와, 하고, 랑'은 단순히 둘 이상의 명사구를 '접속하는 기능'을 나타내는 조사이다. 이 중 '와/과'는 문어체에, '하고, (이)랑'은 구어체에 많이 쓰인다.

이들 접속조사를 중국어와 대조해 보면, 모두 '和, 与, 跟'와 대응됨을 알 수 있다. 이 대응형태를 알고, 한ㆍ중 용례를 비교 설명하고 가르치면 효과적이다. 한국어 교사가 중국어를 모를 때에는 이 대응형태만 써주고, 또는 학습지도안에 미리 준비하여 가르치면 쉽게 효과적으로 가르칠 수 있다. 중국인 학습자는 이 접속조사는 쉽게 이해한다.

한편, 이 접속조사는 두 명사구를 접속하는 기능 외에 '공동 행위의 대상이나 비교의 대상'을 나타낼 때도 쓰인다. 따라서 학자에 따라 이 때의 접속조사는 '공동격 조사'로 분류하여 취급하기도 한다. 이 논문에서는 이 조사들이 기본적으로 접속기능이 주이기 때문에 접속조사에서 다룬다. 다음(29)는 '공동 행위의 대상이나 비교의 대상'의 의미로 쓰였다. 이 때의 중국어의 대응표현을 살펴보자.

(29) ㄱ. 그는 지금 사무실에서 영희와(랑, 하고) 이야기하고 있다.

　　　他正在办公室里和(与,跟)英姬谈话。

　　ㄴ. 어제 나는 동료들과(이랑, 하고) 미술 전람회에 갔었다.

　　　昨天我和(与,跟)同事们一起去了美术展览会。

　　ㄷ. 나의 생각은 너의 생각과(이랑, 하고) 다르다.

　　　我的想法和(与,跟)你不同。

(29ㄱ,ㄴ)에서 '와/과, (이)랑, 하고'가 '공동 행위의 대상'을 나타내는데 쓰였다. 이

때는 이 조사들 뒤에 '같이, 함께' 등이 같이 쓰일 수 있다. 그러나 (29ㄷ)에서 조사 '와/과, (이)랑, 하고'는 (29ㄱ,ㄴ)의 의미기능과 다르다. 즉, 이들 조사가 서술어 '같다, 다르다, 비슷하다, 흡사하다'와 같이 쓰여서 '비교의 대상'을 표시한다. 이들 각각의 조사는 상호 서로 교체하여 쓰일 수 있다. 서로 의미 차이가 드러나지 않는다. 중국어에서 모두 '和, 与, 跟'로 대응된다. 중국어에서도 공동행위의 대상이나 비교의 대상을 나타낼 때는 한국어와 마찬가지로 형태가 같음을 알 수 있다. 따라서 이 논문에서 공동격조사를 따로 분류하지 않은 까닭은 바로 이와 같기 때문이다.

한국어 교사는 단번에 접속조사의 서로 다른 기능을 가르치지 말고, 하나씩 시간차를 두고 단계적으로 가르쳐야 한다. 특히, 접속조사가 공동행위의 대상이나 비교의 대상을 나타낼 때는 뒤에 오는 부사나 서술어(같다, 다르다 등)와 함께 하나의 문법항목처럼 가르쳐야 효과적이고 쉽게 이해시킬 수 있다.

지금까지 격조사(주격, 목적격, 관형격, 처격, 조격, 비교격, 호격과 접속조사)를 하위분류하여 각각의 해당 형태들을 중국어와 대조하여 대응표현(형태, 구조) 등을 살펴보았다. 그리고 한국어 교육 과정에서 교수·학습 방법을 설명했다.

이제 한국어 격조사와 접속조사의 중국어 대응표현을 모두 정리 요약해 보이면 다음 〈표 1〉과 같다.

〈표 1〉 격조사의 중국어 대응표현(형태)

격		격형태	의미기능	중국어대응	비고
격조사	주격	이/가	주격기능	형태없음, 어순이 담당	생략·축약 가능
		에서(단체)	주격기능	형태없음, 어순이 담당	생략·축약 불가능
		께서(존칭)	주격기능	형태없음, 어순이 담당	생략·축약 불가능
	목적격	을/를	목적격기능	형태없음, 어순이 담당	생략 가능
			강조	형태없음, 어순도치	생략 가능
	관형격	의	관형어기능	'的'	관습적·관용적일 때 생략 가능, 소유 개념일 때 생략 불가능
	부사격	여격	에(무정물)	여격기능	'给'	
				이동 동사와 함께 이동의 도착점	형태 없음	생략 가능
				이동 동사 외의 동사와 함께 공간적 위치	형태 없음	생략 가능
				시간 명사와 함께 시간적 범위	형태 없음	생략 가능
				서술어 동작에 대한 원인	'由于, 因为'	생략 불가능
				숫자와 함께 쓰여 가치판단의 기준	형태 없음	생략 가능
			에게(유정물)	여격기능	'给'	생략 불가능
			한테(유정물, 구어체)	여격기능	'给'	생략 불가능
			께(존경,유정물)	여격기능	'给, 向'	생략 불가능
		처격	에서	처소(장소)의 의미기능	'在'	생략 불가능
				공간적·시간적 출발점(시작점)	'从…'	생략 불가능
				관용적 표현(~에서~까지)	'从…到'	생략 불가능
			에게서 (유정물, 문어체)	공간적 출발점	'从…'	생략 불가능

격조사	부사격	처격	에게서 (유정물, 문어체)	행동의 주체 기능	형태없음. 어휘적으로 주동이나 피동으로 표현	생략 불가능
			한테서 (유정물, 구어체)	공간적 출발점	'从…'	생략 불가능
				행동의 주체 기능	형태없음. 어휘적으로 주동이나 피동으로 표현	생략 불가능
		조격	(으)로	행동의 양태 (수단과 방법)	'…的方式, 以…'	생략 불가능
				도구 기능	'坐, 乘, 用'	생략 불가능
				자격(신분) 기능	'作为'	생략 불가능
				동작의 방향	'往'	생략 불가능
				행동의 원인	'因为…所以, 由于'	생략 불가능
			(으)로서	자격(신분) 기능	'作为'	생략 불가능
			(으)로써	행동의 양태 (수단과 방법)	'…的方式, 以…'	생략 불가능
		비교격	보다	두 대상 이상의 비교	'比'	생략 불가능
			처럼	'~와 똑같은 정도로 (비교, 비유)'	'像…一样'	생략 불가능
			만큼	'~와 유사한 정도로 (비교, 비유)'	'像…一样'	생략 불가능
			같이	'~와 똑같은 정도로(비교, 비유)'	'像…一样'	생략 불가능
		호격	아/야	사람·동물 부를 때, 무정물(의인화)	형태 없음	존칭에 쓸 수 없음. 생략 가능
			이여/이시여	영탄조·기도문 등에 쓰일 때	형태 없음	존칭에 쓰임. 생략 불가능
접속조사			와/과 (문어체)	열거 및 접속(연결) 기능	'和, 与, 跟'	접속조사끼리 상호 교체 가능
				부사 '함께, 같이' 쓰여 공동 행위와 대상의 의미 기능	'和, 与, 跟'	접속조사끼리 상호 교체 가능
				동사 '같다, 다르다'와 같이 쓰여 비교의 대상의 의미 기능	'和, 与, 跟'	접속조사끼리 상호 교체 가능

접속조사	하고 (구어체)	열거 및 접속(연결)기능	'和, 与, 跟'	접속조사끼리 상호 교체 가능
		부사 '함께, 같이' 쓰여 공동 행위와 대상의 의미 기능	'和, 与, 跟'	접속조사끼리 상호 교체 가능
		동사 '같다, 다르다'와 같이 쓰여 비교의 대상의 의미 기능	'和, 与, 跟'	접속조사끼리 상호 교체 가능
	(이)랑 (구어체)	열거 및 접속(연결)기능	'和, 与, 跟'	접속조사끼리 상호 교체 가능
		부사 '함께, 같이' 쓰여 공동 행위와 대상의 의미 기능	'和, 与, 跟'	접속조사끼리 상호 교체 가능
		동사 '같다, 다르다'와 같이 쓰여 비교의 대상의 의미 기능	'和, 与, 跟'	접속조사끼리 상호 교체 가능

2.3. 한국어 보조사의 중국어 대응표현

앞의 2.1에서 다룬 격조사는 주로 명사와 결합하여 문장에서의 문법적 격을 나타내는 반면에, 보조사는 체언이나 용언의 명사형, 부사, 연결어미, 혹은 다른 조사와 결합하여 문장에서 의미를 더해주거나 제한하는 기능을 하는 조사이다. 보조사는 모든 격자리에도 두루 쓰일 수 있어 격조사 보다 자유롭게 쓰일 수 있다. 보조사의 종류로는 주제나 대조의 의미를 나타내는 '은/는', 유일·단독을 나타내는 '만', 한계를 나타내는 '밖에', 오직 그것만을 나타내는 '뿐', 역시를 나타내는 '도', 극한을 나타내는 '까지', 한계를 나타내는 '마저', 첨가를 나타내는 '조차', 출발점을 나타내는 '부터', 빠짐없이 의미를 나타내는 '마다', 높임을 나타내는 '요', 어느 정도의 의미를 나타내는 '깨나', 모두의 의미를 나타내는 '치고', 사실 부정을 나타내는 '커녕' 등이 있다. 이 외에도 보조사로 한국어 문법서나 한국어 문법사전에 제시한 '(이)야, (이)나, (이)나마, (이)ㄴ들, (이)라도, (이)라든지, (이)ㄹ랑' 등이 있다. 여기서 보이는 '이'는 모두 선행명사가 자음으로 끝나느냐 모음으로 끝나느냐에 따라 '이'가 결합되고 안 되고가 결정된다. 이때의 '이'를 자음과 자음이 충돌하는 것을 막아

주기 위해서 나타나는 매개 모음으로 보느냐 아니면 '이'를 용언(학교 문법 용어로는 서술격 조사) '이(다)'로 보느냐에 따라 보조사로 볼 수 있고, 어미로도 볼 수 있다.

필자는 앞 장에서 격조사를 다룰 때 '이다'의 활용성을 중요시하여 용언으로 분류하였고, 외국인 학습자에게 용언으로 가르치는 것이 한국어 교육에서 더 효과적이기 때문에 이미 격조사에서 제외시켰다.

마찬가지로 '(이)야, (이)나, (이)나마, (이)ㄴ들, (이)라도, (이)라든지, (이)ㄹ랑'은 모두 서술격용언 '이다'의 '이'와 결합한 연결어미들이므로 이 곳 보조사의 범주에서 제외시켰다. 실제 외국인 학습자는 이들이 '이고, 이어서, 이므로, 이니' 등의 연결어미와 무슨 차이가 있는지를 쉽게 알 수 없으므로, 한국어 교육의 효율성을 감안하여 연결어미로 보고 보조사에서 제외했다.[18] 이들은 보조사로 보고 가르쳐도 물론 된다. 다만, 한국어 교육이라는 점을 고려하여 보조사에서 제외시켰다.

2.3.1. 보조사 '은/는'의 대응

보조사 '은/는'은 명사, 명사상당어뿐만 아니라 용언의 활용형, 부사형, 또 다른 조사에 결합하여 '대조나 주제'의 의미기능을 나타내는 보조사이다.[19]

선행명사가 자음으로 끝나면 '은', 모음으로 끝나면 '는'과 결합한다. 다음 보기 (30)에서 보조사 '은/는'의 의미기능과 중국어 대응표현(형태)을 살펴보자.

    (30) ㄱ. 저는 서울에서 왔습니다.

          我从首尔来。

       ㄴ. 이 연필은 좋지 않아요.

          这个铅笔不好。

---

18. 허용 외 6인(2005:238)은 '(이)야, (이)나, (이)나마, (이)ㄴ들, (이)라도, (이)라든지, (이)ㄹ랑'을 연결어미로 보고 있다. 그 외 남기심 외 1인(1995), 임호빈 외 2인(1994), 홍사만(1983), 김승곤(1996), 박숙자 외 1인(2006) 등 대다수 국어 문법서에서는 이들을 모두 보조사 범주에 넣고 있다.

19. 김한곤(1967), 남기심(2007), 채완(1976,1977), 홍사만(1983) 등은 '은/는'의 의미기능을 모두 대조의 의미기능이 있음을 말하고 있다.

ㄷ. 이 가게에서 사과는 팔아요.

　　这个店卖苹果。

ㄹ. 이 차는 빨리는 가요.

　　这车跑得快。

위의 (30ㄱ, ㄴ)에서 '는/은'은 주어 자리에 쓰여 어떤 '화제(즈제)'를 이끌어 내는 기능을 한다.[20] 즉 자기를 소개하기 위한 주제(화제)나 연필의 상태를 설명하기 위한 주제를 나타낸다. 중국어와 대조해 보면 대응되는 형태가 없다. 중국인 학습자에겐 마치 주격조사와 같이 생각한다.

(30ㄷ)에서 '는'은 '대조'의 의미기능을 한다. 대조란 다른 것과 비교하여 배타적이라는 의미를 나타낸다. 즉 (30ㄷ)의 보조사 '는'은 '사과'와 '그 밖의 다른 것'과 대조를 나타낸다. 역시 중국어 대응표현 형태는 없다. (30ㄹ)에서 '는'은 '빨리'라는 부사어 다음에 쓰여 '강조'의 뜻으로 기능한다고 볼 수 있지만, 근본적으로 대조의 의미에서 나온 것으로 봐도 가능하다. 어떤 것으로 보든 간에 중국인 학습자에게 이 보조사 '는/은'의 구사능력을 효과적으로 길러주면 된다. 이 때의 중국어 대응형태는 역시 없다. 대조나 강조의 뜻으로 쓰일 때, 중국어 대응형태는 없지만 어조로 나타낼 수 있다.

한편, '는/은'이 대조나 주z제 제시기능 외에 '이미 알고 있는 정보(구정보)'에 쓰인다. 주격조사 '이/가'가 '새로운 정보(신정보)'에 쓰이는 것과 다르다. 다음 보기 (31)에서 살펴보자.

(31) ㄱ. 옛날 어느 마을에 공주님이 살고 있었습니다.

　　　그런데 그 공주님은 마음씨가 아주 착했습니다.

ㄴ. 방금 누가 왔어요?

　　　철수가 왔어요.

---

20. 자연언어에서 일반적으로 문장은 서술되는 것을 나타내는 부분과 그것에 대해 서술하는 부분으로 나누어진다. 전자를 주제(화제(topic))라고 할 수 있고, 후자를 평언(comment)이라고 할 수 있다.

(31ㄱ)은 옛날이야기를 시작하는 문장인데, 여기서 '공주님'은 이야기에 처음으로 도입되는 정보(신정보)이다. 이처럼 청자가 알지 못했던 새로운 정보를 나타내고자 할 때는 (31ㄱ)의 앞문장에서 보듯이 '이/가'를 써야 제대로 된 문장이다. 반면에 이야기에 이미 도입되어 청자가 알고 있는 내용일 때에는 뒷문장의 '그 공주님은'에서 보듯이 '은/는'이 오는 것이 정상적이다.

(31ㄴ)에서도 질문에 대한 알지 못하는 새로운 정보에 해당하므로 '철수' 다음에 '은/는'이 오지 못하고 '이/가'가 쓰였다.

보조사 '는/은'을 가르칠 때 한국어 교사는 '는/은'이 위와 같은 '대조나 주제 기능' 또는 '구정보'에 사용될 수 있음을 알고, 중국어 대응표현을 예를 들어 설명하고 연습시킨다. 사실 외국인 학습자는 보조사 '는/은'과 주격조사 '이/가'의 차이점을 이해하기 어렵다. 형태로도 중국어에서 나타나지 않는다.

따라서 초급과정에서 '는/은'은 주격조사와 같이 가르쳐도 괜찮다. 학습자가 질문이 있거나 또 중급과정이나 초급과정 후반에서 대조나 주제(화제) 제시기능이 있음을 설명한다. 신정보로 쓰이는 '는/은'은 주격조사와 차이점을 설명하면서 고급과정에서 가르치는 것이 효율적이다.

2.3.2. 보조사 '-만/밖에/뿐'의 대응

보조사 '-만/밖에/뿐'은 대체로 '단독(유일함)'이나 '오직' 정도의 의미를 나타내는 보조사이다. 이 중에서 '밖에'는 뒤에서 부정서술어가 와야 하는 제약이 있다. 의존명사에서 전성한 '뿐'은 그 뒤에 서술어 '이다/아니다'와 같이 쓰여야 하는 출현 환경이 제약된다. 위의 보조사 '-만/밖에/뿐'은 기본적으로 의미 기능이 유사하나, 제약 관계가 다르다. 의미면에서도 약간의 차이가 있다.[21] 다음 (32)에서 중국어와의 대응표현을 살펴보자.

---

21. 허용 외 6인(2005:239~240)은 보조사 '만'은 '유일함' 혹은 '단독'의 의미를, '밖에'는 '한계'의 의미를, '뿐'은 '그것만'을 나타낸다고 하고 있다. 또 방송통신대편(2005:207)에서 '만'은 분포상 제약이 거의 없다고 하면서 '뿐'은 영어 'only'에 가깝고, '만'은 'no more'의 뜻에 가깝다고 하고 있다.

(32) ㄱ. 영희<u>만</u> 숙제를 했어요.
　　　<u>只</u>有英姬做了作业。
　　ㄴ. 숙제를 한 사람은 영희<u>뿐</u>이에요.
　　　做了作业的人<u>只</u>有英姬。
　　ㄷ. 숙제를 한 사람은 영희<u>밖에</u> 없어요.
　　　做了作业的人<u>只</u>有英姬。

　(32ㄱ)에서 '만'은 '단독, 오직' 정도를 나타내는 뜻으로 쓰였다. 이 보조사 '만'은 '밖에, 뿐'과 달리 분포상 제약이 거의 없다. 중국어 대응표현으로는 '只'와 대응된다. (32ㄴ,ㄷ)에서 보조사 '뿐'과 '밖에'는 일반적으로 기본의미는 '단독'이나 '오직' 정도의 뜻으로 유사하다. 다만, 제약 환경이 다르다. '뿐'은 서술어 '이다, 아니다'와 같이 쓰여야 하고, '밖에'는 부정서술어 '없다, 모르다' 등과 같이 쓰여야 하는 제약이 있다. 마치 관용적 표현처럼 쓰인다. (32ㄴ,ㄷ)에서 보조사 '뿐'과 '밖에'는 중국어와 대응표현을 대조해 보면 역시 '만'과 마찬가지로 '只'에 대응됨을 알 수 있다. 따라서 중국어 대응표현이 '只'로서 모두 같듯이 한국어 '만, 뿐, 밖에'는 대체로 기본의미가 같다고 할 수 있다. 다만 제약 관계만 다를 뿐이다.

　한편, 보조사 '만'이 주로 부사와 함께 쓰일 때는 대립하는 다른 개체를 상정하기 어려워서 다음 (33)에서 보이듯이 '단독, 오직'의 뜻으로 쓰이기보다는 선행부사가 나타내는 행위나 상태를 '강조'의 뜻으로 쓰인다고 할 수 있다.

(33) ㄱ. 자꾸<u>만</u> 여행을 떠나고 싶어요.
　　　总是想去旅行。
　　ㄴ. 조금<u>만</u> 가면 공항에 도착할 것이다.
　　　再走会儿就会到机场了。

　위의 (33ㄱ,ㄴ)에서 보조사 '만'은 부사와 함께 쓰이어 '강조'의 뜻을 나타낸다. 중국어 표현과 대조해 보면 대응되는 형태가 없음을 알 수 있다. 다만, 형태 없이 '어조'로 표현할 수 있다.

위와 같은 보조사 '-만/밖에/뿐'은 외국인 학습자에게 가르칠 때 한국어 교사는 초급과정 후반이나 중급과정에서 그때 그때 각각 하나씩 가르쳐야 하고, 이 세 개의 보조사의 기본의미는 같은 것으로 가르쳐도 무방하다. 다만 제약 관계에서 다름을 설명하고, 중국어 대응형태로는 이 보조사들이 '只'와 대응됨을 알려주고, 한국어와 중국어의 대응 문장을 예를 들고 연습시키면 효율적이다. 이들 각각의 보조사들을 하나하나씩 가르친 후에 중급과정이나 고급과정에서 비교 정리하여 제약의 차이와 더불어 미세한 의미 차이를 가르치면 적당할 것이다. 중국인 학습 자들이 이 세 개의 보조사들의 의미 차이를 쉽게 익히지 못하고 어렵게 느낀다. 이 세 개의 보조사 등의 기본의미를 처음엔 가르치고 질문이 있을 때 고급 과정 에서 그 의미 차이를 전체적으로 정리 비교하여 가르치면 쉽게 이해될 것이다.

2.3.3. 보조사 '도'의 대응

보조사 '도'는 대체로 명사뿐만 아니라 조사, 어미 다음에 쓰여 '동일성, 동일 제 시, 역시'의 의미를 나타내는 조사이다.[22]

다음 (34)에서 '도'의 중국어와의 대응표현(형태)을 살펴보자.

>　(34) ㄱ. 그녀는 노래도 잘 해요.
>　　　　　那个女人歌也唱得好。
>　　　 ㄴ. 그는 공부도 잘 하고 일도 잘 합니다.
>　　　　　他学习也好干活也好。

(34ㄱ,ㄴ)에서 보조사 '도'는 '동일성' 또는 '역시'의 의미를 나타낸다. 중국어와 대조 해 보면, 중국어 부사 '也'와 대응된다. 그러나 다음 (35)에서 보조사 '도'는 부사 다음

---

22. 채완(1977:39~43)은 '도'의 의미를 부사 '역시'라고 했고, 염선모(1978:7~15)는 '동일성'을 나타 낸다고 했다. 성광수(1981:167~168)는 '동일성, 역시' 의미기능에 다시 '포함'의 의미를 보태고 있다. 홍사만(1983:148~9)은 '동일 제시'로 해석한다고 제시하고, 이 때 전제나 함의를 통하여 유도되는 자매문을 실제문에 선행시키면 '도'는 '첨가'의 의미가 된다고 부연하고 있다.

에 쓰여 '강조'의 의미를 나타낸다.[23]

(35) ㄱ. 저 기차는 빨리도 달리는군요.
　　　 那个火车跑得真快啊!
　　 ㄴ. 그런 책은 들어보지도 못 했다.
　　　 那样的书连名也没听说过。

(35ㄱ, ㄴ)에서 보조사 '도'는 부사나 부사어에 결합하여 '강즈'의 의미를 나타낸다. 이 때는 중국어와 대조해 보면 대응하는 형태는 없다.

한국어 교사는 보조사 '도'를 가르칠 때, 중국어 '也'로 대응됨을 예를 들어 설명하고 연습시키면 쉽게 가르칠 수 있다. 대체로 일대일 대응되기 때문에 중국인 학습자가 쉽게 이해한다. 단, '도'가 '강조'의 뜻으로 쓰일 때는 대응형태는 없음을 설명해 준다.

2.3.4. 보조사 '부터'의 대응

보조사 '부터'는 시간과 공간적인 '출발점'또는 '시발점'을 나타내는 조사이다. 또한 명사 뒤에 쓰여서 시발점의 뜻을 강하게 나타내는 데에도 쓰인다. 즉, 이때는 '우선 먼저'의 뜻으로 쓰인다. 다음 (36)에서 중국어 대응표현을 살펴보자.

(36) ㄱ. 내일부터 여름방학이다.
　　　 从明天开始就放假了。
　　 ㄴ. 나는 학교에서부터 걸어왔어요.
　　　 我从学校走来的。

---

23. 김승곤(1996)은 '도'를 '역시도움토씨'라고 명칭하고 있다. 보조사 '도 에 따로 '강조'의 의미를 논의한 사람으로는 홍사만(1983), 채완(1977) 등이 있다. 그러나 성광수(1981:168~9)에서는 보조사 '도'에 '강조'가 내재해 있음을 인정하면서도 그 '강조'라는 것은 모든 보조사의 공통적 의미이고, 그리고 '강조'는 언제나 균등한 것이 아니기 때문에 굳이 '강조'의 의미를 단정할 필요가 없다는 견해를 밝히고 있다.

ㄷ. 손부터 씻고 잡수십시오.

先洗手再吃饭吧。

ㄹ. 그는 눈만 뜨면 담배부터 피워요.

他一睁开眼睛先抽烟。

위(36ㄱ)에서 '부터'는 '시간적 출발점(시발점)'을 (36ㄴ)에서는 '공간적 출발점(시발점)'을 나타내는 데 쓰였다. 중국어 표현과 대조해 보면 보조사 '부터'는 중국어 '从…'과 대응된다. 그러나 (36ㄷ,ㄹ)에서 '부터'는 '우선 먼저'의 뜻으로 쓰였다. 이 때의 부터는 중국어 '先'과 대응된다.

한국어 교사는 보조사 '부터'의 크게 두 가지 의미 기능의 대응표현을 미리 알고, 예를 들어 설명하면 쉽게 가르칠 수 있다. 중국인 학습자는 쉽게 이해하고 보조사 '부터'를 잘 구사할 수 있다.

2.3.5. 보조사 '-까지/조차/마저'의 대응

보조사 '-까지/조차/마저'는 크게 보아 어떤 것이 포함되고 그 위에 더한다는 뜻 즉 '역시, 또한'이라는 뜻을 표현하는 보조사들이다. 이 때는 이 세 개의 보조사들이 서로 교체하여 쓰일 수 있다. 앞에서 다룬 보조사 '도'와도 유사한 점이 있다. 그러나 이들 각각의 보조사들은 미묘한 의미 차이가 있다. 우선 '조차'는 '화자가 기대하지 못하거나 예상하지 못한 일'에 쓰인다는 제약이 있고, 또 통사적으로 명령문과 청유문에는 잘 쓰이지 않는 제약이 있다.[24]

'마저'는 '조차'와 매우 유사하지만, '하나 남은 마지막 것도 모두'라는 의미가 강하여 항상 후행 서술어는 부정적 의미 어휘가 온다.[25]

---

24. 김승곤(1996:338)은 보조사 '조차'를 추종도움토씨로 하위분류하고 있다. 채완(1977:45~7)은 '조차'는 '역시'를 나타내는 외에 화자의 주관을 반영하는 점에서 '까지'와 비슷한 성격을 가진다고 하였다. 홍사만(1983:258)은 '조차'는 '까지'와 그 분포가 유사하여 극단 예시 기능을 나타낸다고 언급하고 있다. 성광수(1981:186~8)는 '조차'의 의미 기능을 '한계적인 추가'로 설명하고 있다. 고영근(1974:18~9)은 '조차'가 잘 되리라고 기대했던 일이 잘 되지 않을 때 쓰인다고 언급하고 있다.

마지막으로 보조사 '까지'는 '기대되는 일'에도 사용된다는 점에서 '조차'와 다르고, 반드시 부정적 상황에서만 쓰이는 것이 아니라는 점에서 '마저'와 차이가 있다.[26] 이제 다음 (37)에서 그 각각의 쓰임의 차이와 공통점 그리고 중국어 대응표현(형태)을 살펴보겠다.

    (37) ㄱ. 너(<u>조차</u>, <u>마저</u>, <u>까지</u>, <u>도</u>) 나를 믿지 않는다.
            <u>连</u>你<u>也</u>不相信我。
       ㄴ. 그 친구는 소식<u>조차</u> 없어요.
            那个朋友<u>连</u>一点消息<u>也</u>没有。
       ㄷ. 나는 이제 좋아하던 술<u>마저</u> 못 먹게 되었어요.
            我现在<u>连</u>喜欢的酒<u>也</u>喝不了了。
       ㄹ. 대학원<u>까지</u> 졸업하고 그것을 모릅니까?
            <u>连</u>研究生<u>也</u>(都)毕业了, 那个还不懂吗?
       ㅁ. 한국<u>에서</u> 위해<u>까지</u> 비행기로 약 1시간 걸려요.
            <u>从</u>韩国<u>到</u>威海坐飞机约一个小时。

위의 (37ㄱ)에서 보조사 '조차, 마저, 까지'는 모두 크게 '역시, 또한'이라는 뜻으로 쓰였다. 이때는 각기 보조사들이 서로 교체하여 쓰일 수 있다. 그러나 이들 보조사들은 서로 미묘한 의미 차이가 있다. (37ㄴ)에서 '조차'는 화자가 '기대하지 못하거나 예상하지 못한 일'에 쓰였다. (37ㄷ)에서 '마저'는 '하나 남은 마지막도 모두'라는 의미로 쓰이고 있다. 후행 서술어는 부정적 의미 어휘인 '못 먹게'와 함께 쓰였다.

---

25. 김승곤(1996:337)은 보조사 '마저'를 최종도움토씨로 분류하고 있다. 성광수(1981:188~189)는 '마저'는 '한계적인 종결'의 뜻으로, 채완(1977:47~49)은 '마저'는 '역시'를 나타내는 점에서 '도'와 같다고 하고 있다. 홍사만(1983:262)은 '마저'는 그 피형어가 제시하고 있는 항목 중에서 가장 비중이 크게 남아 있는 최후의 항목임을 명시하는 의미 기능이라고 말하고 있다.
26. 고영근(1974:11~13)은 화자가 전혀 기대하지 않았던 일에 주체가 수행해 줌에 따라 '찬의'를 표하는 입장에 설 때 '까지'가 쓰인다고 언급하고 있다. 채완(1977:44~45)은 화자가 극단적인 일을 나타낼 때 '까지'가 쓰이고, 당연한 일 일 때는 '도'가 쓰이는 것이 자연스럽다고 말하고 있다.

(37ㄹ)에서 '까지'는 기대하는 일이 못 미칠 때 '화자가 판단할 수 있는 최고 지점'을 나타내는데 쓰였다. (37ㅁ)에서는 시간과 장소의 '출발점과 도착점'이 같이 공존하여 쓰였다. 이때는 마치 영어의 'from~to' 용법처럼 쓰였다.

이상 보조사 '-까지/조차/마저'의 공통적 의미와 각각의 의미차이 및 제약을 살펴보았다. (37ㄱ,ㄴ,ㄷ,ㄹ)에서 보조사 '-까지/조차/마저'의 모두는 중국어 표현과 대조해 보면 '连…也'로 대응된다. 사실 보조사 '조차, 마저, 까지'들의 의미 차이의 구별은 한국어가 모어인 한국 사람조차 쉽지 않고, 명확히 그 차이와 제약을 설명하기도 어려운 것들이다. 실제 필자의 경험으로 봐도 중국인 학습자가 이 세 개의 보조사들의 미묘한 의미 차이를 아주 어렵게 느낀다. 중국어 대응표현을 보더라도 이 세 개의 보조사들이 모두 '连…也'로 대응되기 때문에 그 각각의 쓰임과 의미 차이가 어렵게 느껴진다. 따라서 한국어 교사는 위에서 언급한 의미 차이와 제약관계를 분명히 알고 설명할 수 있어야 한다. 한국어 교사들이 이들 보조사 '조차, 마저, 까지'를 가르칠 때, 초급과정 후반이나 중급과정에서 각기 시간차를 두고 따로따로 중국어 대응표현과 대조하여 예문을 통해 가르치며 연습시킨다. 각기 이들 보조사들의 쓰임을 다 가르친 후에 고급과정에서나 학습자가 질문이 있을 때, 이 보조사들의 의미 차이와 제약을 설명하여 그 차이를 이해시킨다. 만약 질문이 없을 때 초·중급과정에서는 그냥 대응표현을 일러주고 가르치면 효율적으로 가르칠 수 있다.

2.3.6. 보조사 '마다, 요, 깨나'의 대응

보조사 '마다, 요, 깨나'는 각기 다른 의미 기능을 나타내는 조사이다. 다만 여기서 편의상 같이 다루고 있는 것뿐이다. 보조사 '마다'는 명사 다음에 쓰여 '하나도 빠뜨리지 않고 모두'의 의미를 나타내는 조사이다.[27] 보조사 '요'는 명사뿐만 아니라 구 단위와 문장단위에 결합하여 '청자를 높임'의 의미를 나타내는 조사이다. 보조사 '깨나'는 명사 다음에 쓰여 비아냥거리거나 못 마땅한 느낌으로 화자

---

27. 김승곤(1996:331)은 '마다'를 각자 도움토씨로 하위분류하고 있다.

의 마음에 들지는 않으나 '어느 정도는 인정함'을 나타내는 조사이다.

다음 (38), (39), (40)에서 보조사 '마다, 요, 깨나'의 의미기능과 중국어 대응표현을 살펴보자.

(38) ㄱ. 날마다 전화를 합니다.
　　　　每天(都)打电话。
　　 ㄴ. 날마다 열 시간씩 공부를 해요.
　　　　每天(都)学十个小时。

(39) ㄱ. 나는 지금 갑니다요.
　　　　我现在在去。
　　 ㄴ. 오늘요? 날씨가 참 좋지.
　　　　今天? 天气很好。

(40) ㄱ. 돈깨나 있다고 자랑하지 마라.
　　　　不要有钱就自大。
　　 ㄴ. 그가 좋은 차를 샀으니, 자랑깨나 하겠군.
　　　　他买了好的车, 肯定要自吹!

위 (38ㄱ)에서 보조사 '마다'는 '하나도 빠뜨리지 않고 모두'의 의미기능을 나타내고 있다. 중국어 '每(都)'와 대응된다. (38ㄴ)에서 '마다'는 접두사 '매-'와 호응하여 뜻을 더욱 뚜렷하게 나타나게 한다. 역시 중국어 '每(都)'와 대응된다. (39ㄱ)의 '요'는 문장의 끝남 다음에 쓰였고, (39ㄴ)의 '요'는 명사 다음에 쓰였다. (39ㄱ,ㄴ)의 '요'는 '청자의 높임'을 나타내고 있다. 주로 비격식체 문장에 쓰이며, 어린이들의 어투처럼 부드럽고 귀여운 느낌이 나기도 한다. 이때의 중국어 대응형태는 없다. (40ㄱ,ㄴ)에서 '깨나'는 화자의 마음에 들지는 않으나 '어느 정도 인정함'을 나타내는데 쓰였다. 중국어 대응형태는 없다. 어조 정도로 표현된다고 할 수 있다. 한국어를 교육할 때 이들 조사들은 각기 중국어 대응표현을 예로 들어 그 차이점을 설명하고 가르치면 쉽게 가르칠 수 있다. '마다'는 초급 과정에서,

대체로 '요'나 '깨나'는 중급과정 이상에서 가르친다.

2.3.7. 보조사 '커녕'의 대응

보조사 '커녕'은 명사나 조사 다음에 쓰여 선행하는 말을 부정하면서 '그 보다 더 못한 것이나 못한 상황임'이라는 뜻을 나타내는 조사이다.

다음 (41)에서 '커녕'의 의미기능과 중국어 대응표현을 살펴보자.

　　　　(41) ㄱ. 이제는 아무도 웃음소리는커녕 숨소리도 내지 않습니다.
　　　　　　　　　現在, 大家别说是笑声, 连喘气声也没了。
　　　　　　ㄴ. 찬성은커녕 반대를 받았다.
　　　　　　　　　不仅没有得到赞成, 反而遭到反对。

위의 (41ㄱ, ㄴ)에서 보조사 '커녕'은 중국어와 대조해 보면, 대응형태보다는 의미적으로 어휘적 대응을 하고 있음을 알 수 있다. 즉 중국어 '别说'나 '不仅没…反而'로 대응표현된다. 한국어 교사는 중급과정 이상에서 '커녕'의 의미기능을 가르치되, 중국어 대응표현 문장을 예를 들어 설명하고 가르친다. 중국어를 모를 경우에는 이 어휘적 대응을 미리 학습지도안에 준비하였다가 한자로 써주고 대응됨을 설명하면서 가르치면 효율적으로 가르칠 수 있다.

이상 지금까지 2.3에서 보조사들의 의미 기능과 중국어 대응표현(형태)을 대조언어학적 측면에서 살펴보았다. 보조사들의 대응표현을 전체적으로 요약하면 다음 〈표 2〉와 같다.

〈표 2〉 보조사의 중국어 대응표현(형태)

보조사	보조사 형태	의미기능	중국어 대응	기타
보조사	는/은	'대조'의 의미기능	형태 없음	
		'주제(화제)' 제시 기능	형태 없음	
		부사 다음에 쓰여 '강조'기능	형태 없음, '어조'로 표현	
보조사	만	'단독, 오직'의 의미 기능, 분포 제약 없음	'只'	
		부사 다음에 쓰여 '강조'의 의미기능	형태 없음	
	밖에	'단독, 오직'의 의미기능, 부정서술어가 오는 제약 있음	'只'	제약 있음
	뿐	'단독, 오직'의 의미기능, 서술어 '이다, 아니다'와 같이 쓰는 제약 있음	'只'	제약 있음
	도	'동일성, 역시'의 의미기능	'也'	
		부사 다음에 쓰여 '강조'의 의미기능	형태 없음, 어조로 표현	
	부터	시간과 공간의 '출발점 (시발점)'의 의미기능	'从…'	
		명사 다음에 쓰여 '우선 먼저'의 의미기능	'先'	
	조차	'역시, 또한'의 의미 기능, 명령형과 청유형에 못 쓰는 제약 있음. 화자가 기대 예상하지 못한 일에 쓰이는 제약 있음.	'连…也'	제약 있음
	마저	'역시, 또한'의 의미기능, 후행 서술어 부정적 의미 어휘가 쓰이는 제약 있음	'连…也'	제약 있음
	까지	'역시, 또한'의 의미기능	'连…也'	
		시간과 장소의 도착점에 쓰임	'到'	관용적 형태로 쓰이기도 함
	마다	'하나도 빠뜨리지 않고 모두'의 의미기능	'每(都)'	
	요	명사, 구 단위, 문장 단위에 결합하여 '청자 높임'의 의미기능	형태 없음	구나 문장 끝에도 쓰임
	깨나	명사 다음에 쓰여 못마땅한 느낌을 갖고 '어느 정도는 인정함'의 의미기능	형태 없음, 어조로 표현	
	커녕	명사나 조사 다음에 쓰여 '그보다 더 못한 것이나 못한 상황'의 의미기능	'别说', '不仅没…反而'	어휘적 표현

III. 결론

 지금까지 서론에서 언어권별 맞춤식 한국어교육의 필요성과 타당성을 논의하였다. 제2장에서는 한국어 조사(particle)를 학교문법에 근거하여 격조사, 접속조사, 보조사로 하위분류하여 대조언어학적 측면에서 살펴보았다. 그리고 그 각각의 조사들과 중국어 대응표현(형태)을 살펴보았다. 또한 한국어 교사가 중국인 학습자에게 한국어 조사를 교육할 때의 교수·학습 방법을 제시하였다. 그 살펴본 바를 요약 정리하면 다음과 같다.

 1) 한국어 격조사는 중국어 대응표현과 대조해 보면, 여러 가지로 대응표현된다. 대응형태는 없으나 어순으로 대응표현되기도 하고(주격 조사, 목적격 조사, 호격 조사), 격기능 외의 '강조'의 뜻으로 쓰일 때 어조로 표현되기도 한다. 또한 직접 대응형태가 있기도 하고(관형격, 대부분 부사격 조사(여격, 처격)), 직접 대응보다는 어휘적 의미로 대응표현(처격 주체기능 '에게서, 한테서', 조격 행동의 양태 '(으)로,(으)로써', 비교격 조사 '처럼, 만큼, 같이') 되는 것도 있다. 모든 한국어 격조사의 의미기능과 중국어 대응표현(형태)을 요약 정리하면 본문의 〈표 1〉과 같다.
 2) 한국어 접속조사 '와/과, 하고, (이)랑'은 중국어 대응표현에서 모두 직접 대응형태가 있다. 그 대응표현(형태)는 본문의 〈표 1〉 중 접속조사 부분과 같다.
 3) 한국어 보조사는 중국어 대응표현과 대조해 보면, 역시 격조사와 마찬가지로 대응형태가 없기도 하고(보조사 '는/은', '요', '깨나'), '강조'의 의미로 사용될 때는 '어조'로 표현하기도 한다('는/은', '도', '만'이 강조의 의미로 쓰일 때). 직접 일대일 대응형태가 있는가 하면(보조사 '-만/밖에/뿐', '부터', '도', '까지', '마다' 등), 어휘적 의미로 대응표현 되기도 한다('조차, 마저, 마다, 커녕'). 한국어 보조사의 의미기능과 중국어 대응표현을 요약 정리하면 본문의 〈표 2〉와 같다.
 한국어 교사가 중국인 학습자에게 한국어 문법 '조사'를 교육할 때 교수·학습 방법을 다음과 같이 크게 요약 정리하였다.
 4) 한국어 조사들은 각 조사의 형태와 의미기능에 따라 대략 초급과정(주격, 목적격, 관형격, 비교격, 처격, 여격 등), 중급과정 (부사격조사 중 기본 외

의 의미로 쓰일 때, 보조사 '조차, 마저, 까지' 등) 그리고 고급과정 ('는/은' 과 주격조사 차이, '깨나'와 '커녕', '부터, 조차, 까지'의 의미차이 및 제약)으로 나누어 단계적으로 가르치는 것이 효율적이다.

5) 한국어 교사는 한국어 조사들과 중국어 대응표현 즉 〈표 1〉, 〈표 2〉를 알고 가르치면 비교적 효율적이다. 만약 한국어 교사가 중국어를 모를 때에는 미리 학습지도안에 〈표 1〉, 〈표 2〉를 참고하여 대응표현을 작성하고, 한자로 써주고 가르치면 효율적이다.

6) 하나의 조사의 형태가 여러 의미 기능을 할 때, 한 번에 모든 의미기능을 가르치지 말고, 초급과정에서 자주 쓰이는 기본 의미를 중심으로 시차를 두고 가르치되, 중급과정 또는 고급과정에서 전체의 의미기능을 정리하여 체계적으로 비교하여 그 차이를 가르쳐야 효율적이다('(으)로'의 여러 의미기능, 보격조사와 주격조사 차이, 여격조사 '에', 보조사 '는/은'과 주격조사의 차이 등).

7) 유사한 조사가 의미상 미묘한 의미 차이가 있거나 통사상 제약이 일어날 때는 반드시 제약 환경, 제약 서술어와 같이 문장에서 하나의 문법항목처럼 가르쳐야 효율적이다. 즉 분석하여 가르치지 않는다('-에 가다', '-(으)ㄹ 뿐이다', '-밖에 모르다' 등).

8) 의미적으로 유사한 조사들, 그리고 서로 교체 사용할 수 있는 조사들은 그 의미 차이를 외국인 학습자가 어렵게 느낀다. 각각 형태들의 의미기능을 따로따로 가르치되, 질문 시나 고급과정에서 그 의미 차이, 제약관계의 차이를 한국어 교사는 분명히 알고 있어야 한다. 그리고 대응표현을 알고 비교 설명할 수 있으면 효과적으로 가르칠 수 있다('-만/밖에/뿐', '-까지/조차/마저' 등).

9) 특히 보조사 '는/은'은 초급과정에서 주격조사처럼 그냥 가르쳐도 괜찮다. 그 후에 질문 시나 중급과정 이상에서 '화제 제시', '대조'의 의미기능을 가르친다. 구정보에 사용에 대한 것은 고급 과정에서 주격조사와의 차이를 비교하여 같이 가르치는 것이 대체로 효율적이다.

10) 초급과정에서 보격조사 '이/가'는 문법적으로 설명하지 말고, 그냥 중국어 대응표현(문장)을 갖고 가르친다. 질문이 있을 때는 중국어에 보어 문장이 있기 때문에 보격조사로 가르쳐도 된다. 그러나 문법지식이 없는 중국인 학습자에게 대주어와 소주어로 설명하면 더욱 어렵기 때문에 설명하지 않는 것이 효율적이다.

11) 관형격조사 '의'의 여러 의미 기능을 구태여 하나하나 설명하여 가르칠 필요가 없다. 중국인 학습자는 '의'로 연결된 두 명사 간에 의미적 관계를 자연적으로 이해하기 때문이다.

12) 격조사 중 격조사 외의 특별한 의미로 사용될 때('를'의 강조적 의미나 '도'의 강조적 의미), 문법적으로 설명하려고 하지 말고, 대응형태가 없기 때문에 그냥 '강조'의 의미로 쓰였다고 설명하고, 용례를 들어 가르친다.

13) 관용적으로 사용되는 조사 '에서~까지'는 하나의 문법 항목으로 가르치면 효과적이고, 한국어 교사는 조사 중 생략할 수 있는 것과 없는 것, 구어체나 문어체에서의 사용, 축약형태 등을 알고 있어야 보다 효과적으로 가르칠 수 있다.

이 외에 학교 문법에서 서술격조사 '이다'는 외국인 학습자에게 서술어(용언)로 가르치는 것이 효율적이기 때문에 이 논문에서 다루지 않았다. 아울러 흔히 조사로 다루었던 '(이)나, (이)ㄴ들, (이)ㄹ지라도' 등은 어미로 보고 이곳에서 제외시켰다. 이 논문에선 대응표현을 중심으로 다루었고, 각 대응표현을 어떻게 어떤 방법으로 시간 내에 학습지도안을 짜서 가르치는 것이 효과적인가 하는 구체적 방법(P.P.P 등)은 다루지 않았다.

2. 맞춤식 한국어 문법교육

- 보조용언을 중심으로 -

Ⅰ. 서론

한국어 문법교육에 대한 연구는 그 동안 여러 방면으로 연구되어 왔다. 또 문법교육의 필요성과 타당성에 대한 것도 많이 논의되어 왔다.

외국인을 위한 한국어 문법에 대한 관점은 크게 2가지로 나누어진다.

하나는, 외국인을 위한 문법체계도 내국인(한국인)을 위한 학교문법과 같은 체계로 보아야 한다는 관점이고, 또 하나는 외국인을 위한 문법체계는 내국인을 위한 문법체계와는 달라야 한다는 관점으로 나누어 볼 수 있다.

전자의 관점을 대표하는 연구로는 민현식(2002)과 이관규(2002)[1]가 있고, 후자의 관점을 대표하는 연구로는 김유정(1998), 이해영(1998), 백봉자(2001), 김정숙(2002), 우형식(2002), 정정덕(2005) 등이 있다. 전자의 관점 중 민현식(2002)에서는 한국어 교육에서의 외국인을 위한 문법과 내국인을 위한 문법은 그 체계가 동일한 체계여야 한다고 주장하면서도 문법교육 방법은 다를 수 있다고 하였다.

또한, 이관규(2002)에서도 한국어 교육에서 외국인을 위한 문법체계와 내국인을 위한 문법체계는 동일해야 하나, 이것이 현행 학교문법과 같아야 한다는 뜻이 아니라고 하면서도, 한국어 교육학 연구진이 구성되어 한국어 표준문법이 새롭게 연구 기술되어야 한다고 하였다.[2] 이와 같이 전자를 주장하는 민현식이나 이

---

1. 우형식(2002:22)은 아래 〈표〉와 같이 국어문법과 한국어 문법은 다르게 보아야 한다고 주장하였다.

추상적 실체로서의 문법	(한국어에 내재한 규칙과 질서)		
구체적 기술로서의 문법	학문문법	(이론 중심)	
	실용문법	규범 문법	(규범성)
		교육 문법	국어문법(학교문법)
			한국어문법(한국어문법)

2. 이와 관련하여 2002년부터 2003년까지 4개년 계획으로 국립 국어연구원에서 현재 한국어 표준문법을 개발하였다.

관규도 내국인을 위한 문법과는 무엇인가는 달라야 함을 나타내고 있다.

후자의 연구들에서는 이론적으로 내국인을 위한 문법을 학습하는 경우와는 달리, 외국인이 실용적이고 교육적으로 한국어 문법을 학습하는 데에는 내국인과 달라야 한다고 하였다.[3]

그 이유로는 외국인은 내국인과 달리 학습목표, 학습기간, 학습대상, 문법의식, 배경지식, 직관 그리고 문화가 서로 다르기 때문이라고 하였다.

따라서 국어 문법과 외국어로서의 한국어 문법은 정의부터 달라야 한다.[4] 서정수에서는 외국어로서의 한국어교육을 위한 새로운 문법체계를 확정하였다.[5] 그뿐만 아니라 한국어 문법교육에서 다루어야 할 문법형태들도 김유정(1998:26), 우형식(2002:22), 김정숙(2002:18), 정정덕(2005)에서 이미 밝혔듯이, 단일한 문법 형태소뿐만 아니라 한국어를 이해하고 실제 사용하는데 필요한 결합형도[6] 포함되야 한다고 하였다.[7]

필자도 이미 정정덕(2005)에서 밝혔듯이, 외국인을 위한 한국어문법의 크게 2가지 관점에서 이 후자의 관점에 동의한다. 그뿐만 아니라 더 나아가서 한국어 표준 문법의 완성은 물론이거니와 언어권별 맞춤식 한국어 문법교육이 필요한 시점에 와 있다고 본다.[8]

지금까지 외국인을 위한 한국어 교수법은 전 언어권에 공통적으로 필요한 일반론이 주로 논의되고 연구되었다. 최근 2000년도에 이르러 이러한 연구는 더욱 증가되고 있다. 그러나 지금까지 출판된 교과서나 논문에서 구체적으로 각각의 언어권에 알맞은 맞춤식 한국어 교수법은 극히 부분적으로 논의된 바 있다. 전문

---

3. 김정숙(2002 : 17)에서도 학교문법과 한국어 교육문법을 구별하면서 학교문법은 학습자들이 모국어로서 이미 익숙하게 사용하고 있는 한국어를 규칙화·체계화함으로써, 모국어의 규칙 체계를 이해하고 바른 언어 생활을 할 수 있도록 하는 기능을 하는 반면, 한국어 교육문법은 한국어를 모르는 외국인들에게 한국어를 규칙화시켜 제시함으로써, 한국어 구조에 대한 이해를 바탕으로 한국어를 보다 쉽게 익히고 사용할 수 있도록 하는 기능을 한다고 하였다.

4. 김재욱(2003 : 167)에서 외국어로서의 한국어 문법은 한국어에 대한 배경지식과 직관이 없는 외국인을 대상으로 이들이 이해할 수 있는 차원에서 한국어에 대한 추상적인 문법지식이 아닌 각 문법 형태들의 구체적인 의미와 형태·통사·화용적 기능을 제시하여 외국인 학습자들이 한국어로의 의사소통을 원활하게 돕는 것을 목표로 하는 문법 체계로 정의한다.

적이고 체계적인 논의와 연구는 전혀 되지 않았다.[9] 최근에 이르러 대한민국의 위상이 국제사회에서 높아감에 따라 세계 여러 나라에서 한국어와 문화를 배우겠다는 학습자가 폭발적으로 증가하고 있다.[10]

따라서 한국어 교수법의 일반론은 물론이고, 더 나아가서 언어권별 맞춤식 한국어 교수법이 더욱 필요한 시점에 와 있다. 이제는 각 언어권에 알맞은 맞춤식 한국어 교수법이 더욱 필요하게 되었다. 언어권별 한국어 교수법이 필요한 이유로는 첫째, 다국적 학습자가 폭발적으로 증가하기 때문이다. 이에 대한 언어권별 교재 개발이나 반 편성은 물론이고, 언어권별 맞춤식 교육이 필요하다.

둘째, 나라마다 음운구조, 문법구조, 어휘구조가 다르기 때문이다. 예를 들어

---

5. 서정수 : "외국어로서의 한국어교육을 위한 새문법체계"에서 기존 문법과 달리 다음과 같이 새 문법체계를 확정하였다.

〈표〉 새로운 범주 구분의 체계와 용어

범주명(category)		하위 범주(subcategory)	보기(example)
어휘범주	(1)명사류어 (noun class words)	명사(noun)	서을, 나무, 넋
		대명사(pronoun)	나, 너, 당신
		수사(numera)1)	하나, 둘, 세
	(2)동사류어 (verb class words)	동사(verb)	가(다), 먹(다)
		존재사(existentive)	있(다), 없(다)
		형용사(adjective)	좋(다), 길(다)
		지정사(copula)	-이(다), 아니다
	(3)수식어 (modifier class words)	관형사(determinative)	이, 그, 새, 헌
		부사(adverb)	잘, 빨리, 매우
	4)독립어(absolutes)	감탄사(exclamative)	아이구, 참
		간투사(interjector)	예, 아니오
문법범주	(5)기능표지 (function marker)	주격표지(subject maker)	-이/-가
		목적격표지(object maker)	-를/-을
	(6)기능변환소 (funtional transformer)	관형화소(determinativizer)	-의, -는, -을
		명사화소(nominalizer)	-ㅁ, -음, -기
		후치사(postposition)	-에, -에서, -로
		피동 형태(passivizer)	이, 히, 기, 리
		사동 형태(causativizer)	이, 히, 리, 기, 우, 추
		주제존대형태(honorificator)	시
	(7)의미한정소 (meaning delimiter)	한정사(delimiter)	는, 도, 만
	(8)접속기능소 (conjunctor)	명사접속형(nominal conjunctor)	및, 와, 하고
		절접속형(clausal conjunctor)	고, 어서, 도록
	(9)서술보조소 (predicate auxiliary)	시제/상(tense/aspect)	었, 었었
		서법형태(modal, mood)	겠, 더, 는다

6. 결합형이란 어미결합형, 습관적-조사 결합형, 조사, 어미, 의존명사, 서술어 결합형, 공기관계의 결합형, 관습화 표현과 같은 특정한 유형(pattern), 덩어리 유형, 퍼턴형 등 모두 다 포함하는 개념이다.

일본어에서는 단 모음이 5개(あいうえお)인데 한국어는 10개의 단모음으로 음운 구조가 다르다. 또한 한국어 'Vst+(으)ㄹ 수 있다'의 문법구조를 가르칠 때, 영어로는 'can'에 해당되고, 중국어로는 '能'에 해당된다. 즉 한 단어에 해당된다.

따라서 영어권이나 중국어권 학습자에게 위의 문형(pattern)[11]을 가르칠 때 한국어 구조를 분석하지 말고 외국인 학습자의 문법의식에 맞게 한 단어나 한 덩어리(문형, 말뭉치, 결합형, 표현단위)로 가르쳐야 함을 말해 준다. 그러나 일본어권의 학습자에게 위의 문형을 가르칠 때에는 하나의 표현 단위로 가르치지 말고, '동사어간+관형사형 어미+의존명사+서술어'로 분석하여 가르치는 것이 효과적이다. 일본어 문법구조는 우리의 문법구조와 거의 같기 때문이다. 한국어 'Vst+(으)ㄹ 수(가) 있다'의 구조는 일본어의 '동사어간+어미+의존명사조사+서술어'에 대응된다. 따라서 위에서 보인 것처럼 언어권별로 교수법이 달라야 함은 자명하고 맞춤식 교육이 필요함은 당연한 논리이다.

셋째, 각 나라마다 문화가 다르고 문법의식이 다르기 때문이다. 문화가 다르면 몸짓말이 다르고 문법의식도 다르다. 아울러 어휘구조나 의미구조, 그리고 문법구조도 다르다. 어휘구조면에서 예를 들면, 한국어의 '소개(紹介)'는 중국어로 '介紹'이다. 한국어 '시낭송회(詩朗誦會)'는 중국어로 '朗誦詩會'이다. 이와 같이 어순이

---

7. 이미혜(2002)에서는 이러한 문법 유형을 개별 형태소 유형인 문법 항목과 덩어리 유형으로 구분하고 다시 덩어리 유형을 문법적인 특성이나 제약, 예측하기 어려운 언어사용에 쓰이는 표현 항목과 형태소들의 단순결합인 단순 결합항목으로 나누고 표현항목도 한국어 문법 교육에 포함되어야 함을 주장하였다.

8. 지금까지 각 대학이나 각 사회기관에서 출판된 교과서가 언어권별로 출한된 것이 거의 없다. 다만 연세대 출판부 「Ⅰ,Ⅱ」가 영어, 일어, 중국어, 러시아어로 출판된 것뿐이다. 최근 2003년 'Language PLUS'에서 영어판, 중국어판, 일어판이 출판되었다. 그러나 한국어 교사용 언어권별 교과서는 아직 한 권도 없다.

9. 지금까지 언어권별 체계적 한국어 교수법의 논문으로는 정정덕(2003), 외국인을 위한 한국어 문법 교육 Ⅰ (인문논총 제10집 : 창원대 인문과학연구소) 등 2편 정도가 있다.

10. 최근 한국의 위상이 국제적으로 높아감에 따라, 중국어권, 일본어권, 슬라브 언어권, 유럽어권, 그리고 동남아시아 언어권의 학습자가 한류의 바람을 타고 교육이나 구직을 위하여 한국에 몰려 오는 추세이다. 최근 2004년도 재 부산 중국 영사관의 외교관에 의하면 부산 지역만 중국인 학습자가 1000명이 넘었다고 한다.

11. 문형(Sentence Pattern)의 용어와 같은 뜻으로 '복합형태', '관용어' 그리고 '복합표현' 등 다양하게 쓰고 있다. '외국인을 위한 실용 표준문법'에서 용어의 통일이 필요하다.

달라 어휘구조가 다르다. 의미구조면에서 예를 들면, 중국어로 '女朋友'와 '女的朋友'는 의미가 다르다. 중국어로 '女朋友'는 한국어의 '애인'의 뜻이고 '女的朋友'는 한국어 '여자친구'에 해당된다. 중국어로 '愛人'은 '남편' 또는 '아내'를 뜻하나 한국어의 '애인(愛人)'과 그 뜻이 아주 다르다.

넷째, 문화권 즉 언어권에 따라 한국어 습득능력이 다르다. 당연히 영어권 학습자보다는 알타이 언어를 사용하는 일본어권 학습자가 한국어 언어 습득에서 빠르다는 것은 이미 다 알려진 사실이다. 그러나 중국어권과는 좀 다르다. 처음엔 일본어권 학습자가 중국어권 학습자보다 빠르게 습득한다. 중급 이상 되면 어휘력이 중국인 학습자가 일본인 학습자보다 빨리 한국어를 더 잘 익힌다. 위와 같이 4가지 이유에서, 언어권에 따라 한국어 교수법 즉 발음교수법, 문법교수법, 어휘교수법이 달라야 함은 자명하다.

따라서 이 논문의 연구목적은 한국어 교수법의 일반론[12]과 외국인 학습자에 대해 여러 요소를 알고 있는[13] 한국어 교사가 실제적으로 한국어 보조용언을 언어권별로 대조언어학적 측면에서 교육하는 것이 보다 효과적임을 밝히는 데에 그 연구 목적이 있다. 즉 언어권별 맞춤식 한국어 교수법을 제시하는 데에 그 목적이 있다. 이렇게 함으로써 각 언어권별 학습자의 언어를 잘 모르는 한국어 교사라도 기본적인 학습자의 언어 발음만이라도 알고 또 문법적 항목을 대조한 예만이라도 보여주면, 실제 구체적으로 한국어를 가르치는 데에 많은 효과가 있을 것이다. 또한 언어권별 한국어 교재를 개발하거나 외국인을 우한 한국어 학습지도안을 짜는 데에도 크게 기여할 것이다.

II. 맞춤식 한국어 문법교육

앞의 서론에서 외국인을 위한 한국어 문법에 대한 관점을 크게 2가지로 나누어

---

12. 백봉자(1998:pp.253~270)에서, 언어교육의 4가지 기능 교육 (말하기 교육, 쓰기 교육, 듣기 교육, 읽기 교육)의 일반론을 제시하고 있다.

13. 학습자의 분석요소로는 1)국적 2)나이 3)성 4)국민성 5)직업 6)문화 7)종교 8)학습목적 9)학습기간 10)한국어 수준 11)사상 12)외국어 수준 13)한국에 대한 관심도 등이 있다.

설명하면서 필자는 외국인을 위한 문법체계는 내국인을 위한 문법체계와는 달라야 한다는 데에 동의했다. 더 나아가서 언어권별 즉 맞춤식 한국어 문법 교육의 필요성과 타당성을 예를 들어 설명하였다.

이제 제 2장에서는 언어권별 맞춤식 한국어 문법 중 한국어 보조용언을 대조언어학적 측면에서 항목별로 비교 설명하겠다. 각 언어의 대부분은 형태는 다르나 문법관계는 대응관계가 되는 것이 일반적이다. 1:1 대응관계가 안 될 경우에도 비슷한 대응관계를 보이면서 그 차이점에 대해 더 설명하는 것이 효과적임은 말할 것도 없다. 이제 한국어 보조용언에 대해 효과적인 교수방법을 하나하나 설명하겠다.

2. 1. 한국어 보조용언 교육

맨 처음 보조용언의 범주를 설정하고 체계적으로 정립한 사람은 최현배(1937)이다. 그 후 많은 학자들이 보조용언의 개념, 보조용언의 판별기준, 보조용언의 의미 그리고 보조용언의 범주 설정에 대해 많은 견해 차이를 보여 왔다.

우선 최현배(1937)가 세운 보조용언의 범주 목록은 다음과 같다.

1. 보조동사(도움움직씨)
1) 부정조동사(아니하다, 못하다, 말다)
2) 사동조동사(하다, 만들다)
3) 피동조동사(지다, 되다)
4) 진행조동사(가다, 오다, 있다)
5) 종결조동사(나다, 내다, 버리다)
6) 봉사조동사(주다, 드리다, 바치다)
7) 시행조동사(보다)
8) 강세조동사(쌓다, 대다)
9) 당위조동사(하다)
10) 시인조동사(하다)
11) 가식조동사(체하다, 척하다, 양하다)
12) 과기조동사(번하다)
13) 보유조동사(놓다, 두다, 가지다)

2. 보조형용사(도움그림씨)
   1) 희망보조형용사(싶다, 지다)
   2) 부정보조형용사(아니하다, 못하다)
   3) 추측보조형용사(듯하다, 듯싶다)
   4) 시인보조형용사(하다)
   5) 가식보조형용사(만하다, 직하다)
   6) 상태보조형용사(있다)

　위의 최현배가 세운 보조용언 목록 중 1)부정조동사, 2)사동조동사, 3)피동조동사 그리고 2)부정보조형용사는 많은 학자들이 보조용언으로 보지 않았다. 1)부정조동사를 인정하지 않는 학자로는 김기혁(1987:82~87), 서정수(1994), 손세모돌(1996:83) 등이 있고, 2)사동조동사를 인정하지 않은 학자로는 이관규(1986), 김기혁(1987), 류목상(1980), 손세모돌(1996), 박선옥(2002:80) 등이 있다. 또한 3)피동조동사를 보조용언으로 인정하지 않은 학자로는 고영근(1974), 김기혁(1987:95), 이금희(1996:15), 손세모돌(1996) 등이 있다. 또한 2)부정보조형용사를 인정하지 않은 학자로는 앞의 1)부정조동사를 인정하지 않는 학자들이다. 이외 10)시인조동사(하다)와 4)시인보조형용사(하다)를 서정수(1974), 안명철(1990ㄴ), 정정덕(1983)은 대동사로 보고 보조동사로 보지 않았다. 11)가식조동사(체하다, 척하다, 양하다)와 12)과기조동사(번하다)을 보조동사로 인정하지 않는 학자로는 이주행(1976), 정정덕(1983), 김기혁(1987), 고영근·남기심(1993;125), 손세모돌(1996:100) 등이다. 류목상(1980), 정정덕(1983)은 "체, 척, 양"을 의존형태소로 보았다.

　또한 마지막으로 6)상태보조형용사(있다)는 학자에 따라 4)진행조동사로 보기도 한다. 또한 보조동사냐 보조형용사냐의 문제는 한국어 교수법에서 구분할 필요도 없기 때문에 보조형용사를 없애고 보조동사에서 다루면 된다.

　이상 최현배(1937)가 세운 보조용언 목록 중 많은 학자들이 근거를 들어 보조용언으로 보지 않은 것은 이 논문에서 제외한다. 특히 1)부정조동사는 부정법에서 다루면 되고, 2)사동조동사는 사동법에서, 3)피동조동사는 피동법에서 특별히 중요하게 다루므로 여기서는 보조용언 범주에서 제외한다. 단, 10)시인조동사(하다),

11)가식조동사(체하다, 척하다, 양하다) 그리고 과기조동사(번하다)는 보조용언에서 제외해야 하지만, 외국인들에게 교육할 때 어디선가는 가르쳐야 하고, 구조상, 의미상, 이 곳 보조용언에서 다루는 것이 효과적이기 때문에 이곳에서 다룬다. 그 뿐만 아니라, 외국인들에게는 이 문법 항목들을 가르칠 때에 보조용언이냐 아니냐가 중요한 것이 아니기 때문에 이 논문에서 함께 다루겠다. 맨 처음 최현배가 세운 보조용언의 목록을 오늘날 보조용언으로 보지 않는 것을 제외하고 재정리하면 다음 〈표1〉과 같다.

〈표1〉 보조용언 목록표

보조용언 범주		판별기준	분리성 (의존성)	연결어미 '-서' 삽입 제약	대용성 제약	논항 상실	문법적 의미 획득
보조동사	부정조동사	-아/어 먹다	○	○	○	○	○
	피동조동사	-아/어 지다	○	○	○	○	○
	진행조동사	-아/어 가다	○	○	○	○	○
		-아/어 오다	○	○	○	○	○
		-고 있다	○	○	○	○	○
	종결조동사	-아/어 내다	○	○	○	○	○
		-아/어 버리다	○	○	○	○	○
		-아/어 치우다	○	○	○	○	○
		-고 말다	○	○	○	○	○
	봉사조동사	-아/어 주다 (드리다)	○	○	○	○	○
		-아/어 바치다	○	○	○	○	○
	시행조동사	-아/어 보다	○	○	○	○	○
		-고 보다	○	○	○	○	○
	강세조동사	-아/어 쌓다	○	○	○	○	○
		-아/어 대다	○	○	○	○	○
	당위조동사	-어야 하다	○	○	○	○	○
보조동사	보유조동사	-아/어 두다	○	○	○	○	○
		-아/어 놓다	○	○	○	○	○
보조형용사	희망보조형용사	-고 싶다	○	○	○	○	○
		-아/어 지다	○	○	○	○	○
	상태보조형용사	-이/어 있다	○	○	○	○	○

2. 1. 1. 보조동사 '-아/어 보다'

'보다'의 본동사의 의미는 영어로 'to see', 중국어로 '看', 일본어로 '見る'이다. 그러나 '-아/어 보다'가 보조동사로 쓰일 때는 '시행'의 기본의미를 갖으며, 상의 의미는 없고 양태의 의미인 '완곡'의 의미를 갖는다.[14] 이 보조동사를 외국인에게 효과적으로 가르치기 위해서는 각 언어권에 따라 대조언어학적 입장으로 대응구조(문장)를 알고 그것을 예를 들어 대조설명하면 효과적으로 쉽게 가르칠 수 있다.

> (1) 친구가 왔으니까, 사무실에 <u>가 보세요</u>.
>   a) Please (<u>try</u>) go to the office because your friend is here.
>   b) 因为朋友来了去办公室<u>看看</u>。
>   c) 友だちが来たので事務室に行っ<u>てみなさい</u>。

위의 보기 (1)에서와 같이 '-아/어 보다'의 보조동사는 영어로 a)에서처럼 'try'에 대응되거나, 'try'를 동사 앞에서 놓지 않아도 된다. 중국어권에서는 '试试, 看看'으로 대응된다. 따라서 중국어권 학습자에게 본용언 다음에 b)처럼 '看看'을 넣으면 된다. 일본 학습자에게는 c)처럼 본동사 다음에 'みる'를 넣으면 된다. 물론 이 때, 음편을 가져오는 것은 한국어와 마찬가지이다. 이상 보조동사 '-아/어 보다'는 영어로는 'try', 중국어로는 '试试, 看看' 그리고 일어로는 '見る'에 대응됨을 알 수 있다. 한국어 교사는 이처럼, 언어권별로 대조언어학적 입장으로 대응구조를 알고 있으면서, 구체적 대응문장을 예를 들어 가르치면 효과적이다. 지금까지 보조용언의 기본의미만을 대응시켜 살펴보았다. 그러나 보조용언에는 상과 양태의 의미를 갖는 경우가 있다. 위에서 상의 의미나 양태 의미는 다루지 못했다. 이 상과 양태의 의미는 대조언어학적인 대응문장에서 그 의미가 드러나지 않는다. 만약 한국어와 각 언어권별로 대응시켜 상과 양태의 의미가 드러나면 가르치는데

---

14. '-아/어 보다'의 기본의미를 학자에 따라 다르게 본다. '시행'으로 본 사람은 최현배(1937), 정정덕(1983), 손세모돌(1994), 서정수(1996), 강흥구(1999), 최소현(2003) 등이다. '경험'으로 본 사람은 이상복(1986)이고, '시도'로 본 사람은 유영길(1995), 정언학(2002) 등이고, '수행'으로 본 사람은 박선옥(2002)이다. '경험과 시행'으로 본 사람은 허철구(1991) 등이다.

문제가 없다. 그러나 대응 문장에서 상과 양태의 의미가 드러나지 않을 때는, 기본의미의 대응문장을 설명하면서 상과 양태의 의미가 있음을 설명해야 한다.

'-아/어 보다'의 상의 의미는 없으므로 문제가 되지 않는다. 그러나 양태의 의미인 '완곡'의 의미는 예를 들면서 구두로 설명해야 함을 잊어서는 안 된다. 특히, 보조동사 '-아/어 보다'는 명령과 청유문에서 '완곡'의 의미가 드러난다. 다음 보기에서 살펴보자.

    (2) a) 손님, 사무실 안으로 들어오세요.
       b) 손님, 사무실 안으로 들어<u>와 보세요</u>.

위의 (2)에서 a)보다는 b)문장(보조용언 사용)이 우회적으로 행동을 지시하여 완곡한(부드러운) 표현을 한다. 이 '완곡'의 양태적 의미를 외국인 학습자에게 중급과정 후반 이상에서 설명하면 효과적으로 가르칠 수 있다.

2. 1. 2. 보조동사 '-아/어 가다'

'가다'의 본래 본동사의 의미는 'to go, 去, 行く'이다. 그러나 '-아/어 가다'가 보조동사로 쓰일 때는 [+이동]의 기본의미를 갖는다. 상의 의미로는 동작동사와 결합할 때 동작의 '진행상'의 의미를 갖으며, 상태동사와 결합할 때는 상태변화의 '지속상'의 의미를 갖는다.[15] 양태 의미로는 [±긍정적 평가]의 의미가 있다.

이 보조동사를 외국인 학습자에게 효과적으로 가르치기 위해서는 각 언어권에 따라 맞춤식 교육이 필요하다. 맞춤식 교육을 효과적으로 하려면 한국어 교사는 아래와 같이 언어권 별로 대응구조(문장)를 예를 들어 설명할 수 있으면 쉽게 가

---

15. '-아/어 보다'의 기본의미를 [+이동]으로 본 사람은 이금희(1996), 배수자(2007)등이고, [+변이]로 본 사람은 박선옥(2002) 등이고, '지속'으로 본 사람은 강흥구(1999), 손세모돌(1996) 등이다.
'진행상'으로 본 사람은 최현배(1965), 이주행(1976), 이기동(1995), 고영근(1993), 손세모돌(1996), 정정덕(1983), 서정수(1996), 박정옥(2003) 등이다. 대다수 학자가 '진행상'의 의미를 갖는다고 보았다.

르칠 수 있다. 만약 한국어 교사가 학습자 언어로 대응시킬 수 없으면, 아래 대응 문장을 학습지도안에 미리 준비하여 각 언어권별 학습자에게 보여주면 학습자는 쉽게 한국어 보조용언을 사용할 수 있게 된다.

(3) 나는 이 문제를 <u>풀어 갑니다</u>.
    a) I <u>am solving</u> this problem.
    b) 我<u>快(几乎)</u>解决了这个问题。
    c) 私は問題を全部解<u>いていきます</u>。

위의 보기 (3)처럼, '-아/어 가다'의 보조동사는 영어로 주로 'be+Verb+ing'에 대응되고, 중국어로는 '快(几乎)'로 대응되며, 일본어로는 '-ていく'로 대응된다. 영어나 중국어로는 본동사 앞으로 보조동사가 오나, 일본어는 우리말 어순과 똑같이 본동사 뒤에 위치하며, 보조동사도 한국어 '가다'와 'いく'로 똑같음을 알 수 있다.

한국어 교사는 위와 같이 각 언어권별로 대응문장(문법, 구조)를 알고 예를 들어 설명할 수 있으면 쉽게 외국인 학습자에게 한국어 보조용언을 가르칠 수 있다.

지금까지 '-아/어 가다'의 기본적 의미만 설명했다. 그러나 상의 의미인 '진행상'의 의미와 양태적 의미인 [±긍정적 평가]를 설명하지 못했다.

'진행상'의 의미는 영어권이나 일본어권 학습자에겐 별로 문제가 되지 않는다. 그러나 중국어권 학습자에겐 '진행상'의 의미를 다음 보기 (4)로 대응시켜 설명하면 쉽게 가르칠 수 있다.

(4) 나는 밥을 <u>먹어 갑니다</u>.
    a) 我<u>正在</u>吃饭。

위의 (4)에서 처럼 '-아/어 가다'의 '진행상'의 의미는 중국어로 '正在'와 대응된다. 따라서 한국어교사는 중국인 학습자에게 위와 같은 대응구조를 알고 대응시켜 가르칠 수 있으면 쉽게 가르칠 수 있다. 따라서, 언어권별 맞춤식 교육이 필요함은 당연한 논리다.

또한 '-아/어 가다'의 양태의미인 [±긍정적 평가] 의미를 가르칠 때는 영어권, 중국어권, 일본어권 모두 학습자에게 기본의미를 가르치면서 양태의미를 설명해야 한다. 문장에 따라 [±긍정적 평가]가 이루어지므로, 문장의 용례를 잘 들어 설명해야 한다.

다음은 '-아/어 가다'의 [±긍정적 평가]의 의미를 나타내는 문장의 예이다.[16]

   (5) a) 교실 안이 점점 식어 <u>간다</u>.
      b) 나는 숙제를 다 <u>해 간다</u>.

위의 보기 (5)의 a)의 '-아/어 가다'는 화자가 명제 내용에 대해 [-긍정적 평가] 즉 바람직하지 않다고 판단하고 있음을 알 수 있고, b)의 문장에서의 보조용언의 의미는 a)의 양태적 의미와는 달리 화자가 '숙제를 다 해가는 것'의 명제 내용에 대하여 바람직하다고 즉 [+긍정적 평가]를 하고 있음을 알 수 있다. 이와 같은 양태적 의미는 초급과정에선 설명하면 안 되고, 중급 후반이나 고급과정에서 가르쳐야 할 것이다. 따라서 '보조용언'의 기본의미만 초급과정에서 가르치고 중급과정 또는 고급과정에서 양태의미를 분리하여 가르치는 것이 효과적이다. 또한 보조동사에 따라 기본의미는 초급과정이나 중급과정에서 가르쳐야 하지만, 상의 의미와 양태의미는 중급후반 이상 고급과정에서 분리하여 가르치는 것이 효과적이다.

2. 1. 3. 보조동사 '-아/어 오다'

'오다'의 본동사의 의미는 영어로 'to come', 중국어로 '来', 일본어로 'くる'로 쉽게 대응할 수 있다. 그러나 '-아/어 오다'가 보조동사로 쓰일 때는 앞의 '-아/어 가다'와 마찬가지로 [+이동]이다. 다만 '-아/어 가다'는 "앞말의 뜻하는 행동이나 상태가 말하는 이 또는 말하는 이가 정하는 기준점으로부터 멀어짐"을 뜻한다. '-

---

16. 김지은(1998:35)에서 양태용언의 하위분류를 크게 화자중심 양태용언과 주어중심 양태용언으로 나누어 살핀 바 있다.

아/어 오다'는 그와 반대로 "가까와지면서 계속 진행됨"을 뜻하는 것이 다르다. 상의 의미로는 동작동사와 결합하여 동작의 '진행상'의 의미를 갖으며, 상태동사와 결합할 때는 상태 변화의 '지속상'의 의미를 갖는다. 그러나 양태적 의미는 특별히 드러나지 않는다.[17]

이 보조동사를 외국인 학습자에게 효과적으로 가르치기 위해서는, 한국어 교사가 아래와 같이 언어권별로 대응구조(문장, 문법)을 예를 들어 설명할 수 있으면 쉽게 가르칠 수 있다.

> (6) 버스가 이쪽으로 <u>달려 옵니다</u>.
>   a) A bus <u>is racing</u> this way.
>   b) 公共汽车<u>正在来着</u>呢。
>   c) バスがここに走<u>ってきます</u>。

위의 보기 (6)처럼 '-아/어 오다'의 보조동사는 영어로 'be+Verb+ing'에 대응되고 중국어로 '正在+Verb'에 대응되며, 일본어로는 '-てくる'로 대응된다. 한국어 교사는 위와 같이 각 언어권 별로 맞춤식 대응문장을 알고 설명할 수 있으면 효과적으로 가르칠 수 있다. 상의 의미인 '진행상'과 '지속상'은 앞의 2. 1. 2의 '-아/어 가다'와 같으므로 영어권, 중국어권, 일본어권 학습자에게 문제될 것이 없다. 기본의미와 더불어 상의 의미를 쉽게 가르칠 수 있다.

2. 1. 4. 보조용언 '-고 있다', '-아/어 있다'

'있다'의 본동사의 의미는 영어로 'existence', 중국어로 '在…着', 일어로 'ある(いる)'이다. 그러나 '-고 있다/-아/어 있다'가 보조동사로 쓰일 때는 '진행'의미를 갖

---

17. 손세모돌(1994:135)에서 본동사가 동사일 경우에 '말하는 이의 위치'를 표시하며, 형용사일 경우에는 화자가 변화의 방향을 판단하는 표시를 나타낸다고 보았다. 그러나 이런 의미는 너무 전문적이어서 우리 한국인에게도 구별할 수 없는 것이고, 또한 비유적 의미로 쓰이거나 화용론적 주관적 판단에 의해 드러나는 의미이기 때문에 구태여 외국인에 가르칠 필요가 없다.

는다.[18] 상의 의미로는 '-고 있다'는 '동작 진행상'과 '완료상'의 의미를 갖으며, '-아/어 있다'는 '완결상태 지속상'의 의미를 갖는다. '-고 있다'는 '완료상'과 '진행상'의 중의적인 뜻이 있다. 양태적 의미로는 [±긍정적 평가]를 갖는다.

이 보조동사를 외국인에게 효과적으로 맞춤식 교육을 하기 위해서는 각 언어권에 따라 대응문장(대응문법, 구조)을 알고, 그것을 예를 들어 설명하면 쉽게 가르칠 수 있다. 다음 보기 (7)에서 살펴보자.

> (7) 학생이 앉<u>아 있다</u>.
>   a) A student <u>is sitting</u> on a chair.
>   b) 学生<u>在</u>椅子上坐<u>着</u>。
>   c) 学生が椅子に座っ<u>ています</u>。

위의 보기 (7)에서처럼 '-아/어 있다'의 보조동사는 영어로 'be+Verb+ing'에 대응되고, 중국어로는 '在…着'에 대응되고, 일어로는 '-てある(いる)'에 대응된다. 상의 의미로는 '-고 있다(진행상, 완결상)'와 '-아/어 있다(지속상)'를 구별하여 예를 들어 가르칠 필요가 있다.

이 상의 의미는 고급과정 학습자에게 가르쳐야 한다. 초·중급에서 가르치면 어렵고 이해하기 어렵다. 양태적 의미인 [±긍정적 평가]는 문장에 따라 주관적 판단에 의해 알 수 있기 때문에 구태여 가르칠 필요가 없다.

2. 1. 5. 보조동사 '-아/어 내다'

'내다'의 본동사의 사전적 의미는 "안에 것을 밖으로 내다"이다.[19] 즉 영어로

---

18. 이금희(1996:32)에서 '-고 있다'는 '기준점 진행'이라고 했고, '-아/어 있다'는 '기준점에서 진행'을 나타낸다고 하고 있다. 김성화(1989)는 '-고 있다'가 '단순지향성 진행'으로 보았고, 강흥구(1999:114)에서 '-고 있다'는 '진행상과 지속상'으로 보았다. 이러한 견해의 차이에 대해서는 외국인 학습자에게 가르칠 때 구태여 구별하여 가르칠 필요가 없다.

19. 본동사 '내다'의 사전적 의미는 물론 '안에 것을 밖으로 내다' 외에 '발취하다, 이름내다, 발설하다, 허가를 내다, 만들다, 출품하다, 발행하다, 제출하다, 음식내다, 돈을 내다, 손력을 내다, 모를 내다, 개시하다, 뽑다 등'이 있다.

'put out, take out'이고, 중국어로 '拿出', 일본어로 '出す'이다. 그러나 '-아/어 내다'가 보조동사로 쓰일 때는 '수행'이다. 영어로는 'Verb+ed' 즉, 과거형으로 대응되고, 일본어로는 '出す', 중국어로는 '完了'로 대응된다. 상의 의미로는 '종결상, 완결상'의 의미를 갖으며, 양태적 의미로는 '[+긍정적 평가] 즉 어려움의 극복'의 의미를 갖는다.[20] 이 보조동사를 외국인 학습자에게 효과적으로 가르치기 위해서는 각 언어권에 따라 다음 보기 (8)처럼 대조언어학적 맞춤식 대응구조(문형, 문법)를 예를 들어 설명하면 쉽게 효과적으로 보조용언을 가르칠 수 있다.

(8) 그 회사가 이 물건을 만들어 냈어요.
　　a) That company manufactured this item.
　　b) 这个公司把东西制造完了。
　　c) その会社にこの商品を作り出しました。

위의 보기 (8)처럼, '-아/어 내다'의 보조동사는 영어로는 주로 '과거형이나, have+p·p'로 대응된다. 중국어로는 '完了'로, 일본어로는 '出す、済む'로 대응된다. 위의 문장을 한국어 교사는 학습자 언어권 별로 미리 학습 지도안에 준비하였다가 가르치면 쉽게 가르칠 수 있다.

보조동사 '-아/어 내다'의 상의 의미는 '종결상, 완료상'이라그 앞에서 했다. 이 상의 의미는 위의 보기 (8)문장으로 기본의미는 물론 상의 의미(완료상, 종결상)가 드러나므로, 기본의미를 가르친 후에 상의 의미를 함께 가르치면 쉽게 가르칠 수 있다.

또한 '-아/어 내다'의 양태의미인 [+긍정적 평가] 즉, 화자의 만족함[21]은 다음 보기 (9)문장을 통하여 각 언어권 별로 중급과정 이상에서 가르치면 효과적이다.

(9) a) 그녀는 대학시험에 합격했다.
　　 b) 그녀는 대학시험에 합격해 냈다.

---

20. 손세모돌(1996:205)에서 '내다'의 보조동사의 기본의미는 '성취'로 코았고, 박선옥(2002:133)은 '수행'으로 보았고, '존경, 완료'로 본 사람도 있다

21. 김용석(1983), 허철구(1991), 강홍구(1999:126)에서 '-아/어 내다'의 양태적 의미는 [+긍정적 평가]로 보았다. 이외에도 대다수 학자들도 이 양태적 의미로 보았다.

위의 보기 (9)에서 a)는 단순히 대학시험에 합격했다는 의미이다. 그러나 b)의 문장은 보조동사가 사용된 문장인데, 대학시험에 합격하는 것은 어려운 일이다. 그 어려움을 극복해서 만족하다는 화자의 심리적 태도가 나타나고 있음을 알 수 있다.

2.1.6. 보조동사 '-아/어 버리다'

본동사 '버리다'의 사전적 의미는 "가지고 있을 필요가 없는 물건을 내던지다"이다.[22] 이것을 영어로 'throw away'이고 중국어로는 '扔掉'이다. 일어로는 '捨てる'이다. 그러나 '-아/어 버리다'가 보조동사로 쓰일 때의 기본의미는 '수행'이다. 영어로는 'accomplishment' 인데 영어문장에서 '과거'나 '과거완료형'으로 대응된다. 일어로는 '-てしまう'이고, 중국어로는 'Verb+完了' 또는 '全+Verb+了'구조이다. 상의 의미로는 '-아/어 내다'와 마찬가지로 '종결상'을 갖는다. 또한 양태적 의미로는 '종결강조'와 [±긍정적 평가] 즉 [아쉬움]과 [부담제거]의 의미가 있다. 이 보조동사를 외국인 학습자에게 효과적으로 가르치기 위해서는 다음 각 언어권에 따라 대응문장을 예를 들어 설명하면 각 학습자는 각각 자기 언어로 쉽게 이해한다. 다음 보기 (10)에서 그 점을 살펴보자.

> (10) 친구와 만날 약속을 잊어 버렸어요.
>   a) I <u>forgot</u> the appointment to meet with my friend.
>   b) 和朋友见面的约定<u>全忘了</u>。
>   c) 友だち会う約束を忘れ<u>てしまいました</u>。

위의 보기 (10)처럼 '-아/어 버리다'의 보조동사의 의미는 영어로는 a)처럼 '본동사의 과거나 과거 완료형'과 대응되고, 중국어로는 b)처럼 '全+动词+了'로, 일어로는 c)처럼 '-てしまう'로 대응됨을 알 수 있다.

한국어 교사는 위의 문장을 미리 학습지도안에 학습자 언어권 별로 준비하였

---

22. '버리다'의 본동사의 의미로는 '물건을 내던지다'외에, '포기하다, 못쓰게 하다, 생략하다 등'의 의미가 있다.

다가 가르치면 쉽게 학습자는 이해한다. 단 모든 학습자에게 이 대응구조(문형)를 가르칠 때 주의할 것은 형용사하고는 보조동사가 제약이 있음을 가르쳐야 한다.

한편 '-아/어 버리다'의 상적 의미는 '종결상'의 의미를 갖는다고 했다.[23] 이 '종결상'의 의미는 위의 보기 (10)에서 기본의미는 물론 상의 의미(종결상)가 드러나므로 기본의미를 가르친 후, 상의 의미를 함께 설명하면 효과적으로 쉽게 가르칠 수 있다. 또한 '-아/어 버리다'의 양태의미인 [±긍정적 평가] 즉 '아쉬움'과 '부담제거'의 의미를 가르칠 때는 각 언어권(영어권, 중국어권, 일본어권) 학습자 모두에게 기본의미를 가르치면서 양태의미를 설명해야 한다. 이 양태의미는 문장에 따라, 상황에 따라 양태 의미가 드러나므로, 문장의 용례를 각 언어권 별로 잘 들어 설명해야 한다. 이 양태적 의미는 중급 후반이나 고급과정에서 가르쳐야 한다.

또 하나 양태적 의미로 '종결 강조'의 의미는[24] 다음 문장의 예를 들어 설명하면 될 것이다.

 (11)a) 철수는 과자를 먹었다.
   b) 철수는 과자를 완전히 먹어 버렸다.

위의 보기 (11)의 b)는 보조동사가 쓰인 문장이다. a)의 문장에 비교하여 b)문장은 '-아/어 버리다'가 정도부사 '완전히'와 공기하여 '종결 강조'를 하고 있음을 알 수 있다.

2. 1. 7. 보조동사 '-고 말다'

본동사 '말다'의 사전적 의미는 "할 일을 그만두다"이다.[25] 이것은 영어로는

---

23. '-아/어 버리다'의 상의 의미에 대해서, 최현배(1937)에서 '끝남 종결',이주행(1976)은 '완결상', 김미영(1992)은 '제거성 종결상', 손세모돌(1996)은 '종결상'으로 보았다.
24. 김석득(1992)과 김명희(1985)는 '종결 강조'의 양태적 의미가 있음을 설명했다.
25. '-고 말다'를 보조동사로 보지 않고 '-지 말다'를 보조동사로 본 사람은 최현배(1937), 이주행 (1976), 류목상(1980), 김기혁(1987), 박선옥(2002) 등이 있다. 필자는 '-지 말다'는 부정법에서 다룰 문제이고, '-고 말다'만 보조동사로 보았다. 배수자(2006)에서 '-고 말다'만 보조동사임을 판별기준으로 밝혔다.

‘stop’이고, 중국어로는 ‘中斷’이다. 일어로도 ‘中斷’인데 발음이 중국어와 다르다. 그러나 ‘-고 말다’가 보조동사로 쓰일 때의 기본의미는 ‘종결’이다. 영어로는 ‘과거나 과거완료’형으로 대응되고, 중국어로는 ‘-아/어 버리다’와 마찬가지로 ‘動詞+(完)了’로 대응된다. 일어로는 ‘-てしまう’로 대응된다. 이 ‘-고 말다’의 상의 의미로는 ‘종결상’을 갖는다. 따라서 형용사와는 어울리지 못하는 제약이 있다. 한편 양태적 의미로는 ‘행위자 결심’의 의미를 갖는다.

이 보조동사 기본의미를 외국인 학습자에게 효과적으로 가르치기 위해서는 다음 각 언어권에 따라 맞춤식 대응문장(구조)을 예를 들어 설명하면 학습자는 각각 자기 언어로 쉽게 이해한다. 다음 보기 (12)에서 그 점을 살펴보자.

(12) 나는 약속을 잊고 말았다.
    a) I forgot the appointment.
    b) 我忘了约定。
    c) 私が約束を忘れてしまいました。

위의 보기 (12)처럼 ‘-고 말다’의 보조동사의 의미는 영어 문장에선 ‘과거나 과거완료’로 대응되고, 중국어와 일본어로는 앞의 2.1.6 ‘-아/어 버리다’와 마찬가지로 대응된다. 따라서 ‘-아/어 버리다’를 가르칠 때 같이 ‘-고 말다’를 가르쳐도 효과적인 방법이 된다.

한편 ‘-고 말다’의 상적 의미는 ‘종결상’의 의미를 갖는다고 앞에서 언급하였다. 이 ‘종결상’의 의미는 위의 보기 (12)에서 기본의미인 ‘종결’은 물론 상의 의미 ‘종결상’이 자동적으로 드러나므로, 기본의미를 가르칠 때 상의 의미를 함께 설명하는 것이 효과적이다. 또한 ‘-고 말다’의 양태적 의미인 ‘행위자 결심’은 다음 문장의 예로 가르친다. 다만 양태적 의미는 고급과정에서 가르치는 것이 효과적이다. 학습자에 따라 언어권에 따라 중급과정 후반에서도 가르칠 수 있다.

(13) a) 나는 약을 먹는다.
    b) 나는 약을 먹고 만다.

위의 보기 (13)에서 a)보다는 보조동사가 쓰인 b)의 문장이 '행위자의 결심'이 더욱 드러남을 알 수 있다.

한편 '-고 말다'의 문장은 화용적 맥락에서 화자는 명제 내용에 대해 [±긍정적 평가]를 나타내기도 한다. 다음 문장에서 살펴보자.

(14)a) 영희가 서울을 떠나고 <u>말았다</u>.
    b) 철수가 술을 마시고 <u>말았다</u>.

위의 보기 (14)a)에서 중의적 해석이 가능하다. 화자는 "영희가 서울로 떠나지 않기를 바라고 있었는데, 영희가 떠나고 말았다면 화자는 [-긍정적 평가]를 하여 '실망, 유감'의 의미를 나타낸다. 그러나 반대로 화자는 영희가 서울로 떠나기를 기다렸는데, 마침 떠나게 되니 화자는 [+긍정적 평가]를 하여 '부담제거'의 의미가 드러난다. 이런 화용적 의미는 화자의 심리, 화용적 상황에 나타나므로 고급 과정에서 설명하는 것이 효과적이다.

2. 1. 8. 보조동사 '-아/어 주다(드리다)'

'주다'의 본동사의 의미는 영어로 'to give'이고, 중국어로는 '给'이다. 일본어로는 '与える'이다. '드리다'는 '주다'의 높임표현이다. 그러나 '-아/어 주다(드리다)'가 보조용언으로 쓰일 때의 기본의미는 '봉사'이다.[26] 영어로는 'service'이고, 중국어로는 '服务'이다. 일본어로는 '奉仕(ほうし)'이다. '-아/어 주다'의 상의 의미는 없다. 양태의 의미로는 [+긍정적 평가] 즉 [+유익성]과 '공손표현'의 의미가 있다. '-아/어 드리다'는 '드리다' 자체에 '공손'의 양태의 의미가 있기 때문에 양태의미 문장에서 제약이 따른다.

이 보조용언의 기본의미를 외국인 학습자에게 효과적으로 가르치기 위해서는

---

26. 보조동사 '-아/어 주다'를 '봉사'로 본 사람은 최현배(1937), 이주행(1976), 성광수(1977), 이기동(1979), 김영태(2002) 등이다. 서정수(1996)는 '수여'로, 허철구(1991), 손세모돌(1996), 정언학(2002)는 '수혜'로, 박선옥(2003)은 '제공'으로 보았다.

다음 각 언어권에 따라 맞춤식 대응문장(구조)을 예를 들어 비교 설명하면 쉽게 효과적으로 가르칠 수 있다.

다음 보기 (15) 대응 문장에서 그 점을 살펴보자.

(15) 철수는 동생의 숙제를 <u>도와 주었다</u>.
    a) Cheal-soo <u>helped</u> his younger brother out with his homework.
    b) 哲秀帮助弟弟做作业。
    c) 金さんは弟の宿題を伝えっ<u>てあげました</u>。

위의 보기 (15)에서처럼 '-아/어 주다(드리다)'의 보조동사의 의미는 영어문장 a)에서 문법적 형태로 나타나지 않는다.

즉, '도왔다'나 '도와 주었다'나 모두 'helped'로 차이가 없다. 중국어에서도 마찬가지이다. '돕다'나 '도와 주다'나 문법적으로나 어휘적으로 변화가 없이 '帮助'로 같다.

기본의미는 변하지 않으나 양태적 의미만 드러난다. 그러나 일어에선 '-あげる/くれる'로 대응된다. 이와 같은 차이점을 한국어 교사는 알고 대응문장을 통해 가르치면 학습자는 쉽게 이해한다.

다음은 양태적 의미를 살펴 볼 차례이다. 앞에서 '-아/어 주다(드리다)'의 양태적 의미는 [+유익성]으로 '주다'만이 '공손표현'의 의미가 있다고 했다. 고급과정이나 중급과정 후반에서 다음 문장의 예를 들어 가르친다. 고급과정에선 구태여 각 언어를 대응시켜 설명하지 않아도 잘 이해한다. 앞의 보기 (15)의 기본의미를 설명할 때 양태적 의미를 설명하면 쉽게 이해된다. 다음 문장을 참고하여 가르칠 수도 있다.

(16) a) 영희가 외국인에게 한국말을 <u>가르쳤다</u>.
    b) 영희가 외국인에게 한국말을 <u>가르쳐 주었다</u>(드렸다).

(17) a) 이 서류를 다시 써서 보내십시오.
    b) 이 서류를 다시 써서 <u>보내 주십시오</u>(드리십시오).

위의 (16) b)에서 a)와 달리 '영희가 외국인에게 한국말을 가르쳐 주는 행위'가 주어인 영희는 물론 화자 자신에게도 [+유익성]을 주고 있다. 또한 (17) b)는 보조동사의 결합으로 a)보다 '공손함'의 양태적 의미가 더 드러남을 알 수 있다. 이러한 양태적 의미를 고려해서 한국어 교사는 고급과정의 외국인 학습자에게 (16)(17)과 같은 예를 들어 설명하면 효과적이다.

2.1.9. 보조동사 '-아/어 쌓다(대다)'

'쌓다'의 본동사의 의미는 영어로 'pile(up)'이고, 중국어로는 '堆'이다. 일본어로는 '積む'이다. 그러나 '-아/어 쌓다'가 보조동사로 쓰일 때의 기본적 의미는 '강조'이다. 즉 영어로 'emphasis'이고, 중국어로는 '强调'이다. 일본어로는 '強調(きょうちょう)'이다.[27] '-아/어 쌓다(대다)의 상의 의미는 '행위 지속상'이고, 양태적 의미는 '정도 지나침'이다.

이 보조용언의 기본의미를 외국인 학습자에게 효과적으로 가르치기 위해서는 대조언어학적 입장에서 다음 보기(18)에서 각 언어권에 따라 대응문장(구조)을 예를 들어 설명하면 쉽게 효과적으로 가르칠 수 있다.

> (18) 너는 왜 그렇게 떠들어 <u>쌓니(대니)</u>?
>   a) Why do you <u>keep</u> mak<u>ing</u> so much noise?
>   b) 你为什么<u>总(是)</u>那么吵?
>   c) なぜそんなに騒ぎ<u>まくり</u>しているの？

위의 (18)에서 '-아/어 쌓다(대다)'의 보조동사의 기본의미는 a)의 영어 문장에서 'keep'의 의미로 대응되고, 중국어로는 b)의 문장에서 '总(是)'로 대응된다. 또한 일본어로는 'まくる'로 대응됨을 알 수 있다. 이와 같이 대응구조를 갖고 보조용

---

27. 보조동사 '-아/어 쌓다'를 '강조'로 본 사람은 최현배(1937), 유목상(1980:201) 등이고, '반복'으로 본 사람은 김명희(1984), 김미영(1989)이고, '강세'로 본 사람은 이관규(1986:56)이다. '반복과 강세'의 의미로 본 사람은 강흥구(1999:131)이다.

언을 가르치면 효과적이다. 만약 대응이 완전하지 않을 때는 이 대응문을 기본으로 하여 설명할 수밖에 없다.

또한 '-아/어 쌓다(대다)'의 상의 의미는 '행위 지속상'의 의미를 갖는다고 앞에서 언급했다. 중급과정 이상에서 다음 (19)문장의 예를 들어 가르친다.

    (19) a) 아이가 계속 운다.
        b) 아이가 계속 울어 쌓는다(댄다).

위의 보기 (19)에서 b)의 문장은 a)보다 '아이가 우는 행위'가 보조동사 '-아/어 쌓다(대다)'와의 결합해서 '행위의 지속상'을 나타낸다. 그리고 부사어 '계속'과 공기하여 '행위의 지속상'의 의미를 더욱 명확하게 드러낸다.

또한 다음 (20) 문장에서 '정도의 지나침'의 양태 의미가 드러남을 살펴볼 수 있다.

    (20) a) 너는 왜 늘 짜증을 내느냐?
        b) 너는 왜 늘 짜증을 내 쌓느냐?

위의 보기 (20)에서 b)의 문장은 a)문장과 비교하여 '짜증을 내는 일'이 보조동사 '-아 쌓다'에 의하여, '정도의 지나침'의 양태적 의미가 드러난다.

한국어 교사는 위와 같은 양태적 의미를 알고, 중급 후반이나 고급과정에서 위의 (20)과 같은 문장의 예를 들어 설명하면 학습자는 쉽게 이해된다.

2. 1. 10. 보조동사 '-아/어 두다(놓다)'

'두다(놓다)'의 본동사의 의미는 둘 다 영어로 'to put'이고, 중국어로는 '放'이다. 그리고 일본어로는 '置く(おく)'이다. 그러나 '-아/어 두다(놓다)'가 보조동사로 쓰일 때는 본동사의 의미가 바뀌어 '보유' 또는 '상태유지'로 된다.[28] 상의 의미로는

---

28. 보조동사 '-아/어 두다(놓다)'의 의미를 '보유'로 본 사람은 최현배(1937), 김명희(1979)이고, '상태유지'로 본 사람은 유영길(1995), 정언학(2002), 권순구(2004) 등이 있다

'결과 지속상'이고, 양태적 의미는 '미리준비(대비)'이다. 즉 미리 준비해 놓아 [+긍정적 평가(만족함)]의 의미를 나타낸다.

이 보조동사의 기본의미를 외국인 학습자에게 효과적으로 가르치기 위해서 다음 (21)의 각 언어권에 따라 맞춤식 대응문장(구조)을 예를 들어 비교 설명하면 효과적으로 쉽게 가르칠 수 있다.

(21) 그 사람이 피아노를 고쳐 놓았다.
    a) He repaired the piano.
    b) 他把钢琴修完了。
    c) その人がピアノを直して置きました。

(22) 이 책을 책상 위에 놓아 두세요.
    a) Keep this book on the desk.
    b) 把这本书放在桌子上。
    c) この本を机の上に置いておいてください。

위의 보기 (21), (22)에서 '-아/어 두다(놓다)'의 보조동사의 의미는 영어문장 (21) a)에서처럼 어떤 문법적 형태가 차이가 없이 'repaired'로 된다. 그러나 다만 아래 (22) a)에서는 '보유'의 의미인 'keep'으로 나타나기도 한다. 중국어로는 (21) b), (22) b)에서처럼 '完' 또는 동사 다음 '在'에 대응된다. 일본어로는 보기 (21) c),(22) c) 에서처럼 '-ておく'로 대응됨을 알 수 있다.

한편 '-아/어 두다(놓다)'의 상의 의미는 '결과 지속상'의 의미를 갖는다. 다음 예를 가지고 설명하면 쉽게 이해시킬 수 있다.

(23) a) 한생들의 이름을 기억한다.
    b) 학생들의 이름을 기억해 둔다(놓는다).

위의 (23)에서 b)는 a)보다 학생들의 이름을 기억한 후(결과), 그것을 보유 즉 지속하고 있음을 나타낸다.

다음 보기 (24)의 '-아/어 두다(놓다)'는 양태적 의미인 '미리 준비(대비)'가 드러나는 예이다.

> (24) a) 철수가 저축을 많이 했다.
>   b) 철수가 저축을 많이 해 두었다(놓았다).

위의 보기 (24) b)는 a)보다 보조용언을 써서 훗날을 대비하여 미리 저축을 많이 해 둔 것으로 해석된다. 따라서 미래를 위한 '미리 준비(대비)'의 양태적 의미가 드러난다. 이 훗날의 대비는 화자의 [+긍정적 평가] 즉 '만족함'의 양태적 의미로 해석할 수 있다. 이런 양태적 의미는 중급 후반이나 고급과정에서 설명하면 효과적이다.

2. 1. 11. 보조동사 '-어야 하다'

'하다'의 본동사의 사전적 의미는 "의식 또는 무의식적으로 어떤 목적을 위하여 움직이다"이다. 즉 이때의 의미는 영어로 'to do'이고, 중국어로는 '做'이다. 그리고 일본어로는 'する'이다. 그러나 '-어야 하다'가 보조동사로 쓰일 때의 기본의미는 '당위'이다.

즉 영어로는 'what should be'로서, 문장에선 조동사 'should, have to, must' 등으로 표현된다. 중국어로는 동사 앞에 '应该'라는 어휘를 넣어서 표현한다. 일본어로는 문장에서 '-なければならない'로 표현된다. 다음 보기 (25)에서 살펴보자.

> (25) 학생은 열심히 공부해야 한다.
>   a) Students must(should) study hard.
>   b) 学生应该努力学习。
>   c) 学生は熱心に勉強しなければならない。

위의 (25)에서 '-어야 하다'의 보조동사의 기본의미는 a)의 영어문장에서 'must, should'로 대응되고, b)의 중국어 문장에선 '应该'로 대응된다. c)의 일본어 문장

에선 '-なければならない'로 대응됨을 알 수 있다. 즉 일본어로는 이중부정으로 표현한다. 한국어 교사는 위와 같은 문장을 통하여 비교 설명하고, 그와 같은 문장의 예를 많이 들어 초급과정에서 설명하면 효과적으로 외국인 학습자에게 잘 가르칠 수 있다.

한국어 교사가 학습자 언어를 알면 바로 학습자 언어를 매개로 바로 예를 들어 설명하면 되고, 만약 학습자 언어를 모를 때는 위의 예를 학습지도안에 미리 준비하였다가 학습자로 하여금 읽어보게 한 후에 예를 설명하면 효과적으로 가르칠 수 있다.

'-어야 하다'의 상의 의미는 드러나지 않는다. 다만 양태의미로서 마땅히 꼭 해야 하는 심리적 부담 즉 명제 내용에 대해 '당위적 의무'의 의미가 있다. 다음 문장에서 그 점을 살펴보자.

(26) a) 학생들은 열심히 공부를 한다.
     b) 학생들은 열심히 공부를 <u>해야 한다</u>.

위의 (26) b)는 a)와 달리 보조동사 '-어야 하다'가 쓰인 구문이다. a)의 의미와는 달리, b)의 문장은 '학생들은 마땅히 의무적으로 공부를 해야 하는 행위' 즉 '당위적 의무'인 양태적 의미가 드러남을 알 수 있다.

이 보조동사 '-어야 하다'는 초급과정 후반에서 모든 교과서에 나온다. 많이 쓰는 구문으로서 초급과정에서 꼭 가르쳐야 한다. 이 구문은 비교적 각 언어권 별 학습자에게 대응문장 구조만 주고 설명해도 효과적으로 쉽게 이해한다.

2. 1. 12. 보조형용사 '-고 싶다'

'싶다'의 본형용사는 혼자 쓰일 수 없으며 기본의미도 알 수 없다.[29] '-고 싶다'는 보조형용사로만 쓰인다. 외국인 학습자에게 '-고 싶다'를 가르치는 경우 보조

---

29. '-고 싶다'의 본형용사의 의미를 알 수 없다고 본 사람은 차현실(1983), 이금희(1996:85), 박선옥(2002:171), 손세모돌(1996) 등이 있다.

동사냐 보조 형용사냐의 구별은 무의미하다. 따라서 구태여 구별하지 않고 '-고 싶다'를 보조동사처럼 같은 보조용언으로 대응구조를 가르쳐 한국어로 '-고 싶다' 문형을 잘 사용할 수 있게 가르치면 된다.

'-고 싶다'의 보조용언의 기본의미는 '희망'이다. 이것을 영어로는 'hoping'으로 서 영어문장에선 '서술어 hope, want'로 대응 표현된다. 중국문장에선 서술어 '想 (要), 希望'으로 대응 표현된다. 일본문장에선 '-たい'로 표현하여 대응된다.

'-고 싶다'는 보조형용사이기 때문에 동작의 양상을 나타내는 상의 의미는 없다. 양태적 의미로는 '희망'자체가 심리적 태도이므로 '하고 싶은 맘(바람)'의 양태적 의미가 있다고 할 수 있다. 주로 1인칭 주어가 쓰일 때 가장 자연스럽다. 주어가 3인칭일 때는 '-고 싶어하다'로 바뀐다.

보조형용사 '-고 싶다'의 기본적 의미는 초급과정에서 다음 각 언어권별 대응문장을 통해 쉽게 효과적으로 가르칠 수 있다.

> (27) 나는 커피를 마시<u>고 싶어요</u>.
>   a) I <u>want</u> to drink a cup of coffee.
>   b) 我<u>想</u>喝咖啡。
>   c) 私はコーヒーが飲み<u>たし</u>です。

위의 (27)에서 보조용언 '-고 싶다'의 기본의미 '희망'은 a)의 영어문장에서 'want' 서술어로 대응되고, 중국어 문장에선 서술어 '想, 希望'으로 대응 표현된다. 일본어로는 c)의 문장에서처럼 '-たい'로 대응 표현됨을 알 수 있다. 한국어 교사는 위와 같이 각 언어권별 대응문장(구조)을 이해하고 있으면 쉽게 효과적으로 가르칠 수 있다. 더욱이 한국어 교사가 학습자 언어로 대응구조를 설명할 수 있으면 더욱 효과적임은 말할 것도 없다.

한편 '-고 싶다'의 양태적 의미는 '하고 싶은 바람'이다. 이 의미는 기본의미와 관련을 가지므로 위의 보기 (27)문장으로 기본의미와 함께 설명하면 쉽게 가르칠 수 있다.

2. 1. 13. 보조동사 '-아/어 지다'

'지다'의 본동사의 사전적 의미는 '위에서 아래로 떨어지다'이다. 이때의 '지다'의 의미는 영어로 'to fall'이고, 중국어로는 '落'이다. 그리고 일본어로는 '落ちる'이다.[30] 그러나 '-아/어 지다'가 동사에 붙을 때 최현배(1937)는 '피동조동사'로, 형용사에 붙을 때는 '희망보조형용사'로 나누어 보았다. 필자는 여기서 동사에 붙는 피동보조동사는 외국인 학습자에게 피동법에서 설명하는 것이 더욱 효과적이고 일반적으로 보조동사로 보지 않기 때문에 여기서는 제외한다. 따라서 형용사에 붙은 '-아/어 지다'만 보조용언으로 여기서 취급한다. '-아/어 지다'가 보조용언으로 쓰일 때의 기본의미는 '변화'이다. 즉 영어로는 'to become, to get'이고, 중국어로는 '變'이고, 일본어로는 '-くなる'이다. 다음 보기 (28)에서 살펴보자. 초급과정에서 보조동사 '-아/어 지다'를 다음 (28)의 대응 문장을 예를 들어 가르치면 쉽게 이해된다.

    (28) 날씨가 추워 진다.
       a) The weather get cold.
       b) 天气变冷。
       c) 天気が寒くなります。

위의 (28)에서 '-아/어 지다'의 보조동사의 기본의미는 a)의 영어 문장에서 'get'에 대응되고, b)의 중국어 문장에선 '变'로 대응된다. c)의 일본어 문장으로는 '-くなる'으로 대응된다. 한국어 교사는 위와 같이 언어권별로 대응문장을 비교 설명할 수 있으면 외국인 학습자에게 효과적으로 쉽게 가르칠 수 있다. 만약 학습자 언어로 설명할 수 없으면, 학습지도안에 미리 준비하였다가 이 대응문장을 보여주면 학습자는 자기 언어로 쉽게 이해한다.

---

30. '-아/어 지다'를 최현배(1937)와 이정택(2004)은 '피동'으로 보았고, 이기동(1978)은 '기동상'으로 보았으며, 손세모돌(1996), 호광수(2003:233)는 '변화'로 보았다. 우인혜(1992)는 '동작이나 상태의 변화'로 보았다.

한편 '-아/어 지다'의 기본의미는 초급과정에서 가르쳐도 좋다. 그러나 이 '-아/어 지다'의 상의 의미는 고급과정에서 가르치는 것이 좋다. 이 '-아/어 지다'의 상의 의미는 '기동상'이다. 다음 보기를 통하여 고급과정에서 외국인 학습자에게 비교 설명하면 효과적으로 가르칠 수 있다.

    (29) a) 오늘은 귀가 멍하다.
         b) 오늘은 귀가 <u>멍해 진다</u>.

위의 (29)에서 a)는 '귀가 멍한 상태'를 뜻하고, b)는 '멍하다+지다'가 결합하여 '귀가 멍해지기 시작한 행위' 즉 '기동상'의 의미가 드러남을 알 수 있다.

2. 1. 14. 보조동사 '-아/어 먹다'

'먹다'의 본동사의 의미는 영어로 'to eat'이고, 중국어로는 '吃'이다. 일본어로는 '食べる'이다. 그러나 '-아/어 먹다'의 보조동사의 기본의미는 거의 드러나지 않는다.[31] 상의 의미도 드러나지 않는다. 다만 양태적 의미만 드러난다. 따라서 '-아/어 먹다'의 양태적 의미만 고급과정에서 다음 문장의 예를 가지고 설명하면 쉽게 이해된다. '-아/어 먹다'의 양태적 의미는 '부정적 평가(강세)'이다.[32]

    (30) a) 영희는 자기 부모님을 속였다.
         b) 영희는 자기 부모님을 <u>속여 먹었다</u>.

    (31) a) 그는 친구를 이용했다.
         b) 그는 친구를 <u>이용해 먹었다</u>.

---

31. 최현배(1937), 김기혁(1987:47), 손세모돌(1996)은 '-아/어 먹다'를 보조동사 범주로 설정하지 않았다. 여기서 보조동사로 본 이유는 보조용언의 판별기준 5가지에 합당하기 때문이다. 보조용언 판별기준은 ①분리제약(의존성) ②연결어미 '-서' 삽입제약 ③대용제약 ④논항상실 ⑤문법적 의미획득이다.

32. 심현숙(2003), "한국어 보조용언 '먹다'의 한어에서의 대응관계"에서 '해 먹다'를 속된 표현으로 보고, 한어 '干下去', '做'와 대응된다고 하였다(이중언어학회 2003 북경국제학술대회).

위의 (30), (31)에서 각각 b)는 a)와 비교하여 좋지 않는 방법으로 이득을 챙기고 있음을 알 수 있다. 즉 다시 말하면 '속다+먹다'와 '이용하다+먹다'가 결합하여 '부정적 평가(강세)'가 드러남을 알 수 있다. 이와 같은 양태적 의미는 초급과정보다는 고급과정에서 가르쳐야 쉽게 효과적으로 가르칠 수 있다.

이상 보조동사의 기본적 의미와 상의 의미 그리고 양태적 의미를 살펴보고, 그것을 효과적으로 가르치기 위하여 각 언어권별로 대응문장(구조)을 예를 들어 설명했다. 지금까지 다룬 보조용언 외에도 학자에 따라 보조용언으로 볼 수 있는 것도 있을 수 있다. 또한 최현배(1937)가 보조용언으로 보았던 것 중에서 현재 보조용언으로 보지 않는 것들도 많다. 외국인에게 한국어를 가르칠 때 보조용언이냐 아니냐는 그리 중요하지 않다. 따라서 여기서는 보조용언이 아니더라도 보조용언 항목으로 가르치는 것이 효과적이기 때문에 2.1.15. 기타문법항목에서 일괄적으로 같이 다룬다. 다만 일일이 보조동사의 기본의미와 상의 의미, 양태적 의미를 모두 다루지 않고 기본의미에 해당되는 각 언어권별 대응문장(구조)만을 예를 들어 놓겠다. 한국어 교사는 이 대응구조를 활용하여 가르치면 효과적으로 가르칠 수 있다.

2.1.15. 기타 문법항목

가. '-나 싶다'

'-나 싶다'의 문법항목은 다음 (32)처럼 영어로 'think'의 과거 'thought'에 대응되고, 중국어로는 '想(可能)'으로 대응된다. 일어로는 '-と思う'로 대응된다.

> (32) 철수가 그렇게 컸나 싶었어요.
> a) I marveled thought that cheol-soo had grown so much.
> b) 我没想到哲秀已经那么高了。
> c) 金さんがもうそんなに大きくなたっかなと思いました。

나. '-기는 하다'

'-기는 하다'의 문법항목은 다음 (33)처럼 영어로 문장 끝어 '(but....)'으로 대응되

고, 중국어로는 '尽管....(但是...)'로 대응된다. 일어로는 '-ことはする'로 대응된다.

(33) 나는 여행을 좋아하<u>기는</u> 합니다.
    a) I like trips (<u>but........</u>).
    b) (<u>尽管</u>)我喜欢旅行(<u>但是...</u>)。
    c) 私は旅行が好きな<u>ことは好き</u>です。

다. '-는/은 체하다(양하다, 척하다)

'-는/은' 체하다(양하다,척하다)의 문법항목은 아래 (34)처럼 영어로 'pretending'에 대응되고, 중국어로는 '假裝'로 대응된다. 일어로는 '-ふりをする'로 대응된다.

(34) 나는 슬프지만, 기쁜<u>척하고(양하고, 척하고)</u> 웃었습니다.
    a) I was sad but laughed <u>pretending</u> to be happy.
    b) 我虽然伤心, 但是<u>假裝很高兴地笑</u>了。
    c) 悲しいけど嬉しい<u>ふりをして</u>笑いました。

라. '-는(은/을) 듯하다'

'-는(은/을) 듯하다'의 문법항목은 아래 (35)와 같이 영어로 'be likely to'로 대응되고, 중국어로는 '似乎'로 대응된다. 일어로는 '-ようだ'로 대응된다.

(35) 비가 올 <u>듯합니다</u>.
    a) It <u>is likely</u> to rain.
    b) <u>似乎要下雨</u>。
    c) 雨が降る<u>ようです</u>。

마. '-(으)ㄹ 번하다'

'-(으)로 번하다'의 문법항목은 아래 (36)처럼 영어로 동사앞에 'almost'를 넣은 구조와 대응되고, 중국어로는 '差点儿'로 대응된다. 일본어로는 '-ところだ'에 대응된다.

(36) 어제 계단에서 넘어질 번했어요.
    a) I <u>almost</u> tell down the stairs yesterday.
    b) 昨天我<u>差点儿</u>在楼梯上摔了。
    c) 昨日階段で倒れる<u>ところだった</u>。

바. '-(으)ㄹ 만하다'

'-(으)로 말하다'의 문법항목은 아래 (37)처럼 영어로 'worthy'을 문장에 넣은 구조이고, 중국어로는 '值得'에 대응된다. 일어로는 '-に直する'로 대응된다.

(37) 그 분은 믿을 만한 사람이다.
    a) He is a trust <u>worthy</u> person.
    b) 他是<u>值得</u>相信的人。
    c) その方は信じ<u>られる</u>人です。

사. '-(으)려고 하다'

'-(으)려고 하다'의 문법항목은 아래 (38)처럼, 영어로 'be going to'에 대응되고, 중국어로는 '想'로 대응된다. 일어로는 '-(よう)と思う'로 대응된다.

(38) 나는 주말에 출장가려고 합니다.
    a) I <u>am going</u> to take a business trip next weekend.
    b) 周末我<u>想(要)</u>去出差。
    c) 私は週末に出張に行こ<u>うと思います</u>。

아. '-고자 하다'

'아 고자 하다'의 문법 항목은 아래 (39)처럼, 영어로 'would like to'에 대응되고, 중국어로는 '想'으로 대응된다. 일어로는 '-(よ)うと思う'로 대응된다.

(39) 이 일을 끝내고 쉬<u>고자 한다</u>.
    a) I <u>would like to</u> rest after this task.

b) 我做完这件事以后<u>想</u>休息。

c) この仕事を終うて休もう<u>と思う</u>。

자. '-곤 하다'

'-곤 하다'의 문법항목은 아래 (40)처럼, 영어로 서술어 앞에 'used to'를 넣은 구조와 대응되고, 중국어로는 '总是'로 대응된다. 일본어로는 '-たりする'로 대응된다.

(40) 나는 수업이 끝나면 도서관에 <u>가곤 했어요</u>.

   a) I <u>used to</u> go to the library after class.

   b) 下课后我<u>总(是)</u>去图书馆。

   c) 授業は終わったら図書館に行っ<u>たりした</u>。

차. '-는(은)가 하다', '-(으)ㄴ나 하다'

'-는(은)가 하다, -(으)ㄴ나 하다' 문법항목은 아래 (41)처럼 'think'의 과거인 'thought'로 대응되고, 중국어로는 '想可能'로 대응된다. 일어로는 '-かと思った'로 대응된다.

(41) 사무실이 조용해서 아무도 <u>안계신나 했어요</u>(안계신가 했어요).

   a) The office was so quiet that I <u>thought</u> nobody was here.

   b) 办公室很安静, 所以我<u>想可能</u>谁也不在。

   c) 事務室に静かなのでだれもいな<u>かっと思った</u>。

카. '-(으)ㄹ까 하다'

'-(으)ㄹ까 하다'의 문법항목은 아래 (41)처럼, 영어로는 'think'로 대응되고, 중국어로는 '想'으로 대응된다. 일어로는 '-かと思う'으로 대응된다.

(42) 나는 집에서 <u>쉴까 합니다</u>.

   a) I <u>think</u> I may rest at home.

   b) 我<u>想</u>在家休息。

   c) 私は家で休もう<u>かと思います</u>。

이상 2.1.15. 기타 문법항목에서는 각 문법항목의 기본의미만을 각 언어권별 대응문장(구조)만을 예를 들어 놓았다. 한국어 교사는 실제 외국인 학습자에게 이 문법항목을 가르칠 때 위의 맞춤식 예들을 활용하여 가르치면 효과적으로 가르칠 수 있다.

Ⅲ. 결론

지금까지 이 연구에서 다룬 바를 요약하면 다음과 같다.

1) 이 연구에선 한국어 교사가 실제적으로 한국어 보조용언을 가르칠 때, 언어권별로 대조 언어학적 측면에서 맞춤식 한국어 교육을 해야 하는 필요성과 타당성을 밝혔다.
2) 한국어 보조용언 문장구조를 언어권별(영어, 중국어, 일어)로 대응시켜 예를 들어 가르치는 것이 효과적임을 밝혔다. 아울러, 각 언어권별 학습자의 언어를 잘 모르는 한국어 교사라도 기본적인 발음만이라도 알고, 또 보조용언 문장을 대응(대조)시킨 예만이라도 미리 학습지도안에 준비하였다가 외국인 학습자에게 보여주면서 설명하면 쉽게 효과적으로 가르칠 수 있음을 밝혔다.
3) 각 한국어의 보조동사의 문법항목을 언어권별(영어, 중국어, 일어)로 문장에서 대응시켰다. 그 대응시킨 문장구조를 요약정리하면 다음〈표1〉과 같다.

〈표1〉

보조동사 문법항목	본동사 기본의미		보조동사 기본의미	대응구조	상 의미	양태 의미
-아/어 보다	영	see	시행	try		완곡
	중	見		试试, 看看		
	일	見る		見る		
-아/어 가다	영	go	이동	be+Verb+ing	진행상, 지속상	[±긍정적평가] (바람직함, 비바람직함)
	중	去		快(几乎)		
	일	行く		-ていく		
-아/어 오다	영	come	이동	be+Verb+ing	진행상, 지속상	
	중	來		正在+Verb		
	일	くる		-てくる		

보조동사 문법항목	본동사 기본의미		보조동사 기본의미	대응구조	상 의미	양태 의미
-고 있다 -아/어 있다	영	existence	진행	be+Verb+ing	'-고 있다' 진행상, 완결상 '-어 있다' 지속상	[±긍정적평가] (유익성, 비유익성)
	중	在…着		在…着		
	일	ある(いる)		-てある(いる)		
-아/어 내다	영	put out	수행	Verb+ed	종결상, 완결상	[+긍정적평가] (어려움 극복)
	중	拿出		完了		
	일	出す		出す		
-아/어 버리다	영	throw away	수행	Verb +ed	종결상, 완결상	[±긍정적평가] (아쉬움, 부담제거)
	중	扔掉		Verb+完了, +Verb+了		
	일	捨てる		-てしまう		
-고 말다	영	stop	종결	Verb +ed	종결상	행위자의 결심
	중	中断		(完)了		
	일	中断		-てしまう		
-아/어 주다 (드리다)	영	give	봉사	형태 없음		[+긍정적평가] (유익성)
	중	给		형태 없음		
	일	与える		-あげる/くれる		
-아/어 쌓다	영	pile(up)	강조	keep	행위 지속상	정도 지나침
	중	堆		总(是)		
	일	積む		まくる		
-아/어 두다 (놓다)	영	put	보유	keep	경과 지속상	미리준비(대비)
	중	放		完(-오 놓다) 在(-어 두다)		
	일	置く		-ておく		
-어야 하다	영	do	당위	must(have to)		당위적 의무
	중	做		应该		
	일	する		-なければならない		
-고 싶다	영	알 수 없음	희망	hope, want		하고 싶은 마음 (바람)
	중	알 수 없음		想(要), 希望		
	일	알 수 없음		-たい		
-아/어 지다	영	fall	변화	get, become	기동상	
	중	落		变		
	일	落ちる		-くなる		
-아/어 먹다	영	eat	없음	형태 없음		부정적 평가 (강세)
	중	吃		형태 없음		
	일	食べる		형태 없음		

4) 기타 문법항목을 언어권별로 대응시킨 문장구조를 요약하면 다음 〈표2〉와
   같다.

〈표2〉

기타 문법 항목		대응구조
-고 싶다	영	think
	중	想(可能)
	일	-と思う
-기는 하다	영	(but……)
	중	尽管….(但是…)
	일	-ことはする
-는(은) 체하다(양하다, 척하다)	영	pretending
	중	假裝
	일	-ふりをする
-는(은/을) 듯하다	영	be likely to
	중	似乎
	일	-ようだ
-(으)ㄹ 번하다	영	almost
	중	差点儿
	일	-ところだ
-(으)ㄹ 만하다	영	worthy
	중	值得
	일	-に直する
-(으)려고 하다	영	be going to
	중	想
-(으)려고 하다	일	-(よう)と思う
-고자 하다	영	would like to
	중	想
	일	-(よ)うと思う
-는(은)가 하다, -(으)ㄴ가 하다	영	think
	중	想可能
	일	-かと思った
-(으)ㄹ까 하다	영	think
	중	想
	일	-かと思う

5) 미래는 다양한 국적의 한국어 학습자가 늘어날 것을 대비하여 한국어 교사는 다
   양한 학습자의 언어(외국어) 능력을 갖출 필요가 있다. 미래는 언어권별 맞춤식
   한국어 교육은 물론 언어권별 맞춤식 한국어 교재가 점점 필요하게 될 것이다.

3. 외국인을 위한 한국어 문법 교육 Ⅰ

Ⅰ. 서론

외국인 학습자를 위한 한국어 문법 교육은 모국어 화자에 대한 문법 교육과는 달라야 한다. 왜냐하면 모국어 화자는 이미 우리 한국어를 잘 자유롭게 구사할 수 있지만, 외국인 학습자는 전혀 우리 한국어를 할 줄 모르며 한국어 문법 구조에 익숙하지 않기 때문이다. 즉 한국어에 대해 아주 초보자이기 때문이다. 한편, 우리가 외국어를 습득할 때나, 외국어로서 가르칠 때에 크게 주의해야 할 것은 "문법교육이 먼저가 아니라 말이 먼저이다."라는 명제이다. 이 명제는 말하기 교육이 먼저 그리고 중심이 되어야 한다는 뜻이다. 그 다음에 말하기 교육에 필요한 만큼 문법을 가르쳐야 한다는 뜻도 된다.

지금까지 우리가 영어를 배울 때 많은 시간을 투자해서(중학교 1학년부터 대학교까지 약 7, 8년을 투자했음.) 영어 말하기보다는 문법을 위한 문법 위주의 교육, 그것도 쓰기 교육을 중심으로 해 왔다. 그럼에도 불구하고 지금 대다수가 영어를 잘 구사하지 못하고 있다. 여기서 우리는 문법을 위한 문법 즉 학문문법(이론문법)의 필요보다는 오히려 말하기의 습득과 신장을 위한 실용문법이 중심이 돼야 함을 잘 알 수 있다.[1]

따라서 이 논문의 목적은 외국인들에게 한국어 학문문법이 아닌 실용문법을 교육할 때, 수준별, 언어권별, 어떤 문법 범위 그리고 우선순위를 정해서 어떻게 가르쳐야 효과적인가를 구체적으로 밝히는 데에 이 연구의 목적이 있다.

---

1. 실용문법이란 외국인을 대상으로 일상생활에서 한국어를 자유롭게 구사할 수 있는 능력을 신장시키는 데에 필요한 정도의 실제 실용문법을 말한다. 따라서 한국인이 중·고등학교에서 배우는 학교문법과 대학에서 배우는 학문문법을 여기서 모두 이론문법이라고 본다. 이 논문에서 실용문법이란 이론문법과는 달리 대조적 개념이다.

우선 외국인들에게 한국어를 가르칠 때 수준별로는 보통 3단계 즉 초급(초보자), 중급, 고급으로 크게 나누어 가르치는 것이 일반적이다.[2] 이 논문에서는 가장 기초가 되고 중요한 초급단계(초보자) 수준의 외국인을 대상으로 초점을 두고 설명한다. 언어권별로는 크게 전 세계의 언어를 그때그때 학습자의 구성에 따라 나누어 각 학습자의 언어권과 대응구조를 비교 대조하여 가르치면 훨씬 효과적이다.[3] 그러나 한국어 교사가 그 많은 언어권의 언어를 다 알 수도 없을 뿐만 아니라 외국어 구사능력의 한계가 있다. 따라서 이 논문에서는 한국어를 배우려는 외국인 중 주로 영어권, 중국어권, 일본어권의 외국인 학습자가 대다수이기 때문에 -최근 슬라브언어권과 아시아어권 외국인이 늘어가는 추세이다.[4]- 한국어 문법구조와 위의 세 언어권의 문법구조를 대응시켜 대조 비교하여 설명한다. 그렇게 함으로써 초급단계의 외국인에게 각 언어권에 따라, 수준에 따라, 어느 정도 문법범위를 어떻게 가르치는 것이 효과적인가를 제시하겠다.

이 논문에서는 우선 각 언어권과 관계없이 크게 공통적으로 한국어 실용문법을 교육할 때, 그 수준과 관련 문법 범위 그리고 효과적인 방법에 대해 논한다. 그 다음에 바로 구체적으로 하나하나의 하위 문법구조를 실용문법 측면에서 각 언어권의 문법구조와 비교 또는 대조하여 3개 국어(영어, 중국어, 일어)로 문법구조를 대응시켜 설명한다. 그렇게 함으로써 한국어 교사가 각 언어권의 언어를 모를 때라도 한국어 문법을 쉽게 효과적으로 가르칠 때에 많은 참고가 될 것이다. 지금까

---

2. 외국인들에게 수준별로 나누어 교육하는 것이 효과적인 것은 자명하다. 수준을 나눌 때 우선 크게 초·중·고급으로 나누고 또 각급에서 상·하로 나누어 6등급으로 나누기도 한다. 필요한 상황에 따라 등급을 나누어 가르칠 수 있다.

3. 한국어의 학습자(외국인)는 각기 자기 모국어의 문법구조 개념을 갖고 있고, 그 구조와 비교하여 한국어 문법구조를 이해하려고 한다. 따라서 여러 나라 외국인이 같은 반에서 한국어 교육 시 학습자의 언어권에 따라 한국어 문법을 각기 비교하여 설명해 주는 것이 빨리 한국어를 습득하는 데에 효과적이다. 그러므로 한국어 교사가 많은 외국어를 구사하면 할수록 좋다. 그렇지 못할 때 교과서가 여러 언어로 한국어 문법구조와 비교 대조 설명되어 있으면 더욱 편리하고 효과적이다.

4. 구 소련이 붕괴되고 한국어 위상이 국제적으로 높아감에 따라 최근 슬라브언어권 외국인이 한국에 점점 늘어가고 있다. 또한 동남아시아인들도 교육이나 구직을 위하여 한국에 몰려오는 추세이다.

지 출판된 교과서나 논문에서 구체적으로 각 언어권별로 수준에 맞게 어느 정도 범위에서 우선순위를 정해 각 언어권과 대응시켜 설명한 논저는 아직 없다.[5]

II. 본론

세계 각 나라는 각기 언어권별로 각각 자국어 문법구조가 있기 마련이다. 이곳에서는 외국인에게 한국어 실용문법을 교육할 때, 초급 수준(초보자)에 초점을 두고 한국어 문법 범주를 각 언어권의 어느 정도 범위와 우선순위를 갖고 어떻게 비교 설명하는 것이 효과적인가를 밝힌다.

우선 한국어 문법 범주를 설명할 때, 각 언어권에 관계없이 공통적으로 설명할 문법 범위와 우선순위 교육을 밝히고, 그 다음 한국어 문법구조의 하위구조를 각각 언어권(영어권, 중국어권, 일본어권) 별로 비교 대조하여 각 언어 문법구조와 대응시켜 설명한다. 아울러 한국어 문법구조를 각 언어권 별로 비교하여 예를 보인다. 그렇게 함으로써 외국인들이 한국어 문법구조를 쉽게 익혀, 실제 한국어 구사 능력을 신장시키는 데 효과적인 방법을 제시한다. 이렇게 함으로써 각 나라의 언어를 잘 모르는 한국어 교사도 실제 구체적으로 한국어를 교육할 때 많은 참고가 될 것이고, 바람직한 외국인을 위한 교과서를 편집 출판하는 데에도 기여할 것이다.

2.1 한국어 존대법(Honorific Form)

한국어 존대법은 크게 높임법과 낮춤법으로 나누어진다. 이 존대법 문법범주는 영어권이나 중국어권에는 아예 없는 문법범주이다. -극히 몇 개의 특수한 어휘가 있긴 하다.- 따라서 영어권이나 중국어권 언어를 사용하는 학습자는 한국어 존대법 구조를 특이하게 생각하고 어렵게 생각한다. 우선 이 존대법 문법구조가

---

5. 한국어 문법과 한 언어권과의 문법구조를 부분적으로 비교 설명한 논문은 있다. 그러나 한국어 문법 전반을 몇 개 언어권과 비교 또는 대조하여 한꺼번에 체계적으로 구체적으로 설명한 것은 없다.

두 언어권에는 없는 문법 범주라는 것을 설명해야 한다. 그러나 일본어권에는 존대법 문법 범주가 있으나, 우리 한국어 존대법 구조와 꼭 대응되지 않는 점을 주의해야 한다. 위와 같이 우선 보편적 존대법 범주를 공통적으로 모든 언어권에 설명한다.

한국어 존대법의 하위분류는 여러 가지 방법이 있다. 종결어미를 통하여 청자를 존경하는 법(청자존대법), 선어말어미 '-시-'를 넣어 문장의 주체를 존경하는 법, 주격조사 '-께서'를 대치 사용하여 높이는 법, 그 외 특별한 존대를 뜻하는 어휘를 사용하는 법 등이 있다. 예를 들면, '자다' 대신 '주무시다' 등을 사용하는 법이 그것이다.

또한 상대를 높이는 대신 자기를 낮추어서(낮춤법, 겸양법) 결과적으로 상대를 높이는 법, 즉 '나' 대신 '저'를 사용하는 법과 선어말어미 '-옵-, -사옵-, -자옵-' 등을 사용하는 방법도 있다. 이 '-옵-' 등을 사용하는 법은 현대에서 잘 사용하지 않으므로 초급, 중급에서는 가르칠 필요가 없다. 고급과정에서 특별히 문어체에 사용됨을 가르치면 된다. 그러므로 겸양법은 초급에서 '나' 대신 '저'를 사용하는 문장만 가르치면 된다.

존대법 중 청자대우법은 학자에 따라 등급도 다르다. 학자에 따라 나누는 4~6등급은 청자와 화자와의 연령, 직업, 친숙도, 촌수, 성, 지역, 단·복수, 가족관계 등과 관련하여 복합적이고도 계층적으로 대우관계가 결정된다. 따라서 외국인에게 한국어 청자존대법을 가르칠 때, 위와 같은 이론문법보다는 실용문법으로 재정리하여 수준별로, 우선 가르친다. 즉 보편적 문법 범주만을 초급에서 우선 가르치고, 난이도에 따라 단계적으로 가르쳐야 한다. 따라서 청자대우법을 가르칠 때, 초급과정에서 4~6등급으로 나누어 가르칠 필요가 없다. 오히려 우선 높임과 낮춤 2등급으로 나누어 가르치는 것이 효과적이다. 그 중간의 존대법은 특별히 고급과정에서 가르치고, 반말체(아주낮춤)는 초급과정 말쯤에서 아주높임법과 비교하여 가르치는 것이 효과적이다.

선어말어미 '-시-'를 넣어 존대하는 방법도 초급회화에서 많이 사용되기 때문에 초급단계 중반 쯤 해서 가르치는 것이 좋다. 이것도 문장 사용에 초점을 두고 가르친다. 모든 언어권의 외국인들은 이 한국어 존대법을 어렵게 생각한다.

　어휘적으로 존대하는 방법은 초급과정의 회화 문장에서 존대어휘가 나올 때, 그 존대어휘를 그때그때 문장을 통해서 사용하는 방법을 가르치면 효과적이다. 복잡한 한국어의 존대법 범주 전체를 항상 한 번에 가르치려면 어렵고 복잡해서 외국인에게 가르칠 수 없다. 따라서 앞에서 설명한 것과 같이 단계적으로 난이도에 따라 존대법이나 존대어휘가 나올 때, 그 문장을 사용할 수 있을 만큼의 존대법만 가르친다. 이때 존대법의 문법용어는 몰라도 상관없다. 학습자가 배운 존대법을 문장에서 사용할 수 있으면 충분하다. 따라서 문법을 이론적으로 가능한 한 설명하려고 하지 말고, 문장의 예를 통해서 그 존대법(대우법)이나 존대어휘를 실제 사용할 수 있게 교육하는 것이 중요하다.

가. 청자존대법

아주높임 : Vst+ㅂ니다/습니다

　이 문체는 아주높임의 서술형 종결어미이다. 'Vst+아요/어요'형보다 형식적이고 공식적인 문체이다. 그리고 처음 보는 사람에게 사용하는 것이 자연스런 존대법이다. 이 존대법 구조는 초급과정 처음에, 이 문법구조 문장이 나올 때 그때 바로 가르친다. 만약 'Vst+아요/어요'형을 초급과정 맨 처음에 가르치면, 이 'Vst+ㅂ니다/습니다' 구조는 초급과정 중반쯤에서 가르치는 것이 혼동이 일어나지 않고 좋다. 한 번에 두 가지 문법구조를 가르치지 않아야 한다. 단 초급과정 중반 이후 두 구조를 가르친 후에는 상호 관련하여 한 문장을 두 가지로 상호 교체해 가며 가르치면 좋다. 여기 '-ㅂ니다/습니다'의 사용은 동사어간의 끝이 자음이냐 모음으로 끝나느냐에 따라 달리 사용되는 형태이다. 청자존대법 중 아주높임법의 예는 다음과 같다. 이 존대법이 영어권이나 중국어권에 없는 문법구조라는 것도 앞에서 이미 밝힌 바 있다. 그러나 일본어에는 높임법이 있다. 다음 예③이 그 높임법을 잘 보여준다.

예. 그녀는 책을 읽습니다.
> ① She reads the book.
> ② 她读书。
> ③ 彼女は本を読みます。

나. 아주높임 : Vst+아요/어요

이 문체는 'Vst+ㅂ니다/습니다'와 같이 아주높임 서술형 종결어미이다. 두 형태가 의미와 존대관계는 같다. 그러나 이 'Vst+아요/어요' 형태는 더 잘 아는 친근한 사이에 사용되는 비형식적, 비공식적, 친근한 문체임을 설명해 줘야 한다. 왜냐하면 외국인 학습자는 이 두 개의 문체가 서로 다른 문법구조로 인식하기 때문이다. '-ㅂ니다/습니다'를 초급과정 처음에 가르치면 이 'Vst+아요/어요'형은 초급과정 중반에 가르치면 된다. 역시 '-아요/어요'의 선택은 동사어간 즉 양성모음이냐 음성모음이냐에 관련하여 선택된다. 외국인은 양성모음과 음성모음을 모르기 때문에 어간형태와 관련하여 습관적으로 사용할 수 있도록 가르치면 된다. 이 외에 불규칙형으로 'Vst+여요'형이 있다. 이는 동사어간이 '하'로 끝날 때 사용되는 불규칙형이다. 이것도 '공부하다, 일하다'의 활용을 통해서 반복 가르치면 쉽게 익힌다. 불규칙 형태는 이유를 설명하기 보다는 문장의 예를 통해 반복적으로 습관화시키는 것이 더 중요하다. 이 'Vst+아요/어요'의 존대법도 영어권이나 중국어권에는 없는 문법구조이다. 그러나 일본어권에는 있으며 한국어 존대법 구조와 유사하다.

예. 그는 커피를 마셔요.
> ① He drinks coffee.   (영어)
> ② 他喝咖啡。   (중국어)
> ③ 彼はコーヒーを飲んでいます。   (일본어)

다. 선어말어미 '-시-' : Vst+시+ㅂ니다.

이 존대법은 동사어간에 '-시-'를 넣어서, 문장의 주체를 높이는 방법이다. 이것

역시 모든 언어권에 없는 문법 범주이다. 초급과정 초반 또는 중반쯤 이 문법구조가 나올 때 가르치면 된다. 단, 일본어권에는 이 존대법이 있다. 다음 예가 그 보기이다.

> 예. 김 교수님께서 도서관에 가셨습니다.
> ① Professor Kim went to the library.
> ② 金教授去图书馆了。
> ③ 金先生が図書館へいらっしゃいました。

라. 특수어휘 사용법

이 존대법은 근본적으로 영어권이나 중국어권에 없다. 그러나 일본어권에는 있다. 특별한 어휘에 교체하여 사용되기 때문에 존대어와 비존대어를 같이 비교하여 가르치면 된다. 영어권이나 중국어권 아주 특별한 경우에 쓸 수 있다. 영어에서 'Sir'나 중국어의 명령문에 '請'이 그에 유사하다고 할 수 있다. 일본어에서 특별한 어휘 앞에 'お'를 붙이는 방법과 유사하다.

> 예. 할아버지께서 지금 주무십니다.
> ① My grandfather is sleeping now.
> ② 爷爷正在睡觉。
> ③ お爺さんは今お休みになっております。

마. 아주낮춤(반말)법 : Vst+아/어/여

이 낮춤법은 화자보다 나이가 적고, 잘 아는 사람, 어린 아이 등에게 쓰는 문법이다. 위에서 배운 'Vst+아요/어요' 형에서 '-요'를 빼면 반말 형태가 된다. 이 반말형은 초급과정 끝에서 가르치는 것이 좋다. '-아요/어요'형 문장에서 '-요'를 빼서 반말투의 문장을 연습시키면 쉽게 습득한다. 영어권, 중국어권은 없으나 일본어권에는 이 문법형태가 있다. 따라서 일본인에게는 이해시키기 쉽다. 다음 예문 ③이 아주낮춤법의 예이다.

예. 빨리 집에 가아(가).
    ① Go back home quickly.
    ② 快回家。
    ③ 早く家に帰って(ね)。

2.2 한국어 부정법(Negative)

　어느 나라의 언어든지 부정법의 문법 범주가 없는 나라는 없다. 우리 한국어의 부정법은 문장의 유형과 서술어의 종류에 따라서 달리 표현된다. 크게 부정법을 짧은 부정('못, 안'을 사용하는 부정)과 긴 부정(Vst+-지 않다/못하다)으로 나누어진다.[6] '안'부정문과 '-지 않(아니하다)' 부정문은 주체(agent)의 의지에 의한 행동의 부정은 뜻하며, 동작동사와 형용동사에 두루 쓰인다. '못' 부정문과 '-지 못하' 부정문을 주체의 의지가 아닌 능력의 부족이나 외적인 원인 때문에 그 행위가 일어나지 못하는 뜻의 부정이며, 동작동사에는 잘 어울리지만 형용동사엔 잘 쓰이지 않는다. 이 두 부정문의 의미 차이를 각 나라의 외국어로 대응시켜 보면 다음 '가, 나'와 같다.

　가. '안', 'Vst+지 않(아니 하)다' 부정문 : do/does not Verb(영어)

　　　　　　　　　　　　　　　　　: 不動詞(중국어)

　　　　　　　　　　　　　　　　　: 동사＋ません(ないです), (일본어)

　　　　　　　　　　　　　　　　　　형용사＋くありません(ないです)

　　　　　　　　　　　　　　　　　　형용동사＋じゃありません(ないです)

예. 나는 서울에 안 갑니다./나는 서울에 가지 않습니다.
    ① I don't go to Seoul.
    ② 我不去汉城。
    ③ 私はソウルへ行きません。

---

6. 남기심, 고영근(1998) 표준국어문법론, 탑출판사, pp. 361~372 참조.

나. '못', 'Vst+지 못하다' 부정문 : can not Verb(영어)

: 不能 動詞(중국어)

: ～ことができない(일본어)

예. 나는 지금 못 쉽니다.
① I can't take a rest now.
② 我現在不能休息。
③ 私は今休むことができません。
私は今休めません。

또 '이다' 동사의 부정문은 '-이/가 아니다'로 바꾸면 부정문이 된다. 명령문과 청유문의 부정은 '-지 말다'로 표현된다. 이 각각을 외국어로 대응시키면 다음 '다, 라'와 같다.

다. '-이/가 아니다' : be+not Noun(영어)

: 不是 動詞(중국어)

: 명사+じゃ ありません(ないです)(일본어)

예. 나는 학생이 아닙니다.
① I am not a student.
② 我不是学生。
③ 私は学生じゃありません(ないです)。

라. 'Vst+지 말다' : do not(영어)

: 別, 不要(중국어)

: (정중) ないでください(일본어)

(반말) 동사원형+な

예. 묻지 마세요.
　① Don't ask.
　② 別问°
　③ 問ないでください。

이상 한국어 부정법의 종류와 의미 차이 등을 각 외국어와 대응시켜 살펴 보았다. 외국인에게 초급과정 처음에 부정법을 교육할 때 긍정문과 대응시켜 먼저 짧은 부정문('안, 못' 부정)을 가르치고 중반 이후에 긴 부정을 가르친다. 이 때 '안' 부정과 '못' 부정의 의미 차이를 분명히 가르쳐야 한다. '-이/가 아니다'의 부정문도 초급 과정 처음에 가르친다. 명령문의 부정 'Vst+-지 말'의 부정문은 초급과정 중반 이후에 가르치는 것이 경험상 효과적이다. 특히 부정법 전체를 한 번에 가르치지 말고, 단계적으로 나누어 용례로써 긍정문을 부정문으로 바꾸는 연습이 중요하다.

이 외에도 특별한 동사 즉 '있다'의 부정은 '없다'이고, '알다'의 부정은 '모르다'이다. 이 '있다, 알다'의 문장이 나올 때, 바로 부정법의 통사적 장치가 아닌, 어휘적으로 대치하여 부정문을 만드는 것을 용례를 통해 반복 연습시키면 효과적이다. 이렇게 단계적으로 난이도에 따라 초급과정에서 한국어 부정법의 하위분류를 하나씩 가르치면 된다. 이후 중급과정에선 부정법 전체 체계를 가르치고 동사의 종류와 문장의 종류에 따라 부정문으로 바꾸는 연습을 통해서 학습자는 쉽게 잘 습득하고 잘 사용하게 된다.

2.3 한국어 피동과 사동(Passive and Causative)

A) 피동법(被動法)

피동법과 사동법은 세계의 어느 나라 언어든지 있다. 피동법이란 어떤 행위나 동작이 주어로 나타내진 인물이나 사물이 제 힘으로 행하는 것이 아니라, 남의 행동에 의해서 되는 행위를 말한다. 한국어의 피동법과 사동법은 동사의 종류나 뜻에 따라서 단형과 장형으로 달리 표현된다. 피동은 동사어간에 '이, 히, 리, 기' 등의 피동접미사(passive suffix)가 붙는 단형피동(short-form passive)과 '-아/어/여지다'

가 붙는 장형피동(long-form passive)으로 나뉜다.[7] 단형피동과 장형피동은 동사에 따라 구분된다. 그러나 특별한 기준은 없고, 동사의 개별적 특성으로 이해된다.

또, 하나의 동사가 어떤 접미사가 선택되는가 하는 것도 동사의 개별적인 문제이다. 장형피동은 타동사 외에 자동사나 형용사(descriptive verb)에도 쓰인다. 그렇다고 모든 동사에 연결될 수 있는 것은 아니다. 따라서 한국어의 피동법은 영어처럼 통사적 장치에 의한 피동이 아니라 다분히 어휘적 피동 특성이 강함이 서로 다르다. 이 단형피동과 장형피동을 외국어에 대응시켜 보면 다음 '가, 나'와 같다.

가. 단형피동

Vst+이/히/리/기 : be+Verb+ed(영어)

: 被人+動詞(중국어)

: ~(ら)れる/れる(일본어)

예. 오늘은 (나는) 빵이 먹힙니다.
① The bread is eaten by me today.
② 今天面包被我吃了。
③ 私はパンが食べられます。

나. 장형피동

Vst+아/어/여지다 : be+Verb+ed(과거분사)/to get Adjective(영어)

: 被人+動詞/変 形容詞(중국어)

: 동사+(ら)れる、れる(일본어)

형용사+くなる/형용동사+になる

---

7. 우인혜(1997), 우리말 피동 연구, 한국문화사

예. 나는 물이 마셔집니다.
 ① The water is drunk by me.
 ② 水被我喝了。
 ③ 私は水が飲まれます。

예. 날씨가 추워진다.
 ① It gets cold.
 ② 天气变冷了
 ③ 天気が寒くなります。

　이상 한국어의 피동법의 종류를 외국어(영어권, 중국어권, 일본어권)와 대응시켜 살펴 보았다. 초급과정에서 외국인에게 한국어 피동법을 가르치는 것은 좀 무리가 있다. 왜냐하면 자기 모국어의 피동법과 한국어의 피동법은 상당히 다를 뿐만 아니라, 한국어 피동법이 통사적 장치라기보다는 어휘적 성격이 강해서, 불규칙 현상으로 느껴지기 때문이다. 따라서 초급과정에서보다는 중급과정 이후에 가르치는 것이 바람직하다. 만약 초급과정에서 가르치려면 초급과정 끝에서 가르치는 것이 효과적이고, 어휘별로 그때그때 하나의 어휘의 피동문장을 예로 들어 설명하는 것이 좋다. 단형피동문과 장형피동문의 의미 차이는 있다. 대개 단형피동문은 원하지 않는데 저절로 그렇게 됨을 뜻하고, 장형피동은 결과가 이루어지기를 바라는 어떤 의도적인 힘이 가해져서 그렇게 되어지는 것을 뜻하는 차이가 있다. 그러나 외국사람에게는 이 두 피동의 의미 차이를 설명하기 어렵다. 초급, 중급 과정에서는 이 두 피동의 차이가 거의 없다고 설명하고, 고급과정에서 그 차이를 설명하는 것이 자연스럽고 효과적이다.

B) 사동법(使動法)

　남으로 하여금 어떤 동작을 하게 하는 동작을 사동(causative)이라고 하고, 이러한 사동의 표현법을 사동법이라고 한다. 한국어의 사동법은 단형사동(Vst+이/히/리/기/우/구/추)과 장형사동(Vst+게 하다)으로 나뉜다. 단형사동과 장형사동은 동사에 따라 구분되는데, 피동의 경우와 같이 특별한 기준을 세우기 어렵다. 단형사동은 자동사, 타동사, 형용동사에 사동접미사가 붙는데, 어느 접미사가 선택되는가는 동사의 개별적 특성에 기인된다. 장형사동이 단형사동보다 쓰이는 범위가 더 넓은 것이 특징이다. 또한, 하나의 동사에 장형, 단형사동 두 가지가 적용되기도 한다. 이 점은 이 두 사동 사이에 의미 차이가 있음을 말해 준다. 즉 단형사동은 주체의 직접적 행위의 뜻이 있는데, 장형사동의 경우는 간접적 행위의 뜻이 있음이 다르다. 이 단형사동과 장형사동을 각 외국어에 대응시켜 보면 다음 '가, 나'와 같다.

가. 단형사동

Vst+이/히/리/기/우/구/추 : to make somebody do something(영어)

  : 让某人做某事。(중국어)

  : ~(さ)せる/せる(일본어)

예. 어머니가 아이에게 밥을 먹입니다.
  ① The mother makes the child eat meal.
  ② 妈妈让孩子吃饭。
  ③ お母さんが子供にご飯を食べさせます。

나. 장형사동

Vst+게 하다 : to make somebody do something(영어)

  : 让某人做某事。(중국어)

  : ~(さ)せる/~せる(일본어)

예. 아이들에게 놀게 합니다.
  ① Let children play 。
  ② 让孩子们玩吧。
  ③ 子供に遊ばせましょう。

이상 한국어의 사동법의 종류와 의미 차이를 외국어에 대응시켜 살펴 보았다. 나라마다 사동법이 있지만, 그 문법적 장치는 상당히 다름을 살펴 보았다. 초급과정에서 외국인에게 한국어 사동법을 가르치는 것은 피동법과 마찬가지로 좀 무리가 있다. 왜냐하면 한국어 사동법이 일률적 통사적 장치에 의해 이루어지기보다는 다분히 어휘적 특성이 강해서, 마치 예외적인 것처럼 느끼기 때문이다. 따라서 초급과정에서보다는 피동법과 마찬가지로 중급과정 이후에 가르치는 것이 바람직하다. 초급과정 끝이나 중급과정 이후에 사동법을 가르칠 때는 역시 어휘별로 그때그때 사동문장을 예로 들어 사동문장임을 설명하고 반복 연습시키는 것이 좋다. 단형사동과 장형사동의 의미 차이는 있지만, 외국인 학습자가 그 차이를 이해하기는 너무 어렵다. 단형사동을 먼저, 그 다음 시간차를 두고 장형사동을 가르친다. 중급과정에서 이 두 사동을 가르칠 때는 두 사동의 의미 차이가 거의 없음을 설명하고, 고급과정에서 미세한 차이를 설명하는 것이 이 두 사동법의 문장을 이해시켜 쓸 수 있게 하는 좋은 방법일 것이다.

2.4 한국어 시제(Tense)

시제란 발화시를 중심으로 앞뒤의 시간을 제한하는 문법범주를 가리킨다. 세계의 어느 나라든 시제가 없는 언어는 없다. 그러나 각 언어에 반영된 시제는 각기 다 다르다. 즉 시제의 체계는 똑 같지가 않고, 문법적 장치가 다르다. -중국어는 시제가 통사적이라기보다는 어휘적이다.- 한국어의 시제는 말하는 사람이 어느 시점을 중심으로 하느냐에 따라 과거, 현재, 미래로 크게 나누어진다. 이는 전 세계의 언어가 크게 공통적이다. 그런데 한국어에서는 시제 형태가 시제(temse)는 물론 상(aspect)과 양태성(modality)을 표현하기 때문에 반드시 시간적 의미로 해석되지 않는다.[8]

외국인에게 한국어 시제를 가르칠 때, 초급과정에서 상과 양태성을 다 가르칠 필요가 없다. 우선 초급과정에서 시제만 3등급 즉 과거, 현재, 미래의 3등급으로

---

8. 남기심(1981), 국어문법의 시제 문제에 관한 연구, 탑출판사

설명하면 충분하다. 이 한국어의 시상(時相)구조를 한꺼번에 설명하기 어렵다. 학자에 따라 달리 주장하기도 한다. 따라서 보편적인 것으로 초급과정에서 3등급으로 가르치고, 필요에 따라서 상과 양태성 개념을 가르치되, 각 모국어로 바꾸어 번역하게 하는 연습이 필요하다.

한국어의 현재를 나타내는 형태(form)는 특별히 존재하지 않는다. 동작동사엔 '-는/ㄴ'이 나타나지만, 형용동사나 '이다'동사에는 붙지 않고 기본형 그대로 쓴다. 과거를 나타내는 형태는 '-았/었/였-'으로 사건이나 상태가 과거였음을, 사건이 완료되었거나 현재까지 계속되는 것을 나타낸다. 과거의 결과가 지금은 나타나지 않거나 과거의 경험을 나타낼 때에는 '-았었/었었/였었-'이 쓰인다. 또한 과거의 어떤 사건을 회상하여, 그때의 사건으로 돌아가서 말할 때 '-더-'가 사용된다. 이 '-더-'의 구조는 외국에 없는 한국어의 아주 독특한 시제와 관련된 구조이다. 따라서 외국인은 아주 어렵게 생각하고 질문이 꼭 일어난다. 한국어의 미래 표현은 '-겠-' 또는 '-(으)ㄹ 것'으로 나타낸다. 이 때 '-겠-'은 객관적인데 반하여, '-(으)ㄹ 것'은 주관적 느낌이 있다.

또한 '-겠-'은 미래시제도 나타내면서 양태성을 나타낸다. 주어가 1인칭일 때는 '의지'를 뜻하고, 3인칭일 때는 '추측'이나 '가능'의 뜻을 나타낸다. 따라서 외국인에게 가르칠 때 주어의 인칭에 따라 달리 예를 들어 설명하는 것이 효과적이다.

동작의 진행표현은 'Vst+고 있다'로 쓴다. 동작동사하고만 어울리고, 형용동사와 어울릴 수 없는 제약이 있다.

각 시제를 외국어와 대응시켜 살펴 보면 다음 '가, 나, 다, 라'와 같다.

가. 현재시제

1) 동작동사 형태 없음 ： present verb/現在 be+adjective(영어)
2) 동작동사 Vst+-는/ㄴ ： 現在 副詞+動詞(중국어)
3) 형용동사 형태 없음 ： 형용사, 형용동사 +です/동사+ます(일본어)

예. 나는 한국말을 공부합니다./공부한다.

① I study Korean language.

② 我学习韩国语。

③ 私は韓国語を勉強します。

예. 그녀는 참 예쁩니다./예쁘다.

① She is very pretty.

② 她很漂亮。

③ 彼女はとてもきれいです。

나. 과거시제

1) Vst+았/었/였 : past verb(영어)

　　　　　: 動詞+了(중국어)

　　　　　: 형용사, 형용동사+でした/동사+ました(일본어)

예. 어제 친구를 만났습니다.

① Yesterday I met my friend.

② 昨天我见朋友了。

③ 昨日、友だちに会いました。

2) Vst+았었/었었/였었 : past verb(영어)

　　　　　: Verb+过(중국어)

　　　　　: 형용사/형용동사+でした、동사+ました(일본어)

예. 김 선생님이 여기 왔었어요.

① Mr. Kim came(had come) here yesterday.

② 金先生來过。

③ 金先生がここにいらっしゃいました。

3) Vst+더 : past tense Verb(영어)

        : 動詞+过(중국어)

        : 형용사＋かったです/형용동사＋だったです(일본어)

    예. 어제는 날씨가 꽤 춥더라.
        ① It was very cold yesterday.
        ② 昨天天气很冷。
        ③ 昨日は天気がかなり寒かったです。

다. 미래시제

1) Vst+겠 : will/shall verb/must be(영어)

        : 要+動詞/定+形容詞(중국어)

        : 형용사, 형용동사＋です/동사＋ます(일본어)

    예. 오늘 영화 구경을 가겠습니다.
        ① I will go to see a movie today.
        ② 今天我要去看电影。
        ③ 今日、映画を見にいきます。

    예. 그 아이는 아주 착하겠어요.
        ① That child must be very good-natured.
        ② 那个孩子一定很善良。
        ③ あの子供はとてもやすいっでしょう。

2) Vst+(으)ㄹ 것 : probably will/shall verb(영어)

        : 可能要+動詞(중국어)

        : (たぶん)~でしょう(일본어)

예. 내일 등산할 거예요.
　　① I probably will climb the mountain.
　　② 我可能要登山。
　　③ あした山登りに行くでしょう。

라. 동작의 진행

Vst+고 있다 : be+Verb+ing(영어)

　　　　　 : 正在+動詞(중국어)

　　　　　 : ~ている(일본어)

예. 지금 우리는 공부하고 있어요.
　　① We are studying now.
　　② 我们正在学习。
　　③ 今私たちは勉講しています。

이상 한국어의 시제의 종류와 그 형태의 종류를 외국어에 대응시켜 살펴 보았다. 위에서 살펴 본 것처럼 한국어의 시제는 과거, 현재, 미래만을 나타낼 뿐만 아니라, 동작상과 양태까지 나타내기 때문에 아주 복잡하고, 외국인에게 어렵다. 따라서 초급과정에선 전세계 언어에 보편적으로 있는 3등분 즉, 과거, 현재, 미래를 하나씩 가르치되, 현재시제를 먼저 가르친다. 그리고 시간을 두고 과거 시제 문장을, 그리고 또 시간차를 두고 미래시제를 가르친다. 이때 한국어의 동작상과 양태성은 가르치지 않는다. 이 3시제를 가르치고 난 후에, 적당한 동작상이나 양태성 문장이 나올 때, 그 때 시제 개념 외에 또 다른 의미가 있음을 설명하고 각 언어를 번역하게 하여(대응하게 하여) 그 차이와 쓰임새를 익혀 나간다.

특히 과거의 경험을 나타내는 ‘-았었-’구조는 중급단계 이상에서 ‘-았-’구조와 비교하여 그 차이를 가르치는 것이 효과적이다. 또한 한국어의 현재와 현재진행은 구분되지 않는 경우가 있음을 주지해야 한다. 더욱 주의할 것은 ‘Vst+더’의 구조이다. 이 구조는 영어권, 일본어권, 중국어권 모두 없는 구조이다. 영어나 중국어로 번역해도 드러나지 않는다. 따라서 고급과정에서 가르쳐 그 미세한 차이를 느끼게 하는 것이 효과적이다.

2.5 한국어 화법(Narrative)

화법이란 다른 사람의 말이나 글을 시간적, 공간적인 간격을 두고 인용하여 다른 사람에게 전달하는 언어형식을 말한다. 화법의 기본구조는 '주어 - 피전달자 - 피인용문 - 인용조사 - 서술어(전달동사)'로 이루어진다. 한국어 화법은 크게 직접화법(direct narrative)과 간접화법(indirect narrative)으로 나뉜다.[9] 직접화법은 화자가 원래 화자의 말을 그대로 인용하는 것이고, 간접화법은 화자가 전달자의 입장에서 맞게 문장을 바꾸어 표현하는 것이다. 직접화법에서는 피인용문이 인용조사 '-(이)라고' 또는 '-하고'에 의해서 서술어에 연결되며, 피인용문은 원래의 화자가 말한 것은 바꾸지 않고 그대로 옮겨서 쓴다. 또한 인용부호 큰 따옴표(" ")가 사용된다.

가. 직접화법

1) "문장" 라고 ： someone said, "sentence"(영어)

　　　　　： 某人说+"sentence"(중국어)

　　　　　： "sentence"~と言う(일본어)

2) "sentence" 하고 ： someone said, "sentence"(영어)

　　　　　　： 某人说+"sentence"(중국어)

　　　　　　： "sentence"~て言う(일본어)

　　예. "그는 좋은 학생입니다"라고 했어요.
　　　　① They said, "He is a good student."
　　　　② 他们说"他是好学生"。

---

9. 이필영(1993), 국어의 인용구문 연구, 탑출판사

③ "彼はいい学生だ"と言いました。

　간접화법은 화자가 전달자의 입장에서 문장을 변형시키기 때문에 직접화법과
는 여러 가지 다른 현상이 일어난다. 따라서 외국인은 직접화법이 쉽게 이해되나
간접화법은 어렵게 느껴진다. 간접화법에서는 인용조사 '-고'가 쓰인다. 피인용
문의 종결어미에 나타나는 상대높임은 중화(neutralize)된다. 직접화법을 간접화법
으로 바꾸면, 인칭이나 시간, 장소를 나타내는 말이 실제의 발화상황에 따라 전
달자를 중심으로 바뀐다.

　간접화법에서는 피인용문의 종결어미(높임 중화됨. 즉 반말체로 바뀜) 다음에 '-고'
가 쓰이는데, 그 피인용문의 종결어미를 표로 보이면 다음과 같다.

〈표〉 피인용문의 종결어미

종류	형태(반말체)	인용조사
서술문	-는/ㄴ다 -다 -(이)다	-고
의문문	-(느)냐 -(으)냐 -(이)냐	
명령문	-(으)라	
청유문	-자	

나. 간접화법

반말체 sentence+고 : someone said that sentense(영어)

　　　　　　: 某人说 sentence(중국어)

　　　　　　: sentense(원형)~と言う(일본어)

예. 철수는 그것이 자기 가방이라고 말했어요.
　　① Chulsoo said that it was his bag.

② 撤秀说 那是他的包。

③ チョルスはそれが自分のかばんだと言いました。

　이상 한국어 화법을 직접화법과 간접화법으로 나누어, 외국어 화법에 대응하여 설명하였다. 외국인 학습자에게 직접화법은 비교적 쉽게 이해되기 때문에, 초급단계 끝에서 바로 가르치면 된다. 그러나 간접화법은 직접화법을 전달자의 입장에서 변형시켜 전달하기 때문에 어렵다. 또한 반말체의 피인용문의 종결어미로 바뀌고 그 다음 인용조사가 붙기 때문에 반말체를 반드시 배운 후에 간접화법을 가르쳐야 한다. 대개 반말체는 한국어 교과서에서 초급과정 말쯤 가르친다. 따라서 간접화법은 중급과정 이후에 가르치는 것이 효과적이다. 간접화법은 반드시 직접화법을 용례로 사용하여 간접화법으로 바꾸어 표현하는 연습을 시켜야 한다. 그래야 전달자의 입장에서 변형시키는 과정을 이해할 수 있어 효과적이다.

2.6 한국어 연결어미(Conjunctive Ending)

　전 세계의 언어는 모두 단문(simple sentence)을 기본으로 하여 복문(complex sentence)을 만든다. 복문을 만드는 문법적 장치는 각 언어권에 따라 물론 다르다. 한국의 연결어미는 두 개의 기본문장이 연결될 때 앞문장의 동사에 붙어 두 문장을 하나로 이어주는 기능을 한다. 연결어미는 앞문장과 뒷문장을 대등하게 연결하는 어미가 있고, 종속관계로 연결하는 어미로 나뉜다. 또 형태에 의한 분류로는 연결어미의 순수한 기본형태가 있고, 이 기본형태에 또 다른 연결어미가 붙어서 이루어진 복합형태도 있다.

　외국인에게 한국어의 연결어미를 가르칠 때, 우선 초급과정에서 가장 빈도수가 많은 것부터 가르쳐야 한다. 이 글에서 비교적 빈도수가 많은, 보편적으로 많이 쓰는 연결어미부터 설명하겠다.[10]

---

10. 초급과정에서 가르쳐야할, 보편적이고 사용 빈도수가 많은 연결어미에 관해서는 성진선(2002), "외국인을 위한 한국어 교육의 연구 - 연결어미를 중심으로' 참조.

물론 연결어미의 복합형태는 기본형태를 배우고 나서 가르쳐야 하기 때문에 중급과정 이상에서 가르치는 것이 효과적이다. 이제 한국어 연결어미를 기본 형태부터 그리고 초급과정에서 많이 쓰는 것부터 외국어(영어, 중국어, 일본어)에 대응시켜 설명하겠다.

실제 연결어미를 가르칠 때 분리된 두 문장을 예로 주고, 연결어미를 사용해서 복문을 만드는 연습을 시키는 것이 효과적이다. 또 이 복문을 접속사(conjunctive)를 사용해서 두 문장으로 분리하는 연습을 시키면, 접속사와 연결어미의 관계를 익히는 데도 좋은 방법이 된다.

3.6.1 연결어미 '-고'

이 연결어미 '-고'는 앞문장의 동사어간에 붙어서 두 개 이상의 문장(sentence)을 대등관계로 나열하는 기능을 한다. 영어로는 'and'에 해당되고, 중국어로는 이 문법장치가 없다. 대등되는 두 문장을 각각 나열하면 된다. 일본어로는 'て形'에 해당된다. 다음 예문이 연결어미 '-고'의 대응을 잘 보여 준다.

> 예. 하늘은 높고, 바다는 깊다.
> ① The sky is high and sea is deep.(영어)
> ② 天高海深(중국어)
> ③ 空は高くて海は深いです(일본어)

2.6.2 연결어미 '-아서/어서/여서'

이 연결어미는 앞문장의 동사(동작동사와 형용동사) 어간에 붙어서 뒷문장과의 관계를 종속적으로 연결한다. 이 연결어미는 크게 앞뒤 문장과의 두 가지의 의미 기능을 한다. 첫째로는, 앞문장(선행절)이 뒷문장(후행절)에 대해 '이유'나 '원인'을 나타내준다. 또 다른 기능은, 앞문장과 뒷문장과의 계기적 시간관계를 나타내준

다.[11] 이 연결어미는 앞문장의 동사에 시제를 나타내는 '-았/었-'은 쓸 수 없고, 뒷문장은 명령문이나 청유문에서 제약이 일어난다. 또한 계기적 시간관계를 나타낼 때는 앞뒤 문장의 주어는 같아야 한다. 이 '아서/어서/여서'는 영어의 'and so/so~that/because'에 해당되고, 중국어의 '因为'에, 그리고 일본어의 'て刑/~から/~ので'에 해당된다.

이 연결어미를 외국인에게 가르칠 때는, 초급과정에서 두 기능을 나누어서 가르치되, '이유'를 나타낼 때를 먼저 가르치고, 그 후 시간을 두고 예를 통해 계기적 시간관계를 나타내는 문장을 가르친다. 두 의미 기능을 가르친 후에는 종합적으로 체계적으로 가르치면 좋다.

또한 이 어미를 가르칠 때, 어김없이 외국인 학습자들은 왜 '-아서/어서/여서'로 나누어지고 그 차이가 무엇인지 질문이 나온다. 이 때 의미차이는 없고 다만 동사어간의 모음의 종류에 따라 선택되어짐을 설명한다. 이 때 외국인들은 양성모음과 음성모음의 차이를 모르기 때문에 그런 용어는 사용하지 말고, 동사어간이 '아'이면 '-아서'를, '어'이면 '-어서'를 선택함을 설명하고 연습시킨다. '-여서'는 불규칙인데 동사어간이 '공부하다'와 같이 '하'로 끝나면 '-여서'로 선택됨을 가르쳐야 한다. 사소한 차이라도 외국인 학습자는 항상 다른 어휘이고 다른 문법기능을 한다고 생각하기 때문에 항상 한국어 교사는 세심하게 주의 깊게 생각해야 한다. 이 계기적 시간을 나타낼 때의 '-아서/어서/여서'는 영어의 'and'에 해당되고, 일어의 'て形'에, 중국어에서는 형태가 없다.

1) '이유'나 '원인'을 나타낼 때

    예. 저는 바빠서 회의에 참석하지 못했습니다.
       ① I am so busy that I did not attend the meeting.
       ② 我因为很忙, 不能参加会议。
       ③ 私は忙しいですから会議に出席できません。私は忙しくて会議に出られません。

---

11. 정정덕(1986), 국어 접속어미의 의미 통사론적 연구, 한양대 박사학위논문

2) '계기적 시간'을 나타낼 때

예. 식당에 가서 한식을 먹읍시다.
① (We) go to the restaurant and let's eat Korean food.
② 去饭店吃韩国料理。
③ 食堂に行って勧告料理を食べましょう。

2.6.3 연결어미 '-지만'

이 연결어미는 앞절의 내용을 시인하면서, 그 뒷절에 반대되거나 앞절의 내용에 유추되는 내용을 덧붙여 말할 때 쓰이는 어미이다. 이 '-지만'은 영어의 'but'에 해당된다. 중국어의 '但是'에, 그리고 일본어의 '형용사, 형용동사+ですが/동사+ますが'에 해당된다. 다음 예문이 연결어미 '-지만'의 각 대응을 잘 보여 준다.

예. 그녀는 예쁘지만, 노래는 잘 못한다.
① She is pretty, but doesn't sing a song well.
② 她漂亮, 但是唱歌不好。
③ 彼女はきれいですが歌は下手です。

2.6.4 연결어미 '-(으)니까'

이 연결어미는 두 가지의 기능으로 달리 쓰인다. 하나는 선행문의 동작이나 상태가 후행문의 이유가 되는 경우에 쓰이고, 또 다른 하나는 선행문의 동작이 후행문의 동작을 확인하는 계기적 시간이 되었다는 뜻(앞절의 니용이 뒷절에 대한 배경 제시)을 나타낸다. 이 때 선행문의 주어는 화자이고 후행문의 주어는 선행문의 주어와 대개 다르다.

한편 '원인'을 나타낼 때 쓰이는 '-(으)니까'는 '-아서'가 일반적이지만, '-니까'는 화자의 개인적으로 느끼거나 생각하는 뜻이 더 강하다. 이 '이유'를 나타내는 '-니까’는 후행문에서 명령문이나 청유문이 대개 많이 쓰인다.

이 연결어미 ‘-니까’가 ‘이유’를 나타낼 때, 영어의 ‘because/since+sentence’에 해당된다. 중국어로는 ‘因为’에, 일본어의 ‘~から/~ので’에 해당된다. 또 한편, 이 ‘-니까’가 뒷문장의 배경을 제시할 때는 영어의 ‘when/and/verb+-ing’에 해당되고, 중국어의 ‘以后’에, 그리고 일본어의 ‘~たら’에 해당된다.

역시 이 연결어미를 외국인에게 가르칠 때 초급과정에서 두 기능으로 나누어 가르친다. 이 때 ‘이유’ 쪽을 먼저 가르치고, 나중에 배경 제시 기능을 하는 문장을 가르친다. 한편 초급과정이 끝나고 중급과정에서 ‘-니까’와 ‘-아서’의 ‘이유’를 나타낼 때의 기능의 차이를 가르치는 것이 좋다. 다음 ‘1), 2)’가 이유와 배경제시를 나타내는 대응 문장의 예이다.

1) ‘이유’를 나타낼 때

예. 버스는 복잡하니까 택시를 탑시다.
　　① Since it is crowded in the bus, let’s take a taxi.
　　② 因为公共汽车挤, 打车吧。
　　③ バスが込んでいるからタクシで行きましょう。

2) ‘배경 제시’를 나타낼 때

예. 집에 가니까 어머니의 편지가 있었습니다.
　　① When I arrived home, mother’s letter was waiting for me.
　　② 回家以后, 看到妈妈的信。
　　③ 家に帰ったら母からの手紙が届いていました。

2.6.5 연결어미 ‘-(으)면’

이 연결어미는 후행문의 동작이나 상태가 이루어지기 위한 전제조건을 나타

낸다. 대개의 동사 어간에 붙을 수 있다. 그런데 동사 '이다', '아니다'에서는 '-(이)라면'으로 쓰인다. 이 연결어미 '-(으)면'은 영어의 'if'에 해당되고, 중국어의 '如果'에, 그리고 일본어의 'たら/~ば/~と'에 대응된다. 다음 예문이 '-(으)면'의 대응구조를 잘 보여 준다.

> 예. 배가 고프면, 이 빵을 드세요.
> ① If you are hungry, please have this bread.
> ② 如果肚子饿, 请吃面包。
> ③ お腹が空いたらこのパンでも食べてください。

2.6.6 연결어미 '-는데/은데'

이 연결어미 '-는데/은데'는 첫째, 선행문의 상황을 계속 이어 설명하는 뜻을 나타낸다. 둘째, 선행문과 후행문의 의미상의 연결에 따라 반대 개념, 이유, 조건 등이 구체적인 의미로 표현되기도 한다. 때론 종결어미로 쓰여 다른 사람의 의견을 듣고자 하는 태도로 표현되기도 한다. 이 종결어미로 쓰이는 '-는데/은데'는 일종의 생략구조이다. 또 '-는데'에 존경을 나타내는 '요'가 붙어서 종결어미로 쓰이기도 한다.[12]

이 '-는데/은데'를 외국에게 초급과정에서 가르칠 때 첫째 기능으로 쓰일 때를 먼저 가르치고 단계적으로 둘째 기능을, 그리고 중급과정 이상에서 셋째 기능인 종결어미로 쓰이는 문장을 가르치는 것이 경험상 효과적이다. 어쨌든 3가지 기능을 한 번에 가르치지 않는 것이 중요하다. 외국인들에게는 참으로 어렵게 느껴진다.

연결어미 '-는데/은데'가 첫째 기능으로 쓰일 때, 영어로는 어떤 문법적 장치가 없다. 즉 두 문장 사이에 쉼표 ','를 찍으면 가능하다. 중국어로는 '沒有(없음)/可是'에 해당되고, 일본어로는 '~ですが/~ますが'에 해당된다.

---

12. Ihm, Ho Bin (1999), Korean Grammar for International Learners, Yonsei Univ.

또 연결어미 '-는데/은데'가 둘째 기능으로 쓰일 때, 영어에서는 앞뒤 절의 의미 관계에 따라 다양하게 표현할 수 있다. 즉 '쉼표/while/since' 등에 해당되고, 중국어로는 '沒有(없음)'에, 일본어로는 '~から'에 해당된다.

셋째 기능으로 쓸 때는 영어, 중국어, 일본어는 모두 생략표 '……'를 찍고 발음상 여운을 두고 길게 발음한다. 단 일본어에서 동사원형에 종결어미 'よ'를 붙이며 표현한다. 다음 '1), 2), 3)'의 예문이 '-는데/은데'의 세 의미기능을 잘 보여 준다.

1) 상황 이어 계속 설명

    예. 비가 오는데, 우산 있습니까?
      ① It's raining, do you have an umbrella?
      ② 下雨了, 有雨伞吗?
      ③ 雨が降っていますが傘はありますか。

2) 선·후행문간의 반대, 이유, 조건 등

    예. 날씨가 좋은데, 야외로 갑시다.
      ① It is a fine day, let's go out of city.
      ② 天气好, 去野外吧。
      ③ 天気がいいですから、出かけましょう。

3) 종결어미로 쓰일 때

    예. 아이가 우는데…….
      ① The child is crying…….
      ② 孩子正在哭…….
      ③ 子供が泣いている(よ)。

이상, 연결어미 '-는데/은데'를 3가지 기능으로 나누어 설명했다. 또한 각국 언어로 대응시켜 보았다. 이 어미는 외국인 학습자가 대단히 어려워한다. 3가지 기능으로 나누어 가르치되, 선행문과 후행문의 의미관계에 따라 표현 기능이 다르기 때문에 예를 들어 각 언어권에 그때그때 대응시켜 설명해야 한다. 초급과정에서 3가지 기능을 다 구별하여 익히기는 쉽지 않다. 중급과정에서도 다른 연결어미와 비교해서 설명할 필요가 있다.

2.6.7 연결어미 '-러'

이 연결어미는 뒤에 주로 이동동사가 첨가되어 이동의 직접적 목적을 나타낸다. 이 '-러' 어미는 영어의 'to+verb/in order to+verb'와 대응되고, 중국어로는 특별이 나타내는 문법적 장치가 없다. 동사 2개가 나란히 연결될 때(v+v), 뒷동사가 앞동사의 목적을 나타낸다. 일본어의 '동사ます形+に/명사+に'에 대응된다.

> 예.　점심 먹으러, 식당에 갑시다.
> ① Let's go to the restaurant to have lunch.
> ② 去饭店吃午饭。
> ③ 食事に行きましょう。

2.6.8 연결어미 '-(으)려고'

이 연결어미는 앞으로 하고자 하는 의도(intention)의 뜻을 나타낸다. 동작동사와는 쉽게 결합되나, 형용동사는 제약이 일어난다. 그 대신 '-(으)려고 하다'의 형태로 바뀌어 쓰인다.

이 연결어미는 영어의 'in order to verb/intend to verb'에 대응되고, 중국어로는 '打算/想'에, 일본어로는 '~(よ)うとして'에 해당된다.

외국인에게 초급과정 중반쯤 해서 '-(으)려고'를 가르칠 때, 앞에서 언급한 '-(으)러'와 비교하여 설명할 필요가 있다. 이 '-(으)려고'는 의도, 계획의 뜻이 강하고, '-(으)러'는 바로 직접 목적이 됨이 다르다. 그 차이를 예를 들어 설명할 필요가 있다. 다음의 예문은 연결어미 '-(으)려고'의 보기이다.

예. 한국말을 배우려고 창원대학교에 왔습니다.
　① In oder to learn Korean, I came to Changwon University.
　② 我打算学习韩国话, 所以来昌原大学。
　③ 韓国語を勉強しようとして昌原大学に来ました。

예. 부모님께 드리려고 선물을 샀습니다.
　① I bought the gift for my parents.
　② 我买礼物打算送给父母。
　③ 両親にプレゼントしようとして買いました。

2.6.9 연결어미 '-다가'

이 연결어미는 계속되는 상태나 동작이 중단되고, 또 다른 동작으로 옮기거나 새로운 일이 생기는 것을 나타낸다. 때로는 '-다'만으로 쓰이기도 한다. 이 연결어미는 영어의 'on the way/while/verb+ing' 등에 해당되고, 중국어의 '…的路上'에, 일본어의 '동사원형+途中に'에 대응된다. 또 이 '-다가' 앞에 '-았/었/였-'이 결합되면 동작이 완료된 후에 중단되고 다른 동작이 이루어짐을 나타낸다. 외국인에게 두 경우의 차이를 그림을 그리거나 예를 통해서 설명하는 것이 좋다. 이 '-았다가' 형태는 중급과정 이상에서 '-다가'와 비교해서 설명하는 것이 효과적이다. 이 형태는 영어의 '과거 문장 쉼표(,) then 과거문장'의 구조가 된다. 중국어에는 이 표현이 없고, 일본어에는 '～てから'에 해당된다. 다음 예문이 '-다가'의 각 대응구조를 잘 보여 준다.

예. 학교에 가다(가) 친구를 만났어요.
　① On the way to school, I met a friend.
　② 去学校的路上, 我见到一个朋友。
　③ 学校へ行く途中に友だちに会いました。

예. 시장에 갔다가 은행에 들렀습니다.
    ① I went to the market, than went to the bank.
    ② 我去了市场, 然后去银行。
    ③ いちばは行ってから銀行に寄りました。

2.6.10 연결어미 '-(으)면서'

이 연결어미는 어떤 두 개의 동작이나 상태가 동시에 일어나거나 동작이 순간적으로 계속하여 일어남을 표현한다. 주어에 제약이 일어난다. 즉 선·후행문의 주어는 반드시 일치해야 한다. 만약 주어가 일치하지 않으면 '-는 동안에'로 바뀌어 사용된다.

이 연결어미는 영어의 'while / and '에 해당되고, 중국어의 '一边… 一边…'에, 그리고 일본어의 '~ながら'에 해당된다. 다음 예문이 '-(으)면서'의 대응구조를 잘 나타낸다.

예. 빵을 먹으면서, 이야기를 합니다.
    ① We talk about it while eating a bread.
    ② 我们一边吃面包, 一边聊天儿。
    ③ パンを食べながら、話します。

2.6.11 연결어미 '-자(마자)'

이 연결어미 '-자'는 동작이 시간적으로 앞선 동작에 잇달아 계속됨을 나타낸다. 때론 '-자마자'로도 쓰인다. 이 연결어미는 영어의 'as soon as'에 대응되고, 중국어의 '一…就'에, 일본어의 '~やいなや'에 해당된다. 다음 예문을 살펴보면 '-자(마자)'의 의미기능과 대응을 잘 알 수 있다.

예. 창원에 도착하자마자 친구에게 전화를 했습니다.
　① I called my friend as soon as I arrived at Changwon.
　② 我一到昌原, 就给朋友打电话。
　③ 昌原に着くやいなや友だちに電話をしました。

2.6.12 연결어미 '-(으)ㄹ수록'

이 연결어미는 어떤 동작이나 상태가 더해감을 나타낸다. '-(으)면'과 결합하여 정도가 더해감을 더욱 강하게 나타낸다. 이 연결어미는 영어의 'the more … than more'에 해당한다. 중국어의 '越… 越…'에, 일본어의 '～ほど(に)'에 대응된다.

예. 그 노래를 들으면 들을수록 새로운 느낌이 듭니다.
　① The more I hear that song, the more new feeling I get.
　② 我越听那首歌, 越有新的感觉。
　③ この歌を聞けば聞くほど新しい気がする。

이상 초급과정에서 가르쳐야 할 빈도수 높은 한국어 연결어미를 3개국어(영어, 중국어, 일본어)와 대응시켜 그 용례를 살펴 보았다. 외국인에게 한국어를 가르칠 때 참고가 됐으면 한다. 이 외에도 초급과정 말쯤이나 중급과정에서 가르쳐야 할 연결어미들('-아야/어야/여야, -거든, -도록' 등)이 있다. 또한 연결어미들 합성형태들도 많다. 이들은 모두 중급 이상 과정에서 가르치는 것이 좋다. 여기서 다루지 못한 연결어미들은 훗날 다시 다루겠다.

Ⅲ. 결론

지금까지 이 논문은 외국인을 대상으로 한국어 문법을 교육할 때, 어떤 수준으로(수준별), 어느 정도의 문법범위 안에서, 우선순위에 따라 어떻게 가르치는 것이 보다 효과적인가를 구체적으로 밝혀 왔다. 아울러 외국인을 위한 한국어 문법에서는 이론문법보다는 실용문법 측면에서, 각 언어권(영어권, 중국어권, 일본어권)의 문법과 비교, 대조하여 대응구조를 가지고 설명하는 것이 효과적임을 제시했다.

지금까지 이 논문에서 다룬 바를 항목별로 요약하면 다음과 같다.

1) 문법교육보다 더 중요한 것이 말하기 교육이 중심이 돼야 하고, 이론문법보다 실용문법이 중요함을 밝혔다.

2) 각 언어권의 문법구조에 따라 한국어 문법 설명 방법이 달라야 함을 설명했다. 또한 그에 따라 각 언어권별로 예를 대응시켜 비교 설명하는 것이 효과적임을 밝혔다.

3) 외국인에게 한국어 문법을 교육할 때, 크게 3등급(초급, 중급, 고급)으로 나누어 가르치되, 이 논문에선 초급과정을 중심으로, 수준별 난이도에 따라 우선순위를 결정하여 가르치는 것이 효과적임을 밝혔다.

4) 한국어 존대법 중 청자대우법을 초급과정에서 4~6등급으로 가르치지 말고, 크게 높임과 낮춤으로 2등분하여 가르치고, 중급과정과 고급과정에서 구체적이고 체계적으로 존대법 전체구조를 가르쳐야 함을 설명했다. 아울러 역시 각 언어권별로 예를 대응시켜 비교 설명했다. 따라서 한국어 교사가 외국인을 가르칠 때 쉽게 비교 설명할 수 있도록 하였다. 그 외 주체존대법, 겸양법, 공손법과 비공손체, 특수어휘 사용법도 각 언어권과 대응시켜 비교 설명하였다.

5) 한국어 부정법을 짧은부정과 긴부정으로 나누어 그 용법과 의미 차이를 각 언어권과 대응시켜 비교 설명했다. 특히 짧은부정 가운데 '안'부정과 '못'부정의 의미 차이를 각 언어권과 비교하여 설명했다. 그 외로 'N+가 아니다' 구조와 명령문 부정 'Vst+지 말다' 구조도 각 언어권과 대응시켜 비교 설명하는 것이 효과적임을 밝혔다.

6) 한국어 피동법과 사동법은 통사적 장치보다는 오히려 어휘적이다. 외국인에게는 그러한 현상이 불규칙현상으로 느껴지기 때문에 아주 어려워한다. 따라서 그때그때 피·사동법은 개별적 특성을 고려하여 초급 후반이나 중

급과정에서 가르치는 것이 효과적임을 제시했다. 또한 피동법과 사동법의
예를 장형과 단형으로 나누어 각 언어권과 대응시켜 설명했다.

7) 한국어 시제에 관해서는 학자에 따라 상당히 다르다. 그러나 초급단계에서
외국인에게 가르칠 때는 보편적으로 인정되는 정도의 범위에서 3시제(과
거, 현재, 미래)로 나누어 가르쳐야한다. 이때 시제와 더불어 대두되는 상
(aspect)과 양태성(modality)은 중급과정 이후에 가르치는 것이 효과적임
을 제시했다. 또한 '-더-', '-았-', '-았었-', '-(으)ㄹ 것', 그리고 '-고 있'에 대해
서도 하나하나 각 언어권과 대응시켜 같은 점과 다른 점을 비교 설명하는
것이 효과적임을 밝혔다.

8) 한국어 화법을 직접화법과 간접화법으로 나누어 각 언어권과 비교, 대조하
여 설명하였다. 직접화법은 초급과정 후반에서, 간접화법은 반말체를 배운
후 중급과정 이후에 가르치는 것이 효과적임을 설명했다.

9) 한국어 연결어미에 대해, 난이도에 따라 쉬운 것, 그리고 빈도수가 높은 12
개의 연결어미를 영어권, 중국어권, 일본어권 별로 그 예를 대응시켜 구체
적으로 설명했다. 그리고 각 언어권별로 문법적 장치의 공통점과 차이점,
그리고 의미 기능을 비교 설명했다. 그렇게 함으로써, 한국인 교사가 각 언
어권과 외국인들에게 연결어미를 가르칠 때 효과적이고 쉽게 가르치는 데
에 도움을 주도록 하였다. 이 외의 기본형태의 연결어미와 복합형태의 연결
어미는 난이도가 높으므로 이곳에서 다루지 않았다. 이것들은 중급과정 이
후에 가르쳐야 효과적이다. 다음의 연구과제로 남겨 놓았다.

이상의 다룬 바 외의 한국어 문법에 관해서는, 다음 번에 몇 부문으로 나누어
다루겠다.

제 2장 : 발음

제 2장 : 발음

1. 외국인을 위한 한국어 교수법
-한국어 발음을 중심으로-

Ⅰ. 서론

　21세기는 모든 분야에서 국제화, 세계화의 물결이 거세게 일고 있다. 한국도 예외는 아니다. 국제화에는 여러 가지 방법이 있겠지만, 무엇보다도 제일 먼저 중요한 것은 우리가 외국어를 습득하는 일이다. 거꾸로 생각하면 외국인이 우리 한국어를 습득하는 일이다. 오늘날 한국어와 한국 문화를 배우고자 하는 다국적 외국인들이 (외교관, 유학생, 정치인, 경제인, 무역인, 관광객 등) 급증하고 있다. 이러한 상황에서 한국어의 세계화를 위해 한국어 교육의 전문화가 시급하고, 또한 전문적 한국어 지도자가 절실히 요구되고 있다.

　그러나 이 분야에 대한 전문적 연구는 아주 미약하다. 최근에 관심도가 높아가고 있으며, 연구 논문이 하나 둘씩 나오고 있다. 또한 각 대학에서도 외국인을 위한 한국어 교육 프로그램이 여러 대학에서 생기기 시작했다. 특히 연세대, 고려대, 이대, 서울대, 경희대, 서강대, 창원대, 그리고 시사영어사 등에서 외국인을 위한 한국어를 가르치고 있다. 또한 정책적으로 교육인적자원부에서도 '한글의 세계화'에 주안점을 두고 노력하고 있다. 외국에서는 점점 많은 한국어과가 새로 생기고 있으며, 한국어 연구기관도 점점 늘어가고 있다. 하루속히 외국인을 위한 한국어 교수법이나 교재 등의 연구개발이 절실히 요구되는 상황이다.

　따라서, 본 연구의 목적은 외국인을 위한 한국어 교수법의 일환으로 제일 먼저 기초적이고 중요한 한국어 발음 지도법을 중심으로 연구한다. 또한 그 교수시

문제점을 밝히고, 그 교수법의 모델을 제시하는 데에 이 연구 목적이 있다. 외국어 교육시 가장 기초적이고 중요한 것은 발음(pronunciation) 지도이다. 정확한 발음을 습득하지 않으면 정확하게 말하거나 들을 수 없다. 즉, 의사소통을 할 수 없다. 그뿐만 아니라, 발음을 배우지 않으면 읽기도 할 수 없으며 쓰기도 깊은 관련성이 있어 잘 할 수 없다. 발음 습득은 말하기, 듣기, 쓰기, 읽기 모두에 관여되는 가장 기초적이고 중요한 것이기 때문이다. 발음 습득을 하지 않으면 결국은 외국어를 배울 수 없다. 따라서 외국어 교육시 누구나 기본적으로 제일 먼저 할 것이 발음 교육이다. 외국사람을 위한 한국어 교육시에도 한국어 발음 교육이 제일 기본적으로 할 중요한 과제라는 점에서 마찬가지이다. Schacter(1974:205-214)도 발음 교육의 중요성에 대해, "학습자가 외국어로 말하고자 할 때에 통사론의 측면에서는 선택이 가능하지만, 음운론적 측면에서는 선택을 할 수 없다. 즉 학습자는 외국어로 말할 때 자신이 잘 모르는 통사유형은 선택하지 않을 수 있지만, 음절단위나 음성 유형은 대부분의 경우 선택의 여지가 없다" 라고 말하고 있다.[1]

외국인을 대상으로 한국어 교육시 발음 지도를 소홀히 다루는 사람이 있다 -대부분 비전문적인 한국어 지도자들이 그렇다- 그들은 대화를 할 때 발음은 틀려도 의미만 전달되면 된다는 잘못된 인식 때문이다. 또한 대부분 한국어의 발음과 읽기[2]를 쉽게 배울 수 있다는 점 때문이다. 특히 한국의 문자 한글은 영어 알파벳이나 한자와는 달리 문자와 발음이 1대 1로 대응하기 때문에 한국인들은 문자를 통해 비교적 발음을 쉽게 배울 수 있다. 그러나 문법은 좀 틀려도 의사소통을 할 수 있으나 발음이 정확하지 않으면(틀리면) 의사소통을 할 수 없을 뿐만 아니라, 의사 전달이 전혀 다르게 전달된다. 필자의 경험으로 보아 -필자는 많은 나라의 외국인을 대상으로 한국어를 연세대와 창원대학에서 실제 가르친 바 있고 지금도 가르치고 있다. 또한 정부 파견교수로서 외국대학(폴란드 바르샤바대학)에서 한국어 회화 지도도 경험한 바 있다- 외국 사람들에게 한국어 발음을 쉽게, 정확하게 가르치기는 쉽지 않다. 실제로 한국어 음운 체계는 매우 독특할 뿐만 아니

---

1. 신동수(1990), p6에서 재인용함.
2. 여기에서 읽기는 독해가 아니라 문자를 발음하는 것을 뜻함.

라 -물론 각 나라 언어마다 음운 체계는 독특하다- 기저형의 표기법과 실제 발음에 차이가 있기 때문이기도 하고 한국어의 표기법에는 받침이 있어 발음상 어렵게 느껴지기 때문이다. 받침이 대화할 때 여러 음운 현상을 일으켜 발음이 달라지기 때문에 더욱 쉽게 익힐 수가 없다.

간노(1991)도 "외국인들에게는 한국어가 아랍어 다음으로 어려운 부류에 속한다"라고 말한 바 있다. 상당히 높은 수준의 한국어 회화를 할 수 있는 외국인의 경우도 각기 자기 모국어에 없는 한국어 음운의 잘못된 발음 및 청취로 인해 많은 어려움을 겪고 있다고『교육한글』제 4호(1991)에서 보고 된 바 있다.

외국어 교수 방법으로는 말하기-듣기 방법(Audiolingual Method)과 인지적 교수법(Cognitive Approach)이 있다. 말하기-듣기 방법은 행동주의 심리학과 구조주의 언어학의 영향을 받아 인간은 언어를 후천적으로 경험 즉 습관의 형성을 통해 배운다는 이론에 의해 형성된 언어 훈련 방법이다. 한편, 인지적 교수법은 1950년대 후반 변형 문법학자 촘스키(Chomsky)가 인간의 언어능력(Linguistic Competence)은 선천적으로 주어진 것이며, 언어 습득의 과정은 이 언어 능력에 관한 것이지 습관에 의해서 이루어지는 것이 아니라고 주장한 데서 출발한 것이다. 이 촘스키의 주장을 근거로 하여 사람에게는 언어를 습득할 때, 어떤 '내적인 장치'가 있어서 한정된 언어 자료만을 가지고도 훌륭한 문법을 만들어 낸다그 생각하였다. 따라서 학습자가 배우는 내용의 체계를 알고 있어야 더 효과적으로 학습되고 잘 기억된다고 하는 이론에 의해 형성된 언어 습득 방법이다. 이상 두 가지 외국어 교수 방법의 차이점을 설명했다.

이 연구에서는 두 가지 방법을 받아들여 절충식 방법을 택하였다. 그 이유로는 두 가지 방법이 각기 장단점이 있고, 필자의 경험으로 보아 두 가지 방법을 적용했을 때, 더욱 효과적인 방법이 되기 때문이다. 또한 언어 능력을 중시하는 방법도 중요하지만, 이 인간의 언어 능력은 맨 처음 어떤 후천적 경험을 주느냐가 언어 능력의 발동에 중요한 역할을 하기 때문이다. 따라서 이 논문에서는 두 가지 이론을 절충해서 효과적인 한국어 발음 지도법에 적용하겠다.

본 연구 대상은 한국어를 배우고자 하는 전 세계의 외국인으로서 맨 처음 한국어를 배우는 학습자로 한다. 주로 영어권의 외국인을 대상으로 하지만, 근본 취지는 전 세계의 외국인을 대상으로 한다. 그 이유로는 이렇게 하는 것이 '한국어의 세계화'의 길이며 국제화에 걸맞고 또한 세계의 언어권의 외국인에 따라 각기 한국어 발음 지도는 다르기 때문이다.

따라서, 본 연구 목적은 한국어를 배우고자 하는 전 세계의 외국인을 대상으로 한국어 교수법 중 가장 효과적인 한국어 발음 교수법을 연구한다. 또한 한국어 발음 교육시 그 문제점을 밝히어 구체적이고 효과적인 한국어 발음 연습의 모델을 밝히는 데에 그 연구 목적이 있다.

II.효과적인 한국어 발음 교수법.

한국어 음운(phoneme)은 모음(Vowel)과 자음(Consonant)으로 나뉜다. 모음은 홀로 발음 될 수 있으나, 자음은 홀로 발음되지 못하고 모음과 결합하여 소리가 난다. 모음은 폐에서 나오는 공기가 장애 없이 목청 사이를 지나면서 생기는 목청이 떨어 울림이 입안에서 조절되어 나오는 소리이다. 모음은 단모음 10자와 이중모음 11자로 나뉜다. 자음은 폐에서 나오는 공기가 입안에서나 코 안에서 막히거나 좁혀서 나는 소리이다. 한국어 자음은 19자이다. 이제 모음 21자와 자음 19자의 효과적인 발음 지도법을 살펴 보겠다.

2.1 한국어 모음

외국인에게 한국어를 지도할 때 모음과 자음 중에서 모음을 먼저 지도해야 효과적이다. 그 이유는 한국에서 모음이 자음 없이도 음절의 핵을 이루기 때문이다. 즉 홀로 발음 될 수 있다는 것이다. 영어에서는 자음이 음절의 핵을 이루기도 한다. 위에서 밝혔듯이 한국어 모음은 단모음 10개 이중모음 11개로 이루어져 있다. 외국인에게 모음을 지도할 때 단모음을 이중모음보다 먼저 지도하는 것이 효과적이다. 단모음이 이중모음 보다 발음이 쉽기도 하고 또한 단모음은 다른 외국어에서도 공통적인 음운이 있기 때문이다. -물론 단모음이 이중모음 보다 발음하기 더 어려운 경우도 있다.- 외국어에 없는 단모음을 이중모음과 똑같이 어렵게 느껴지는 것은 마찬가지이다. 우선 한국어 단모음 체계를 살펴보면 〈표1〉과 같다.

2.1.1 한국어 단모음

〈표1〉 한국어의 단모음체계

혀의 위치 입술모양 ＼ 혀의 높낮이	-Back		+Back	
	-Round	+Round	-Round	+Round
+High	ㅣ [i]	ㅟ [y]	ㅡ [ɨ]	ㅜ [u]
-High -Low	ㅔ [e]	ㅚ [ø]	ㅓ [ə]	ㅗ [o]
+Low	ㅐ [ɛ]		ㅏ [a]	

※ 앞의 표기는 한글의 모음자이며 뒤의 표기는 I.P.A를 기준으로 한다.

〈표1〉은 혀의 위치, 입술모양 그리고 혀의 높이의 기준에 의해 만들어진 표이다. 한국어의 단모음 10개를 여러 나라 외국인 학습자에게 지도할 때 무엇부터 어떻게 가르치는 것이 효과적일까? 필자의 경험으로 보아 무엇보다도 각 나라 각 언어권에 따라 다르게 가르치는 것이 효과적이다. 왜냐하면 각 언어권에 따라 단모음 체계가 다르기 때문이다. 따라서 각 언어권에 따라 단모음을 한국어 단모음과 비교하여 그 공통적인 음운을 먼저 가르쳐야 한다. 예를 들어, 일본사람에게 우리 한국어를 가르칠 때는, '아, 이, 우, 에, 오' 5개의 모음을 먼저 가르치고 그 다음 나머지를 가르치는 것이 아주 효과적이다. 왜냐하면 일본 사람에게 이 5개의 모음은 이미 머릿속에 음운체계가 잡혀 있기 때문이다. 이렇게 일본어에는 모음이 5개 밖에 없기 때문에 한국어와 일본어에 공통적으로 있는 단모음을 먼저 가르치고, 이 5개 모음을 기본으로 하여 그 변별되는 나머지 다른 단모음을 가르치면 더욱 쉽게 효과적으로 한국어 발음을 지도할 수 있다.

미국 사람이나 캐나다, 영국 사람에게 한국어 단모음을 가르칠 때는 일본 사람과는 달리 가르쳐야 효과적이다. 물론 일본어와 영어의 단모음체계가 다르기 때문이다.

모음은 자음과 달리 그 조음이 매우 유동적이기 때문에 각 모음의 정확한 조음 위치를 확정하기 힘들며 모음을 분류하는 체계도 학자들마다 다르다. 영어의 경우는 특히 더 그러한데 본 논문에서는 레드포드(Ladefoged:1961)의 모음체계를 따르기로 한다(전상범:1988.169).

한국어 모음의 분류기준은 혀의 높이, 혀의 모양, 입술의 둥긂의 유무이지만, 영어는 위의 세 가지 외에 발성기관의 긴장도도 분류의 기준이 된다.

영어의 모음은 학자마다 달라서 10개에서부터 19개까지로 다르게 분류된다. 레드포드(Ladefoged)는 영어의 단모음을 /i, I, e, ɛ, æ, ə, ʌ, u, ʊ, o, ɔ, ɒ, a/의 13개로 분류하고 있다.

한국어와 영어 모음의 위치를 모음사각도를 통해 나타내면 〈표2〉와 같다.

〈표2〉 한국어와 영어의 모음사각도(김영석:1991.35)

	front		central	back
	unrounded	rounded	unrounded	rounded
high	i 이	위	ɨ 으	우 u
	I			
mid	e 에		ə 어	오 o
		외		
	ɛ		ʌ	
	애			ɔ
low	æ		a 아	ɒ

위의 〈표2〉에서 보는 바와 같이 한국어와 영어의 단모음을 비교해 보면 똑같은 음은 없다. 비슷한 소리일 뿐이다. 한국이 /이/는 영어의 / i /보다는 낮고 / I /보다는 약간 높은 위치에서 발음되어 엄밀히 다르다. 한국어의 /아/는 영어 /a/보다 입이 작게 벌어지고 조금 더 혀의 앞쪽에서 발음된다. 한국어 /어/와 비슷한 영어음은 /ʌ/가 있다. 그러나 /ʌ/는 엄밀히 말해서 /어/와 /아/의 중간 정도의 발음이다. 영어의 /ɔ/도 한국어 /오/와 비슷하지만, /오/보다 혀의 위치가 더 뒤쪽이고 혀 높이도 더 뒤쪽이다. 혀높이도 더 낮은 상태에서 내는 발음으로 다르다.

한국어와 영어의 단모음체계 중 가장 큰 차이로는 한국어에 있는 /으/가 영어에는 없다. 또 단모음 /위, 외/에 대응되는 영어음이 없다. 영어에 없는 세 단모음 /으, 위, 외/는 미국사람들에게 어렵게 느껴지므로 특별히 잘 지도해야 한다.

반면에 /æ/, /ɔ/는 한국어에 없는 영어의 모음들이다. 또한 한국어의 모음에는 긴장자질(tense)이 없는데 반하여 영어에는 긴장자질과 비긴장자질이 대립되어 뜻을 분화하는 변별적 기능을 한다. 예를 들면 beat [bit]와 bit [bIt]는 긴장자질의 유무에 따라 뜻을 분화시킨다.

이상 한국어와 영어의 단모음의 차이를 살펴보았다.

따라서 일본사람과는 다르게 미국, 영국, 캐나다 학습자에게 한국어 단모음을 가르쳐야 한다. 우선 한국어 단모음에는 긴장자질이 없기 때문에 그 없음을 가르쳐야 하고, 그 다음에 한국어와 영어에 비슷한 소리, 즉 /이, 에, 애/, /아/, /우, 오/를 먼저 가르친다. 그리고 나서 영어에 없는 원순성 단모음인 /위, 외/를 가르치고, 그 다음 평순성 모음 /으/와 /어/를 가르친다. /위, 외/를 가르칠 때는 이에 대응되는 /이/와 /에/를 대비시켜 원순성을 강조하여 가르친다. 이렇게 낱소리 모음을 가르치고 나서 바로 단어 속에서 발음을 가르쳐야 효과적이다.

중국사람에게 한국어 단모음을 가르칠 때에는 영어권과 일본어권 사람과는 또 달리 가르쳐야 효과적이다. 중국어에서 단모음 즉 단운모(單韻母)는 6개 즉 /a, o, e, i, u, ü/이다. 여기에 사성(四聲)이 각기 이루어지면 24개의 단모음이 있어 한국어보다 훨씬 많은 단모음을 이루고 있다. 그러나 사성을 빼면 실제 한국어보다 단모음수가 적다. 따라서 중국 사람에게 한국어 단모음을 가르칠 때 한국어에는 성조가 없기 때문에 이 성조를 제외하고 한국어와 공통적인 소리 6개의 단모음, 즉 /아, 오, 에, 이, 우, 위/로 먼저 가르치고 나서 그 다음 중국어에 없는 단모음 /애, 으, 어/, /외/를 가르치는 것이 더욱 효과적이다. 특히 한국어의 단모음 /으, 어, 외, 위/는 많은 나라에 없는 단모음이기 때문에 모든 나라의 학습자에게 주의를 기울여 가르쳐야 한다.

이외로 폴란드, 프랑스, 스페인, 러시아, 베트남, 아랍, 헝가리, 티벳 등의 사람들에게는 위에서 다룬 일본 사람, 미국 사람, 중국 사람과는 달리 각기 다른 방법으로 가르쳐야 한다. 여기서 지면관계로 세계 언어권의 언어에 대한 설명은 생략한다. 따라서 훌륭한 한국어 교사는 많은 외국어를 알아야 하고, 특히 한국어 학습자의 나라의 언어를 알아야 한다. 특히 기초적 발음지도에서 한국어와 학습자

나라의 모음체계의 공통점과 차이점(변별자질)을 비교 설명할 수 있어야 효과적인 한국어 발음을 지도할 수 있음은 당연하다.

2. 1. 2 단모음 발음 연습의 모델

각 나라 언어권에 따라 각기 다른 방법으로 단모음을 가르쳐야 한다고 했다. 여기서 편의상 공통적인 순서로 가르칠 수 있는 발음 연습을 예로 들겠다. 다음 A), B), C)는 한국어 단모음 발음 연습의 모델이다. 이 모델을 활용하여 발음 연습을 시킨다.

A) 고모음 : 이[i] → 위[ü/y] → 으[ɨ] →우[u]

중모음 : (이[i]) → 에[e] → 외[ö/ø] → 어[ə] →오[o]

저모음 : (이[i]) → (에[e]) → 애[ɛ] → 아[a]

전설모음 : 이[i] → 에[e] → 애[ɛ]

(이[i]) → 위[ü/y] → 외[ö/ø]

중설모음 : (이[i]) → 으[ɨ] → 어[ə] → 아[a]

후설모음 : (이[i]) → (으[ɨ]) → 우[u] → 오[o]

B) 1. 이, 위, 으, 우

이이이, 위위위, 으으으, 우우우, 이위으우

2. 에, 외, 어, 오

(이이이), 에에에, 외외외, 어어어, 오오오

이에외어오, 오어외에이, 위으우이

3. 애, 아

(이이이), 애애애, 아아아, 이애아, 애아이

4. 에, 애

(이이이) , 에에에, 애애애, 이에애, 애에이

5. 으, 어, 아

(이이이), 으으으, 어어어, 아아아, 이으어아

6. 우, 오

(이이이), 우우우, 오오오, 이우오, 우오이, 오우이

C)　1. 아　　　　10. 위

　2. 어　　　　11. 아이

　3. 오　　　　12. 아우

　4. 우　　　　13. 오이

　5. 으　　　　14. 이외에

　6. 이　　　　15. 이에

　7. 애　　　　16. 위에

　8. 에　　　　17. 이애

　9. 외　　　　18. 이위에

2. 1. 3 한국어 이중모음

앞에서 언급한 단모음(Simple Vowel)은 모두 혀와 입술이 발음하는 동안 움직이지 않는 모음이다. 즉 처음과 끝이 발음이 달라지지 않는 모음이다. 반면에 이중모음(Diphthongs)은 발음할 때 발음기관의 위치나 모양이 달라지는 모음이다. 즉 처음과 끝이 발음이 달라지는 모음이다.

한국어의 이중모음은 11개가 있다. 한국어의 이중모음은 결합되는 반모음과 단모음에 따라 〈표3〉과 같이 세 갈래가 있다.

〈표3〉 한국어의 이중모음

	[i]	[e]	[ɛ]	[y]	[ø]	[ɨ]	[ə]	[a]	[u]	[o]
[j]		예[je]	애[jɛ]				여[jə]	야[ja]	유[ju]	요[jo]
[w]		웨[we]	왜[wɛ]				워[wə]	와[wa]		
[ɨ]	의[ɨi]									

※ '귀'와 '긔'는 낱말에 따라서 단모음 [y], [ø]로도 발음되고, 이중모음 [wi], [we]로도 발음된다.

〈표3〉과 같이 한국어 이중모음은 평순성 이중 모음 즉 [j]로 시작되는 이중모음 [야, 여, 요, 유, 얘, 예]가 있고 원순성 이중 모음은 [오]에서 시작되는 이중모음

와[wa], 왜[wɛ]가 있고 [우]에서 시작되는 이중 모음 워[wə], 웨[wɛ]가 있다. 또한 [ɨ]에서 시작되는 [ɨj]가 있다.

한국어의 11개 이중 모음을 외국인에게 지도할 때도 단모음 지도법과 같이 각 나라의 언어권에 따라 달리 지도하는 것이 효과적이다. 일본어에는 이중 모음이 없다. 따라서 〈표 3〉과 같이 3가지 큰 분류로 낱소리를 지도하고 나서 단어 속에서 그리고 문장 속에서 발음을 지도하면 된다. 일본 사람에게 한국어의 이중 모음은 모두 생소한 발음임을 잊지 말아야 한다.

영어에서는 이중모음 앞에 오는 글라이드(glide)를 자음으로 보고 있기 때문에 glide가 모음 뒤에 오는 하강이중모음만 존재한다. 그러나 한국어의 경우에는 /ㅢ/를 제외한 이중모음은 모두 상승이중모음이다. 〈표4〉는 한국어와 영어의 이중모음 체계를 비교한 것이다.

〈표4〉 한국어와 영어의 이중모음 체계 비교[3]

한국어 (riding dipthongs)			영어 (falling diphthongs)		
한글문자	IPA 기호	예	IPA 기호	대응 한국어 모음	예
ㅑ	ja	야구	ej	에이	say
ㅕ	jə	여가	aj	아이	sigh
ㅛ	jo	요리	ɔj	오이	boy
ㅠ	ju	유모	aw	아우	how
ㅒ	jɛ	애기	ow	오우	toe
ㅖ	je	예상	ɔɚ	오어	cork
ㅝ	wə	워낙	ɛɚ	에어	air
ㅘ	wa	와락	aɚ	아어	are
ㅙ	wɛ	왜구	ɪɚ	이어	ear
ㅞ	we	웨딩	uɚ	우어	poor
ㅢ	ɨi	의자			

※ 영어에는 [ajə](fire), [awə](hour), [ejə](prayer), [owə](goer)와 같은 삼중 모음까지 있다.

〈표4〉에서 보는 것과 같이 영어는 한국어와 달리 이중모음 앞에 오는 글라이드(glide)를 자음으로 보고 있기 때문에 실제 한국사람에게는 이중모음 보다는 두

---

3. 김충배 외(1991), p100에서 한국어와 영어의 이중모음 비교표를 참고함.

개의 독립된 단모음의 연속으로 인식된다. 그렇게 보면 한국사람에게는 영어에는 이중모음이 없는 것 같이 생각된다. 따라서 영어권의 사람에게 한국어 이중모음을 가르칠 때 〈표3〉에서 설명한 것과 같이 3단계로 하여 순서를 정하여 가르치되, 반모음 [j], [w]와 결합하여 빨리 발음하는 연습을 해야 한다. 독일 사람이나 스페인 사람, 프랑스 사람에게도 미국 사람과 같이 같은 방법으로 가르치면 효과적이다. 중국사람에게도 마찬가지 방법으로 가르치면 된다. 중국어의 이중모음은 4개 /ai, ei, ao, ou/이다. 여기에 4성이 결합된 16개의 이중모음이 있다. 그러나 4성을 제외하면 4개로 비교적 간단하다. 실제 4성 때문에 한국인에게 많은 것처럼 인식된다. 또한 중국어의 이중모음은 한국인에게 단모음 두 개의 결합으로 인식된다. 반대로 중국사람은 한국어 이중모음은 중국어보다 많고 어렵게 생각되며 생소하게 느껴진다. 따라서, 일본 사람이나 미국 사람처럼 중국 사람에게도 똑같은 발음교육 방법 즉 한국어의 이중모음을 3계열 체계로 하여, 반모음/j(이)/와 /w(오/우)/를 기본모음과 결합하여 구조적이고 체계적으로 가르치는 것이 한국어 이중모음 발음 지도에 효과적이다.

2. 1. 4 이중모음 발음 연습의 모델

다음 A), B), C), D)는 한국어 이중모음 발음 연습의 모델이다. 이 모델을 활용하여 발음 연습을 시키면 효과적이다.

A) 아[a] → 야[ja]　　　어[ə] → 여[jə]

　　오[o] → 요[jo]　　　우[u] → 유[ju]

　　애[ɛ] → 얘[jɛ]　　　에[e] → 예[je]

　　오[o] + 아[a] → 와[wa]

　　오[o] + 애[ɛ] → 왜[wɛ]

　　우[u] + 어[ə] → 워[wə]

　　우[u] + 에[e] → 웨[we]

　　으[ɨ] + 이[i] → 의[ɨi]

B) 1. 야 : 이아 이아 이아, 야 야 야, 아야 아야 아야

  2. 여 : 이어 이어 이어, 여 여 여, 어여 어여 어여

  3. 요 : 이오 이오 이오, 요 요 요, 오요 오요 오요

  4. 유 : 이우 이우 이우, 유 유 유, 우유 우유 우유

  5. 얘 : 이애 이애 이애, 얘 얘 얘, 애얘 애얘 애얘

  6. 예 : 이에 이에 이에, 예 예 예, 에예 에예 에예

  7. 와 : 오아 오아 오아, 와 와 와, 오와 오와 오와

  8. 왜 : 오애 오애 오애, 왜 왜 왜, 애왜 애왜 애왜

  9. 워 : 우어 우어 우어, 워 워 워, 우워 우워 우워

  10. 웨 : 우에 우에 우에, 웨 웨 웨, 우웨 우웨 우웨

  11. 의 : 으이 으이 으이, 의 의 의, 이의 이의 이의

C)   1. 야   8. 왜   15. 여우

       2. 여   9. 워   16. 이유

       3. 요   10. 웨   17. 야유

       4. 유   11. 의   18. 의의

       5. 애   12. 여유   19. 예의

       6. 예   13. 여야   20. 예외

       7. 와   14. 우유

D)   Begin   End   Approximates

   ㅑ   =   ㅣ   +   ㅏ   야(yard)

   ㅕ   =   ㅣ   +   ㅓ   여(young)

   ㅛ   =   ㅣ   +   ㅗ   요(yoyo)

   ㅠ   =   ㅣ   +   ㅜ   유(you)

2.2 한국어 자음

자음(Consonant)은 학자들간의 분류 체계가 모음만큼 그리 크게 차이가 나지 않는다. 한국어의 자음은 19개가 있다. 한국어의 자음 음운은 조음위치, 조음방법, 발음할 때의 힘에 따라 〈표5〉와 같이 체계화된다.

〈표5〉 한국어의 자음 음운체계

조음방법		조음위치 / 힘	양순음 (bilabial)	치음 (dental)	경구개음 (palatal)	연구개음 (velar)	후음 (glottal)
무성음	파열음	평음	ㅂ[p]	ㄷ[t]		ㄱ[k]	
		경음	ㅃ[p']	ㄸ[t']		ㄲ[k']	
		격음	ㅍ[pʰ]	ㅌ[tʰ]		ㅋ[kʰ]	
	파찰음	평음			ㅈ[č]		
		경음			ㅉ[č']		
		격음			ㅊ[čʰ]		
	마찰음	평음		ㅅ[s]			ㅎ[h]
		경음					
		격음		ㅆ[s']			
유성음	비음		ㅁ[m]	ㄴ[n]		ㅇ[ŋ]	
	유음			ㄹ[l]			

반면에, 영어에는 /p, b, t, d, k, g, f, v, θ, ð, s, z, h, s, z, h, s, ʒ, ʧ, ʤ, m, n, ŋ, l, y, w, r/의 자음으로 이루어져 있다.

두 자음 체계를 비교하면 〈표6〉과 같다.

〈표6〉 한국어와 영어의 자음 음운체계 비교.

조음방법		양순음 (bilabial) 무	유	순치음 (labio-dental) 유	무	치음 (dental) 유	무	치경음 (alveolar) 유	무	경구개음 (palatal) 유	무	연구개음 (velar) 유	무	성문음 (glottal) 유	무
파열음 (plosive)	한	p[ㅂ] pʰ[ㅍ] p'[ㅃ]						t[ㄷ] tʰ[ㅌ] t'[ㄸ]				k[ㄱ] kʰ[ㅋ] k'[ㄲ]			
	영	p	b					t	d			k	g		
마찰음 (fricative)	한							s[ㅅ] s'[ㅆ]						h[ㅎ]	
	영			f	v	θ	ð	s	z	ʃ	ʒ				h

조음위치 / 조음방법		양순음 (bilabial)		순치음 (labio-dental)		치음 (dental)		치경음 (alveolar)		경구개음 (palatal)		연구개음 (velar)		성문음 (glottal)	
		무	유	유	무	유	무	유	무	유	무	유	무	유	무
파찰음 (affricative)	한									ㅈ[č] ㅉ[č'] ㅊ[čʰ]					
	영									č	ʤ				
비음 (nasal)	한		m[ㅁ]					n[ㄴ]				+	ŋ[ㅇ]		
	영		m					n					ŋ		
유음 (liquid)	한							l[ㄹ]							
	영							l/r							

〈표6〉에서 볼 때 양 언어의 자음 체계상 두드러진 차이는 한국어에는 파열음이 많고 영어에는 마찰음이 많다. 한국어의 음성적 특징은 마찰음 계열을 제외한 장애음이 평음, 경음, 격음으로 대립되는 4서열(order) 3계열(serie)의 상관속(faiseau de correlation)을 형성한다는 점이다. 한국에서는 이 대립관계가 의미를 구분하는 변별적인 관계인 반면, 영어와는 달리 유성과 무성은 뜻을 변별하지 못하므로 대립되지 않는다. 그러나 영어의 장애음에는 /h/를 제외하고는 유성과 무성의 대립이 존재하는데 이 대립은 뜻의 분화를 가져오는 변별적인 대립이다.

두 언어의 파열음은 소리나는 위치에 따라 분류하면 모두 양순음, 치음, 연구개음의 3서열이 있지만 소리내는 방법에 따라 분류하면 한국어에는 평음/ㅂ, ㄷ, ㄱ/, 후두근육의 긴장을 수반하는 경음 /ㅃ, ㄸ, ㄲ/, 격음 /ㅍ, ㅌ, ㅋ/의 3계열이 있는데 비해, 영어에는 무·유성에 따라 무성음인 /p, t, k/와 유성음인 /b, d, g/의 2계열이 있다. 한마디로 한국어의 자음은 4서열 3계열 상관속의 언어인데 반하여, 영어는 3서열 2계열 상관속의 언어이다. 따라서 자음체계도 양국간에 서로 다르다.

한국어의 /ㅂ, ㄷ, ㄱ, ㅈ/은 유성음 사이에서만 유성음 /b, d, g, dz/ 로 소리난다.

즉 한국어에는 영어의 /b, d, g, dz/에 해당하는 음소가 없고 다만 변이음으로만 존재한다. 바다/pata/ → [pada], 곰보/kompo/ → [kombo], 가구/kagu/ → [kagu]가 그 예이다.

한국어의 파열음 중 /p/(ㅂ)와 /k/(ㄱ)는 각각 영어의 /p/, /k/와 조음점이 같지만, /t/(ㄷ)는 엄밀히 말해 영어에는 없는 음이다. 한국어의 /t/는 영어의 그것보다 조음점이 앞에 위치하여 윗니 뒤에 혀끝을 붙여 발음하나, 영어는 윗잇몸에 붙여 발음한다. 혀의 접촉 면적도 영어의 /t/보다 더 넓다.

마찰음은 한국어와 영어에서 음소체계의 수에 가장 차이가 많은 부분이다. 한국어의 마찰음에는 /ㅅ, ㅆ, ㅎ/의 3개가 있고, 영어에는 차순음 /f, v/, 치간음/θ, ð/, 치경음/s, z/, 경구개음/ʃ, ʒ/, 후음/h/의 9개가 있다. 마찰음은 한국어에서는 /ㅅ-ㅆ/에서 '평음-경음'의 대립이 있다. 그러나 영어에는 '유성-무성'의 대립만이 있다.

이상 한국어와 영어의 자음체계의 차이를 살펴보았다. 따라서, 미국인 학습자에게 한국어 자음을 가르칠 때 위와 같은 차이점을 인식하고 가르쳐야 한다. 각기 각 언어권에 따라 모음 지도법에서도 언급한 것과 같이 각기 달라야 한다. 미국, 영국 사람에게 한국어 자음을 가르칠 때, 자음의 순서는 그리 중요하지 않다. 우리나라 자음의 순서대로 가르치면 된다. 다만, 한국어와 영어의 변별적 차이점을 염두에 두고 가르쳐야 효과적이다. 한국어 자음에서는 평음(예사소리), 경음(된소리), 격음(거센소리) 3계열 대립체계인데 반해, 영어는 무성음과 유성음의 2계열 대립체계로 크게 다르다. 따라서, 미국사람은 평음, 경음, 격음의 차이를 느끼지 못하고 같은 소리로 인식된다. 반면에 한국사람은 유성음과 무성음이 비대립이기 때문에 이 두 소리를 같은 소리로 인식한다. 그 인식 방법을 표로 보이면 다음과 같다.

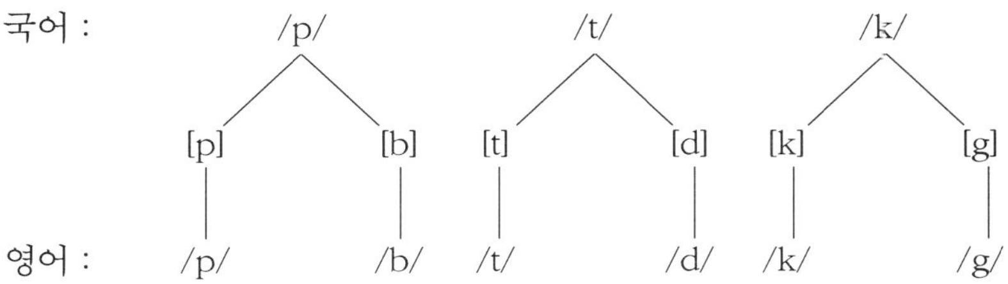

위와 같은 차이 때문에 미국사람에게 자음을 가르칠 때 평음, 격음, 격음(거센소리)의 차이를 정확하게 영어와 비교하여 가르쳐야한다. 특히 경음(된소리)은 모든 외국사람에게 가르치기 어렵다. 제 경험으로는 평음과 경음을 대조하여(ㄱ:ㄲ, ㄷ:ㄸ, ㅂ:ㅃ, ㅅ:ㅆ, ㅈ:ㅉ) 가르치되, 경음(된소리) 즉/ㄲ, ㄸ, ㅃ, ㅆ, ㅉ/은 후두를 긴장시켜 세게 발음하게 하는 것이 효과적이다. 이때 발음기관의 발음모양을 그려주면 더욱 효과적이다. 왜냐하면 /ㄱ/과 /ㄲ/의 발음의 차이는 조음위치는 같되 조음방법의 차이에서 오기 때문이다. 실제 /ㄲ/이 /ㄱ/보다 후두를 긴장시키며 세게 발음한다. 이렇게 반복적으로 하면 쉽게 익힌다. 물론 단어 속에서 모음과 같이 발음 연습을 시키는 것이 효과적이다. 한국어 자음은 혼자 독립적으로 발음할 수 없기 때문이다. 즉 성절의 핵을 이룰 수 없기 때문이다.

격음(거센소리)도 외국 사람에게는 없는 발음이기 때문에 어렵게 느껴진다. 한국어 격음 /ㅍ, ㅌ, ㅋ, ㅊ/은 대응하는 예사소리에 기(Aspirate)를 동반하여 터트려 내는 소리이다. 따라서, 이점을 고려하여 경음 지도할 때처럼 예사소리와 대조하여 단어의 예로 가르치되, 경음보다는 후두 긴장을 시키지 않고 기를 동반하여 빨리 터트려 내게 가르치는 것이 중요하다. 그리고 후에 평음, 경음, 격음을 단어를 통해 대조하여 여러 번 반복하여 연습시키는 것이 효과적이다.

또한 미국 사람에게 한국어 자음 발음을 지도할 때 중요한 점은 유성음과 무성음이 비대립이라는 것이다. 한국 사람에게는 변별되지 않으나 실제 외국 사람들은 발음의 차이를 느끼기 때문에 특별히 주의하여 그 차이점을 가르쳐야 한다. 한국어 자음 파열음 /ㅂ, ㄷ, ㄱ/은 유성음과 무성음이 비변별적이지만 실제 환경에 따라 유성음과 무성음으로 소리난다. 즉 유성음과 유성음 사이에 올 때 /ㅂ, ㄷ, ㄱ/은 무성음이 아닌 유성음으로 소리가 난다. 예를 들면 /ㅂ/이 첫소리에 올때는 [p]로 유성음과 유성음사이에 올 때는 [b]으로 소리난다. 따라서, '바보'는 [papol로 나지 않고 [pabol로 소리난다. 이 점을 고려하여 가르쳐야 한국어 자음을 정확하게 발음할 수 있다. '감기'도 [kamki]로 가르치지 않고 [kamgi]로 쓰고 가르치는 것이 한국어를 정확하게 가르칠 수 있고 효과적이다. 또한 한국어의 /ㄹ/소리를 가르칠 때 주의해야 한다. 한국어 /ㄹ/은 받침으로 올 때는 영어의 /l/ 소리와 비슷하고, 그 외 환경에서 올때는 /r/로 소리나기 때문이다. 이 점을 고려하여 단어의 환경을 예를 들어 가르치는 것이 효과적이다. 한국어 /ㅈ/도 미국사람에게는 엄밀히 없는 소리이고 어렵게 느껴진다. 이 소리는 조음위치가 경구개이고 파열과 마찰음을 겸비한 소리이기 때문이다. 외국어에는 없는 특별한 소리이기 때문에 여러 번 반복하여 조음위치와 조음방법을 고려하여 발음기관을 그리고 입모양을 보여 주면서 가르쳐야 효과적이다.

한편, 영어에는 마찰음이 많다. 그러나 한국어 자음에는 /ㅅ/과 /ㅆ/ 두 개 뿐이다. 외국 사람이 우리말을 배울 때 마찰성을 띠고 발음하는 경우가 있는데, 한국어에서는 (ㅅ, ㅆ)만 마찰음인 것을 고려하여 가르쳐야 효과적이다. 한국어의 /ㅎ/은 약한 마찰성을 띠고 있는 소리이다. 사람에 따라서는 파열음에 넣기도 한다. 따라서 단어의 환경에 따라 거의 비마찰성을 띠고 있기 대문에 이 점을 고려하여 가르쳐야 효과적이다.

이외에 일본 사람, 러시아 사람, 중국 사람, 스페인 사람, 폴란드 사람 등 각기 다른 언어권의 사람에게는 각기 다른 방법으로 한국어 자음을 가르쳐야 함은 말할 것도 없다. 지면 관계상 설명은 생략한다. 무엇보다도 한국어 지도교사는 학습자의 언어를 알고 그 나라 자음과 한국어의 자음 음운체계의 차이를 정확히 알고 설명할 수 있어야 한국어 자음 발음을 잘 효과적으로 정확하게 가르칠 수 있다.

한국어의 자음은 비성절음이기 때문에 혼자 독립하여 발음되지 않는다. 따라서 자음과 모음을 결합하여 음절로써 발음지도를 하는 것이 효과적이다. 결국 자음과 모음을 같이 가르치는 경우가 된다. 이때 주의할 것은 받침이 있는 글자의 발음지도는 모음과 자음을 익힌 후에 가르쳐야 체계적이고 발음을 습득하기 쉽다. 처음부터 받침의 자음으로 가르치면 외국사람에게 많은 혼란을 주고 가르치기 어렵다.

외국사람에게 한국어 자음을 지도할 때, 자음은 모음과 결합하여 음절단위로 지도한다. 우선 기본 자모음 발음지도를 하고 나서, 그 다음 자음과 단모음(10개)이 결합한 음절을 지도한다. 그리고 나서 평음, 경음, 격음을 단어 속에서 대조하여 발음 연습을 시키는 것이 체계적이고 효과적인 발음지도법이다. 그 다음에 한국어 음절구조를 설명하고 받침 발음 연습을 시킨다. 종합적으로 단모음, 이중모음을 포함한 단어를 통해서 모든 한국어 음절구조를 연습시키는 것이 효과적이다. 한국어 자음과 모음의 발음을 가르치는 순서는 다음과 같이 하는 것이 대체로 효과적이다.

2.2.1 자음 발음 연습의 모델

다음 A)에서 F)까지는 한국어 자음 발음 연습의 모델이다. 이 모델을 활용하여 발음 연습을 시키면 효과적이다.

A) 한국어 기본자모음 한글 발음 연습

모음 자음	ㅏ [a]	ㅑ [ja]	ㅓ [ə]	ㅕ [jə]	ㅗ [o]	ㅛ [jo]	ㅜ [u]	ㅠ [ju]	ㅡ [ɨ]	ㅣ [i]
ㄱ[k/g]	가	갸	거	겨	고	교	구	규	그	기
ㄴ[n]	나	냐	너	녀	노	뇨	누	뉴	느	니
ㄷ[t/d]	다	댜	더	뎌	도	됴	두	듀	드	디
ㄹ[r/l]	라	랴	러	려	로	료	루	류	르	리
ㅁ[m]	마	먀	머	며	모	묘	무	뮤	므	미
ㅂ[p/b]	바	뱌	버	벼	보	뵤	부	뷰	브	비
ㅅ[s]	사	샤	서	셔	소	쇼	수	슈	스	시
ㅇ[ŋ]	아	야	어	여	오	요	우	유	으	이
ㅈ[č/ʥ]	자	쟈	저	져	조	죠	주	쥬	즈	지
ㅊ[čh]	차	챠	처	쳐	초	쵸	추	츄	츠	치
ㅋ[kh]	카	캬	커	켜	코	쿄	쿠	큐	크	키
ㅌ[th]	타	탸	터	텨	토	툐	투	튜	트	티
ㅍ[ph]	파	퍄	퍼	펴	포	표	푸	퓨	프	피
ㅎ[h]	하	햐	허	혀	호	효	후	휴	흐	히

B) 한국어 자음과 단모음 결합(음절) 발음 연습

1) 가, 거, 고, 구, 그, 기, 개, 게, 괴, 귀

2) 나, 너, 노, 누, 느, 니, 내, 네, 뇌, 뉘

3) 다, 더, 도, 두, 드, 디, 대, 데, 되, 뒤

4) 라, 러, 로, 루, 르, 리, 래, 레, 뢰, 뤼

5) 마, 머, 모, 무, 므, 미, 매, 메, 뫼, 뮈

6) 바, 버, 보, 부, 브, 비, 배, 베, 뵈, 뷔

7) 사, 서, 소, 수, 스, 시, 새, 세, 쇠, 쉬

8) 아, 어, 오, 우, 으, 이, 애, 에, 외, 위

9) 자, 저, 조, 주, 즈, 지, 재, 제, 죄, 쥐

10) 차, 처, 초, 추, 츠, 치, 채, 체, 최, 취

11) 카, 커, 코, 쿠, 크, 키, 캐, 케, 쾨, 퀴

12) 타, 터, 토, 투, 트, 티, 태, 테, 퇴, 튀

13) 파, 퍼, 포, 푸, 프, 피, 패, 페, 푀, 퓌

14) 하, 허, 호, 후, 흐, 히, 해, 헤, 회, 휘

C) 단어를 통한 한국어 자모음(음절) 발음 연습

1) 가다,   거기,   고기,   아기,   야구

2) 나무,   노고,   누나,   누구,   어머니

3) 다리,   도시,   구두,   어디,   대구

4) 나라,   라디오, 기러기, 머리,   고려

5) 아마,   모자,   미소,   개미,   매주

6) 바다,   아버지, 보리,   부자,   비누

7) 사다,   사자,   서로,   소나무, 시내

8) 아이,   오이,   여자,   요리,   우유

9) 자주,   저기,   아주머니, 지구,   주스

10) 기차,   추수,   고추,   치마,   취미

11) 조카,   소쿠리, 크다,   켜다,   시카고

12) 타다,   타자기, 투수,   코트,   파티

13) 파도,   포도,   피리,   피아노, 버스표

14) 하나,   허수아비, 호수,   휴가,   화해

D) 한국어 평음, 경음, 격음 발음 연습

1)   ㅂ,   ㅃ,   ㅍ $[p, p', p^h]$

  비다 삐다 피다

  벼   뼈   펴

2)   ㄷ,   ㄸ,   ㅌ $[t, t', t^h]$

  더   떠   터

  데   떼   테

3) ㅈ,   ㅉ,   ㅊ [ts, ts′, tsʰ]

자다   짜다   차다

지다   찌다   치다

4) ㅅ,   ㅆ   [s, s′]

사다   싸다

시   씨

5) ㄱ,   ㄲ,   ㅋ [k, k′, kʰ]

개다   깨다   캐다

기다   끼다   키다

E) 1) 비 삐 피, 비 삐 피, 삐 피 비, 피 비 삐, 피 비 삐
    브 쁘 프, 브 쁘 프, 쁘 프 브, 쁘 프 브, 프 브 쁘
    바 빠 파, 바 빠 파, 빠 파 바, 빠 파 바, 파 바 빠

    2) 디 띠 티, 디 띠 티, 띠 티 디, 띠 티 디, 티 디 띠
    드 뜨 트, 드 뜨 트, 뜨 트 드, 뜨 트 드, 트 드 뜨
    다 따 타, 다 따 타, 따 타 다, 따 타 다, 타 다 따

    3) 지 찌 치, 지 찌 치, 찌 치 지, 찌 치 지, 치 지 찌
    즈 쯔 츠, 즈 쯔 츠, 쯔 츠 즈, 쯔 츠 즈, 츠 즈 쯔
    자 짜 차, 자 짜 차, 짜 차 자, 짜 차 자, 차 자 짜

    4) 시 씨, 시 씨, 시 씨, 씨 시, 씨 시, 씨 시, 씨 시
    스 쓰, 스 쓰, 스 쓰, 쓰 스, 쓰 스, 쓰 스, 쓰 스
    사 싸, 사 싸, 사 싸, 싸 사, 싸 사, 싸 사, 싸 사

    5) 기 끼 키, 기 끼 키, 기 끼 키, 기 끼 키, 기 끼 키
    그 끄 크, 그 끄 크, 그 끄 크, 그 끄 크, 그 끄 크
    가 까 카, 가 까 카, 가 까 카, 가 까 카, 가 까 카

F) 한국어 자음과 이중모음 결합(음절) 발음 연습

1) ㅑ [ja] : 야구, 야사, 여야

2) ㅕ [jə] : 여우, 수여, 여자

3) ㅛ[jo] : 요리, 요새, 요구

4) ㅠ[ju] : 유리, 유대, 유아

5) ㅒ [jɛ] : 얘기, 얘야

6) ㅖ [je] : 예비, 시계. 지폐

7) ㅘ[wa] : 사과, 다과, 과자

8) ㅝ[wə] : 뭐, 피워, 어려워

9) ㅞ[we] : 스웨타, 꿰매다, 궤

10) ㅙ[wɛ] : 왜, 왜가리, 왜구

11) ㅢ[ɨj] : 의사, 의자, 회의

2.3 한국어 음절구조

영어와는 달리 한국어 자음은 성절음을 이루지 못한다. 반드시 모음이 있어야 한국어는 음절(syllable)을 이룬다. 한국어의 음절구조는 다음과 같이 4가지 유형이 있다.

〈표7〉 한국어 음절구조

1. | | V | | .... 이[i], 아, 여, 오, 유
2. | C | V | | .... ㅍ[pʰ] + ㅏ [a] → 파[pʰa], 고, 슈
3. | | V | C | .... 이[i] + ㅂ[p] → 입[ip], 앙, 움
4. | C | V | C | .... ㅍ[pʰ] + ㅏ [a] + ㄹ[l] → 팔[pʰal], 랑, 감

   * v = 모음   c = 자음

특히 이곳에선 받침이 있는 음절의 발음 연습을 많이 시킨다. 특히 내파음으로

소리나는 연습을 중요시하여 지도해야 한다. 외국사람들이 이 내파음 발음을 잘
발음하지 못한다. 입을 터트리지 않고 조음위치에 따라 발음하도록 하는 것이 중
요하다. 예를 들면 한 음절의 단어 입[ip˺], 각[kak˺], 낟[nat˺] 같은 단어의 발음 연
습을 해야 한국어 발음을 정확히 할 수 있다.

Ⅲ. 한국어 발음 규칙

세계의 모든 언어는 원래의 소리가 이웃한 소리의 상호 영향 즉 환경의 영향으
로 제 소리값이 다른 소리로 달라진다. 우리의 한국어도 예외는 아니다. 이러한
현상을 음운현상이라고 하는데 근본적으로는 발음하기 쉽게(언어의 노력 경제 현상)
되기 위해서이다.

이제 한국어의 발음규칙(음운현상)을 살펴 보겠다. 이 음운현상을 모르면 한국
어를 정확히 발음 할 수 없고 의사소통이 어렵게 된다. 모든 외국사람들에게 이
발음규칙을 공통적으로 가르쳐야 한다. 여러 번 문장속에서 반복하여 가르쳐야
자연스럽게 한국사람처럼 발음하게 된다. 가르치는 순서는 다를 수 있으나 다음
의 순서로 가르치는 것이 대개 쉽게 한국어 발음을 가르칠 수 있다. 여기선 영어
권의 사람들을 가르친다고 가정하고 -물론 학습자의 각 언어로 가르치면 효과적
이다- 영어로 설명하겠다. 여기의 설명은 필자의 책 『Practical Korean』에서 따온
것이다.

3. 1 연음 법칙(Liaison)

When a syllable-final consonant is follow by a vowel, the consonant is
carried over to the next syllable as if it were the initial element. For example,
집에 is pronounced as 지베.

예 (Example)

옷이	[os + i] → [osi]	잎이	[ipʰ + i] → [ipʰi]
집에	[cip + e] → [čibe]	있어	[iss + ə] → [is'ə]

밥을	[pap + il] → [pabɨl]		달이	[tal + i] → [tari]
앉아	[anc + a] → [anča]		밟아	[palp + a] → [palba]
읊어	[ɨlpʰ + ə] → [ɨlpʰə]		삶아	[slam + a] → [salma]

3. 2 무성음과 유성음(Voiceless and Voiced Sound)

In Korean, voiceless and voiced sounds are not as significant as in English. The three voiced sounds [g, d, b] occur only between voiced sounds. All vowel, nasal sounds [n, m] and lateral [r, l] sounds are voiced.

예 (Example)

vioceless(무성음)		voiced(유성음)	
ㄱ [k/g]			
study	공부 [kon bu]	here	여기 [jəgi]
classroom	교실 [kjosil]	Korea	한국 [hanguk]
ㄷ [d/t]			
word	단어 [tanə]	map	지도 [čido]
library	도서관 [tosəgwan]	sea	바다 [pada]
ㅂ [p/b]			
parents	부모 [pumo]	bag	가방 [kabaŋ]
airplane	비행기 [pihɛŋgi]	syudy	공부 [koŋbu]
speech	말 [mal]	we	우리 [uri]
day	날 [nal]	country	나라 [nara]

3. 3 비음화(Nasalization)

Syllable-final obstruents are nasalized, or they become ([m], [n], [ŋ]) when they followed by a nasal(ㄴ or ㅁ). Obstruents include all consonant except nasals and ㄹ.

※ ㄱ, ㅋ, ㄲ → [ŋ]	
※ ㄷ, ㅌ, ㄸ 　　ㅈ, ㅊ, ㅉ → [n] 　　ㅅ, ㅆ	
※ ㅂ, ㅍ, ㅃ → [m]	
※ ㄹ → [l/r]	

예 (Example)

학문	learning	[hak + mun]	→ [haŋmun]
있는	existing	[iss + nin]	→ [innɨn]
앞문	front gate	[apʰ + mun]	→ [ammun]
숙녀	lady	[suk + njə]	→ [suŋnjə]
돕는다	help	[top + nɨnta]	→ [tomnɨnda]
듣는다	listen	[tɨt + nɨnta]	→ [tɨnnɨnda]
한국말	Korean	[hankuk + mal]	→ [haŋkuŋmal]
공부합니다	study	[koŋpuhap + nida]	→ [koŋbuhamnida]
나뭇잎	leaves	[namus + ipʰ]	→ [namunnip]
학년	grade	[hak + njən]	→ [haŋnjən]
독립	independence	[tok + lip]	→ [toŋnip]
심리	mental state	[sip + li]	→ [simni]

3. 4 자음 동화(Consonant Assimilation)

The combination of ㄴ and ㄹ in any other(whether ㄴ/ㄹ or ㄹ/ㄴ) are pronounced as [ll].

예 (Example)

신라	[sin + la]	→	[silla]
일년	[il + njən]	→	[illjən]

3. 5 거센소리 되기(Aspiration)

When any of the consonant in a set(ㄱ, ㄷ, ㅂ, ㅈ) is placed before or after ㅎ, each change into its aspirated counter part(ㅋ, ㅌ, ㅍ, ㅊ), which is considered to have assimilated into the aspirated feature of ㅎ. ㄱ+ㅎ→ㅋ or ㅎ+ㄱ→ㅋ

예 (Example)

노랗다	[nolah + ta]	→	[nolatʰa]
많지	[manh + či]	→	[mančʰi]
약혼	[jak + hon]	→	[jakʰon]
좋지요	[čoh + čijo]	→	[čočʰijo]
입히다	[ip + hita]	→	[ipʰida]
좋다	[čoh + ta]	→	[čotʰa]
생각하다	[sɛŋ kak + hata]	→	[sɛŋgakʰada]

3. 6 된소리 되기 (Tensing)

Lax or plain consonants(ㄱ, ㄷ, ㅂ, ㅅ, ㅈ) become tense(ㄲ, ㄸ, ㅃ, ㅆ, ㅉ).

A) When a voiceless consonant(ㄱ, ㄷ, ㅂ, ㅅ, ㅈ) is preceded by another voiceless consonant:

예 (Example)

학교	[hak+kjo]	→	[hakk'jo]
학생	[hak+sɛŋ]	→	[haks'ɛŋ]
국밥	[kuk+pap]	→	[kukpa'p]
숙제	[suk+če]	→	[sukč'e]
식당	[sik+taŋ]	→	[sikt'aŋ]

B) In combined nouns, when a word-initial voiceless consonant is preceded by a word-final voiced consonant(ㄴ, ㄹ, ㅁ, ㅇ).

예 (Example)

강가	[kaŋ + ka]	→	[kaŋk'a]
발등	[pal+tɨŋ]	→	[palt'ɨŋ]
산불	[san pul]	→	[sanp'ul]

3.7 구개음화(Palatalization)

The syllable - final consonant ㄷ or ㅌ is palatalized(ㄷ→ㅈ, ㅌ→ㅊ) when it is followed by a suffix begining with 이.

예 (Examples)

굳이	→	[구지]		[kut + i]	→	[kuči]
같이	→	[가치]		[katʰ + i]	→	[kačʰi]
해돋이	→	[해도지]		[hɛtot + I]	→	[hɛdoči]

3.8 음절의 끝소리(rule of final consonant)

글 자 (letter)	소 리 (sound value)
ㄱ, ㄲ, ㅋ	[-k]
ㄴ	[-n]
ㄷ	[-t]
ㄹ	[-l]
ㅁ	[-m]
ㅂ, ㅍ	[-p]
ㅇ	[-ŋ]

A) All consonannts are used to represent the final consonants.

예 (Examples)

각	[kak]	→	[kak]
낚	[nakk]	→	[nak]
밖	[pakk]	→	[pak]

낟	[nat]	→	[nat]
낫	[nac˺]	→	[nat]
낯	[nač^h]	→	[nat]
낱	[nat^h]	→	[nat]
낳	[nah]	→	[nat]
입	[ip]	→	[ip]
잎	[ip^h]	→	[ip]
안	[an]	→	[an]
알	[al]	→	[al]
암	[am]	→	[am]
앙	[aŋ]	→	[aŋ]

B) It is possible to have a syllable with two consonant letters filling the final position.

They may be two different consonant letters.

글 자 (letter)	소 리 (sound value)
ㄳ [ks]	[-k]
ㄵ [nč]	[-n]
ㄶ [nh]	[-n]
ㄺ [lk]	[-k]
ㄻ [lm]	[-m]
ㄼ [lp]	[-l/-p]
ㄽ [ls]	[-l]
ㄾ [lt^h]	[-l]
ㄿ [lp^h]	[-p]
ㅀ [lh]	[-l]
ㅄ [ps]	[-p]

A) 첫 자음을 발음하는 경우 The case that pronounce the first consonant :

ㄳ , ㄶ , ㄵ , ㄼ , ㄾ , ㄽ

예 (Examples)

삯 [saks]	→	[sak]	여덟 [jətəlp]	→	[jətəl]
많다 [manhta]	→	[mant^ha]	핥다 [halt^hta]	→	[halt^ha]
값 [kaps]	→	[kap]	앉다 [ančta]	→	[ant'a]

B) 끝 자음을 발음하는 경우 The case that pronounce the final consonant :

ㄹㄱ, ㄹㅁ, ㄹㅍ

예 (Example)

삶다 [salmta] → [samt'a] 닭 [talk] → [tak]

읊다 [ɨlpʰta] → [ɨpt'a] 늙다 [nɨlkta] → [nɨkt'a]

3. 9 축약(Contraction)

Contraction occurs when two syllables come together and are pronounced as one.

Preceding Vowel	Following Vowel	Contraction
ㅗ	ㅏ	ㅘ
ㅜ	ㅓ	ㅝ
ㅣ	ㅓ	ㅕ
ㅣ	ㅗ	ㅛ

예 (Example)

1) ㅗ + ㅏ → ㅘ

보다 → 보 + 아 → 보아 → 봐

오다 → 오 + 아 → 오아 → 와

2) ㅜ + ㅓ → ㅝ

배우다 → 배우 + 어 → 배우어 → 배워

주다 → 주 + 었다 → 주었다 → 줬다

3) ㅣ + ㅓ → ㅕ

가르치다 → 가르치 + 어도 → 가르치어도 → 가르쳐도

하시다 → 하시 + 었다 → 하시었다 → 하셨다

4) ㅣ + ㅗ → ㅛ

가시 + 오 → 가시오 → 가쇼

아니 + 오 → 아니오 → 아뇨

3. 10 탈락(Loss)

Loss occurs when one of two contiguous syllables disappears. There are
two types (vowel loss and consonant loss)

A) 모음탈락(Vowel Loss)

Preceding Vowel	Following Vowel	Loss
ㅏ	ㅏ	ㅏ
ㅓ	ㅓ	ㅓ
ㅡ	ㅓ	ㅡ
ㅣ	ㅏ	ㅣ

예 (Example)

   1) ㅏ + ㅏ → ㅏ

      가다 → 가 + 았다 → 가았다 → 갔다

      자다 → 자 + 았다 → 자았다 → 잤다

   2) ㅓ + ㅓ → ㅓ

      건너다 → 건너 + 어서 → 건너어서 → 건너서

      서다 → 서 + 었다 → 서었다 → 섰다

   3) ㅡ + ㅓ → ㅓ

      크다 → 크 + 어서 → 크어서 → 커서

      쓰다 → 쓰 + 었다 → 쓰었다 → 썼다

   4) ㅣ + ㅏ → ㅏ

      그러지 않아도 → 그러잖아도

      할 수 없지 않아요 → 할 수 없잖아요

B) 자음탈락 (Consonant Loss)

예 (Example)

     딸 + 님 → 따님

     아들 + 님 → 아드님

     바늘 + 질 → 바느질

3. 11 ㅅ, ㄴ 첨가(ㅅ, ㄴ Insertion)

A) ㅅ 첨가(ㅅ Insertion)

When the first word/morpheme of a compound ends in a vowel, Korean writing often adds an ㅅ at the end of the first element(there are also many exceptions : basically, you have to learn this on a word-by-word basis).

1) If the second morpheme/word begins with this ㅂ, ㄷ, ㅈ, ㅅ, ㄱ, this is tensified.

예 (Example)

코 + 등 → 콧등 → 콛등[콛뜽, 코뜽]

내 + 가 → 냇가 → 낻가[낻가, 내까]

초 + 불 → 촛불 → 촏불[촏뿔, 초뿔]

2) If the second morpheme/word begins with ㅁ or ㄴ, the ㅅ assimilates first to ㄷ, then on to ㄴ.

예 (Example)

비 + 물 → 빗물 → 빈물[빈물, 빔물]

이 + 몸 → 잇몸 → 인몸[인몸, 임몸]

코 + 날 → 콧날 → 콘날[콘날]

B) ㄴ 첨가(ㄴ Insertion)

When the first morpheme/word ends in a consonant, and the following element begins with /i/ or /y/ (이, 야, 여, 요, 유), Korean pronunciation insert an ㄴ to the following elements : 니, 냐, 녀, 뇨, 뉴.

1) When the second element begins with 이

ㄱ-patčhim

In this case, the final ㄱ assimilates to ㅇ before the intrusive ㄴ.

속 + 잎 → 속닢 [송닙]

막 + 일 → 막닐 [망닐]

ㄴ-patčhim

어떤 + 일 [어떤닐]

논 +일 [논닐]

ㄷ-patčhim

못 + 잊어 → 몯닞어 [몬니저]

꽃 + 잎 → 꼳닢 [꼰닙]

ㄹ-patčhim

In this case, the intrusive ㄴ after the final ㄹ assimilates to ㄹ, giving a double ㄹㄹ.

솔 + 잎 → 솔닙 [솔립]

할 + 일 → 할닐 [할릴]

ㅁ-patčhim

밤 + 일 [밤닐]

금 + 이 [금니]

ㅂ-patčhim

In this case, the final ㅂ assimilates to ㅁ befor the intrusive ㄴ.

집 + 일 → 집닐 [짐닐]

앞 + 이 → 압니 [암니]

ㅇ-patčhim

가랑 + 잎 [가랑닙]

사랑 + 이 [사랑니]

2) When the second element begins with 야, 여, 요, 유.

신 + 여성 [신녀성]

담 + 요 [담뇨]

3. 12 억양(Intonation)

Standard Korean dose not have a tonal or accentual system that distinguishes the meanings of words. Spoken phrases and sentences are relatively flat in intonation, without contrasts of ups and downs or syllables of prominence that one finds in English. The student should try not to place two or more stresses in one spoken phrase or sentence.

One characteristic tonal feature of Korean that the beginning student should note is a sharp rising tone(indicated by ↗ below) at the end of a question, which dose not contain an interrogative word.

예 (Examples)

학교에 가십니까? ↗　Are you going to school?
학교에 갑니다. ↘　I am going to school.
바쁘십니까? ↗　Are you busy?

A question that contains an interrogative word dose not have this sharp rising tone.

It has a neutral tone, or a slight rise or fall, as in a declarative sentence.

예 (Examples)

누구십니까? ↘　Who is it?
어디 가십니까? ↘　Where are you going?
이것이 무엇입니까? ↘ What's this?

이상 전 세계 외국사람들을 대상으로 한국어 자음과 모음 발음지도법, 한국어 음절구조와 그 지도법 그리고 한국어 발음규칙(음운현상)의 효과적인 지도법을, 아울러 한국어 발음 연습의 모델을 제시하였다.

IV. 결 론

지금까지 한국어를 배우고자 하는 전 세계의 외국인을 대상으로 가장 효과적인 한국어 발음 교수법을 연구하였다. 또한 한국어 발음 교육시 그 문제점을 밝히어 구체적이고 효과적인 한국어 발음 연습의 모델을 제시하였다.

본론에서 그 다룬 바를 요약하면 다음과 같다.

첫째, 전 세계의 각 언어권에 따라 각기 한국어 발음 교수법이 달라야 함이 밝혀졌다.

둘째, 외국인에게 한국어를 지도할 때 자음보다는 모음을 먼저 지도해야 더욱 효과적임이 밝혀졌다. 모음 중에서도 이중모음보다 단모음을 먼저 지도해야 함도 밝혀졌다. 단모음을 지도할 때도 각 나라 각 언어권에 따라 다르게 가르쳐야 효과적임이 드러났다. 일본사람에게는 우리 단모음과 공통적으로 있는 5개모음(아, 이, 우, 에, 오)를 먼저 가르치고 난 후, 일본어에 없는 단모음을 가르쳐야 한다. 영어권에 있는 사람에게도 공통적으로 있는 단모음을 먼저 가르치고 난 후 영어에 없는 나머지 한국어 단모음(으, 어, 위, 외)를 가르쳐야 효과적이다. /위, 외/를 가르칠 때는 이에 대응되는 /이/와 /에/를 대비시켜 변별성(원순성)을 강조하여 가르쳐야 한다. 또한 발음기관을 그려가며 낱소리 모음을 가르치고 나서 바로 단어 속에서 예를 들어 가르치는 것이 더욱 효과적임이 드러났다. 중국사람에게 단모음을 가르칠 때도 역시 한국어와 공통적으로 있는 음운 즉 /a, o, e, i, u, ü/를 먼저 가르친 후, 그 나머지 중국어에 없는 단모음을 가르치는 것이 효과적임을 제시했다. 특히 한국어 단모음 중 / 으, 어, 외, 위/ 는 많은 다른 나라에서 없는 단모음이기 때문에 주의를 기울여 가르쳐야 한다.

셋째, 각 나라 언어권에 따라 각기 다른 방법으로 한국어 단모음을 가르쳐야 하지만, 모든 나라에 기본적이고 공통적으로 가르칠 수 있는 단모음 발음연습의 모델과 그 가르치는 순서를 제시했다.

넷째, 한국어 이중모음을 가르칠 때도 각 언어권에 따라 각기 한국어와 공통적으로 있는 이중모음을 가르치고 난 후 그 나머지 외국어에 없는 이중모음을 가르치는 것이 효과적임이 드러났다. 특히 한국어 이중모음을 가르칠 때, 모든 언어권 사람에게 공통적으로 가르칠 수 있는 방법은 한국어의 이중모음을 3계열 체계로 하여, 평순성 반모음 이[j]와 원순성 반모음 오/우[w], 그리고 하가성 이중모음 의[ii]로 나누어 기본모음과 결합시켜 구조적이고 체계적으로 가르치는 것이 더욱 효과적임을 밝혔다.

다섯째, 한국어 이중모음 발음연습의 모델과 그 가르치는 순서를 제시하였다.

여섯째, 한국어 자음과 영어의 자음을 비교하여 그 변별성과 잉여성을 밝혔다. 한국어 자음체계는 4서열 3계열의 상관속의 언어인데 반해 영어는 3서열 2계열 상관속의 언어이다. 따라서 지도교사는 그 차이점을 잘 인식하여 가르쳐야 한다. 특히 한국어에는 영어와 달리 유성음과 무성음이 대립되지 않음을 인식해야 함도 강조했다. 또한 한국어 자음은 평음, 경음, 격음이 서로 대립되는데 반해 영어는 그렇지 않기 때문에 외국인에게 우리 자음을 가르칠 때 그 변별성을 정확하게 비교하여 가르쳐야 효과적이다.

일곱째, 한국어의 자음은 비성절음이기 때문에 혼자 독립하여 발음되지 않는다. 따라서 자음과 모음을 결합하여 음절단위로서 자음을 가르치는 것이 효과적임을 밝혔다. 이때 주의할 것은 받침이 있는 글자(자음)의 발음지도는 모음과 자음을 익힌 후에 단어 속에서 가르쳐야 체계적이고 자음 발음을 습득하기 쉬움을 밝혔다. 처음부터 받침의 자음을 가르치면 외국 사람에게 많은 발음의 혼란을 가져와서 가르치기 어렵다.

여덟째, 한국어 자음 발음연습의 모델과 그 가르치는 순서를 제시하였다.

아홉째, 한국어의 음절구조의 유형 4가지 (C)V(C)형임을 제시하여, 한국어 음절이 구조적임을 밝혔다. 특히 한국어의 자음 중 파열음 /ㅂ,ㄱ, ㄷ/ 등은 음절의 끝소리(받침자음)로 홀로 올 때, 내파음으로 소리난다. 외국 사람들에게는 이것이 대단히 어렵게 느껴지므로 주의해서 가르쳐야 한다.

열째, 한국어의 발음규칙(음운현상)을 설명하고 그 발음연습의 모델을 제시하였다. 외국 사람에게 한국어 발음을 정확하게 가르치기 위해서 꼭 필요한 발음규칙은 12가지 즉 연음법칙, 유성음과 무성음, 비음화, 자음동화, 거센소리되기, 된소리되기, 구개음화, 음절의 끝소리, 축약, 탈락, ㅅ · ㄴ 첨가, 억양임을 밝혔다. 외국인에게 이 12가지 발음규칙을 꼭 잘 가르쳐야 한국어 발음을 정확히 구사할 수 있음이 드러났다.

마지막으로, 외국인을 위한 한국어 지도 교사는 가능한 한 전 세계의 언어권의 **언어**를 알면 알수록 더욱 효과적이고, 적어도 외국인 학습자의 언어는 알아야 효과적임을 강조하였다.

2. 한국어 발음 입문

Ⅰ. 한글 韩语字母

韩国语字母叫做'Hangul'、它是与英语字母相似的声学系统。韩语字母
非常简单、系统化且易学、它由10个元音和14个辅音构成、然后再由元音和辅音形成字
和短语。

元音：ㅏ, ㅑ, ㅓ, ㅕ, ㅗ, ㅛ, ㅜ, ㅠ, ㅡ, ㅣ

辅音：ㄱ, ㄴ, ㄷ, ㄹ, ㅁ, ㅂ, ㅅ, ㅇ, ㅈ, ㅊ, ㅋ, ㅌ, ㅍ, ㅎ

'Hangul'是这样形成的：辅音是根据人的发音器官而形成的、首先形成了辅音、而元音是
根据'阳''阴'理论而成、换种说法就是'天、地、人'。'Hangul'是表音文字。它标记人类
发出的所有声音、是世界上最科学的、最系统的语言之一。而现在，'Hangul'名揚世界。

1. 쓰기법 書寫方法

1) 단모음 單元音

每个字母由一笔或多个笔划组成、笔划顺序是从上到下、从左至右、单元音写法如下：

글　자 字　母	소　리 音　標	방　법 写　法		
ㅏ	[a]	ㅣ	ㅏ	
ㅓ	[ə]	―	ㅓ	
ㅗ	[o]	ㅣ	ㅗ	
ㅜ	[u]	―	ㅜ	
―	[ɨ]	―		
ㅣ	[i]	ㅣ		
ㅐ	[ɛ]	ㅣ	ㅏ	ㅐ
ㅔ	[e]	ㅣ	ㅓ	ㅔ
ㅚ	[ø]	ㅣ	ㅗ	ㅚ
ㅟ	[y]	―	ㅜ	ㅟ

2) 이중모음 双元音

双元音是半元音[j]和[w]的组成。

글 자 字 母	소 리 音 標	방 법 写 法
ㅑ	[ja]	ㅣ ㅏ ㅑ
ㅕ	[jə]	- ﹦ ㅕ
ㅛ	[jo]	ㅣ ‖ ㅛ
ㅠ	[ju]	─ ㅜ ㅠ
ㅒ	[jɛ]	ㅣ ㅏ ㅑ ㅒ
ㅖ	[je]	- ﹦ ㅕ ㅖ
ㅘ	[wa]	ㅣ ㅗ ㅘ ㅘ
ㅙ	[wɛ]	ㅣ ㅗ ㅘ ㅘ ㅙ
ㅝ	[wə]	─ ㅜ ㅜ - ㅝ
ㅞ	[we]	─ ㅜ ㅜ- ㅝ ㅞ
ㅢ	[ii]	─ ㅡ ㅢ

3) 자음 辅音

글 자 字 母	소 리 音 標	방 법 写 法
ㄱ	[k/g]	ㄱ
ㄴ	[n]	ㄴ
ㄷ	[t/d]	- ㄷ
ㄹ	[r/l]	ㄱ ㄹ ㄹ
ㅁ	[m]	ㅣ ㅁ ㅁ
ㅂ	[p/b]	ㅣ ㅏ ㅐ ㅂ
ㅅ	[s]	ノ ㅅ
ㅇ	[ŋ]	ㅇ
ㅈ	[ts]	ㄱ ㅈ
ㅊ	[tsʰ]	- ㅈ ㅊ
ㅋ	[kʰ]	ㄱ ㅋ
ㅌ	[tʰ]	─ ﹦ ㅌ
ㅍ	[pʰ]	─ ㅜ ㅛ ㅍ
ㅎ	[h]	- 二 ㅎ

2. 사전의 한글 순서 字典中韩语字母的顺序

在字典中标准韩国语的字母顺序如下:

1) 자음 辅音

ㄱ, ㄲ, ㄴ, ㄷ, ㄸ, ㄹ, ㅁ, ㅂ, ㅃ, ㅅ, ㅆ, ㅇ, ㅈ, ㅉ, ㅊ, ㅋ, ㅌ, ㅍ, ㅎ

2) 모음 元音

ㅏ, ㅐ, ㅑ, ㅒ, ㅓ, ㅔ, ㅖ, ㅗ, ㅘ, ㅙ, ㅚ, ㅛ, ㅜ, ㅝ, ㅞ, ㅟ, ㅠ, ㅡ, ㅢ, ㅣ

在某些字典中、双辅音'ㄲ, ㄸ, ㅆ, ㅉ'被当成单音、因此它们归属到了
'ㄱ, ㄷ, ㅅ, ㅈ'中、例如 :'까'的顺序會出现在'가'后面。

Ⅱ. 한글의 음운 韩语的音韵

韩语的音韵分为元音和辅音。元音可以单独发音、可是辅音不能单独发音一定要跟元音结合在一起才能发出声音。

1. 한글의 모음 韩语的元音

韩语的元音是气流从肺呼出后顺畅地通过喉咙时产生振动、再经过口腔调整而形成的声音

가. 단모음 单元音

单元音是发音器官发音时位置一定的音、单元音是根据"调音位置":
口张开的大小、舌位的高低、口形是否圆形而区分的。

发音时、 从舌头前面发音的元音叫做　　　　前舌元音,
从舌头中间发音的元音叫做　　　　中舌元音,
从舌头后面发音的元音叫做　　　　后舌元音。

发音时： 将口稍稍张开、舌位较高的元音叫做　　高元音,
　　　　　将口再张大一点、舌位中间的元音叫做　　中元音,
　　　　　将口张得更大、舌位放低的元音叫做　　　低元音。
发音时： 将口形拢圆时发的音叫做　　　　　　　　圆唇元音,
　　　　　将口形放平时发的音叫做　　　　　　　　平唇元音。

1) 단모음표 单元音表

<table>
<tr><th></th><th colspan="2">前</th><th colspan="2">后</th></tr>
<tr><th></th><th>不圓</th><th>圓</th><th>不圓</th><th>圓</th></tr>
<tr><th>高</th><td>ㅣ[i]</td><td>[y]ㅟ</td><td>[ɨ]ㅡ</td><td>[u]ㅜ</td></tr>
<tr><th>中</th><td>ㅔ[e]</td><td>[ø]ㅚ</td><td>[ə]ㅓ</td><td>[o]ㅗ</td></tr>
<tr><th>低</th><td colspan="2">ㅐ[ɛ]</td><td>[a]ㅏ</td><td></td></tr>
</table>

2) 단모음 발음법 单元音发音法

글자 字母	소리 音標	보기 例	이름 名稱	
ㅏ	[a]	father	아	a
ㅓ	[ə]	mother	어	ə
ㅗ	[o]	tow	오	o
ㅜ	[u]	too	우	u
ㅡ	[ɨ], [ŭ]	book	으	ɨ
ㅣ	[i]	see	이	i
ㅐ	[ɛ]	at	애	ɛ
ㅔ	[e]	bet	에	e
ㅚ	[ø], [ö]	west	외	ø
ㅟ	[y], [ü]	winner	위	y

The ㅏ [a] 與漢语的韵母 [a] [ba (爸)][ma(妈)]非常相似。

The ㅓ[ə] 與漢语的韵母 [e] [ge(哥)][ke(科)]相似。

The ㅗ[o] 與漢语的韵母 [o] [bo(波)][wo(喔)]相近。

The ㅜ[u] 與漢语的韵母 [u] [wu(乌)][du(读)]音相似。

The ─[ɨ, ɯ̈] 与汉语 [zi(资)][si(思)] 的后半截音即韵母〈-i〉相似。

The ㅣ[i] 與漢语 [yi(衣)] 音相似。

The ㅐ[ɛ] 此音在漢语中没有、它與英语 'bat' 的 [a] 音相似。

The ㅔ[e] 此音在漢语中没有、它與英语 'bet' 的 [e] 音相似。

The ㅚ[ø, ö] 音近似于英语 'west' 中 'we' 的發音。

The ㅟ[y, ü] 與漢语 [ü][yu(遇)][nü(女)] 中的韵母較接近。

要想正确而轻松地发好单元音、最好按以下顺序发音：

고모음 高元音：(이[i]) → 위[ü] → 으[ɨ] → 우[u]

중모음 中元音：(이[i]) → 에 [e] → 외[ö] → 어[ə] → 오[o]

저모음 低元音：(이[i]) → 에[e] → 애[ɛ] → 아[a]

전설모음 前舌元音：(이[i]) → 에[e] → 애[ɛ]

　　　　　　　　　　　　　(이[i])→ 위[ü] → 외[ö/we]

중설모음 中舌元音：(이[i]) → 으[ɨ] → 어[ə] → 아[a]

후설모음 后舌元音：(이[i]) → 으[ɨ] → 우[u] → 오[o]

〈연습 1〉 단모음 발음하기 单元音发音练习

1. 아 위 으 우

　　이이이 위위위 으으으 우우우

　　이위으우, 우으위이, 이위으우, 우으위이

2. 에 외 어 오

　　이이이 에에에 외외외 어어어 오오오

　　이에외어오, 오어외에이, 이에외어오, 오어외에이

3. 애 아

　　이이이 에에에 애애애 아아아

　　이에애아, 아애에이, 이에애아

4. 이 에 애

    이이이 에에에 애애애

    이에애, 애에이, 이에애, 애에이

5. 으 어 아

    이이이 으으으 어어어 아아아

    이으어아, 아어으이, 이으어아, 아어으이

6. 우 오

    이이이 위위위 으으으 우우우 오오오

    이위으우오, 오우으위이, 이위으우오, 오우으위이

나. 이중모음 (二重元音、双元音)

双元音有11种。双元音分为两个音、发音时嘴形或者舌头的位置与最初是不同的。

舌的位置　　从 'ㅣ'开始的 ㅑ[ja], ㅕ[jə], ㅛ[jo], ㅠ[ju], ㅒ[jɛ], ㅖ[je]

       从'ㅗ'开始的 ㅘ[wa], ㅙ[wɛ]

       从'ㅜ'开始的 ㅝ[wə], ㅞ[wɛ]

       从'ㅡ'开始到 'ㅣ'的位置结束的 의[ɨi]。

1) 이중모음과 반모음 双元音与半元音

글자 字母	소리 音標	보기 例(영어)	이름 名稱	
ㅑ	[ja]	yacht	야	ja
ㅕ	[jə]	young	여	jə
ㅛ	[jo]	yawn	요	jo
ㅠ	[ju]	you	유	ju
ㅒ	[jɛ]	yak	애	jɛ
ㅖ	[je]	yet	예	je
ㅘ	[wa]	wander	와	wa
ㅙ	[wɛ]	wangle	왜	wɛ

ㅝ	[wə]	<u>wo</u>nder	워	wə
ㅞ	[we]	<u>weight</u>	웨	we
ㅢ	[ɨi]	…	의	ɨi

半元音/j/： 此音与英语的 'yes' 中的 [j] 音相似、汉语中没有此音。

半元音/w/： 此音与英语的 'worth' 中的 [w] 音相似、汉语中没有此音。

2) 이중모음 발음 双元音的发音

ㄱ) 아[a] → 야[ja]　　　　어[ə] → 여[jə]

오[o] → 요[jo]　　　　우[u] → 유[ju]

애[ɛ] → 얘[jɛ]　　　　에[e] → 예[je]

ㄴ) 아[o] + 아[a] → 와[wa]　　ㄹ) 으[ɨ] + 이[i] → 의[ɨi]

아[o] + 애[ɛ] → 왜[wɛ]

ㄷ) 우[u] + 어[ə] → 워[wə]

아[u] + 에[e] → 웨[we]

〈연습 2〉 이중모음 발음하기 双元音发音练习

1. 야

아야, 아야, 아야, 아야, 아야, 야, 야, 야, 야, 야

2. 여

어여, 어여, 어여, 어여, 어여, 여, 여, 여, 여, 여

3. 요

오요, 오요, 오요, 오요, 오요, 요, 요, 요, 요, 요

4. 유

우유, 우유, 우유, 우유, 우유, 유, 유, 유, 유, 유

5. 애

애얘, 애얘, 애얘, 애얘, 애얘, 얘, 얘, 얘, 얘, 얘

6. 예

에예, 에예, 에예, 에예, 에예, 예, 예, 예, 예, 예

7. 와

오아, 오아, 오아, 오아, 오아, 와, 와, 와, 와, 와

8. 왜

오애, 오애, 오애, 오애, 오애, 왜, 왜, 왜, 왜, 왜

9. 워

우어, 우어, 우어, 우어, 우어, 워, 워, 워, 워, 워

10. 웨

우에, 우에, 우에, 우에, 우에, 웨, 웨, 웨, 웨, 웨

11. 의

으이, 으이, 으이, 으이, 으이, 의, 의, 의, 의, 의

2. 한글의 자음 韩语的辅音

　　辅音是发音时喉腔或口腔某个部分受阻或变窄而使得向外的气流受阻而发出的音。韩语的 'ㄱ, ㄴ, ㄷ, ㄹ, ㅁ, ㅂ, ㅅ, ㅇ, ㅈ, ㅊ, ㅋ, ㅌ, ㅍ, ㅎ, ㄲ, ㄸ, ㅃ, ㅆ, ㅉ' 19个。韩语的辅音是根据"发音位置""发音方法""发音力量"三种标准分类的。

가. 단자음 单辅音

1) 단자음표 单辅音表

소리 내는 방법 发音方法			소리 내는 자리 发音位置				
				윗잇몸 上齿龈	경구개 硬腭	연구개 软腭	
			두 입술 双脣音	혀끝 舌尖	혓바닥 舌面	혀뒤 舌根	목청 喉头
안울림소리 无声音	파열음 破裂音	예삿소리 松音	ㅂ[p/b]	ㄷ[t/d]		ㄱ [k /g]	
		된 소리 紧音	ㅃ[p']	ㄸ[t']		ㄲ [k']	
		거센소리 送气音	ㅍ[pʰ]	ㅌ[tʰ]		ㅋ [kʰ]	
	파찰음 破擦音	예삿소리 松音			ㅈ[ts/dz]		
		된 소리 紧音			ㅉ[ts']		
		거센소리 送气音			ㅊ[tsʰ]		
	마찰음 摩擦音	예삿소리 松音		ㅅ[s]			ㅎ[h]
		된 소리 紧音		ㅆ[s']			
울림소리 有声音		비음 鼻音	ㅁ[m]	ㄴ[n]		ㅇ[ŋ]	
		유음 闪音	ㄹ[r/l]				

　　辅音根据发音方法分为无声音和有声音、在韩语中所有元音及辅音'ㅁ, ㄴ, ㅇ, ㄹ'都是有声音、无声音包括破裂音、破擦音和摩擦音、有声音中包括鼻音和闪音、上表中破裂(ㅂ,

ㄷ，ㅈ，ㅅ，ㄱ）、紧音(ㅃ，ㄸ，ㅉ，ㅆ，ㄲ)、送气音(ㅍ，ㅌ，ㅊ，ㅋ)。(参考单辅音表)并且辅音根据"发音位置"分为唇音(ㅂ，ㅃ，ㅍ，ㅁ)、舌尖音(ㄷ，ㄸ，ㅌ：ㅅ，ㅆ：ㄴ，ㄹ) 硬腭音(ㅈ，ㅉ，ㅊ)，软腭音 (ㄱ，ㄲ，ㅋ，ㅇ)，口喉音(ㅎ)。

2) 단자음 발음 单辅音发音

글자 字母	소리 音標	보기 例 (영어)	보기 例 (중국어)	이름 名稱	
ㄱ	[k/g]	kin, begin	与"国"的声母发音相似	기역	[kijək]
ㄴ	[n]	now	与"你"的声母发音相似	니은	[niin]
ㄷ	[t/d]	tidy	与"得"的声母发音相似	디귿	[tigit]
ㄹ	[r/l]	ring, leaf	与"了"的声母发音相似	리을	[riil]
ㅁ	[m]	me	与"木"的声母发音相似	미음	[miim]
ㅂ	[p/b]	public	与"补"的声母发音相似	비읍	[piip]
ㅅ	[s]	sun, sheep	与"四"的声母发音相似	시옷	[siot]
ㅇ	[ŋ]	sang	与"张"的"ng"发音相似	이응	[iiŋ]
ㅈ	[ts]	chin	与"资"的声母发音相似	지읒	[tsiit]
ㅊ	[tsʰ]	achieve	与"此"的声母发音相似	치읓	[tsʰiit]
ㅋ	[kʰ]	akin	与"苦"的声母发音相似	키읔	[kʰiik]
ㅌ	[tʰ]	atomic	与"他"的声母发音相似	티읕	[tʰiit]
ㅍ	[pʰ]	repay	与"怕"的声母发音相似	피읖	[pʰiip]
ㅎ	[h]	home	与"和"的声母发音相似	히읗	[hiit]

나. 쌍자음 雙輔音

ㄲ[k'], ㄸ[t'], ㅃ[p'], ㅆ[s'] 和 ㅉ[ts'] 有点像 'k[ㄱ], t[ㄷ], p[ㅂ], s[ㅅ], ts[ㅈ]'但發音時、應該收緊發音器官。

1) 쌍자음표 双辅音表

글자 字母	소리 音標	보기 例 (영어)	보기 例 (중국어)	이름 名稱	
ㄲ	[k']	skate	与"个"的声母发音相似	쌍기역	[s'aŋkijək]
ㄸ	[t']	state	与"大"的声母发音相似	쌍디귿	[s'aŋtigit]
ㅃ	[p']	spoon	与"不"的声母发音相似	쌍비읍	[s'aŋpiip]
ㅆ	[ts']	assign	与"苏"的声母发音相似	쌍시옷	[s'aŋsiot]
ㅉ	[ts']	……	与"祖"的声母发音	쌍지읒	[s'aŋtsiit]

다. 자음 대립 辅音間的對立

　　为了更好地理解韩语的辅音系统、下面的一个小节是非常有用的、如'ㅂ，ㅍ，ㅃ'这一列、它们都是双唇摩擦发音的、但是、程度是不一样的、'ㅋ，ㅌ，ㅂ，ㅊ'属于呼气音、'ㄲ，ㄸ，ㅃ，ㅆ'则需要更多的摩擦、发音较重。

松音	가 [ka]	다 [ta]	바 [pa]	사 [sa]	자 [ts]
送氣音	카 [kʰ]	타 [tʰ]	파 [pʰ]	차 [tsʰ]	
緊音	까 [k']	따 [t']	빠 [p']	싸 [s']	짜 [ts']

예 例

개 [kɛ]	狗	달 [tal]	月亮
캐(다) [kʰɛda]	挖	탈 [tʰal]	面具
깨 [k'ɛ]	芝麻	딸 [t'al]	女儿

발 [pal]	脚	자 [tsa]	尺子
팔 [pʰal]	胳膊	차 [tsʰa]	茶
빨(다) [p'alda]	洗	짜(다) [ts'ada]	咸

살 [sal]	肉
쌀 [s'al]	米

〈연습 3〉 예삿소리, 된소리, 거센소리 발음하기
松音、緊音、送气音发音练习

1. 비삐피，　　비삐피，　　삐피비，
　　바빠파，　　바빠파，　　빠파바.

2. 디띠티，　　디띠티，　　띠티디，
　　다따타，　　다따타，　　따타다.

3. 지찌치，　　지찌치，　　찌치지，
　　자짜차，　　자짜차，　　짜차자.

4. 시씨,　　　시씨,　　　시씨,　　　씨시,

　　사짜,　　　사짜,　　　사짜,　　　짜사.

5. 기끼키,　　　기끼키,　　　끼키기,

　　가까카,　　　가까카,　　　까카가.

3. 한국어 음절 韩国语的音节

1) 음절구조 音节结构

韩语的完全音节包括了三部分：

　　① 初始部分：辅音

　　② 中间部分：元音

　　③ 结尾部分：辅音

不是所有的音节都完整的、它可以没有初始部分、或者结尾部分、或者两者都没有、但是它

V	아, 우, 위, 외, 야
V + C	안, 욱, 엄, 올, 율
C + V	고, 바, 사, 루, 벼
C + V + C	감, 항, 줍, 곳, 볍

如果一个音节没有初始部分、它的位置是由字母'o'来填充、它并不发音。

2) 한국어 음절표 韩语音节表

v ＼ c	ㅏ [a]	ㅑ [ja]	ㅓ [ə]	ㅕ [jə]	ㅗ [o]	ㅛ [jo]	ㅜ [u]	ㅠ [ju]	ㅡ [ɨ]	ㅣ [i]
ㄱ[k/g]	가	갸	거	겨	고	교	구	규	그	기
ㄴ[n]	나	냐	너	녀	노	뇨	누	뉴	느	니
ㄷ[t/d]	다	댜	더	뎌	도	됴	두	듀	드	디

ㄹ[r/l]	라	랴	러	려	로	료	루	류	르	리
ㅁ[m]	마	먀	머	며	모	묘	무	뮤	므	미
ㅂ[p/b]	바	뱌	버	벼	보	뵤	부	뷰	브	비
ㅅ[s]	사	샤	서	셔	소	쇼	수	슈	스	시
ㅇ[ø]	아	야	어	여	오	요	우	유	으	이
ㅈ[ts]	자	쟈	저	져	조	죠	주	쥬	즈	지
ㅊ[tsʰ]	차	챠	처	쳐	초	쵸	추	츄	츠	치
ㅋ[kʰ]	카	캬	커	켜	코	쿄	쿠	큐	크	키
ㅌ[tʰ]	타	탸	터	텨	토	툐	투	튜	트	티
ㅍ[pʰ]	파	퍄	퍼	펴	포	표	푸	퓨	프	피
ㅎ[h]	하	햐	허	혀	호	효	후	휴	흐	히

V：元音　　C：辅音

3) 음절 발음 音节发音

①

元音 辅音	ㅏ[a] ㅑ[ja]		ㅓ[ə] ㅕ[jə]		ㅗ[o] ㅛ[jo]		ㅜ[u] ㅠ[ju]		―[i] ㅣ[i]	
ㄱ[k]	가	갸	거	겨	고	교	구	규	그	기
ㄱ										
ㄲ[k']	까	꺄	꺼	껴	꼬	꾜	꾸	뀨	끄	끼
ㄲ										
ㄴ[n]	나	냐	너	녀	노	뇨	누	뉴	느	니
ㄴ										
ㄷ[t]	다	댜	더	뎌	도	됴	두	듀	드	디
ㄷ										
ㄸ[t']	따	땨	떠	뗘	또	뚀	뚜	뜌	뜨	띠
ㄸ										

〈연습 4.1〉 '가~따' 음절 발음하기 "**가~따**" 音节发音练习

1)　기구　　　机构　　　　고기　　　肉

　　야구　　　棒球　　　　아기　　　孩子

　　여기　　　这里

2)　누구　　　谁　　　　　나　　　　我

　　나그네　　过客, 旅客　누이　　　姐

　　나이　　　年龄

3)　기도　　　祈祷　　　　　구두　　　皮鞋

　　가다　　　走　　　　　　도구　　　工具

　　어디　　　哪里

②

元音 辅音	ㅏ[a]ㅑ[ja]	ㅓ[ə]ㅕ[jə]	ㅗ[o]ㅛ[jo]	ㅜ[u]ㅠ[ju]	ㅡ[ɨ]ㅣ[i]
ㄹ[r]	라 랴	러 려	로 료	루 류	르 리
ㄹ					
ㅁ[m]	마 먀	머 며	모 묘	무 뮤	므 미
ㅁ					
ㅂ[p]	바 뱌	버 벼	보 뵤	부 뷰	브 비
ㅂ					
ㅃ[p']	빠 뺘	뻐 뼈	뽀 뾰	뿌 쀼	쁘 삐
ㅃ					

〈연습 4.2〉 '라~빠' 음절 발음하기 "라~빠" 音节发音练习

1)　오리　　　鸭子　　　나라　　　国家

　　그러나　　但是　　　다리　　　腿、桥

　　거리　　　街道

2)　모기　　　蚊子　　　마루　　　地板

　　머리　　　头　　　　모두　　　全部

　　어머니　　妈妈

3)　비누　　　肥皂　　　오빠　　　哥哥

　　두부　　　豆腐　　　바다　　　大海

　　벼루　　　砚

③

辅音\元音	ㅏ [a] ㅑ [ja]		ㅓ [ə] ㅕ [jə]		ㅗ [o] ㅛ [jo]		ㅜ [u] ㅠ [ju]		ㅡ [ɨ] ㅣ [i]	
ㅅ [s] ㅅ	사	샤	서	셔	소	쇼	수	슈	스	시
ㅆ [s'] ㅆ	싸	쌰	써	쎠	쏘	쑈	쑤	쓔	쓰	씨
ㅇ [∅] ㅇ	아	야	어	여	오	요	우	유	으	이
ㅈ [ts] ㅈ	자	쟈	저	져	조	죠	주	쥬	즈	지
ㅉ [ts'] ㅉ	짜	쨔	쩌	쪄	쪼	쬬	쭈	쮸	쯔	찌

〈연습 4.3〉 '사~짜' 음절 발음하기 "사~짜" 音节发音练习

1) 미소   微笑   소리   声音
    쓰다   用   사다   买
    도시   城市

2) 요리   料理   우유   牛奶
    이사   理事   나이   年龄
    요사이   近来

3) 자녀   子女   짜다   咸
    부자   富人   지구   地球
    주다   给

④

辅音\元音	ㅏ [a] ㅑ [ja]		ㅓ [ə] ㅕ [jə]		ㅗ [o] ㅛ [jo]		ㅜ [u] ㅠ [ju]		ㅡ [ɨ] ㅣ [i]	
ㅊ [tsʰ] ㅊ	차	챠	처	쳐	초	쵸	추	츄	츠	치
ㅋ [kʰ] ㅋ	카	캬	커	켜	코	쿄	쿠	큐	크	키

ㅌ [tʰ]	타 탸	터 텨	토 툐	투 튜	트 티
ㅌ					
ㅍ [pʰ]	파 퍄	퍼 펴	포 표	푸 퓨	프 피
ㅍ					
ㅎ [h]	하 햐	허 혀	호 효	후 휴	흐 히
ㅎ					

〈연습 4.4〉 '**차~하**' 음절 발음하기 "**차~하**" 音节发音练习

1) 기차　　　火车　　　기초　　　基础
   치마　　　裙子　　　초보　　　初步
   주차　　　停车

2) 카드　　　卡　　　　코스모스　波斯菊
   크다　　　大　　　　스키　　　滑雪
   커피　　　咖啡

3) 타다　　　坐、骑　　토끼　　　兔子
   투수　　　投手　　　사투리　　方言
   서투르다　生疏

4) 하루　　　一天　　　혀　　　　舌
   호수　　　湖水　　　하다　　　做
   흐리다　　阴天　　　허수아비　稻草人

〈연습 4.5〉 음절 발음하기　音节发音练习

1. ㅐ
   새　　　　鸟　　　　배　　　　肚子、船、梨
   애기　　　孩子　　　새우　　　虾

대나무　　　竹子　　　배추　　　白菜

2. ㅐ

애　　　孩子　　　얘기　　　故事、谈话

3. ㅔ

제사　　　祭祀　　　어제　　　昨天
네거리　　十字路口　모레　　　后天
배게　　　枕头

4. ㅖ

차례　　　顺序　　　시계　　　表
지폐　　　纸币　　　예　　　　是、例、礼
지혜　　　智慧

5. ㅘ

사과　　　苹果　　　과거　　　过去
대화　　　对话　　　조화　　　造化、和谐
과부　　　寡妇　　　미화　　　美化
화　　　　祸　　　　좌우　　　左右
화려하다　华丽

6. ㅙ

왜　　　　为什幺　　쾌　　　　挺
쾌히　　　欣然　　　돼지　　　猪
유쾌하다　愉快

7. ㅚ

회화　　　会话　　　죄수　　　罪囚

교회	教会	후회	后悔
회의	会议		

8. ㅝ

추워	冷	더워	热
무서워	害怕	아름다워	美丽、漂亮
뭐	什么		

9. ㅞ

스웨터	毛衣	꿰매다	缝
궤	柜子	웨이터	服务员
화훼	花卉		

10. ㅟ

가위	剪刀	사위	女婿
쥐	老鼠	추위	冷
쉬다	休息		

11. ㅢ

의자	椅子	민주주의	民主主义
주의	注意	의미	意思
희다	白		

4. 음절의 끝소리(받침) 音节的收音

가. 홑받침 单收音

　作为音节收音的辅音只有七个'ㄱ,ㄴ,ㄷ,ㄹ,ㅁ,ㅂ,ㅇ'其他的辅音作收音时的发音都要发这七个音中的一个、但是和以元音开头的助词、语尾、结尾词相结合时、收音要移到后一个音节的头音位置、再发音。

1) 받침표 收音表

글자 字母	소리 声音 음운 音韵
ㄱ, ㄲ, ㅋ	[-k]
ㄴ	[-n]
ㄷ, ㅅ, ㅆ, ㅈ, ㅊ, ㅌ, ㅎ	[-t]
ㄹ	[-l]
ㅁ	[-m]
ㅂ, ㅍ	[-p]
ㅇ	[-ŋ]

2) 받침 발음 收音的发音

ㄱ) ㄱ, ㄲ, ㅋ → ㄱ[k]

국[국] 汤　　　책 书　　　박사 博士　　가족 家庭　　취직 就职
밖[박] 外面　　낚시 钓(鱼)　섞다 混合　　닦다 擦　　　묶다 扎、捆
부엌[부억] 厨房　북녘 北边　　저녁녘 傍晚　들녘 平塬地带

与元音相结合的情况下、收音'ㄱ[k], ㄲ[k'], ㅋ[kʰ]'移到其中一个音节的头音再发音。

국　　　汤　　　→　　　국이　　[구기]
먹다　　吃　　　→　　　먹어서 [머거서]
밖　　　外面　　→　　　밖으로 [바끄로]
닦다　　擦　　　→　　　닦아　　[다까]
부엌　　厨房　　→　　　부엌에 [부어게, 부어케]

ㄴ) ㄴ → ㄴ[n]

손[손] 手　　　산 山　　　사진 照片　　인간 人间
　　　　　　　신문 报纸　　자연 自然

与元音相结合的情况下、收音'ㄴ'移到后一个音节的头音再发音。

손	手	→	손을	[소늘]
돈	钱	→	돈을	[도늘]
사진	照片	→	사진을	[사지늘]

ㄷ) ㄷ, ㅅ, ㅆ, ㅈ, ㅊ, ㅌ, ㅎ → ㄷ[t]

믿다[믿따] 相信	걷다 走	닫다 关	듣다 听	묻다 问
옷[옫] 衣服	셋 叁	맛 味	벗다 脱	웃다 笑
있다[읻따] 有、在	했다 做了	갔다 走了	왔다 来了	샀다 买了
낮[낟] 白天	늦다 迟到	잊다 忘记	맞다 正确	젖다 湿
낯[낟] 面	꽃 花	빛 光	닻 锚	쫓다 迫逐
밭[받] 田	겉 外表	끝 末	밑 底	같다 像
낳다[나타] 生	좋다 好	노랗다 黄	쌓다 堆	이렇다 这样※

※ 'ㅎ'与'ㅂ,ㄷ,ㄱ,ㅈ'相结合的情况下,出现送气化现象. 即 'ㅂ'-'ㅍ', 'ㄷ'-'ㅌ', 'ㅈ'-'ㅌ', 'ㅈ'-'ㅊ', 'ㄱ'-'ㅋ'(参照III-6送气化)。

与元音相结合时,收音ㄷ[t], ㅅ[s], ㅆ[s'], ㅈ[ts], ㅌ[tʰ], ㅎ[h]移到后一个音节的 头音发音。

닫다	关	→	닫아서	[다다서]
셋	叁	→	셋이	[세시]
갔다	走了	→	갔어	[가써]
잊다	忘记	→	잊어서	[이저서]
낯	面	→	낯이	[나치]
끝	末	→	끝에서	[끄테서]
좋다	好	→	좋은	[조은]※

낳다　生　　→　　　낳아서 [나아서]

※ 'ㅎ'音在有声音中间发生弱化或者不发音。

ㄹ) ㄹ → ㄹ[l]

달[달] 月亮　　물 水　　　돌 石头
내일 明天　　일기 日记　말 马、话

与元音相结合时收音ㄹ发r音。即'ㄹ'在初声时读[r], 在中声时发[l]音、ㄹ[l]收音在与元
音开头的助词、语尾、结尾词相结合时读初声[r]的音。

돌　　　石头　　→　　　돌을　 [도를]
얼굴　　脸　　　→　　　얼굴이 [얼구리]
겨울　　冬天　　→　　　겨울이 [겨우리]
살다　　生活　　→　　　살아서 [사라서]

ㅁ) ㅁ → ㅁ[m]

마음[마음] 心　바람 风　　담배 烟　　　　남자 男人
감사 感谢　위험 危险

与元音相结合时、收音'ㅁ[m]'移到后一个音节的头音发音。

봄　　　春天　　→　　　봄에　 [보메]
남　　　别人　　→　　　남에게 [나메게]
마음　　心　　　→　　　마음에 [마으메]
꿈　　　梦　　　→　　　꿈에　 [꾸메]
위험　　危险　　→　　　위험을 [위허믈]

ㅂ) ㅂ, ㅍ → ㅂ[p]

집[집] 家   입 嘴   입구 入口   대답 回答   잡지 杂志

앞[압] 前面   숲 林   잎 叶子   옆집 邻居   무릎 膝盖

与元音相结合时、收音 'ㅂ[p], ㅍ[pʰ]'移到后一个音节的头音发音。

대답   回答   →   대답을 [대다블]

지갑   钱包   →   지갑이 [지가비]

잎   叶子   →   잎을   [이플]

깊다   深   →   깊어서 [기퍼서]

ㅅ) ㅇ → ㅇ[ŋ]

강[강] 江   방 房间   희망 希望   시장 市场

공장 工厂   빵 面包

在元音结合时、收音 ㅇ[ŋ]移到后一个音节的头音后不发音。

강   江   →   강에서   [강에서]

사랑   爱   →   사랑을   [사랑을]

공항   机场   →   공항으로   [공항으로]

1. **집 앞을** 깨끗이 **청소 합시다**.

   把房前打扫干净吧。

2. **나뭇잎이** 떨어집니다.

   树叶落了。

3. 이 **음식**은 참 **맛있어요**.

   这饭菜真好吃。

4. 시장에서 **장미꽃을 샀습니다**.

   在市场买了玫瑰花。

5. 저는 한국 음식을 아주 **좋아합니다**.

   我很喜欢韩国饮食。

6. 지금 **몇** 시입니까?

   现在几点了。

7. **일기**는 **매일** 쓰십니까?

   每天都写日记吗?

8. 이 **책이** 마음에 **들어요**.

   我喜欢这本书。

9. 비를 **맞아서 옷이 젖었습니다**.

   淋了雨衣服都湿了。

10. 그 사람은 **믿어도** 됩니다.

    那个人还可信。

11. **꽃을 꺾지** 마세요.

    不要折花。

12. **문** 좀 **닫아 주시겠습니까**?

    请关上门好吗?

13. **부엌에서 뭘** 하고 있습니까?

    在厨房做什么?

14. **밖에서 이상한** 소리가 납니다.

    外边有奇怪的声音。

15. **낯선 곳**을 여행하는 것은 **위험합니다**.

    去陌生的地方旅行很危险。

16. 감기가 **걸렸어요**.

患了感冒。

17. **약속** 장소까지 **지하철을** 타고 갑시다.

我们乘地铁去约会的地方吧。

18. **일월 일일에** 만납시다.

1月1日我们见面吧。

19. **밭에** 옥수수를 심었습니다.

在地里种了玉米。

20. **사랑받는** 사람은 **행복한** 사람입니다.

被人爱的人是幸福的人。

〈연습 6〉 ‘ㅇ’ 받침 읽기 ‘ㅇ’收音朗读

1. 우리 **공항**에서 만납시다.

我们在机场见面吧。

2. 저는 **여행**을 좋아해요.

我喜欢旅游。

3. 자세히 **설명**해 주세요.

请详细说明一下。

4. **방이** 깨끗합니다.

房间很干净。

5. 나는 **당신**을 **사랑**합니다.

我爱你。

6. **책상** 위에 사전이 있습니다.

在书桌上有词典。

7. **창문**을 닫으십시오.

请关上窗户。

8. **종이** 한 **장** 주세요.

请给我一张纸。

9. 나는 **장학생**입니다.

我是得奖学金的学生。

10. 다음 주부터 여름**방학**입니다.

从下周开始是暑假。

11. **정말** 재미있습니까?

真的有趣吗？

12. 그녀는 **공장**에서 일합니다.

她在工厂工作。

13. 열심히 **공부**하십시오.

请认真学习。

14. 모든 동물의 **생명**은 소중합니다.

所有动物的生命都是珍贵的。

15. 나는 해결 **방법**을 모르겠습니다.

我不知道解决的方法。

16. **농부**가 들에서 일합니다.

农民在田里劳动。

17. 소년이여, **야망**을 가져라.

年轻人、有点野心吧！

18. 이미 **공연**이 시작되었습니다.

演出已经开始了。

19. **병이** 다 나았습니까?

病都好了吧？

20. 그 **영화**는 감동적입니다.

那部电影很令人感动。

1. 강   간   감
   참   찬   창
   정   전   점

2. 건강   健康   농촌   农村
   농담   玩笑   생선   海鲜
   안경   眼镜   존경   尊敬

   상담   商谈   관광   观光
   군중   群众   냉면   冷面
   은행   银行   창문   窗户

   경험   经验   중심   中心
   감정   感情   선생님   老师

나. 겹받침 双收音

　　双收音在末尾或辅音前时只发一个音、双收音中发前面一个辅音的音或后一个辅音的音、或两个辅音中前或后都可以发音。双收音在与以元音开头的助词、此为、结尾词相结合时、只有后一 个辅音移到后面音节的头音位置发音、音节的收音用表来表示如下：

1) 겹받침 표 双收音表

收音 （单收音，双收音）		双收音		
		前面辅音 发音	后面辅音 发音	前面或后面辅音都可 以发音
ㄱ	ㄱ, ㄲ, ㅋ	ㄳ		ㄺ
ㄴ		ㄵ, ㄶ		

ㄷ	ㄷ, ㅅ, ㅆ, ㅈ, ㅊ, ㅌ, ㅎ		ㄿ	
ㄹ	ㄹ	ㄽ, ㅀ		ㄺ, ㄼ
ㅁ	ㅁ		ㄿ	
ㅂ	ㅂ, ㅍ	ㅄ	ㄿ	ㄼ
ㅇ	ㅇ			

2) 겹받침 발음 双收音发音

① 前面辅音发音的有'ㄳ, ㄵ, ㄶ, ㄽ, ㄾ, ㅄ'

· ㄳ[k]

목[목]　脖子、咽喉　　　몫을 [목슬]　　　份儿

· ㄵ[n]

앉다[안따]　　坐　　앉아서 [안자서]

· ㄶ[n]

많다[만타]　　多　　많으면 [마느면]

· ㄽ[l]

외곬[외골]　　　只有一个方法、只通往一个地方的路

　　　　　　　　　　　　외곬으로 [외골쓰로]

· ㄾ[l]

핥다[할따]　　舐　　핥아서 [할타서]

· ㅀ[l]

옳다[올타]　　正确　　옳으면 [오르면]

· ㅄ[p]

없다[업따]　　没有　　없어서 [업써서]

② 后面辅音发音的有'ㄻ, ㄿ'

· ㄻ[n]

젊다[점따]　　年轻　　젊어서 [절머서]

· ㄿ[p]

읊다[읍따]　　　吟　　　읊어 [을퍼]

③ 前面或后面辅音都可以发音的有'ㄼ, ㄺ'

　　· ㄼ前面辅音发音的情况

짧게[짤께]　　　短地　　짧으니까 [짤브니까]

　　· ㄼ后面辅音发音的情况

밟지[밥찌]　　　踩、踏　　밟아서 [발바서]

　　· ㄺ前面辅音发音的情况

읽고[일꼬]　　　读　　　읽으니까 [일그니까]

　　· ㄺ后面辅音发音的情况

닭[닥]　　　　　鸡　　　닭이 [달기]

〈연습 8〉 엣샷소리, 거센소리, 된소리 비교하여 발음하기
对松音、送气音(激音)、紧音进行比较发音练习

① 'ㅂ, ㅃ, ㅍ'

　1)　수영할 때, **발**과 **팔**을 더 빨리 움직여라.

　　　游泳时脚和胳膊挥动的再快一点。

　2)　**보**라색, **빨**간색, **파**란색을 칠하세요.

　　　请涂上青紫色、红色、蓝色。

　3)　**발**에 **피**가 나서 **빨**리 약을 **발**랐어요.

　　　脚上出血了快点抹药吧。

② 'ㄷ, ㄸ, ㅌ'

　1)　**딸**기와 **토**마**토**가 달고 맛있어요.

　　　草莓和西红柿又甜又好吃。

2) 내 **딸**이 **달**밤에 **탈**춤을 추어요.

我的女儿在月夜跳假面舞。

3) 내 **동**생은 **뚱뚱**하고 형은 **통통**합니다.

我弟弟很聪明、哥哥很胖。

③ 'ㅈ, ㅉ, ㅊ'

1) **진짜**인지 가**짜**인지 구별하기가 **참** 어려워요.

很难区分是真是假。

2) **점**심을 **짜**게 먹으니까 **찬** 물만 먹고 싶어요.

中午吃的很咸、只想喝冷水。

3) 시냇물은 **졸졸** 흐르고 바닷물은 **출**렁거립니다.

小溪流水潺潺、大海波涛荡漾。

④ 'ㅅ, ㅆ'

1) 이번에는 **쌀**을 **싼** 값에 **샀**습니다.

这次以便宜的价格买了米。

2) **쌀쌀**한 날**씨** 때문에 거리에 **사**람이 **없습**니다.

因为天气冷冷的、街上人很少。

3) **시**장에서 **씨**앗을 **사서** 뜰에 심**었습**니다.

在市场买了种子种到地里。

⑤ 'ㄱ, ㄲ, ㅋ'

1) **그**는 **키가 큰** 사람입니다.

他是个高个子的人。

2) **코끼**리의 **코**는 아주 **깁**니다.

大象的鼻子很长。

3) 불을 자**꾸 켰다 껐다** 하지 마세요.

不要老把灯打开又关上的。

1. 오늘은 할 일이 **없어요**.

   今天没事做。

2. 나는 **밝은** 방이 좋아요.

   我喜欢明亮的房间。

3. **삶은** 계란은 잘 먹지 **않아요**.

   不太爱吃煮鸡蛋。

4. 너무 **많다고** 생각하세요?

   觉得太多吗?

5. 이제 모든 것이 **괜찮아요**.

   现在一切都没关系了。

6. 너무 바빠서 하루종일 **굶었어요**.

   因为太忙一天都挨饿。

7. 이 물건 **값이 많이** 올랐어요.

   这东西价格升了很多。

8. 건강을 **잃으면** 불행합니다.

   失去了健康是很不幸的。

9. 돈은 있다가도 **없고 없다**가도 있는 거예요.

   钱总是有了没、没了又有。

10. **굶지** 말고 **삶은** 계란이라도 드세요.

    不要挨饿、将就吃点煮鸡蛋吧。

11. 이 시를 **읊어** 보시겠습니까?

    要读一下这首诗吗?

12. 이 책을 **읽고** 또 **읽었**습니다.

    这书读了又读。

13. 사과 **여덟 개** 사 오세요.

    买了八个苹果。

14. 자리에 **앉으**세요.

　　请坐在位子上。

15. 오늘 밤은 달빛이 **밝습**니다.

　　今天晚上月亮很亮。

16. 지갑을 **잃어**버리면 안 됩니다.

　　不能把钱包丢了。

17. 그 사람 **싫어**합니까 **좋아**합니까?

　　是讨厌那个人还是喜欢?

18. 집을 **옮겼**습니까?

　　搬家了?

〈연습 10〉 **발음 나는 대로 쓰기** 写出发音

1.　저 **앞에** 있는 **입구**에서 기다리세요.

　　请在前面那个入口等。

2.　**일곱 살 난** 아이가 강당 **옆에서** 울고 **있습**니다.

　　一个七岁的小孩在教室旁哭。

3.　**깊고 깊은 숲에서** 캐 온 약초입니다.

　　这是从深而又深的森林里挖出来的草药。

4.　내가 먼저 친구를 **믿는**다면, 그 친구도 나를 **믿을 것**입니다.

　　如果我先信任朋友、他也会信任我的。

5.　**웃으면** 복이 온다는 말처럼, **웃는 것은** 좋은 일입니다.

　　就像"笑一笑、福就到"这句话所说的、笑是很好的事情。

6.　**늦잠**을 자는 바람에 약속 시간에 **늦었어**요.

　　因为睡懒觉约会迟到了。

7.　아기가 **낯을** 가리는지 **낯선** 사람만 보면 고개를 돌립니다.

　　可能因为孩子怕生、一见生人就转过头。

8.   좋은 **책을 읽으면** 그 **책 속에서** 지혜를 얻을 수 있습니다.

     读好的书可以学到书中的智慧。

9.   농부들은 **들녘에서** 일을 하다 **저녁녘**이 되어야 집에 돌아옵니다.

     农民在田间劳动、傍晚时才回家。

10. 어제 **값이** 비싼 물건을 사서 지금은 돈이 **없습니다.**

     昨天买了很贵的东西、现在没钱。

Ⅲ. 음운변동 音韵变更

1. 연음법칙 连音规则

당以辅音结尾部分后面跟着一个元音、这个辅音被转移到后面、变成了后者元音的初始
部分。如'집에'变成了'지베'。

예 例

옷	옷이 → [오시] 衣服	잎	잎이 → [이피] 叶
집	집이 → [지비] 家	있다	있어 → [이써] 有、在
밥	밥을 → [바블] 饭	달	달이 → [다리] 月亮
앉다	안자 → [안자] 坐	밝다	밝아 → [발가] 亮

〈연습 11〉 연음법칙 읽고 쓰기 读写连音规则

잎	잎이	→	[ ]	叶
옷	옷을	→	[ ]	衣服
밤	밤에도	→	[ ]	夜
학	학이	→	[ ]	鹤
갔다	갔어요	→	[ ]	走
밝다	밝아서	→	[ ]	亮
밥	밥을	→	[ ]	饭

잔   잔에   →   [   ] 杯
여덟   여덟이   →   [   ] 八
강   강에   →   [   ] 江※

2. 유성음화 有声音化、浊音化

无声闭锁音(平音)'ㅂ, ㄷ, ㅈ, ㄱ'位于头音位置时按照无声字母 [p, t, ts, k]发音、位于有声音(所有元音及ㅁ, ㄴ, ㅇ, ㄹ)中间时按照有声字母[b, d, dz, g]发音、但这对意思并无影响。

也有在有声音环境中、平音不按照有声字母发音的情况。即在音节中有声字母是'ㅁ, ㄴ, ㅇ, ㄹ'的时候、有时变为轻音化、有时变为有声音化。

		无 节			有 节
		ㄱ [k/g]			
学习	공부 [koŋbu]		这里	여기 [jəgi]	
教室	교실 [kjosil]		韩国	한국 [hanguk]	
		ㄷ [t/d]			
单词	단어 [tanə]		地图	지도 [tsido]	
图书馆	도서관 [tosəgwan]		海	바다 [pada]	
		ㅂ [p/b]			
父母	부모 [pumo]		包	가방 [kabaŋ]	
飞机	비행기 [pihɛŋgi]		学习	공부 [koŋbu]	
		ㅈ [ts/dz]			
地理	지리 [tsiri]		帽子	모자 [modza]	
主人	주인 [tsuim]		男子	남자 [nkmdza]	

ㄹ [l/r]

| 话 | 말 [mal] | | 我们 | 우리 [uri] |
| 天 | 날 [nal] | | 国家 | 나라 [nara] |

〈연습 12〉 유성음화 읽기 浊音化阅读

1) ① 부지런히 **한국어** 공부를 해야겠어요.

요努力学习韩国语。

② **바다가 보고** 싶어요.

想看大海。

③ **비가** 많이 와서 **가방**이 다 젖었습니다.

雨下的太大了、书包都湿了。

④ 부산에 가려니 차**비가** 너무 비쌉니다.

想去釜山、但车票太贵了。

2) ① **운동**을 무리하게 해서 **다리가** 아픕니다.

运动太激烈、腿都疼了。

② 다시 **도전** 해 보겠습니다.

想重新试一试。

③ **명동**에서 만두를 먹고 **남대문**으로 갔습니다.

在明洞吃了水饺、然后去了南大门。

④ **어디서** 놀**다가** 이제 오니?

在哪儿玩了、才回来?

3) ① 자꾸 **자리**를 옮기지 마세요.

不要总换位子。

② **바지**와 **모자**에 먼지가 잔뜩 묻었어요.

裤子和帽子都沾满了灰尘。

③ **이번** 주 숙제는 글짓기입니다.

这周的作业是写作文。

4) ① 휴가 **기간** 내내 **감기**에 걸렸습니다.

休假期间、一直在感冒。

② 저 가수는 **건강**이 나쁘대요.

那个歌手身体不好。

③ **누가** 김밥을 다 먹었니?

是谁把紫菜饭都吃了？

3. 모음조화 元音调和

　阳性元音与阳性元音匹配、阴性元音与阴性元音相匹配的现象。后面的元音是根据前面的元音是阳性还是阴性而决定的。这种现象主要是出现在拟声拟态词以及词尾（连接词尾、终结词尾）之中。

※ 모음조화 표 元音调和表

	선행모음 先行元音	후행모음 后行元音
양阳 성性 모元 음音	ㅏ ㅗ	ㅏ
음阴 성性 모元 음音	ㅓ ㅜ ㅡ ㅣ ㅔ ㅟ	ㅓ

보기 例 : 살랑살랑   淅淅   : 설렁설렁   凉飕飕
        졸졸   潺潺   : 줄줄   簌簌
        깡충깡충   蹦蹦跳跳 : 껑청껑청   踊跃
        파랗다   蓝   : 퍼렇다   发青

가. 양성모음 阳性元音

1) ㅏ + ㅏ

   닫다 → 닫 + 았다 → 닫았다 关了

   같다 → 같 + 아서 → 같아서 一样

2) ㅗ + ㅏ

   보다 → 보 + 아요 → 보아요 看见了

   좁다 → 좁 + 아서 → 좁아서 窄

나. 음성모음 阴性元音

1) ㅓ + ㅓ

   먹다   → 먹 + 어요   → 먹어요 吃

   걸다   → 걸 + 어서   → 걸어서 走

2) ㅜ + ㅓ

   다투다   → 다투 + 었다   → 다투었다 吵架了

   나누다   → 나누 + 어서   → 나누어서 分了

3) ㅡ + ㅓ

   늦다   → 늦 + 어서   → 늦어서 晚了

   들아   → 들 + 어야   → 들어야 抬起来

4) ㅣ + ㅓ

   믿다   → 믿 + 어서   → 믿어서 相信

   가르치다 → 가르치 + 어도 → 가르치어도 教

5) ㅚ + ㅓ

괴다　　→　괴 + 었다　　→　괴었다　支撑了

되다　　→　되 + 어서　　→　되어서　成了

6) ㅟ + ㅓ

쉬다　　→　쉬 + 어요　　→　쉬어요　休息

쥐다　　→　쥐 + 어도　　→　쥐어도　拿着

〈연습 13〉 **모음조화 익히기** 熟悉元音调合练习

1. **걸**(**아, 어**) 둔 옷을 어서 **입**(**아, 어**).

   把挂着的衣服穿上吧。

2. 너무 피곤하니까 **쉬**(**았, 었**)다가 할까?

   太累了、休息一会儿再做吧?

3. 너무 많이 **걸**(**았, 었**)으니 조금 **쉬**(**았, 었**)다 가자.

   走的太久了、休息一会儿再走吧。

4. **늦**(**았, 었**)으니까 빨리 **먹**(**아, 어**).

   太晚了、快吃吧。

5. 아무리 **찾**(**아, 어**) **보**(**아, 어**)도 없다.

   怎幺找也找不到。

6. 담배를 **피**(**와, 워**)서 그런지 건강이 나빠졌다.

   似乎是因为吸烟的塬因、身体很不好。

7. 너무 **더**(**와, 워**)서 창문을 **열**(**았, 었**)다.

   太热了、把窗户打开了。

8. 너무 **추**(**와, 워**)서 창문을 **닫**(**았, 었**)다.

   太冷了、把窗户关上了。

9. 연필을 **깎**(**아, 어**)서 필통에 **넣**(**았, 었**)어요.

   把铅笔削好放在铅笔盒里。

10. 치마가 **길(아, 어)**서 줄여 **입(았, 었)**다.

    裙子太长了、修短后穿上了。

11. **걸(아, 어)**서 가려니 너무 **추(와, 워)**서 택시를

    잡(아, 어) 탔어요.

    走着去太冷、所以坐出租车了。

12. 이 아이는 과일을 **깎(아, 어) 주(아, 어)**도 울(아, 어)요.

    这孩子给他削水果吃也不是哭。

13. 방이 너무 **좁(아, 어)**서 물건을 쌓아 **놓(았, 었)**어요.

    房间太窄了、把物品包起来了。

14. **걸(아, 어)**서 오면 늦을 것 **같(아, 어)**서 택시를

    잡(아, 어) 탔다.

    走着可能会太晚了、所以坐出租车来的。

15. 동생이 내 신발을 **신(아, 어)**서 동생과 **다투(았, 었)**다.

    因为弟弟穿了我的鞋、所以和弟弟吵架了。

4. 자음동화 辅音同化

音节最后是辅音与后面的辅音相遇时、其中一边的辅音受另一边发音影响、变成与另一边相似或相同的音、或者两边都发生变化变成相似的音、这种现象叫'辅音同'。

※ 자음동화 표 辅音同化表

ㅂ ㄷ ㄱ	이	ㅁ ㄴ	앞에서 前面	ㅁ ㄴ ㅇ
ㄹ	이	ㅁ ㅇ ㅂ ㄷ ㄱ ㄴ	뒤에서 后面	ㄴ
ㄴ	이	ㄹ	앞, 뒤에서 前后	ㄹ

가. /ㅂ, ㄷ, ㄱ/ + /ㅁ, ㄴ/ → [ㅁ, ㄴ, ㅇ] + [ㅁ, ㄴ]

'ㅂ ㄷ ㄱ'在'ㅁ ㄴ'前面时发音变成 「ㅁ,ㄴ,ㅇ」、这是因为破裂音在鼻音前面时被
鼻音同化也变成鼻音的缘故、这也称为'鼻音化'。

1) 'ㅂ'在'ㅁ,ㄴ'前面时发[ㅁ]音。

  보기 例：입맛　[임맏]　口味　십만　[심만]　十万
　　　옵니다 [옴니다] 来　　집만　[짐만]　(仅仅)家
　　　앞문　[암문]　前门　없는　[엄는]　没有

2) 'ㄷ'在'ㅁ,ㄴ'前面时发[ㄴ]音。

  보기 例：낱말 [난말] 单词　　옷맵시　　[온맵씨]　穿着打扮
　　　꽃만 [꼰만] 花　　맏며느리 [만며느리] 大儿媳
　　　낮만 [난만] 仅白天

3) 'ㄱ'在'ㅁ,ㄴ'前面时发[ㅇ]音。

  보기 例：　백만 [뱅만] 百万　　학년　[항년]　　学年
　　　밖만 [방만] 仅外面　백년　[뱅년]　　百年
　　　숙녀 [숭녀] 少女　　한국말 [한궁말] 韩国语

나. /ㅁ, ㅇ/ + /ㄹ/ → [ㅁ, ㅇ] + [ㄴ]

  'ㄹ'在鼻音'ㅁ,ㅇ'后变时发[ㄴ]音。

  보기 例：음력 [음녁] 阴历　　심리학 [심니학]　心理学
　　　종로 [종노] 钟路　　승리　[승니]　　胜利
　　　종류 [종뉴] 种类　　대통령 [대통녕] 总统

다. /ㅂ, ㄱ/ + /ㄹ/ → [ㅂ, ㄱ] + [ㄴ] → [ㅁ, ㅇ] + [ㄴ]

'ㄹ'在'ㅂ, ㄱ'后面时发[ㄴ]音、因为发音变成[ㄴ]、所以'ㅂ, ㄱ'分别变成鼻音[ㅁ, ㅇ]。

보기 例 : 십리 → 십니 → [심니]＋里 독립 → 독닙 → [동닙]独立

　　　　　 백리 → 백니 → [뱅니]百里 국립 → 국닙 → [궁닙]国立

　　　　　 입력 → 입녁 → [임녁]输入

　　　　　 합리적 → 합니적 → [함니적]合理的

라. /ㄴ/ + /ㄹ/ → [ㄴ] + [ㄴ]

闪音'ㄹ'在鼻音'ㄴ'前面或后面时、发音变为[ㄴ]。

보기 例 : 판단력 [판단녁] 判断力　음운론　[으문논] 音韵论

　　　　　입원료 [이뭔뇨] 住院费　생산량　[생산냥] 生产量

마. /ㄴ/ + /ㄹ/, [ㄹ, ㄴ] → [ㄹ] + [ㄹ], [ㄹ] + [ㄹ]

'ㄴ'在'ㄹ'前面或后面时发音为'ㄹ'。

보기 例 : 천리　　[철리]　　千里　　인류　　[일류]　　人类

　　　　　논리　　[놀리]　　逻辑　　일년　　[일련]　　一年

　　　　　진리　　[질리]　　真理　　실내　　[실래]　　室内

 자음동화 읽기 辅音同化阅读

　　1.　오늘은 **입맛**이 없어요.

　　　　今天胃口不好。

　　2.　**옆 문**으로 들어가지 마세요.

　　　　请不要走侧门。

　　3.　**앞날**이 창창한 젊은이들이 부러워요.

　　　　很羡慕前途无量的年轻人。

4. **신라**시대 유물이 있습니다.

有新罗时代的文物。

5. **꽃나무**를 식목일에 심었어요.

在植树节那天、种了花树。

6. 이 일은 30분이면 **넉넉히** 할 수 있습니다.

做这件事30分钟足够了。

7. **숙녀**가 맨발로 어딜 나가십니까?

淑女光着脚去哪儿?

8. **국민** 모두가 애국자입니다.

国民都是爱国者。

9. **있는** 힘을 다 해 노력하세요.

尽最大的能力努力吧。

10. 이 일을 **끝내려면** 앞으로 3시간 더 걸립니다.

完成这件事还需要叁个小时。

11. 한국의 명절은 **음력**과 관계가 있습니다.

韩国的节日与阴历有关。

12. 가을이 되면 **나뭇잎**이 떨어집니다.

到了秋天、树叶都落了。

13. 저에 대해서는 **염려**하지 마세요.

不要太担心我了。

14. **한국말**을 열심히 공부합니다.

认真学习韩国语。

15. **심리학**을 공부했으니 남의 심리는 잘 아시겠군요.

学了心理学应该能了解别人的心理吧。

16. **한라산** 꼭대기에 올라가 보았니?

上过汉拿山山顶吗?

17. **실내**에서는 금연입니다.

室内禁止吸烟。

1. **십만원만** 주고 가세요.

(   )

给十万元再走。

2. **나뭇잎이** 떨어지는 가을이 좋아요.

(   )

落叶的秋天太好了。

3. 날씨가 더우니까 **밥맛이** 없어요.

(   )

天太热了没胃口。

4. **앞문**으로 들어가세요.

(   )

请走前门。

5. **옷 모양**이 예쁩니다.

(   )

衣服太漂亮了。

6. 날마다 **꽃나무**에 물을 주었습니까?

(   )

每天给花浇水了吗?

7. **숙녀**의 옷이 참 예쁩니다.

(   )

淑女的衣服太漂亮了。

8. **작년에** 대학교를 졸업했습니다.

(   )

去年大学毕业了。

9. 냄새가 나니까 **부엌** 문을 열고 요리하세요.

(   )

因为有味、请把厨房门打开后再炒菜吧？

10. 나의 전공은 **심리학**입니다.

(   )

我的专业是心理学。

11. 오늘은 **며칠**입니까?

(   )

今天是几号？

12. **있는** 힘을 다 하세요.

(   )

请尽力而为。

13. **독립문**이 어디에 있습니까?

(   )

独立门在哪里？

14. 전 **일년** 전에 여기에 왔어요.

(   )

我是一年前到过这里的。

15. 친구에게 **연락**하기 어려워요.

(   )

和朋友联系有困难。

16. 그는 **판단력이** 부족합니다.

(   )

他缺乏判断力。

17. 대학 시절에 **음운론**을 **배웠는데** 다 잊었습니다.

(   ) (   )

在上大学期间学过音韵论但都忘了。

18. 우리 대학의 **박물관**에는 많은 유물이 있어요.

(   )

我们大学博物馆里有很多文物。

5. 경음화 紧音化

两个无声音遇到一起时后一个音变成紧音化；无声音与有声音遇到一起时有时会变为紧音、有时会声音化。

가. 무성음과 무성음이 만날 때 无声音与无声音相遇时

无声音'ㅂ,ㄷ,ㅈ,ㅅ,ㅈ'在无声音'ㅂ,ㄷ,ㄱ'后面时变成紧音'ㅃ,ㄸ,ㅉ,ㅆ,ㄲ'。

※ 경음화 표 紧音化表

		ㅂ → ㅃ
ㅂ		ㄷ → ㄸ
ㄷ	+	ㅈ → ㅉ
ㄱ		ㅅ → ㅆ
		ㄱ → ㄲ

1) 'ㅂ, ㄷ, ㅈ, ㅅ, ㄱ'在'ㅂ'后时发音[ㅃ, ㄸ, ㅉ, ㅆ, ㄲ]

보기 例 : 잡담 [잡땀]   杂谈   합계 [합꼐]   合计

           잡지 [잡찌]   杂志   덮개 [덥꼐]   盖子

2) 'ㅂ, ㄷ, ㅈ, ㅅ, ㄱ'在'ㄷ'后时发音[ㅃ, ㄸ, ㅉ, ㅆ, ㄲ]

몇시 [멷씨]	几点	믿다	[믿다, 미따]	相信
빗자루 [빋짜루]	扫帚	걷자	[걷짜, 거짜]	走吧
늦봄 [늗뽐]	晚春	듣고	[듣꼬, 드꼬]	听

3) 'ㅂ, ㄷ, ㅈ, ㅅ, ㄱ'在'ㄱ'后时发音[ㅃ, ㄸ, ㅉ, ㅆ, ㄲ]

식당	[식땅]	餐厅
학생	[학쌩]	学生
맥주	[맥쭈]	啤酒
국제	[국쩨]	国际

나. 무성음과 유성음이 만날 때 无声音与有声音相遇时

无声音'ㅂ ㄷ ㅈ ㅅ ㅋ'在有声音'ㅁ ㄴ ㅇ ㄹ'后时、有时变为有声音[b, d, dz, g]，有时紧音化[p', t', ts', s', k']。

1) 'ㅂ, ㄷ, ㅈ, ㅅ, ㄱ'在'ㅁ'后时

| 有声音化 | [b, d, dz, g] | | 紧音化 | [p', t', ts', s', k'] |

담배 烟	[담배]	[tambɛ]	심다 种	[심따 : simt'a]
감기 感冒	[감기]	[kamgi]	점수 分数	[점쑤 : tsəms'u]
임금 工资	[임금]	[imgim]	젊다 年轻	[점따 : tsəmt'a]
감정 感情	[감정]	[gamdzəŋ]	밤중 夜里	[밤쭝 : pamts'uŋ]

2) 'ㅂ, ㄷ, ㅈ, ㅅ, ㄱ'在'ㄴ'后时

有声音化　　　[b, d, dz, g]　　　　　紧音化　　　[p′, t′, ts′, s′, k′]

만두 饺子　[만두]　[mandu]　　　한자 汉字　[한짜 : hants′a]
인구 人口　[인구]　[ingu]　　　　산새 山鸟　[산쌔 : sans′ɛ]
운동 运动　[운동]　[undong]　　　단점 短处　[단쩜 : tants′əm]
한국 韩国　[한국]　[hanguk]　　　안방 里屋　[안빵 : anp′aŋ]
인기 人气　[인끼]　[ink′i]

3) 'ㅂ, ㄷ, ㅈ, ㅅ, ㄱ'在'ㅇ'后时

有声音化　　　[b, d, dz, g]

공부 学习　[koŋbu]
공기 空气　[koŋgi]
농부 农民　[noŋbu]
중국 中国　[tsuŋguk]

4) 'ㅂ, ㄷ, ㅅ, ㄱ'在'ㄹ'后时

有声音化　　　[b, d, dz, g]　　　　　紧音化　　　[p′, t′, ts′, s′, k′]

갈비 排骨　[갈비]　[kalbi]　　　발달 发达　[발딸 : palt′al]
알다 知道　[알다]　[alda]　　　글자 字　　[글짜 : kits′a]
일기 日记　[일기]　[ilgi]　　　달밤 月夜　[달빰 : talp′am]
얼굴 脸　　[얼굴]　[əlgul]　　　실수 失手　[실쑤: sils′u]

1. **십 분**만 기다리면 맛있는 **만두**와 **국수**가 나옵니다.

   等十分钟就出来可口的水饺和面条了。

2. **친구**와 **약속**에 **늦지** 않도록 **곧장** 갑니다.

   为了不和朋友约会迟到、马上就走。

3. 남대문 시장에서 **국밥**과 **떡국**을 **먹는** 것은 재미있는 일입니다.

   在南大门吃汤饭和年糕汤是很有趣的事。

4. **중국**에서 쓰는 **문자**는 **한자**입니다.

   在中国使用的文字是汉字。

5. **한국 사람**들은 **인정**이 **넘칩**니다.

   韩国人太有人情味了。

6. **성격**은 사람의 **인격**과는 아무 **상관**이 없어요.

   性格和人格没有关系。

7. **몇 개월** 후면 **군대**에 갑니다.

   几个月后去参军。

8. 그 사람의 **단점**은 너무 **진지**하다는 것입니다.

   那个人的缺点是太真实了。

9. **여름철**에는 **눈병**에 걸리기 쉬우니 조심하세요.

   夏天容易得眼病、要小心

10. **학교 복도**에서 뛰어다니면 안 됩니다.

    在学校走廊里不能乱蹦乱跳。

11. **축구 경기**에서 여러 나라 선수들이 정정 당당하게 **경쟁**합니다.

    在球场上各国的选手正正当当地竞争者。

12. **남성**은 여성보다 **현실적**인 면이 있다.

    男生比女生更现实。

13. **현대인**의 **건강**에 대한 연구 **결과**는 **의학계**의 큰 **성과**이다.

    对现代人的健康研究结果在医学界来说是很大的成果。

14. 우리 나라 **경제 발전**의 가장 큰 **원동력**은 **풍부한 인적자원**입니다.

我国经济发展的最大塬动力是丰富的人力资源。

15. 한식**부**에서 비빔**밥**을 준**비**했다.

在韩食部里准备了拌饭。

16. 백 **번** 듣는 것 **보다** 한 **번** 보는 것이 낫다.

百闻不如一见。

17. 보내 **준** 잡**지**를 받고도 아직 답**장**을 하지 못했다.

收到了杂志但还没有答谢(回信)。

18. 늦**지** 않도록 이십 분 **전**에 떠납시다.

不要迟到、提前20分钟出发吧。

19. 침**대**에 누워서 소설을 읽었**다**.

在床上躺着看小说。

20. 그녀는 꿈 **속**에서 만났**던** 남성을 잊**지** 못하고 있다.

那女人忘不了在梦中见到的男人。

6. **격음화** 送气化

'ㄱ, ㄷ, ㅂ, ㅈ,'放在'ㅎ'前后时, 它们变成送气音'ㅋ, ㅌ, ㅍ, ㅊ'。

※ **격음화 표** 送气化表

ㅂ + ㅎ → ㅍ	ㅈ + ㅎ → ㅊ ㅎ + ㅈ → ㅊ
ㄷ + ㅎ → ㅌ ㅎ + ㄷ → ㅌ	ㄱ + ㅎ → ㅋ ㅎ + ㄱ → ㅋ

1. ㅂ + ㅎ → [ㅍ]

입학	[이팍]	入学
입히다	[이피다]	给穿

2. ㄷ + ㅎ, ㅎ + ㄷ → [ㅌ]

노랗다　　　　[노라타]　　　　黄的

좋다　　　　　[조타]　　　　　好

3. ㅈ + ㅎ, ㅎ + ㅈ → [ㅊ]

앉히다　　　　[안치다]　　　　使坐下

그렇지　　　　[그러치]　　　　是那样

4. ㄱ + ㅎ, ㅎ + ㄱ → [ㅋ]

북한　　　　　[부칸]　　　　　北韩

축하하다　　　[추카하다]　　　祝贺

〈연습 17〉 격음화 읽기 送气化朗读

1. **급히** 옷 한 벌을 샀어요.

   赶快买了套衣服。

2. 이 **꽃향기**가 참 좋지요?

   这个花香很好吧?

3. 그 사건은 사람들의 머릿속에서 벌써 **잊혀**졌습니다.

   那件事已经被人们忘记了。

4. 내가 맡은 **역할**에 대해 생각해 보았어요.

   对于我扮演的角色我想了很久。

5. 생일을 진심으로 **축하**합니다.

   真心祝福你的生日。

6. 노랗고 작은 꽃이 꽃병에 **꽂혀** 있습니다.

   小黄花插在花瓶里。

7. 이 아이는 어려운 수학 문제도 잘 **맞힙**니다.

   这孩子很难的数学题也都做对了。

8. **싫던 좋던** 간에 숙제는 꼭 해야 해요.

好歹(不管好不好)作业一定要完成。

9. **입학**한지 엊그제 같은데 벌써 졸업했습니까?

入学好像还是前几天的事、怎么已经毕业了?

10. **급한** 일이 생겨서 비행기를 타고 갔습니다.

发生了急事、坐飞机走了。

11. **꽃향기**가 좋은 꽃으로 사오세요.

买花香很好的花。

12. **착한** 사람은 복을 받습니다.

好人有好报。

13. 중국 나라의 **국화**는 무엇입니까?

中国的国花是什么?

14. 그는 어릴 적부터 **똑똑하고** 재주가 있었다.

他在小时候就很聪明有才能。

15. 그는 일등으로 **뽑혀서** 상을 받았습니다.

他被选为第一名、得了奖状。

<연습 18> **밑줄 친 부분 읽고 쓰기** 读写划线部分

1. 하늘이 참 <u>**파랗군요**</u>.

天真蓝啊！

2. 매일 열심히 <u>**노력하세요**</u>.

每天都要努力啊。

3. 너무 급하게 서둘러서 결과가 <u>**좋지 않았다**</u>.

因为太着急、结果不是很好 。

4. <u>**몇 해**</u> 동안 보지 못했던 친구를 만났어요.

见到了好几年没见到的朋友。

5. **몇 해** 동안 맏형을 만나지 못했다.

几年没见到大哥了。

6. **좋던** 시절이 다 지나갔어요.

好时光都过去了。

7. 작년에 **입학했다가** 금년에 **휴학했습니다**.

去年入学、今年休学了。

8. 책을 여기에 **놓고** 가세요.

请把书放这走吧。

9. 어떻게 **축하해** 줄까 하고 생각 중이다.

正想着怎样祝福。

10. 내 친구는 늘 나를 **귀찮게** 해요.

我的朋友经常来烦我。

11. **귀찮게** 굴던 그 사람이 **잊혀지지** 않는다.

忘不了经常烦我的那个人。

12. **꽃향기가** 너무나 **좋구나**.

花的香气太好了。

13. 그녀는 결코 **싫다고** 말하지 않아요.

那女的最终没说不好。

14. 단풍이 들어서 산이 **빨갛고 노랗지**?

枫叶把山变成红色和黄色？

15. 오늘은 **입학식이** 있어 일찍 학교에 가요.

今天有入学仪式、要早点去学校。

16. 그 물건이 생각했던 것보다 **좋지** 못했어요.

那东西没有想象的那么好。

7. 구개음화　腭化

当‘ㄷ, ㅌ’与‘이’相遇时、变成“ㅈ, ㅊ”。

예 例

굳이	硬(副词)	[kut + i] → [kuči]
같이	一起	[kat^h + i] → [kač^{h}i]
해돋이	日出	[hɛtot + i] → [hɛdoči]

가. ㄷ + 이 → [지]

굳 + 이　　→　굳이 硬(副词)　　=　[구지]

곧 + 이　　→　곧이 即　　=　[고지]

해돋 + 이　　→　해돋이 日出　　=　[해도지]

여닫 + 이　　→　여닫이 推拉门　　=　[여다지]

나. ㅌ + 이 → [치]

같 + 이　　→　같이　　[가치]

밑 + 이　　→　밑이　　[미치]

끝 + 이　　→　끝이　　[끄치]

햇볕 + 이　　→　햇볕이　　[핻뼈치, 해뼈치]

낱낱 + 이　　→　낱낱이　　[난나치]

다. ㄷ + ㅎ + 이 → ㅌ + 이 → [치]

묻 + 히다　→　묻히다　　[무치다]

닫 + 히다　→　닫히다　　[다치다]

굳 + 히다　→　굳히다　　[구치다]

갇 + 히다　→　갇히다　　[가치다]

<연습 19> 구개음화 읽기 腭化朗读

1. 여름에는 **햇볕이** 뜨거워서 바깥에 나가기가 싫다.

   夏天阳光太足了、不愿意到外面去。

2. 우리는 농부들을 도왔는데, **밭이** 크지 않아 일은 쉽게 끝났다.

   我们帮助农民干活、但地不大、活很早就结束了。

3. 오늘 일을 끝내려고 했는데도 **끝이** 나지 않아 중도에 그쳤다.

   本打算完成今天的活、但活没干完、中途结束了。

4. 엄마 개구리는 산에 **묻히고** 싶어서 엄마 말에 반대로만 했다.

青蛙妈妈死后为了埋在山里、说了反话。

5. 한국에서 **맏이는** 책임이 많다.

   在韩国、长子的责任很大。

6. 아픈데도 **굳이** 고집을 부리고 약속 장소로 나갔다.

   尽管有病、他还是去了约会场所。

7. 그는 거짓말쟁이라 **곧이** 듣는 사람이 없다.

   他是爱说谎的人、没人相信他。

8. 끝 없이 걸어 갔는데도 **끝이** 보이지 않았다.

   走啊走、还是走不到头。

9. **바깥이** 추울텐데 나가지 마세요.

   外面很冷、不要出去。

10. 문이 **닫혀** 있어서 집에 들어갈 수 없었어요.

   门锁着、进不了屋了。

<연습 20> 발음나는 대로 쓰기 写出发音

1. 내 친구는 내 말을 항상 **곧이** 듣지 않는다.

                    (   )

   我的朋友经常不相信我的话。

2. 그는 나의 도움을 **굳이** 사양한다.

( )

他拒绝我的帮助。

3. 여름에 **해돋이** 시간이 몇 시입니까?

( )

夏天太阳几点升起?

4. 그는 누구의 말이라도 **곧이** 곧대로 믿는다.

( )

他谁的话都相信。

5. 우리 집에서 **맏이**의 키가 제일 작다.

( )

我们家老大的个子最矮。

6. 산에 올라가 **해돋이** 구경을 합시다.

( )

上山去看日出吧。

7. 내가 **굳이** 그 여자를 만날 필요가 있을까?

( )

我有必要去见那女人吗?

8. 방이 넓어서 여럿이 **같이** 사용했다.

( )

屋子宽敞、几个人可以一起使用。

9. 풀이 우거져서 조상이 **묻힌** 묘를 찾을 수 없었다.

( )

草长得太旺盛了、祖先的坟找不到了。

10. **미닫이** 문을 열고 내다 보았다.

( )

拉开拉门往外望去。

11. 10시부터 안개가 **걷히기** 시작했다.

                  (　　　　　)

10点开始、乌云散开了。

12. 도둑이 **닫힌** 문을 부수고 들어왔다.

           (　　　　　)

小偷撬开门进来了。

13. 이 이야기의 **끝이** 없습니다.

           (　　　　)

这个故事没有结尾。

14. **바깥이** 추워서 집에만 있었다.

     (　　　　)

外面很冷、一直在家里。

8. 축약 缩略

缩略：缩略是两个音节缩写为一个音节发音。这种现象的出现有时必需的、有时是随
意的。

先行元音ㅗ与后行元音ㅏ相遇缩写成　　　　ㅘ

先行元音ㅜ与后行元音ㅓ相遇缩写成　　　　ㅝ

先行元音ㅣ与后行元音ㅓ相遇缩写成　　　　ㅕ

先行元音ㅣ与后行元音ㅗ相遇缩写成　　　　ㅛ

※ 축약표 缩略表

선행모음 先行元音	후행모음 后行元音	축약 缩略
ㅗ	ㅏ	ㅘ
ㅜ	ㅓ	ㅝ
ㅣ	ㅓ	ㅕ
ㅣ	ㅗ	ㅛ

1) ㅗ + ㅏ → ㅘ

   오다 来   → 오 + 았다   → 오았다   → <u>왔다</u> (필수적)

   보다 看   → 보 + 아   → <u>보아</u>   → <u>봐</u> (수의적)

2) ㅜ + ㅓ → ㅝ

   주다 给   → 주 + 었다   → <u>주었다</u>   → <u>줬다</u> (수의적)

   싸우다 打架 → 싸우 + 어야 → 싸우어야 → <u>싸워야</u> (필수적)

3) ㅣ + ㅓ → ㅕ

   하시다 做(敬语) → 하시 + 었다   → <u>하시었다</u>   → <u>하셨다</u> (수의적)

   가르치다 教   → 가르치 + 어도 → 가르치어도→ <u>가르쳐도</u> (필수적)

4) ㅣ + ㅗ → ㅛ

   아니 + 오 不是   → <u>아니오</u> → <u>아뇨</u> (수의적)

   가시 + 오 走(敬语) → <u>가시오</u> → <u>가쇼</u> (수의적)

〈연습 21〉 ( )안의 것을 축약된 형태로 고쳐 쓰기

将括号内的部分改为缩略的形式

1. 그 분이 한국에 __________ 갔습니다.   **(오았다가)**

   那个人来韩国后又回去了。

2. 그 영화는 여러 번 ________ 재미있습니다. **(보아도)**

   这个电影看了几遍还觉得有趣。

3. 선생님이 시를 ________ 주셨습니다.   **(가르치어)**

   老师教我们诗了。

4. 선생님이 내 발음을 __________ 주셨습니다. **(고치어)**

   老师纠正了我的发音。

5. 우리 집에 ________ 주셔서 감사합니다.   **(오아)**

能来我家非常感谢。

6. 한국어를 많이 ＿＿＿＿＿＿＿ .　　　**(배우었습니다)**

韩国语学的很多。

7. 매일 ＿＿＿＿＿ 자꾸 잊어 버립니다.　　　**(외우어도)**

每天背诵、也总是忘记。

8. 나는 오늘 동생을 ＿＿＿＿＿ 합니다.　　　**(기다리어야)**

今天我得等弟弟。

9. 탈락 脱落

　　脱落是两个音节中的一个音节脱落的现象。这种现象的出现大部分是必需的有时是随意的。

先行元音ㅏ与后行元音ㅏ相遇的话、ㅏ脱落,

先行元音ㅓ与后行元音ㅓ相遇的话、ㅓ脱落,

先行元音ㅡ与后行元音ㅓ相遇的话、ㅡ脱落,

先行元音ㅣ与后行元音ㅏ相遇的话、ㅣ脱落。

※ 탈락 표

선행모음 先行元音	후행모음 后行元音	탈락 脱落
ㅏ	ㅏ	ㅏ
ㅓ	ㅓ	ㅓ
ㅡ	ㅓ	ㅡ
ㅣ	ㅏ	ㅣ

1) ㅏ + ㅏ → ㅏ

가다 走　　→ 가 + 았다　　→ 가았다　　→ 갔다 (필수적)

사다 买　　→ 사 + 아서　　→ 사아서　　→ 사서 (필수적)

2) ㅓ + ㅓ → ㅓ

건너다 过 → 건너 + 어서 → 건너어서 → 건너서 (필수적)

펴다 打开 → 펴 + 어야   → 펴어야   → 펴야 (필수적)

3) ㅡ + ㅓ → ㅓ

쓰다 用   → 쓰 + 었다 → 쓰었다 → 썼다 (필수적)

끄다 关、熄 → 끄 + 어야 → 끄어야 → 꺼야 (필수적)

4) ㅣ + ㅏ → ㅏ

크지 않다 不大   → 크잖다 (수의적)

그러지 않아도 不那样也 → 그렇잖아도 (수의적)

〈연습 22〉 ( )안의 것을 탈락된 형태로 고쳐 쓰기
将括号内的部分改成脱落的形式

1. 그는 편지를 __________ 부쳤습니다.   **(쓰어서)**

   他写完信寄出去了。

2. __________ 한 번 가려고 했어요.   **(그렇지 않아도)**

   本想去一次。

3. 불을 __________ 잘 보이지 않아요.   **(켜어도)**

   开了灯也看不清。

4. 음식이 너무 __________ 다 먹지 못했어요.   **(쓰어서)**

   食品太苦了、都没吃完。

5. 시장에서 사과를 __________ 먹었습니다.   **(사아서)**

   在市场买苹果吃了。

6. 그 옷이 너무 __________ ?   **(크지 않아요)**

   那衣服是不是太大了？

7. 공부하고 싶은데 돈이 __________ ? **(없지 않아요)**

   很想学习、不是没有钱嘛？

10. 첨가 添加

　　添加是两个形态素或单词形成合成名词时、前面单词单音节下添加"ㅅ"或"ㄴ"的现象。但并非所有合成词都有这种现象。

가. 'ㅅ'의 첨가 "ㅅ"的添加：

前面单词的第一个音是以元音结尾时、前后两个单词中间添加"ㅅ"音、但也有例外。

1) 后面单词的头音是无声音"ㅂ ㄷ ㅅ ㅆ ㄱ"时、要紧音化。（5、参考紧音化）

　　기 + 발 → 깃발 → [긷빨, 기빨]　　　旗帜

　　초 + 불 → 촛불 → [촌뿔, 초뿔]　　　烛光

　　해 + 빛 → 햇빛 → [핻삗, 해삗]　　　阳光

　　코 + 등 → 콧등 → [콛등, 코뜽]　　　鼻梁

2) 后面单词的头音是有声音"ㅁ ㄴ"时、加入"ㅅ"再发生辅音同化现象。

　　（4. 자음동화 참조）

　　이　 + 몸　　 → 잇몸　　　 → [인몸] 牙齿

　　비　 + 물　　 → 빗물　　　 → [빈물] 雨水

　　뒤　 + 모양　 → 뒷모양　　 → [뒨모양] 背影

　　코　 + 노래　 → 콧노래　　 → [콘노래] 鼻子哼歌

　　배　 + 놀이　 → 뱃놀이　　 → [밴노리] 船游、划船

　　아래 + 냇가　 → 아랫냇가 → [아랜 내까] 下游溪边

나. 'ㄴ'의 첨가 "ㄴ"的添加

　　前边单词的最后音节是以辅音结尾、后面单词的开始音节是'이, 야, 여, 요, 유'的时候添加'ㄴ'音变成'니, 냐, 녀, 뇨, 뉴'。

1) 收音之后以'이'开头

ㄱ 收音

　　ㄴ 这里'ㄱ'放在'ㄴ'前发生辅音同化变成'ㅇ'音。[参考 4 辅音同化]

　　속　 + 잎 → 속닢　 [송닙] 内叶

　　부엌 + 일 → 부억닐 [부엉 닐] 厨房的事

ㄴ 收音

　　어떤 + 일 [어떤 닐] 什么事

　　논　 + 일 [논닐] 农活、水田活

ㄷ 收音

　　这里'ㄷ'在'ㄴ'前发生辅音同化变成'ㄴ'音。[参考 4 辅音同化]

　　못　 + 잊어 → 　 몯 닞어　 [몬 니저] 不能忘记

　　꽃　 + 잎　 → 　 꼳닢　　 [꼰닙] 花叶

ㄹ 收音

　　这里'ㄴ'在'ㄹ'前发生辅音同化现象变成'ㄹ'音

　　솔　 + 잎 → 솔닢　 [솔립] 松叶

　　할　 + 일 → 할 닐　 [할 릴] 要做的事

ㅁ 收音

　　금　 + 이 [금니] 金牙

　　여름 + 이불　 [여름니불] 夏被

ㅂ 收音

这里'ㅂ'放在'ㄴ'前出现辅音同化现象变成'ㅁ'音

집 ＋ 일 → 집닐　　[짐닐] 家事

앞 ＋ 이 → 압니　　[암니] 前面

ㅇ 收音

가랑 ＋ 잎 [가랑닙] 枯叶

사랑 ＋ 이 [사랑니] 智齿

2) 收音之后是以'야,여,요,유'开头时

무슨 ＋ 약 　 → 　무슨 냑 　 [무슨 냑] 什么药

늦 　＋ 여름 → 　늦녀름 　 [는녀름] 夏末

색 　＋ 연필 → 　색년필 　 [생년필] 彩色铅笔

신 　＋ 여성 → 　신녀성 　 [신녀성] 新女性

담 　＋ 요 　 → 　남뇨 　　 [담뇨] 毯子

〈연습 23〉 **첨가 현상에 주의하여 읽기** 注意添加现象并朗读

1. **냇가**에 가서 수영을 했어요.

   到溪边去游泳了。

2. **바닷가**에 가고 싶어요.

   想到海边去。

3. **나뭇잎**이 바람에 집니다.

   树叶被风吹下来了。

4. 여학생의 **뒷모습**이 영숙이 같아요.

   女学生的背影象英淑。

5. 갑자기 소나기가 쏟아져 머리에서 **빗물**이 뚝뚝 떨어진다.

   突然下起雷阵雨、雨水顺着头发滴下。

6. **앞일**을 생각하니 잠이 오지 않았다.

   想想前途、睡不着觉。

7. 요즈음 **밤 일**이 많습니다.

   最近夜活很多。

8. **부엌 일**보다 **바깥일**이 어렵지 않아요?

   厨房的活不比外面的活难吗?

9. **논 일**을 끝내 놓고 **잔일**을 이것 저것 하고 나니까 밤 10시가 되었다.

   忙完农活(水田活)、又干了一些杂活、已经是晚上1点钟了。

10. **색연필**을 사서 선물로 동생에게 주었어요.

   买了五彩笔、作为礼物给了弟弟。

11. **사랑이**가 나느라고 **잇몸**이 아픕니다.

   因为长智齿、牙床很疼。

12. 약국에서 **물약**만 가지고 왔어요.

   在药店买了汤药。

13. **서울역**에 도착하니까 사람들이 너무 많아요.

   到了首尔站、人太多了。

14. **늦여름** 장마는 농사에 이롭지 못하다.

   晚夏的水灾对农作物不利。

15. 그녀는 무슨 기쁜 일이 있는지 **콧노래**를 불렀다.

   那女的似乎有高兴的事、用鼻子哼着歌。

11. 억양 语调

　标准的韩国语并没有利用轻重音来区别词语意义的系统。词语和句子都是平调。并不像英语中升降调。学生不应该在词语和句子中发出两个或两个以上的重音。

예 例

학교에 가십니까? ↗	(你)去学校吗?
학교에 갑니다. ↘	(我)去学校。
바쁘십니까? ↗	您忙吗?
학교에 가십시오.	请去学校吧。
학교에 갑시다.	一起去学校吧。

对于最初学习韩国语的学生来说、韩国语的一个升调特点就是、在疑问句的结尾时、是稍微有一点升调的。

예 例

누구십니까? ↘	是谁?
어디 가십니까? ↘	(您)去哪儿?
이것이 무엇입니까? ↘	这是什么?

12. 소리의 길이 长短

发音的长短也就是发音时间的长短。发音的长短依据单词的意思不同而变化。

长音		短音	
눈사람	雪人	눈물	泪
시장	市场	시장하다	饿
김밥	紫菜包饭	김씨	金先生

제 3 장 : 몸짓말

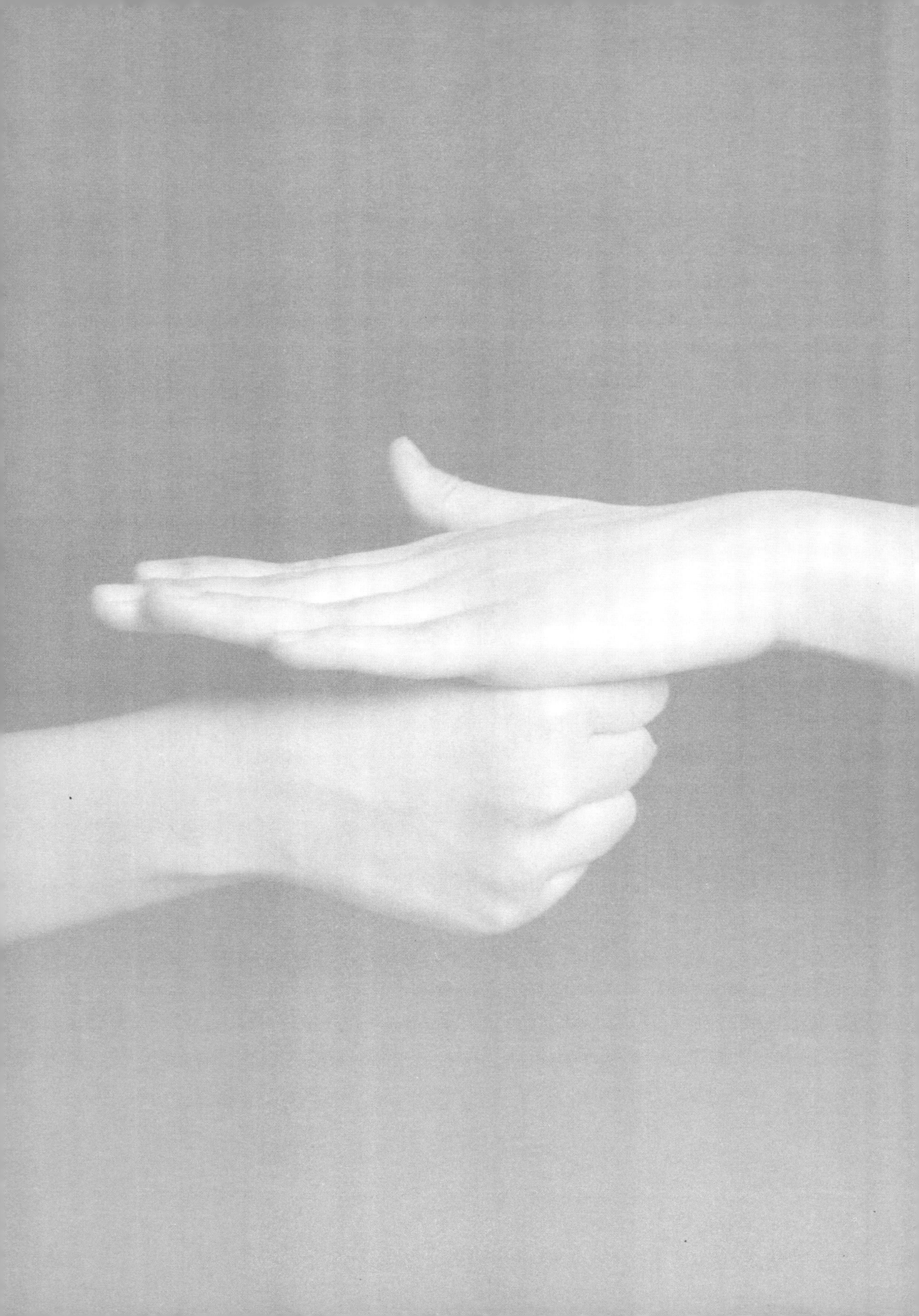

제 3장 : 몸짓말

1. 한국과 러시아의 몸짓말 차이

Ⅰ. 서론

우리는 음성언어나 문자언어를 통하여 의사소통을 하는 것 외에, 보조적으로 인간의 몸짓을 통하여 의사소통을 한다. 때에 따라서는 이 몸짓언어가 음성언어보다도 더 중요한 역할을 한다. 기원 면에서는 이 몸짓언어가 더 본질적인 것이다. 우리가 말을 할 때 음성언어만 가지고 의사소통을 하는 것이 아니다. 반드시 살아 있는 우리 인간은 음성언어에 보조적으로 몸짓이나 얼굴 표정이 수반된다. 이러한 것은 텔레비전의 소리를 끄고 화면에 나타나는 입 도양이나, 몸짓, 얼굴 표정만으로도 어느 정도 화면의 인물이 무엇을 말하는지 알 수 있다. 공중전화 상자에서 대화하는 것을 보면 흥미롭다. 상대(청자)가 없는데도 손짓, 발짓, 눈짓 즉 몸짓이 대화 속에 꼭 수반되는 것을 보게 된다. 이런 것으로 보아도 인간은 소리 이외의 몸짓이 의사소통에 중요한 역할을 하는 것을 알 수 있다. 여기서 몸짓언어라고 하는 것은 언어를 광의의 개념으로 받아들인 것이다. 협의의 의미로 언어의 개념을 받아들이면 이 몸짓언어는 비언어적 의사소통이라는 말이 더 정확한 용어일 것이다.

우리 인간은 몸짓을 통하여 의사소통을 한다. 여기서 몸짓이라는 것은 의사소통을 위한 우리 몸 전체이거나 신체의 일부분의 행위를 모두 포함하는 개념이다. 그렇기 때문에 body language라고도 한다. 즉 body나 face (eyes, nose, mouth, eyebrows), head, hands, arms, shoulders, legs 등의 행위가 모두 몸짓언어에 속한다. 물론 이들은 항상 복합적으로 음성언어와 사용되고, 나라나 문화권, 지역에 따라 상당히 차이가 있다. 그뿐만 아니라 한 나라 안에서도 개인차에 따라 다르기도 하다. 그러나 이 몸짓언어는 우리의 의사소통에 중요한 기능을 한다. 또 문화, 인종에 따라 상당히 보편적인 것도 있다. 예를 들면, 우리 나라 사람은 사람을 부를 때, 손바닥이 땅으로 향하여 위·아래로 흔들며 부른다. 반면에 미국 사람들은 손바닥이 하늘을 향하여 위·아래로 흔들며 부르는 것이 서로 다르다. 얼굴 표정만 해도 서구인은 무표정한 얼굴 표정(poker faced)을 보게 되는데, 우리는 그런 표정을 잘 볼 수 없는 것이 다르다.

북미 문화권에서는 상대방의 의견에 동의를 표시할 때에는 머리를 위·아래로, 그렇지 않을 때에는 좌우로 움직인다. 다른 어떤 문화권에서는 위와는 정반대의 방법으로 동의여부를 나타낸다. 세망족(Semang)은 동의를 나타낼 때 머리를 앞쪽으로 내밀며, 오비분두족(Ovibundu)은 부인(否認)을 나타내는 표시로 집게손가락을 내밀어 면전에서 악수를 한다. 우리는 사람들과 만나 인사를 나눌 때에는 목례를 한다든가, 악수를 한다든가, 두 팔을 꼭 쥔다든가, 입을 맞춘다든가 또는 포옹 따위를 한다. 그러나 일부 에스키모인처럼 주먹으로 상대방의 머리를 때린다든가, 스페인계 미국인처럼 상대방의 등을 치는 버릇이 있다거나, 일부 폴리네시아 민족과 같이 포옹하면서 서로 등을 맞대고 비비는 행위는 하지 않는다. 문화마다 매우 임의적이면서도 그 문화집단에게는 말할 나위도 없이 자연스럽게 여겨지는 관례적인 인사방법이 있기 마련이다. 그 문화집단을 벗어나게 되면 그러한 방법이 흥미를 자아낼 수도 있고, 그 방법의 속성을 알지 못하여 오해를 낳기도 한다.

좌우간 몸짓언어는 음성언어와 같이 쓰이면서 의사소통에 중요한 역할을 한다. 우리가 외국사람과의 대화에서 전화를 통하여 말하는 것보다도 직접 만나서 얘기하면, 쉽게 의사소통이 되는 것은 음성언어를 못 알아듣더라도 몸짓언어가 보조적으로 의사소통에 관여되기 때문이다. 음성언어를 통하여 감정적 표현(정직, 강조, 화남, 즐거움, 믿음, 불안, 진실성, 성적 느낌, 부드러움 등)을 표현할 수도 있지만, -물론 이 때에 부차언어 즉 장단·고조·높낮이·억양·성조 등이 중요한 구실을 한다- 몸짓언어가 감정적 표현의 직접적 역할을 한다. 무언극을 보면 말 한 마디 없이 의사소통과 감정 표현을 충분히 할 수 있는 것을 보아도 알 수 있다.

각 나라마다 문화의 차이에 따라 몸짓말도 다르다.

이 논문은 한국과 러시아간의 몸짓말(Body Language)의 차이를 밝히는 데에 그 연구 목적이 있다.

II. 본론

2.1. 한국과 러시아의 몸짓말 차이

한국과 러시아는 언어도 다르고 문화도 상당히 다르다. 이제 한국과 러시아간의 몸짓말의 차이를 살펴 보겠다.

1) 인사할 때 : 러시아에서 처음 인사할 때, 남자가 여자의 손을 잡고 약간 다리를 구부리며 여자의 손등에 가볍게 '쪽' 소리를 내며 입맞춤을 한다. 또한 가까운 이성친구에게 포옹을 하면서 남자가 여자의 오른쪽, 왼쪽 볼이나 입술에 가볍게 입맞춤을 한다. 애인에게는 깊은 입맞춤을 어디서나 자유롭게 한다. 그러나 한국에서는 남자가 처음 본 여자의 손을 잡는 것 자체는 물론이거니와 포옹을 하면서 볼이나 입술에 가볍

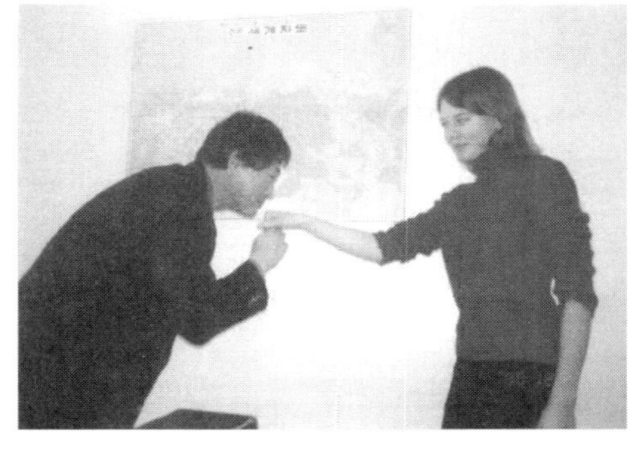

게 입맞춤은 더욱 할 수 없다. 가까운 애인에게도 길거리에서 많은 사람들 앞에서 포옹은 물론 입맞춤을 하는 것은 예의에 어긋난다. 이처럼 러시아와 한국에서의 인사할 때의 몸짓말은 서로 다르다.

2) **개 부를 때** : 러시아에서는 개를 부를 때 오른손
바닥으로 먼저 허벅다리를 2, 3번 치고, 왼쪽
손바닥을 하늘로 향하여 손을 앞·뒤로 흔들어 부
른다. 사람을 부를 때는 허벅다리를 치지 않고
손바닥을 하늘로 향하여 손을 앞·뒤로 흔들어 부
른다. 즉 개와 사람을 부를 때 허벅다리를 치느
냐 안 치느냐의 차이가 있다. 폴란드에서도 개와
사람을 부를 때 손바닥으로 하늘로 향하는 것은
러시아와 같다. 다만 허벅다리를 치지 않는 것이

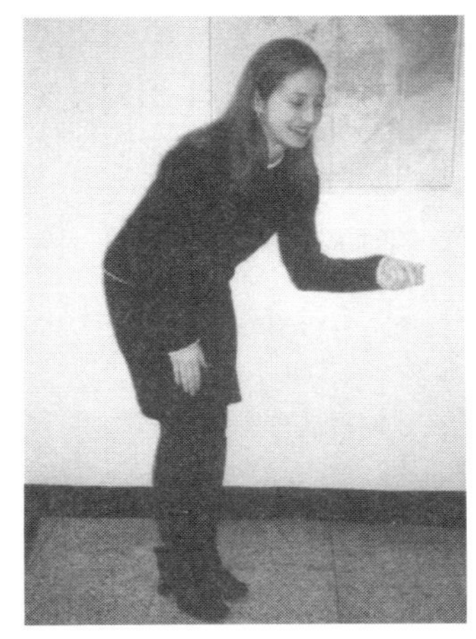

러시아와 다르다. 한국에서는 개나 사람을 부를 때 러시아와는 반대로 손등을
하늘로 향하고 손을 위·아래로 흔들어 부른다. 이처럼 한국과 러시아의 몸짓
말이 서로 상당히 다르다.

3) **바람 부는 것 확인할 때** : 러시아에서 바람이 부는가 확인할 때, 검지손가락
에 침을 바르고 검지손가락을 하늘로 향하여 확인한다. 폴란드에서도 러시아와
똑같은 몸짓말을 사용한다. 그러나 한국에서는 이런 몸짓말은 전혀 없다. 아마
도 러시아와 폴란드에서 이와 같은 몸짓말을 사용하는 이유는 이 두 나라가 추운
지방이기 때문에 침을 바르면 바람이 불 때 추위를 더욱 쉽게 느낄 수 있기 때문
인 것 같다.

4) **화가 날 때** : 화가 날 때 몸짓말은 개인에 따라 변이형태가 있으나, 한국에서
나 러시아에서 몸짓말은 거의 같다.

5) **승낙과 거절을 할 때** : 러시아에서 승낙을 뜻할 때 머리를 위·아래로 끄덕이
며 입을 다물고 천천히 '으흐'라고 하고, 친구끼리는 '아가'라고 한다. 특히 어른
에게는 '다(Yes)'라고 한다. 거절할 때는 머리를 좌우로 흔들며 빨리 '으흐'라고 하
고, 친구끼리는 빨리 긴장된 소리로 '네아'라고 한다. 특히 어른에게는 '네트(No)'

라고 한다. 이와 같은 몸짓말은 한국에서도 마찬가지이다. 그러나 음성언어는 다르다. 폴란드에서는 승낙할 때 소리는 '아하'라고 하고, 거절할 때는 '에에'라고 한다. 이처럼 승낙과 거절을 할 때 몸짓말은 한국, 러시아, 폴란드가 모두 같으나 이때 수반되는 음성언어는 다름을 알 수 있다. 한편 러시아에서 승낙과 거절할 때 몸짓말에 수반되는 음성언어가 어른과 친구사이에 다름을 알 수 있는데, 이는 존칭 관계의 차이에서 오는 것이다. 우리 한국에서도 친구에게 승낙을 뜻할 때 몸짓말에 수반되는 음성언어는 '응'이라고 하고, 어른에게는 '네', '예'라고 하여 그 존칭 관계를 나타낸다.

6) 기분 좋을 때와 그저 그럴 때 : 한국에서나 러시아에서 기분 좋을 때 행하는 몸짓말은 거의 같다. 좋을 때 주먹을 쥐고 엄지손가락만 펴서 위·아래, 앞·뒤로 흔들어 표현한다. 기분의 정도에 따라 몸짓말의 크기는 다르다. 그러나 그저 그럴 때 러시아에서는 손을 편 채로 손등을 하늘로 향하고 좌우로 흔든다. 이점은 한국과 다소 다르다.

7) 술 마시자고 할 때 : 러시아에서 친구끼리 술 마시자고 할 때 몸짓말이 특이하다. 엄지손가락과 검지손가락을 깍지 끼듯이 하고 목을 가볍게 친다. 때론 주먹을 쥐고 검지 손가락만 펴서 가볍게 목을 치기도 한다. 그러나 한국에서는 이와 같은 몸짓말은 없다. 잘못하면 한국에서 이와 같은 몸짓말은 '너를 죽이겠다. 목을 찌르겠다'의 뜻으로 오해받기 쉽다. 러시아 사람이 한국에서 생활할 때 위와 같은 몸짓말은 상당히 주의하여 사용해야 한다. 한편 폴란드에서는 술 마시자고 할 때 러시아와 유사하나, 손을 펴서 목을 툭툭치는 것

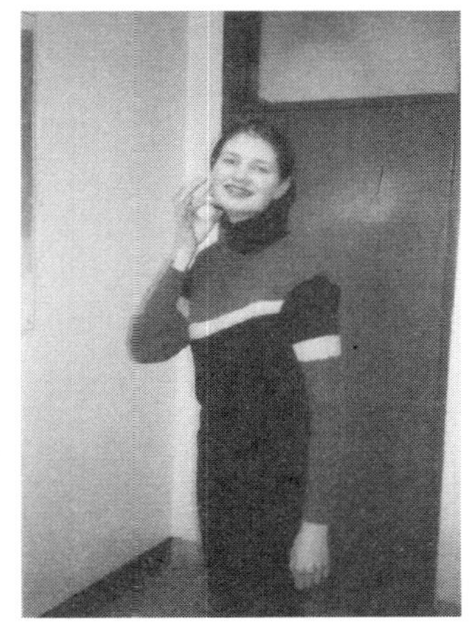

이 다소 다르다. 오히려 폴란드의 몸짓말이 더욱 '너를 죽이겠다'의 뜻으로 한국인은 받아들이기 쉽다.

8) **머리 아플 때** : 러시아에서 머리가 아플 때 두 손으로 머리를 잡고 얼굴 찡그리며 아픈 표정을 짓는다. 또 한 손으로 이마에 대고 머리 아픈 표정을 짓는다. 한국에서도 마찬가지이다. 차이점이 없다.

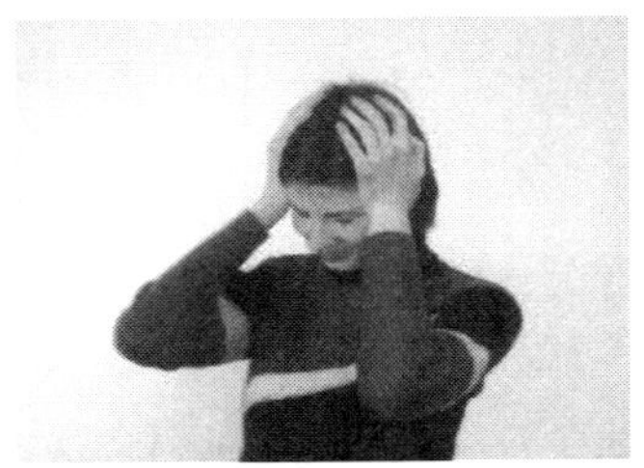

9) **배 아플 때** : 러시아에서 배가 아플 때 두 팔로 또는 한 팔로 배를 움켜지며 허리를 굽혀 아파한다. 아픈 정도에 따라 표정이나 몸짓말의 강도가 다르다. 한국에서도 배가 아플 때 몸짓말은 러시아와 같다. 그 차이점이 없다. 폴란드에서도 마찬가지이다. 이처럼 전세계의 문화의 차이에 따라 몸짓말이 크게 다르기도 하지만 대개는 보편적으로 같다.

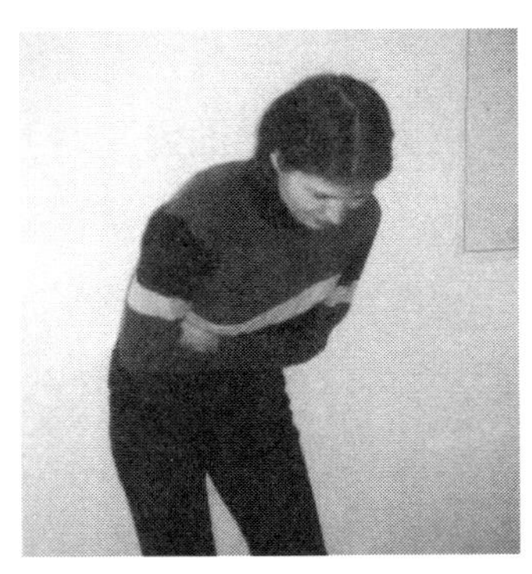

10) **배부를 때** : 러시아에서 배부를 때 한국과 마찬가지로 밝은 표정을 지으며 가볍게 손바닥으로 치거나 원을 그리며 쓰다듬는다. 한국과 차이가 없다.

11) **맛있게 먹었을 때** : 러시아에서 음식이 맛있거나 맛있게 먹었을 때의 몸짓말은 얼굴 표정을 밝게 하고, 혀를 굴리면서 배에 원을 그리며 쓰다듬는다. 이런 몸짓말은 한국에서 잘못하면 임신했다는 뜻으로 받아들여지기 쉽다. 이점은 한국과 다소 다르다.

12) **비가 올 때 확인** : 폴란드에서 창문을 열고 손바닥이 땅으로 향하게 내밀어

비가 오는 것을 확인하는데 반해서 러시아는 손바닥이 하늘로 향하게 내밀어 확인하는 것이 다르다. 러시아의 몸짓말이 한국의 그것과 같고 폴란드와는 다르다.

13) 사랑할 때 : 러시아에서나 한국에서 사랑하는 사람과 포옹하며 등을 가볍게 두드리거나 입을 맞추는 것은 거의 같다. 그러나 러시아에서는 거리에서나 버스, 전차 안에서 언제든지 어디든지 아주 자유롭게 보다 적극적이고 노골적으로 하는 것은 한국과 다르다. 한국에서는 아무리 사랑할지라도 여러 사람 앞에서 즉 공공적인 장소에서 입맞춤을 하지 않는 것이 예의이다. 키스나 애무 등 섹스에 관한 표현이 적극적이고 노골적이며 자유로운 것이 한국보다는 아무래도 러시아 쪽이다.

14) 전화할 때 : 러시아에서 전화한다고 할 때 엄지손가락과 새끼손가락을 펴고 귀와 입에 대고 가볍게 흔든다. 폴란드에서도 마찬가지이다. 그러나 한국에서는 검지손가락을 펴고 귀에 가까이 대고 다이얼을 돌리듯이 원을 그린다. 이런 몸짓말은 전세계가 거의 보편적이나 다소의 차이가 있다.

15) 실수했을 때 : 러시아에서 남에게 실수했을 때 특별한 몸짓말은 없고 말로만 죄송하다고 표현한다. 친구끼리 차안에서 실수로 발을 밟았을 때 상대도 똑같이 실수한 사람의 발을 가볍게 밟는다. 그러나 한국에서는 인사하듯 허리를 굽히고 2~3번 위·아래로 흔들며 죄송하다고 말한다. 훨씬 한국이 진실하게 미안함을 표현함이 다소 러시아와 다르다. 친구의 발을 밟았을 때도 머리를 한 두 번 조아리며 미안하다고 표현한다. 러시아처럼 실수한 사람의 발을 다시 밟지 않는다.

16) 잊어버렸을 때 : 러시아에서 깜빡 잊었을 때 자기 머리를 검지손가락으로 눈과 귀 사이를 가볍게 두드리거나 송곳으로 후비듯이 머리에 대고 후빈다. 때로는 주먹으로 책상을 치거나 머리를 친다. 한국도 러시아와 거의 같으나 손가락으로 머리를 후비지는 않는다. 한국에서는 자기 머리가 영리하다고 할 때도 머리를 치는 경우가 있는데, 러시아에서는 머리를 쳐서 영리하거나 똑똑하다는 뜻으로 몸짓말은 사용하지 않는다. 러시아에서는 눈과 귀 사이를 두드리지만 한국에서는 머리를 두드리기 때문에 두드리는 위치가 다르다. 이점이 러시아와 한국이 서로 다르다. 자기 머리가 나쁘다고 할 때도 잊어버렸을 때의 몸짓말과 러시아에서는 같다.

17) 술 취했을 때 : 러시아에서 술 취했다고 할 때 앞의 7)과 같이 술 먹으러 가자고 할 때와 같은 몸짓말을 한다. 한국에서는 얼굴을 찡그리며 머리를 가볍게 두드리며 흔든다. 남이 술 취했을 때는 말로 하거나 갈지자 걸음을 하기도 한다. 이 정도 러시아와 한국이 다소 다르다.

18) 실직했을 때 : 실직했을 때 러시아에서 특별한 몸짓말 없이 말로 표현한다. 그러나 한국에서는 얼굴을 찡그리며 손을 펴서 오른쪽 목에서부터 아래로 자르듯이 행한다. 즉 오늘 목이 잘렸다(직장을 잃었다)는 뜻이 된다. 이점도 러시아와 한국이 다르다.

19) 죽인다고 위협할 때 : 러시아에서 죽인다고 위협할 때 손을 펴고 왼쪽 목에서 오른쪽 목으로 칼로 자르듯이 당긴다. 한국과 거의 같다.

20) **임신했을 때** : 임신했다고 할 때의 몸짓말은 한국에서나 러시아에서 거의 비슷하다.

21) **더 먹어라, 배부르다** : 러시아에서 주먹 쥐고 엄지손가락을 펴고 목을 가로지른다. 한국과 상당히 다르다.

22) **좋은 일이 있을 때** : 러시아에서 좋은 일이 있을 때 기쁜 표정을 하고 두 손으로 마주 비빈다. 한국에서는 추울 때 두 손을 비빈다. 이 점도 다르다.

23) **춤추러 가자고 할 때** : 러시아에서 춤추러 가자고 할 때, 두 주먹을 쥐고 실제 고고를 추는 행동을 한다. 한국과 거의 같다. 춤출 때 동작은 러시아나 한국이 기본동작 즉 리듬은 같으나 변이 형태는 다소 다르다. 러시아의 춤은 한국의 춤보다 젊은층에서 동작이 크며 빠르고 노골적인 신체 접촉이 많다. 오늘날 한국 젊은이들의 춤과 비슷하다.

24) **문제 생겼을 때** : 러시아에서 문제가 생기거나 기분 나쁠 때 두 손을 펴서 양 손을 볼에 댄 채로 좌우로 흔든다. 우리 나라에서 골치 아플 때 하는 행동과 같다.

25) **좋은 생각이 날 때** : 러시아에서 좋은 생각이
떠올랐을 때, 둘째손가락을 펴서 하늘로 향하
고 앞으로 내민다. 한국도 마찬가지이다.

26) **욕을 할 때** : 러시아에서 엿 먹어라고 욕을 할
때, 주먹 쥔 왼손을 주먹 쥔 오른쪽 손의 팔꿈치에
대고 오른쪽 주먹 쥔 손을 앞으로 내밀며 자기 쪽으로 당긴다. 한국에서는 주먹
쥔 오른팔을 앞으로 내밀며 왼손으로 오른쪽 팔을 감싸며 당긴다. 이때 엿 먹어
라고 음성언어를 동반할 때도 있다. 이점은 러시아와 한국이 상당히 다르다.

27) **앙숙관계, 사이가 좋지 않을 때** : 러시아에서 두 주먹을 쥐고 서로 툭툭 친
다. 한국과 거의 비슷하다. 관계가 나쁠 때 러시아에서 왼쪽 손바닥에 오른쪽 주
먹으로 몇 번씩 힘차게 친다. 마치 한국에서 싸우자고 할 때와 마찬가지이다. 그
러나 싸우고 싶을 때는 러시아에서 한 번만 친다.

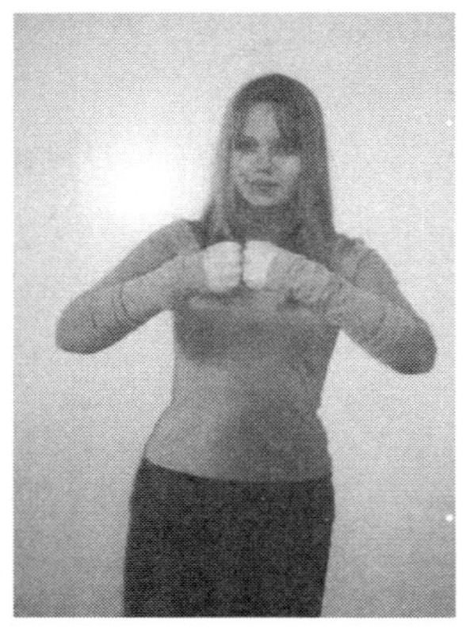

28) **윙크할 때** : 러시아나 한국이 몸짓말에서 차이가 없다.

29) **약속을 지키라고 할 때** : 러시아에서 손을 펴서 세우고 앞으로 내민다. 한
국과 대동소이하다.

윙크할 때　　　　　　　　　**약속을 지키라고 할 때**

30) 애인 있을 때 : 한국에서 애인이 있다고 할 때 새끼손가락만 펴서 표현한다. 러시아에서는 이런 몸짓말은 없고 말로 표현한다.

31) 성교하자고 할 때 : 러시아에서 좋아한다거나 성교하자고 할 때 양 눈썹을 위 아래로 움직여 표현한다. 한국에서는 엄지손가락과 가운데손가락 사이에 검지손가락을 끼어서 표현한다. 이점은 서로 상당히 다르다.

　　한편, 성교하자고 할 때 러시아에서 왼손의 엄지와 검지로 동그라미를 만들고 오른손 검지로 왼손 구멍에 끼어 넣는 표현을 한다. 이 몸짓말은 한국도 마찬가지이다.

32) 화해할 때 : 러시아에서 화해할 때, 두 사람이 새끼손가락을 걸고 위아래로 가볍게 흔든다. 한국에서는 이런 몸짓은 약속을 할 때 사용하고, 화해할 때는 악수를 하며 말로 표현한다. 한국과 러시아의 몸짓말이 서로 다르다.

33) **아무것도 없다. 아니다고 할 때** : 러시아의 술 집이나 거리에서 둘째손가락과 셋째손가락 사이에 엄지손가락을 끼어 내미는 몸짓말을 자주 보게 된 다. 이 몸짓말의 뜻은 '아무것도 없다. 아무것도 아 니다. 아무관계가 없다. 받을 것과 줄 것이 없다.'는 뜻이다. 그러나 한국에서는 이러한 몸짓말은 성교 를 하자는 뜻으로 받아들여진다. 따라서 상당히 오 해를 일으킬 몸짓말이므로 주의가 필요하다. 러시 아인은 한국에서 사용하지 않는 것이 좋을 것이다.

이상 러시아나 한국간의 몸짓말의 차이를 여러 상황으로 나누어 살펴 보았다. 보편적으로 같은 것도 있지만 상당히 다른 점이 있음을 알게 되었다.

Ⅲ. 결론

인간은 주로 음성언어나 문자언어를 통하여 의사소통을 하는 것 외에 보조적 으로 몸짓말을 통하여 의사소통을 한다. 때에 따라서는 이 몸짓말이 음성언어보 다 더 중요한 역할을 한다. 몸짓말은 각 문화권에 따라 공통점이 있는 반면 상당 히 다른점이 많다. 이 논문은 러시아와 한국간의 몸짓말의 차이를 살펴 보았다. 이 논문에서 다룬 바를 요약하면 다음과 같다.

첫째, 몸짓말은 음성언어와 함께 항상 사용한다. 음성언어와 더불어 보조적으 로 의사소통에 관여한다.

둘째, 기원면에서 몸짓말이 음성언어보다 더 본능적이고 직접적이며 본질적이다.

셋째, 상황에 따라서는 몸짓언어가 음성언어보다 더 중요한 기능을 할 때가 있다.

넷째, 몸짓언어는 음성언어보다 더 감정적 표현에 관여한다. 따라서 인간관계 에 중요한 역할을 하는 것이 음성언어와 더불어 몸짓말이다.

다섯째, 몸짓말은 각 문화권이나 지역에 따라 공통점이 있는 반면, 상당히 다 른면이 있다. 따라서 다른 문화권에 접할 때 실수나 오해를 하지 않도록 각 문화권의 몸짓말을 미리 익혀 놓아야 한다.

여섯째, 몸짓말은 외국인을 위한 모국어 교육에 있어 중요하다.

일곱째, 러시아와 한국에 있어서의 몸짓말은 상당히 다르다는 것이 밝혀졌다.(본론 1)~33)의 한국과 러시아간의 몸짓말 차이 참조.)

한국인은 러시아에서 생활할 때는 러시아의 몸짓말을 미리 익혀두어야 할 것이다. 반대로 러시아인은 한국에서 생활을 할 때는 한국의 몸짓말을 익혀 두어야 한다. 그럴 때에 한국인과 러시아인은 실수와 오해를 불러일으키지 않고 원만한 언어생활을 할 수 있을 것이다.

언어권별
　한국어 문법교육

제 4장 : 문법용어 설명

제 4장 : 문법용어 설명

1. 한국어 문법용어 설명(영어판)

□ 문법 Grammar

1. Unlike in English, there are two basically different ways to say 'Good-bye!' depending on the situation. To say good-bye, one does not say "안녕하세요", but rather "안녕히 가세요" or "안녕히 계세요", depending on whether the other person is leaving or staying.

1) If the speakers leave the place at the same time, both of them say " 안녕히 가세요".
2) If one of the speakers stays in the place, those who are leaving say "안녕히 계세요"to the person who will stay.
3) "안녕" uses between friends. It is not polite form.

2. -(으)세요

· This honorific form results from adding the honorific suffix to -아요/어요/여요, giving-세요.
· Just as with -아요/어요/여요, depending on your intonation, this form can express a declarative, a question, an imperative or a suggestion.

· Verb bases ending in a vowel take -세요, and verb stems ending in an consonant take -으세요.

예 Examples

가다	to go	가세요	Please go.
오다	to come	오세요	Please come.
바쁘다	to be busy	바쁘세요	(He) is busy.
읽다	to read	읽으세요	Please read.
안녕하다	to be peaceful	안녕하세요?	How are you?
만나다	to meet	만나세요?	Do you meet (her)?

3. -아요/어요/여요

· This informal style verb-final ending attaches to a verb stem and is used frequently in conversation with close friends.

· Depending on your intonation, this form can express declaratives, interrogative, imperatives or suggestions.

· Verb stems ending in 아, 오 take 아요: verb stems ending in 어, 우, 으 and 이 take 어요. The verb stem 하- takes -여요.

Ending Form / Final	Formal Style	Informal Style
Declarative	-ㅂ(습)니다.	-아요/어요/여요.
Interrogative	-ㅂ(습)니까?	-아요/어요/여요?
Imperative	-ㅂ(읍)시오.	-아요/어요/여요.
Suggestion	-ㅂ(읍)시다.	-아요/어요/여요.

· When a verb stem final vowel and the initial vowel of this ending come together, the following contractions and deletions take place.

Deletion

| 만나+아요 → 만나요 | 만나다 | to meet |
| 가+아요　→ 가요 | 가다 | to go |

Contraction

오+아요　→ 와요	오다	to come
보+아요　→ 봐요	보다	to see
일하+여요 → 일해요	일하다	to work
배우+어요 → 배워요	배우다	to learn

예 Examples

바빠요?	Are you busy?
예, 바빠요.	Yes, I'm busy.
가요?	Do (you) go?
예, 가요.	Yes, (I) go.
또 만나요.	See you again.

4. 이것/그것/저것

· These are the noun 것 meaning "thing" preceded by the deictic pronouns 이, 그, and 저, which always precede the noun they modify.

1) Thing category

이것 this thing　(object near the speaker)

그것 that thing　(object either near the hearer or mutually understood)

저것 that thing　(object away from both the speaker and hearer)

예 Examples

예 Examples

이것이 사전입니다.   This is a dictionary.
그것이 펜입니다.   That is a pen.
저것이 사과입니다.   That is an apple.

Note that in conversations the final consonant of all pointing words can often be dropped, as in 이거, 저거, 그거. When the subject case maker 이 follows, it may even get contracted into -게.

예 Examples

이것이 ("this"near the speaker)   이게
그것이 ("that"near the hearer) 그게
저것이 ("that"away from both)   저게

예 Examples

이게 무엇입니까?   What's this?
그게 한국어 책입니다.   It is a Korean book.
저게 맥주입니다.   That is a beer.

2) Person category

이분 This person - person near the speaker

그분 That person - person either near the hearer or mutually understood

저분 That person - person away from both the speaker and the hearer.

예 Examples

이분이 의사입니까?   Is this person a doctor?
그분이 선생님입니까?   Is that person a teacher?
저분이 교수님입니까?   Is that person a professor?

5. The demonstrative modifiers 이/그/저

These modifiers can be combined with common nouns.

예 Examples

이 책상	this desk	저 볼펜	that ball point pen
이 연필	this pencil	그 책상	that desk

6. -ㅂ니까? / - 습니까?

Formal style sentence-final question ending.

When the verb stem ends in a vowel, use -ㅂ니까. When the verb stem ends in a consonant, use -습니까.

예 Examples

가 + ㅂ니까? → 갑니까?	가다	to go
먹 + 습니까? → 먹습니까?	먹다	to eat, to have
읽 + 습니까? → 읽습니까?	읽다	to read

The intonation rises at the end of -ㅂ니까 / -습니까 if the question is a yes-no question(i. e. if there is no question word in the sentence). In sentences which contain a question word(who? what? when? why? how?), the intonation does not rise with this ending: instead it either remains level or even falls a bit at the end.

예 Examples

한국 사람입니까? ↗	Are you a Korean?
돈이 있습니까? ↗	Do you have money?
이름이 무엇입니까? ↘	What is your name?
어디에 가십니까? ↘	Where are you going?

7. -ㅂ니다 / -습니다

· When the verb stem ends in a vowel, use -ㅂ니다. When the verb stem
  ends in a consonant, use -습니다.

예 Examples

가 + ㅂ니다 → 갑니다	가다	to go
마시 + ㅂ니다 → 마십니다	마시다	to drink
있 + 습니다 → 있습니다	있다	to be, to have
덥 + 습니다 → 덥습니다	덥다	to be hot

8. -이다

· Unlike action verbs or a quality verbs(i.e. adjective), which can stand
  independently at the end of the sentence, the copula -이다 attaches to
  a noun and functions like a verb. It is used to indicate the identity of a
  subject and a predicate, or to designate an object or thing.

예 Examples

이것이 책상입니다.	This is a desk.
저것은 시계입니다.	That is a clock.
이것은 책이다.	This is a book.
그분은 의사입니다.	That person is a doctor.
그것은 지도입니까?	Is this a map?

9. -이 아니다 / -가 아니다

· The negative of the copula -이다 is -이 아니다. The structure of such a
  sentence consists of a subject and a verb clause, where -이 아니다 / -가 아

니다 is the verb clause.

예 Examples

이것은 책이 아닙니다.	This is not a book.
나는 학생이 아닙니다.	I am not a student.
저것은 공책이 아닙니다.	That is not a notebook.
이것은 우리 집이 아닙니다.	This is not our house.
저 분은 우리 어머니가 아닙니다.	That person is not my(our) mother.

10. When a person says 감사합니다(Thank you), Koreans respond in several ways : 뭘요 [muŏllyo], which is similar to "You're welcome!" and 천만에요 [chənmanejo]; "Don't mention it" or "Not at all". But sometimes they just answer 예 [je, ne] which is similar to saying "Sure" or "Yeah" or "That's okey."

"감사합니다" and "고마워요" are same meanings.

11. Place Category

여기	here	이리	this way
거기	there	그리	that way
저기	over there	저리	that way
몰라요.	I don't know.	몰랐어요.	I didn't know.
알아요.	I know.	알았어요.	I knew.

12. -가/ -이

· This case particle comes after a noun to indicate that the noun is the subject of the sentence.

· When the noun ends in a consonant, use -이. Where it ends in a vowel, use -가.

>**예 Example**
>
>| | |
>|---|---|
>| 이것이 책입니다. | This is a book. |
>| 이름이 무엇입니까? | What is your name? |
>| 친구가 옵니다. | Friends are coming. |
>| 의자가 있습니다. | There is a chair. |
>| 눈이 옵니까? | Is it snowing? |

13. The Korean personal pronoun is shown in the chart below.

Person \ Speech level		High	Regular	Low(Humble)
1st p.	sing.		나	저
	pl.		우리(들)	저희(들)
2nd p.	sing.	선생님	당신, 자네	너
	pl.			너희(들)
3rd p.	sing.	이(그, 저)분	이(그, 저)이, 누구, 아무, 자기	이(그, 저)사람
	pl.			

14. Types of Korean verb.

There are four types of verb in Korean. These are action verb, adjectival verbs, existential verbs, and linking verbs.

1) Adjectival verbs

These indicate the quality or the condition of the grammaticl subject, and are equivalent to English predicate adjectives(e.g., "be good").

나쁘다	to be bad	날씨가 나빠요.	The weather is bad
바쁘다	to be busy	저는 오늘 바빠요.	I am busy today.

2) Action verbs

These indicate an action or movement performed by the grammatical subject of a sentence.

읽다　to read　집에서 신문을 읽어요.

　　　　　　　I am reading a newspaper at home.

먹다　to eat　저는 한국 식당에서 점심을 먹어요.

　　　　　　　I am eating lunch in Korean restaurant.

3) Existential verbs

These indicate existence, location, or possession. This kind of verb is likely to be translated into English sentences such "Something exists," "Someone or something is located in a place," " Someone has something."

있다　　　to be / have　　집에 있어요.　　　I am at home.

없다　　　not to have　　지우개가 없어요.　　I don't have am eraser.

4) Linking verbs or copula

This kind of verb links a subject with its predicate, indicating equality or identification. It is often called a coupal verb.

이다　　be　　　　이것이 책이에요.　　　　This is a book.

아니다　not be　　그것은 지도가 아닙니다.　　That is not a map.

15. -예요? / -이에요?

(-예요?)　　following a noun means 'Is it - ?'.

(-예요?)　　is used when the noun to which it is attached ends with a vowel.

(-이에요?) follows nousending with a consonant.

(-이에요?) and (-예요?) have exactly the same meaning.

예 Examples

사과예요?	Is it apple?
고기예요?	Is it meat?
3 과예요?	Is it lesson 3?
선물이에요?	Is it a gift?
과일이에요?	Is it a fruit?
만 원이에요?	Is it 10,000 won?
돈이 아니에요?	Isn't it money?
담배가 아니에요?	Isn't it cigaret?
그것은 시계예요.	It's a clock.
이것은 오늘 신문이에요.	This is today's newspaper.

16. The subject in Korean dialogue is often ommited.

예 Examples

이것은 얼마예요?	→	얼마예요?	How much is it?
나는 좋아요.	→	좋아요.	I am good.
이것이 비싸요?	→	비싸요?	Is this expensive?

17. Sino-Korean cardinal numbers

0 영	10 십	20 이십	100	백
1 일	11 십일	21 이십일	1,000	천
2 이	12 십이	22 이십이	10,000	만
3 삼	13 십삼	23 이십삼	100,000	십만

4 사	14 십사	24 이십사	1,000,000	백만
5 오	15 십오	25 이십오	10,000,000	천만
6 육	16 십육	26 이십육	100,000,000	억
7 칠	17 십칠	27 이십칠	1,000,000,000	십억
8 팔	18 십팔	28 이십팔	1,000,000,001	십억일
9 구	19 십구	29 이십구	1,000,000,011	십억십일

18. -도

This particle attaches to nouns to indicate unity, sameness or identity (English "too, also; even"). Sometimes it can express emphasis, too.

예 Examples

그분은 한국사람입니다.	That person is Korean.
저도 한국사람입니다.	I, too, am Korea.
차가 많습니다.	There are many cars.
택시도 많습니다.	There are many taxis, too.
나는 모자를 샀습니다.	I bought a cap.
구두도 샀습니다.	I also bought (some) shoes.
오늘은 시간이 없습니다.	Today I have no time.
물론, 돈도 없습니다.	Of course, I don't have any money, either.

19. -을/-를

This is a case particle which attaches to a noun to show that it is the object of th sentence. If the noun ends in a consonant, use -을, and if the noun ends in a vowel, use -를. Sometimes -을/를 (object marker) is omitted in dialogue.

예 **Examples**

그분은 신문을 봅니다.	That person is reading the paper.
나는 밥을 잘 먹습니다.	I eat a lot.
이 아이는 빵을 좋아합니다.	This child likes bread.
나는 친구를 기다립니다.	I am waiting for a friend.
커피를 드시겠어요?	Would you like some coffee?
커피 드시겠어요?	Would you like some coffee?

20. -겠-

This suffix attaches to the verb base and forms the future tense. Depending on the person of the verb, -겠- can express intention or supposition as well.

예 **Examples**

내일 영화를 보겠습니다.	I'll see a movie tomorrow.
내일 다시 오겠습니다.	I'll come again tomorrow.
저녁에는 친구를 만나겠습니다.	In the evening I shall meet a friend.
오늘 밤에 다시 전화하겠습니다.	I will telephone again tonight.
저 책이 좋겠어요.	I suppose that book is good.
지금 집에 가겠어요.	I intend to go home now.

21. 문장 구조 Sentence Structure

1) A Korean sentence is made up of at least two words, and is always concluded with a VERB(with a sentence final ending). Korean sentences contain a subject and a verb.

주어(Subject) + 서술어(Predicative verb)

아이가 잡니다.	The child is sleeping.
꽃이 핍니다.	The flower blossoms.
기차가 많습니다.	There are many trains.
날씨가 덥습니다.	The weather is hot
이것이 무엇입니까?	What is this?
이분이 간호사입니다.	This person is a nurse.

2) But Korean sentences with objects have a structure very different from European languages.

$$\text{주어}(Subject) + \text{목적어}(Object) + \text{서술어}(Predicative\ verb)$$

예 Examples

그 학생이 편지를 씁니다.	That student is writing a letter.
나는 잡지를 삽니다.	I am buying a magazine.
영수가 질문을 합니다.	Young-su asks a question.
무엇을 먹습니까?.	What do you eat?
나는 친구에게 편지를 씁니다.	I am writing a letter to my friend.

22. Numbers

There are two sets of numbers in use : pure Korean numbers and Chinese-derived numbers. Korean numbers are used mostly for counting, while Chinese numbers are used for reading the numerals. However, for the numbers one hundred and above, Chinese numbers are used.

Korean Numbers

1 하나	11 열하나	10 열
2 둘	12 열둘	20 스물

3 셋	13 열셋	30 서른
4 넷	14 열넷	40 마흔
5 다섯	15 열다섯	50 쉰
6 여섯	16 열여섯	60 예순
7 일곱	17 열일곱	70 일흔
8 여덟	18 열여덟	80 여든
9 아홉	19 열아홉	90 아흔
10 열	20 스물	

Chinese Numbers

1 일	11 십일	10 십	100 백
2 이	12 십이	20 이십	1,000 천
3 삼	13 십삼	30 삼십	10,000 만
4 사	14 십사	40 사십	
5 오	15 십오	50 오십	
6 육	16 십육	60 육십	
7 칠	17 십칠	70 칠십	
8 팔	18 십팔	80 팔십	
9 구	19 십구	90 구십	
10 십	20 이십		

23. Months of the Year

1 January	일 월	7 July	칠 월
2 February	이 월	8 August	팔 월
3 March	삼 월	9 September	구 월
4 April	사 월	10 October	시 월
5 May	오 월	11 November	십일 월
6 June	유 월	12 December	십이 월

* The manes of 6th and 10th month are exceptions : The final consonant
  is dropped.

Time

1:00	한 시	10:00	열 시
2:00	두 시	11:00	열한 시
3:00	세 시	12:00	열두 시
4:00	네 시	1:01	한 시 일 분
5:00	다섯 시	1:10	한 시 십 분
6:00	여섯 시	10:10	열 시 십 분
7:00	일곱 시	12:12	열두 시 십이 분

24. -은 / -는

This particle designates the topic or theme of a sentence, and also expresses contrast and emphasis. It can be attached to all case markers except the subject and object particles, which delete before the topic marker. When the noun(or case marker) ends in a consonant, use -은, and when the noun ends in a vowel, use -는.

예 Examples

내일은 시간 있어요?	Do you have free time tomorrow?
이분은 김선생님입니다.	This (person) is Mr. Kim.
나는 김치를 좋아합니다.	I like Kimchi.
나는 그 여자를 사랑합니다.	I love her.

This particle can also attaches to adverb or verb endings.

 Examples

집에서는 공부하지 않습니까?	Don't you study at home?
이 책이 비싸지는 않아요.	This book is not expensive.
12시에는 점심을 먹어요.	I eat lunch at 12 o'clock.
그는 숙제를 잘 해요.	He does homework well.

25. 있다

The verb 있다 has the basic meaning "to exist", and covers the territory of English "to be, to have, to stay", etc. The negative of this verb is 없다 "not to exist."

예 Examples

애인이 있습니다.	I have lover.
시계가 있습니다.	I have a watch. (A watch exists.)
그림이 없습니다.	I do not have a picture. (A picture does not exist.)
질문이 있습니까?	Are there (any) questions?
사전이 없습니까?	Don't you have a dictionary?

When the subject is an esteemed individual, use 계시다 instead of 있다.

예 Examples

의사 선생님이 계십니다.	The doctor is in.
부모님이 계십니까?	Are your parents home? (or Are your parents (still) alive?)
아버지가 안 계십니다.	Father isn't home.
정 교수님이 안 계십니다.	Professor Jung isn't in.

26. The pronoun 누구 (who)

When 누구 takes a subject case marker -가, the cecond syllable -구 gets dropped.

누가 공부합니까?	Who's studying?
누가 옵니까?	Who's coming?
누가 갑니까?	Who's going?

But 누구 is used with other grammatical categories such as the verb 이다 and object case markers -을/를.

이분이 누구입니까?	Who's this person?
누구를 기다리십니까?	Who are you waiting for?

27. The Past Tense Infix -았-(-었-/-였-)

The past tense is used to indicate an action which took place in the past, or a quality or condition which existed formerly. The past tense is formed by inserting the infix -았-(-었-,-였-) between a verb stem and the endings, such as -ㅂ(습)니다, -ㅂ(습)니까?, etc.

1) When the final vowel of the verb stem(not necessarily and final letter) is ㅏ or ㅗ, it takes -았-.

예 Examples

Past Form	Contraction	Meaning
가았습니다	갔습니다	(I) went
보았습니다	봤습니다	(I) saw (it)
좋았습니다	-	(It) was good

2) When the final vowel of the stem is any other vowel, (such as ㅏ, ㅜ, ㅡ, ㅣ),
it takes -었-.

예 Examples

Past Form	Contraction	Meaning
먹었습니다	-	(I) ate
웃었습니다	-	(He) laughed
읽었습니다	-	(I) read

3) When the verb is a -하다 verb, it takes -였- .

예 Examples

Past Form	Contraction	Meaning
하였습니다	했습니다	(I) did
산책하였습니다	산책했습니다	(I) took a walk
일하였습니다	일했습니다	(I) worked

28. Adverbs

In Korean, as in any language, adverbs serve as modifiers of verbs, ajective,
other adverbs, clauses or whole sentences. Most description verbs can be
changed into adverbs by attaching the suffix -게 to the verb stem.

예 Examples

예쁘게	beautifully	크게	greatly, exceedingly
재미있게	in an interesting way	싸게	cheaply

Some of the most frequently occurring adverbs are :

가끔	occasionally	아주	very (much)
그러나	but, however	아직	still

그런데	but, and (yet)		아침마다	every morning
그리고	and		앞으로	in the future
꽤(제법)	quite		자주	frequently
너무	too (much)		잘	well
늘	always		저녁마다	every evening
다시	again		적어도	at least
대개	usually		점점	gradually
대단히	very (much)		정신없이	absent-mindly
드디어	finally		조금	a little bit
때때로	sometimes		주로	mostly
많이	lots		참	really
벌써	already		천천히	slowly
보통	ordinarily		퍽	very
빨리	quickly		흔히	frequently
상당히	considerably		항상	always

예 Examples

김치는 아주 맛있어요.	Kimch'i is very delicious.
불고기는 대단히 맛있어요.	Pulgogi is very delicious.
그는 늘 공부해요.	He is always studying.
그녀는 항상 신문을 읽어요.	She is always reading newspaper.
나는 매일 TV를 봐요.	I am watching TV everyday.
나는 정말로 그녀를 사랑해요.	I really love her.
빨리 집에 가세요.	Please go home quickly.
때때로 친구를 만나요.	Sometimes I meet a friend.
자주 음악을 들어요.	I listen to music frequently.
그녀는 노래를 잘 불러요.	She sings a song very well.
나는 그것을 싸게 샀어요.	I bought it cheaply.
그러나, 아직 그녀를 좋아해요.	But I still like her.

29. 안

This is an adverb placed in front of verbs to express negation.

예 Examples

나는 안 가겠습니다.	I won't go.
우유를 안 마십니다.	I don't drink milk.
라디오를 안 들으십니까?	Don't you listen to the radio?

In the case of structures like N + 하다, 안 is placed between the noun and 하다. In such a case, it is usual to place a particle after the noun.

예 Examples

그녀는 말을 안 합니다.	She doesn't speak.
학생들은 공부를 안 합니다.	Students don't study.

30. The Adverb 못 - : 'can't,''won't,''not (possible)'

This adverb 못 - is used mostly with action verbs, and indicates impossibility, strong denial or refusal, or the quality or state of being impossible. It corresponds to the English 'can't,''won't,''not (possible),''under no circumstances,''definitely not' etc., depending on the context or situation.

예 Examples

그 책을 못 샀습니다.	I couldn't buy that book.
어젯밤에 못 잤습니다.	I couldn't sleep last night.
못 도와 주겠습니다.	I can't help you. Or : I won't help you.

There are two ways of using the adverb 못- : 못- + action verb, or action verb stem + -지 못하다. It makes no difference in meaning.

예 Examples

못 가겠습니다.	I can't go.
가지 못 하겠습니다.	
못 읽었습니다.	I couldn't read.
읽지 못 했습니다.	

The adverb 못- is not placed before verbs such as 공부하다(study) or 등산하다(climb), which are a combination of a noun and the verb -하다. 못- is always placed directly before -하다, immediately following its noun component, as in the following examples :

공부를 못 하겠습니다.	I can't study.
등산을 못 합니다.	I can't climb the mountain.

31. -지 않다

This form attaches to the verb stem to form a negative. It is not used for imperatives or suggestions.

예 Examples

오늘 학교에 가지 않아요.	I'm not going to school today.
요즈음 바쁘지 않습니까?	Aren't you busy recently?
기분이 좋지 않아요.	I'm not in a good mood.
그녀는 예쁘지 않아요.	She is not pretty.
그는 책을 읽지 않습니다.	He doesn't read a book.

32. -아서/-어서/-여서

This conjunctive ending attaches to a verb stem to indicate a temporal sequence between the action of the first clause and the second clause, or else to indicate that the action of the first clause is the reason for the action of the second clause.

When this ending is used to express cause, the second clause cannot contain an imperative or a suggestion.

-았/-었/-였 and -겠- cannot be used before -아서/-어서/-여서

예 Examples

방이 커서 좋습니다.	The room is nice and big.(The room is big, and so it's good. or The room is big so I like it.)
배가 아파서 약을 먹었습니다.	My stomach hurt so I took some medicine.
비가 와서 우산을 샀습니다.	It was raining, so I bought an umbrella.
약속을 어겨서 죄송합니다.	I'm sorry, I'm late.
옷을 많이 입어서 덥습니다.	I'm wearing lots of clothes, so I'm hot.
집에 가서 점심을 먹습니다.	I go home and eat lunch.
편지를 써서 부치겠습니다.	I'll write a letter and then mail it.
그분을 만나서 이야기했어요.	I met with him and discussed(the matter).
책을 사서 읽읍시다.	Let's buy a book and read it.

33. -에

This practicle expresses static location ("at, on, in") or the goal of a verb of motion ("to, towards").

예 Examples

영수는 학교에 있습니다.	Yongsoo is at school.
백화점에 물건이 많습니다.	There are many goods at the department.
날마다 도서관에 갑니다.	I go to the library everyday.
어디에 가십니까?	Where are you going?
일요일에 만나요.	Let's meet sunday.
그는 학교에 갑니다.	He goes to school.

1) -에 있다 is the locative particle -에 added to the verb 있다.

예 Examples

책이 책상에 있습니다.	The book is on the desk.
동생이 폴란드에 있습니다.	My younger sibling is in Poland.
선생님이 교실에 없습니다.	The teacher isn't in the classroom.
어머니는 집에 계십니다.	Mother is at home.

34. 요일 days of the week

월요일	Monday	금요일	Friday
화요일	Tuesday	토요일	Saturday
수요일	Wednesday	일요일	Sunday
목요일	Thursday		

35. -(으)ㄴ데요/-는데요

This is a final ending formed by attaching 요 to the connective ending - 는데.

This connective ending -는데 is used to show that the preceding clause

forms a kind of background for the following clause, whereas -는데요 is used

when the contends of the following clause have already been present or can
be deleted.

하나 사시려고요?	Are you going to buy one?
돈이 모자라는데요.	I'm afraid I don't have enough money.
오늘 저녁에 그 영화를 보러 갈까요?	Shall we go to see that movie this evening?
나는 벌써 보았는데요.	I'm afraid I've already seen it.
음식이 없군요.	There is no food.
더 먹으려고 했는데요.	That's too bad. I was going to eat some more.

36. -ㄴ(은)가요?/-는가요? : The Informal Polite Question Ending

This pattern is used to ask questions, or to express doubt informally but
politely. It takes any verb.

예 Examples

그분이 친절한가요?	Is he kind?
그분이 누구인가요?	Who is that person?
그것이 교실인가요?	Is that the classroom?
무엇을 공부하시는가요?	What are you studying?
누가 공부했는가요?	Who studied?

1) -ㄴ(은)가요? is used with description verbs in the present tense, and with
   -이(다) in the present tense. -ㄴ가요? is used after verb stems ending a
   vowel ; -은가요? is used after verb stems ending in a consonant.

2) In all other cases, -는가요? is used.

37. -면서 : The Non-Final Ending

The pattern -면서 is used to indicate two simultaneous actions done by a single person. It is attached directly to the stems of action verbs. If the simultaneous actions are performed by different persons, a different pattern -동안에 is used ; but this pattern will be studied later in detail.

예 Examples

음악을 들으면서 책을 읽었어요.	I read a book while listening to the music.
음식을 먹으면서 신문을 읽지 마세요.	Don't read the newspaper while eating food.
산보를 하면서 이야기 합시다.	Let's talk while taking a walk.
그분이 울면서 말했어요.	He talked and cried
점심을 잡수시면서 보세요.	Please read it while eating lunch.
그분이 웃으면서 이것을 주었어요.	While laughing, he gave this to me.
담배를 피우면서 갑시다.	Let's go while smoking.
가르치면서 나는 많이 배웠어요.	I learned a lot while teaching.

38. -(으)시-

This is the honorific suffix, which attaches to any verb stem and expresses respect. If the verb stem ends in a vowel, the suffix has the shape -시-, and if the verb stem ends in a consonant, it has the shape -으시. -으시- raises, honors or exalts the subject of the sentence.

예 Examples

선생님이 가십니다.	The teacher is going.
이분이 부인이십니까?	Is this person your wife?

내일 회사에 가시겠습니까?　　　Well you go to the company tomorrow?

어머니는 신문을 읽으십니다.　　Mother is reading the paper.

1) There are also some verbs which do not use -으시-, and instead change the verb stem entirely.

예 Examples

떠나다	→	떠나시다	to leave
먹다	→	잡수시다	to eat
있다	→	계시다	to be

2) There are also some special words used to express respect towards things or objects related to or owned by an esteemed individual.

예 Examples

밥	→	진지	boiled rice
말	→	말씀	words, what is said
집	→	댁	house

39. -(으)로

This adverbial case particle attaches to nouns to indicate a choice, and shows direction, means, status, cause, etc. If the noun ends in a vowel or ㄹ, use -로 : if the noun ends in some other consonant, use -으로.

예 Examples

어디로 가십니까?	Where are you going?
사무실로 갑니다.	I'm going to the office.
버스로 왔습니다.	I came by bus.
젓가락으로 먹습니다.	I eat with chopsticks.
한국말로 말하십시오.	Please speak in Korean.

40. 무슨

means 'what (kind of)', 'some (kind of)'. It occurs only as a modifier of a subsequent noun or bound form. However, 무엇 'what', 'something' is always followed by function words such as the subject particle -가/-이, the object particle -를/-을, or the verb of identification -이다. Here are some examples.

그것이 무슨 책이에요?	what (kind of a) bcok is that?
무엇이 좋아요?	What is good?
무엇을 공부하세요?	What do you study?
이것이 무엇이에요?	What's this?

41. -에서 : The Particle

The Particle -에서, depending on the context or situation, has two quite different meanings. One is 'at' or 'in' indicating the place where an action takes place. The particle -에서 is attached to a noun, and is always followed by an action verb. It is used when you do something in a place.

예 Examples

도서관에서 공부를 해요.	I study in the library
방에서 놀아요.	I play in the room.
공원에서 산책해요.	I take a walk in the park.
사무실에서 일해요.	I work in the office.
운동장에서 놀아요.	I play on the ground.

1) Another meaning is 'from', indicating a starting point, separation.

예 Examples

그분이 한국에서 와요.	He is coming from Korea.

세 시에 집에서 떠나요.　　　　　　I leave (from) my house at three o'clock.

부산에서 서울까지 얼마나 멀어요? How far is it from Pusan to Seoul?

한 시에서 세 시까지 공부했어요.　I studied from 2 to 3.

42. -(으)ㄹ까요?

This is a sentence-final question form which attaches to the verb stem to express presumption, supposition or intention. When the subject is first-person singular ('I'), the speaker uses this form to ask the hearer's opinion about the speaker's action, and when the subject is first-person plural ('we'), the speaker uses this form to suggest that the speaker and the hearer do something together.

When the verb stem ends in a vowel, use -ㄹ까요, and when it ends in a consonant, use -을까요.

예 Examples

(제가) 전화를 할까요?	Shall I make a call?
(제가) 문을 닫을까요?	Shall I shut the door?
(우리가) 무엇을 시킬까요?	What shall we order?
(우리가) 내일 일찍 만날까요?	Shall we meet early tomorrow?

1) When the subject is first-person singular, the response is -(으)십시오, and when the subject is first-person plural, the response is -(으)십시다.

예 Examples

전화하세요.	Please call me.
문을 닫으십시오.	Please shut the door.
내일 만납시다.	Let's meet tomorrow.

43. -(으)ㅂ시다

This is a hortatory ("Let's") final ending which is used when the speaker wants the hearer to perform some action together. when the verb stem ends in a vowel, use -ㅂ시다, and when the verb stem ends in a consonant, use -읍시다.

예 Examples

| 가 | + | ㅂ시다 | → | 갑시다 | 가다 | to go |
| verb stem | | hortatory final ending | | | | |

읽	+	읍시다	→	읽읍시다	읽다	to read
앉	+	읍시다	→	앉읍시다	앉다	to sit
노래하	+	ㅂ시다	→	노래합시다	노래하다	to sing a song

44. -쯤

This attaches to nouns expressing time or numerals to express an uncertain or approximate amount or extent.

예 Examples

지금 몇시쯤 되었습니까?	About what time is it (has it become) now?
오후 2시쯤 만납시다.	Let's meet around 2 pm.
언제쯤 떠나십니까?	About when do you depart?
학생이 400명쯤 왔어요.	Around 400 students came.
배를 몇 개쯤 살까요?	About how many pears should I buy?

45. Forms of expression

Korean sentences use five forms of expression : 1) declarative, 2) interrogative, 3) request, 4) command, and 5) exclamation. These forms of expression are determined by their verb ending and intonation. Here are examples of the first three types:

1) Declarative

오래간만입니다.	It's been a long time since I last saw you.
처음 뵙겠습니다.	I'm glad to see you.
이제 가봐야 겠습니다.	I have to go now.
안 바빠요.	I'm not busy.

2) Interrogative

안녕하십니까?	How are you?
메리 스미스입니까?	Are you Mary Smith?
이분 아세요?	Do you know this person?
바쁘세요?	Are you busy?

3) Request

식당에 갑시다.	Let's go to the restaurant.
학교에 갑시다.	Let's go to school.
호텔에서 만납시다.	Let's meet at the hotel.

4) Command

안녕히 가십시오.	Bye-bye (lit. please go in peace).
안녕히 계십시오.	Bye-bye (lit. please stay in peace).
인사하세요.	Please say hello.

5) Exclamation

참 예쁘구나.	You are so beautiful!
참 좋구나.	It's very nice!

46. Addressing Korean adults

Koreans rarely address anyone by name without using an appropriate title. They use a job-related title alone or with a last name, after which a noun suffix 님 is attached, indicating respect shown to the person. When the person's job-related title is not clear, they connonly use 선생님("teacher" plus honorific noun suffix), with his/her last name.

Examples

using job-related titles

선생님	teacher
교수님	professor
의사 선생님	medical doctor
김박사님	Dr. Kim(Ph. D. degree)
과장님	section chief
사장님	president

Examples

using last names

김선생님	Mr. Kim
이선생님	Mr. Lee
박선생님	Mr. Park
최선생님	Mr. Choi
송선생님	Mr. Song
정선생님	Mr. Jung

47. However, when a senior employee of an organization addresses a relatively new employee (especially a high school or college graduate) whose status (or age) is lower than his, English loan words 미스터(for a male) and 미스 (for a female) can be used. This way of addressing employees is widely practiced especially in modern firms in Korea.

예 Examples

미스터 김	Mr. Kim	김씨	Mr. Kim
미스터 송	Mr. Song	송욱씨	Mr. Songuk
미스 나	Miss. Na	나양	Miss. Na
미스 한	Miss. Han	한양	Miss. Han

Writing Korean names

The full Korean name takes the order of last name first, first name second.

예 Examples

정직한	Jik Han J ng
나영숙	Young Sook Na
조인걸	In Gol Jo

48. Suffix -님

One can attach the suffix -님 to nouns denoting person in order to express respect.

예 Examples

부모 → 부모님	parents	아들 → 아드님	son
선생 → 선생님	teacher	딸 → 따님	daughter
박사 → 박사님	doctor (Ph. D)	아버지 → 아버님	father
사장 → 사장님	president	어머니 → 어머님	mother

49. Intimate Style in Speech Levels

If you are talking to small children or to close friends in your peer group, you use the Intimate Style(Polite Style minus 요). It is perfectly possible to use honorifics in non-polite style: when asking a child about its parents, for example 엄마계셔? ("Is your mother in?").

Here is a chart showing the major speech styles of levels. Compare to the difference between polite style and intimate style.

Level \ S-Mood		Declarative	Interrogative	Inperative	Proposative	Exclamatic
Formal	-ㅂ니다	-ㅂ니다 -습니다	-ㅂ니까? -습니까?	-(으)십시오		-(으)ㅂ시다
Formal	-네	-네	-나?	-게	-세	
Formal	-ㄴ다	-는(ㄴ)다 -다	-(으)니? -느(으)냐?	-아(어,여)라	-자	-(는)구나
Informal	-어요		-아(어, 여)요			-(는)군요
Informal	-어		-아(어, 여)			-(는)군

1) Informal Final Ending -아/-어/-여

예 Examples

나는 좋아.	I'm good.
너는 좋아?	Are you good?
방 좀 쓸어.	Clean your room.
열심히 공부해.	Study hard.
식당에 가.	I go to the restrant.

2) Formal Final Ending -는다/-ㄴ다/-다

예 Examples

나는 매일 일기를 쓴다.	I write my diary everyday.

오늘은 춥다. It's cold today.

개가 빵을 먹는다. The dog eats some bread.

3) Formal Final Ending -(으)니/-ㄴ(으)냐

예 Examples

힘들지 않니? Isn't it difficult?

학교에 가느냐? Are you going to school?

4) Formal Final Ending -아(어,여)라

예 Examples

답장을 빨리 써라. Please write the reply quickly.

우유를 마시어라(마셔라). Drink a cup of milk.

열심히 공부해라. Study hard.

5) Formal Final Ending -자 (proposative)

예 Examples

집에 가자. Let's go. 물을 아끼자. Let us save water.

놀자. Let's play. 애기하지 말자. Let's not talk about it.

6) Formal Final Ending -(는)구나 (Exclamatic)

예 Examples

오늘 무척 덥구나! It is very hot today!

고기를 잘 먹는구나! You eat meat well!

7) Informal Final Ending -(는)군 (Exclmatic)

예 Examples

오늘 춥군!   It's cold!

잘 달리는군!   (He) runs well!

50. -지요

This entence-fianl verbal ending attaches to the verb base, and is used when the speaker wants to seek the hearer's agreement or wants to ascertain the hearer's meaning. Depending on the intonation, this form can be used as a declarative, an interogative, an imperative, or a suggestion.

예 Examples

제가 돈을 내지요.   Let me pay.

날씨가 춥지요?   It's cold, isn't it?

또 만나지요.   See you again.

함께 가지요.   Come with us.

그여자 예쁘지요?   She is pretty, isn't she?

51. -어(아/여)야 하다

This auxiliary verb attaches to verb stems and expresses obligation : "must, have to, should," etc.

예 Examples

약속을 지켜야 합니다.   You have to keep the promise.

학생은 공부를 열심히 해야 합니다.   Students must sutdy hard.

방은 밝아야 합니다.   The room must be bright.

거짓말은 하지 않아야 합니다.   One must not tell lies.

저는 지금 집에 돌아가야 합니다.   I have to go home now.

밥을 먹어야 합니다.   You must take a meal.

52. -ㅂ시오

This imperative final ending is used when the speaker requests some action from or makes the hearer do something. This form is used with the honorific suffix -시-, so when the verb stem ends in a vowel you use, -십시오, and when the verb stem ends in a conwonant you use -으십시오.

예 Examples

가	+ 시	+ ㅂ시오	→	가십시오	to go
읽	+ 으시	+ ㅂ시오	→	읽으십시오	to read
청소하	+ 시	+ ㅂ시오	→	창소하십시오	to clean
서	+ 시	+ ㅂ시오	→	서십시오	to stand up
앉	+ 으시	+ ㅂ시오	→	앉으십시오	to sit down
가져오	+ 시	+ ㅂ시오	→	가져오십시오	to bring
찾	+ 으시	+ ㅂ시오	→	찾으십시오	to find, to look for

53. Sentence -final endings

In korean sentence structure, sentence-final endings attach to the stem of the last verb in the sentence and conclude the sentence. According to the form, final endings can be divided into four types.

form stem	declarative	interrogative	imperative	Let's
vowel-final	-ㅂ니다	-ㅂ니까	-십시오	-ㅂ시다
consonant-final	-습니다	-습니까	-으십시오	-읍시다

54. Irregular ㄹ verbs

In ㄹ verbs, final ㄹ drops before endings heginning with ㄴ, ㅂ or ㅅ.

예 **Examples**

살다		to live	
살	+ 십시오. → 사십시오.		Please live.
울다		to cry	
울	+ 니? → 우니?		Are you crying?
알다		to know	
알	ㅂ니까? → 압니까?		Do you know?
팔다		to sell	
팔	+ 십시오 → 파십시오.		Sell (it).

55. Irregular 르 verbs

르 verbs before endings beginning with 아 or 어 the 으 drops and an 르 is added.

예 **Examples**

모르 + 아	→	몰라	모르다	do not know
다르 + 아	→	달라	다르다	to be different
고르 + 아	→	골라	고르다	to choose
빠르 + 아	→	빨라	빠르다	to be fast
오르 + 아	→	올라	오르다	to come (up), climb

56. The nominalizing suffix -기

In Korean, most verbs can be changed into verbal nouns by attaching the nominalizing suffix -기 to the verb stem. The English equivalent of this pattern is '-ing,' or the infinitive 'to do'.

예 **Eamples**

살	+	기	→	살기	living	살다	to live
가르치	+	기	→	가르치기	teaching	가르치다	to teach
크	+	기	→	크기	size	크다	to be big
공부하	+	기	→	공부하기	to studying	공부하다	to study

예 **Eamples**

가르치기가 쉽습니다.	It's easy to teach.
공부하기가 싫어요.	I don't want to study.
살기가 좋아요.	It's good to live.
그분을 만나기가 어려워요.	It's difficult to meet him.

57. -아(어, 여) 주다

This is an auxiliary verb which attaches to the verbal base to express the meaning of performing a service or a favor for the object. When the verb stem ends 아 or 오, use 아주다, when the verb stem ends in 어, 우, 으 or 이, use -어 주다. If the verb stem is 하-, use -여 주다.

예 **Examples**

생일카드 좀 보여 주세요.	Please show me the birthday card.
주소를 가르쳐 주세요.	Please let me know your address.
종이에 싸 주세요.	Please wrap it in paper.
좀 도와 주세요.	Please help me.
쉽게 설명해 주세요.	Please explain it simply.
신문을 읽어 주세요.	Please read the newspaper for me.
문을 닫아 주세요.	Please close the door.
전기불을 켜 주세요.	Please turn on the light.
전화번호 좀 알려 주세요.	Please let me know your phone number.

58. Noun 하고 Noun

This particle connects two nouns on equal basis (English "A and B").

예 Examples

가방에 책하고 공책이 있어요.

There are books and notebooks in the bag.

도서관에 사전하고 잡지가 많습니다.

There are many dictionarys and magazines in the
library.

우유하고 빵을 주세요.

Give me some milk and bread.

불고기하고 김밥을 주세요.

Give me Pulgogi and Kimbop.

아버지가 과자하고 과일을 사셨습니다.

Father bought cookies and fruits.

59. -지만

This conjunctive ending attaches to a verb base and has the function of
affirming or admitting the action or state of the preceding clause, but implying
something opposite or countervailing in the following clause (English "but").

예 Examples

그는 공부를 열심히 하지만, 성적이 좋지 않아요.

He studies hard, but his grade is not good.

바람은 불지만, 비는 안 와요.

The wind is blowing, but it isn't raining.

약은 먹었지만, 낫지 않아요.

I took the medicine, but I'm not getting better.

전화번호는 알지만, 주소는 모릅니다.

> I know the phone number, but I don't know the
> address.

나는 그녀를 좋아하지만, 사랑하지 않아요.

> I like her, but I don't love her.

부자이지만, 돈을 안 써요.

> She is rich, but she doesn't spend her money.

60. -(으)려고 하다

This pattern attaches to action verb stems and expresses or intention.
Verb stems ending in a vowel take -려고 하다, and verb stems ending in a
consonant take -으려고 하다.

예 Examples

점심을 먹으려고 합니다.	I'm going to have lunch.
기차가 떠나려고 해요.	The train is about to leave.
그는 의사가 되려고 해요.	He intends to become a doctor.
여행가려고 합니다.	I'm going to take a trip.
내일 전화하려고 합니다.	I intend to call tomorrow.

61. -(으)ㄹ래요

The sentence-final ending -(으)ㄹ래요 is used with action verbs and the verb
있다. It indicates a speaker's intention or planning.

예 Examples

계산서 주실래요?	Will you bring me the bill?
부산에 갈래요?	Will you go to Pusan?
내일 공부하실래요?	Will you study tomorrow?

아니오, 공부하지 않을래요.　　　No, I won't study.

저녁에 집에 있을래요?　　　Will you stay home this evening?

식사할래요?　　　Will you have a meal?

맥주 마실래요?　　　Will you drink a beer?

62. -(으)니까

This confunctive verb ending attaches to a verb base to express that the preceding clause is either the cause or the temporal prerequissite for the following clause.

When used to express cause (English "since: as: because"), it is quite connon for the following clause to end in an imperative or suggestion form.

예 Examples

그것이 좋으니까, 삽시다.

It's good, so let's buy it.

지금 바쁘니까, 내일 오세요.

I'm busy now, so come tomorrow.

돈이 있으니까, 걱정하지 마세요.

I have some money, so don't worry.

지금 비가 오니까, 나가지 맙시다.

It's raining now, so let's don't go out.

그분이 주무시니까, 떠들지 마세요.

He is asleep, so don't make noise.

사무실에 전화하니까, 그 친구가 없었어요.

When I called the office, the friend wasn't there.

서울역에 가니까, 사람이 많았습니다.

When I went to Seoul Station, many people were there.

63 -아(어/여) 보다

This auxiliary verb attaches to action verb to indicate an attempt or a try.

예 Examples

한식을 먹어 보았어요.	I've tried to eat Korean food.
그녀를 만나 보겠습니다.	I'll try meeting her.
담배를 한 번 피워 보세요.	Try smoking this cigarette.
한국말로 말해 보세요.	Try speaking in Korean.
여기에 한 번 와 봤어요.	I tried coming here once.

64. -(는)군요

The sentence-final ending -(는)군요 is used with any verb, and indicates delight, wonder, astonishment or surprise.

예 Examples

그가 학교에 갔군요.	He went to school!
그 여자가 참 예쁘군요.	She is so beautiful!
그분이 한국사람이군요.	He is Korean!
그 사전이 여기 있군요.	The dictionary is here!
집이 좋군요.	What a nice house you have!
물건 값이 비싸군요.	The price is really high!
한국말을 잘 하시는군요.	You speak Korean very well!

65. -고

This conjunctive ending attaches to a verb stem to join two sentences together on an equal basis. This ending is also used when enumerating two or more facts, or when two or more events occur in sequence.

숙제를 하고, 가겠어요.   I will do my homework and go.

이것은 싸고, 좋아요.   this is cheap and good.

전화를 하고, 가십시오.   Make a call and then go.

그녀는 정직하고, 예뻐요.   She is honest and pretty.

바람이 불고, 눈이 와요.   Wind is blowing and it's snowing.

나는 학생이고, 그분은 선생이에요.   I'm a student and he is a teacher.

나는 피아노를 치고,   I was playing the piano, and my

동생은 노래를 불렀어요.   younger brother was singing a song.

66. -(으)ㄹ 거예요/-(으)ㄹ 것이다.

The pattern -(으)ㄹ 거예요 is an informal form of -(으)ㄹ 것이에요. This pattern is used with any verb, and indicates likehood or probability.

예 **Examples**

그분이 내일 갈 거예요.

     He will probably go tomorrow.

그것이 비쌀 거예요.

     It is probably expensive.

그녀가 도착했을 거예요.

     She may be arrived.

그것이 어려울 거예요.

     It is probably difficult.

내일 집에 있을 것입니다.

     I will probably be at home tomorrow.

그 친구는 약속을 잘 지킬 것입니다.

     The friend will keep the promise.

이번 방학에 뭐 하실 것입니까?

     What are you going to do during this vacation?

저는 지금 숙제를 할 거예요.

I'm going to do my homework now.

67. -(으)ㄹ지 모르다

This ending changes the final verb and is used to incoporate an interrogative or "if+sentence" into a main sentence. The English translation is "One knows/ doesn't know whether/if+sentence." With all action verbs, it expresses the future tense.

예 Examples

그분이 집에 있을지 몰라요.	I don't know whether he is home.
나는 언제 갈지 모르겠어요.	I'm not sure when I will go.
주말에 여행갈지 몰라요.	Maybe I'll take a trip weekend.

68. -고 싶다.

This sentense ending expresses a speaker's wish to do something. It is equivalent to the English infinitive phrase "want to do", "would like to do".

예 Examples

새 구두를 사고 싶어요.	I want to buy new shoes.
가을에는 여행을 가고 싶어요.	I want to take a trip in fall.
지금 무엇을 하고 싶으세요?	What would you like to do right away?
저는 역사를 배우고 싶어요.	I want to study history.

Usually this pattern is limited to the first person subjects (I, we) in declarative sentences, and to the second person subjects(you) in questions. When the subject is a third person, use the pattern - 고싶어하다.

예 Examples

아이가 밖에 나가고 싶어합니다.

    The child wants to go outside.

그가 나를 보고 싶어합니다.

    He wants to see me.

우리 부모님께서 폴란드를 가고 싶어합니다.

    My parents want to go to Poland.

69. -어(아/여)야 되다.

This pattern -어(아/여)야 되다. is same meaning with -어(아, 여)야 하다(must do) pattern.

예 Examples

가야 합니다.	Must go.
가야 됩니다.	Must go.
내셔야 합니다.	Must pay.
내셔야 됩니다.	Must pay.
마셔야 합니다.	Must drink.
마셔야 됩니다.	Must drink.

70. -에서 -까지(from.. to...)

These particles attach to nouns demoting time or place in order to express the starting point and finishing point. Particles -부터 -까지 can be used in the came meaning as -에서 -까지. In general, the pattern -에서 -까지 is used for place, and the pattern -부터 -까지 for time.

여기서 저기까지 걸어가요.

I walk from gere to there.

부산에서 서울까지 기차로 5시간 걸립니다.

It takes 5 hours from Pusan to Seoul by train.

12시에서 1시까지는 점심시간입니다.

It's lunch time from 12 and 1.

언제부터 언제까지 일했습니까?

Since when have you worked?

아침부터 저녁까지 공부했어요.

I studied form morning to evening.

71. -(으)ㄹ 수 있다/없다

The sentence-final ending -(으)ㄹ 수 있다/없다 is used with action verbs and the verb 있다. It indicates ability, capability, or possibility.

예 **Examples**

지금 할 수 있어요.	I can do it now.
여기 남을 수 있어요.	I can stay here.
도와 줄 수 없어요.	I can't help you.
나도 한국말 할 수 있어요.	I can't speak Korean either.
신문을 읽을 수 없어요.	I can't read newspapers.

72. Modifier ending -는/-(으)ㄴ/-(으)ㄹ

These are modifier ending which attach to a verb stem and serve to modify a following noun. The modified noun and the modifier phrase preceding it form a noun phrase, and this noun phrase can function as subject, object, etc. in the sentence, just like any other noun phrase.

1) Action verb + 는 + Noun : This exprsses the process of the action in the present tense.

| 가다 | to go | 가 + 는 + 사람 → 가는 사람 |
| 읽다 | to read | 읽 + 는 + 학생 → 읽는 학생 |

2) Action verb + (으)ㄴ + Noun : This past tense modifier expresses the completion of an action.

| 받다 | to receive | 받 + 은 + 돈 → 받은 돈 |
| 사다 | to buy | 사 + ㄴ + 선물 → 산 선물 |

3) Action verb + (으)ㄹ + Noun : This future tense mocifier expresses the speaker's supposition or presumption.

| 마시다 | to drink | 마시 + ㄹ + 물 → 마실 물 |
| 하다 | to do | 하 + ㄹ + 일 → 할 일 |

4) Action verb + (으)ㄴ + Noun : This expresses some s:ate in the present tense.

| 예쁘다 | to be pretty | 예쁘 + ㄴ + 꽃 → 예쁜 꽃 |
| 좋다 | to be good | 좋 + 은 + 소녀 → 좋은 소녀 |

If we organize the information above in a chart, it looks like this:

Verb + modifier +Noun		Tense-aspect	E.g.
action verb -는	Noun	present-progressive	가는 사람
action verb -ㄴ/은	Noun	past-completive	간 사람
action verb -ㄹ/을	Noun	future-supposition	갈 사람
quality verb -ㄴ/은	Noun	present tense	좋은 사람
copula -이다 -ㄴ	Noun	present tense	사장인 영수 씨

73. 방향 Direction

예 Examples

저쪽	that direction	저리	that way
이쪽	this direction	이리	this way
그쪽	that direction	그리	that way
왼쪽	on the left	앞으로	on the front
오른쪽	on the right	뒤로	on the back
똑바로	straight	옆으로	on the side
서쪽으로	on the west	북쪽으로	on the north
동쪽으로	on the east	남쪽으로	on the south

74. -(으)ㄹ 때

This ending attaches to a verb stem and indicates the time when the action occurs.

예 Examples

한국에 갈 때 비행기로 갔어요.

    I went to Korea by plane.

올 때 꽃을 가져 오세요.

    When you come, bring me flowers.

택시탈 때 조심하세요.

    Be careful when you take a taxi.

공항에 도착했을 때 친구가 나왔어요.

    When I arrived to the airport, my friend came to meet me.

시간 있을 때 같이 갑시다.

    Let's go together when you have time.

주무실 때 불을 끄세요.

    Turn off the right when you go to bed.

날씨가 따뜻할 때 가겠어요.

    I will go when the wether is warm.

There are also cases like the following when you can attach 때 to a noun.

예 Examples

아침때	in the morning	시험때
저녁때	in supper time	졸업때
점심때	in lunch time	명절때
추석때	in harvest moon time	방학때
생일 때	on birthday	크리스마스때

75. -고 있다 / -는 중이다

These patterns attach to action verb stems to indicate that action is currently in progress.

예 Examples

친구를 기다리고 있어요.	I'm waiting for my friend.
학생이 수영하고 있어요.	The student is swimming.
아버지가 주무시고 계세요.	Father is sleeping.
바람이 불고 있지 않아요.	The wind isn't blowing.
무엇을 하고 있습니까?	What are you doing now.
편지를 쓰고 있습니다.	I'm writing a letter.

예 Examples

친구를 기다리는 중이에요.	I'm waiting for my friend.
학생이 수영하는 중이에요.	The student is swimmimg.
아버지가 주무시는 중이에요.	Father is sleeping.
무엇을 하는 중입니까?	What are you doing now?
TV를 보는 중입니다.	I'm watching TV.
무엇을 생각하는 중입니까?	Whar are you thinking about?

예 Examples

공부하는 중이에요	→	공부 중이에요
수영하는 중이에요	→	수영 중이에요
통화하는 중이에요	→	통화 중이에요

76. -다가

An action which has been taking place is discontinued or interrupted, and a new action takes place. Sometimes, "가" is omitted.

예 Examples

시장에 가다가 와요.

I was on my way to the market and coming back.

시장에 가다가 왔어요.

I was on my way to the market, but I came back.

공부하다가 잤어요.

When I was studying, I slept.

학교에 가다가 그분을 만났어요.

When I was going to studying, I met him.

구두를 신다가 끈이 끊어졌어요.

When I was tying my shoes, my shoestring broke.

소설을 읽다가 친구하고 같이 외출했습니다.

When I was reading a novel, I went out with my friend.

There is a pause between two actions if the first verb includes - "았 (었, 였)".

예 Examples

시장에 갔다가 은행에도 들렀습니다.

I went to the market, then went to the bank.

창문을 열었다가 날씨가 추워서 다시 닫았습니다.

I opened the window but I closed it because it's so cold.

그 친구는 편지를 썼다가 찢어 버렸습니다.

That friend wrote a letter, then tore it up.

77. -는데

This conjunctive ending attaches to a verb stem to set up a background or circumstance.

Action verbs take -는데, and quality verbs take -(으)는데. Quality verbs ending in a vowel take -ㄴ데, and those ending in a consonant take -은데.

예 Examples

겨울인데 따뜻해요.	It's winter, and yet it's warm.
눈이 오는데 집에서 쉽시다.	It is snowing, let's rest at home.
공부하는데 전화가 왔어요.	When I was studying, the phone rang.
날씨가 좋은데 공원에 갈까요?	Weather is nice, shell we go to the park?
그녀는 예쁜데 친절하지 않아요.	She is pretty, but she is not kind.

78. -(으)ㄹ까 하다

An estination of a future action is communicated.

예 Examples

주말에 집에서 쉴까 합니다.

    I may rest at home this weekend.

도서관에서 책을 찾을까 합니다.

    I think I may read a book in the library.

비가 올까 해서, 우산을 가져왔어요.

    I brought an umbrella, because it might rain.

여행을 갈까 하고, 서울역에 나왔어요.

    I came out to the Seoul Station for travel.

79. -(으)면

This non-final ending attaches to verb stems to express the precondition ("if") for the action or state of the following clause.

If the verb stem ends in a vowel, use -면. If the verb stem ends in a consonant, use -(으)면.

예 Examples

돈이 있으면 좀 빌려 주세요.
>If you have some money, please lend me some.

모르는 것이 있으면 질문하세요.
>If you have anything you don't know, ask me.

학교에 가면, 친구를 만날 수 있어요.
>If I go to school, I can meet friends.

값이 싸면 삽시다.
>If the price were low, let's buy it.

80. -(으)면 좋겠다

This attaches to a verb stem to express a wish or desire. When the subject is first person, this pattern is used.

예 Examples

돈이 많으면 좋겠다.	I wish I had lots of money.
차가 있으면 좋겠어요.	I wish I had a car.
비가 안 오면 좋겠어요.	I hope it won't rain.
날씬했으면 좋겠어요.	I wish I were slim.
방학이 되었으면 좋겠어요.	I wish it would be vacation.

81. -(으)ㄹ 것 같다 / -는 것 같다

This ending attaches to a verb stem to indicate one's supposition about a likely or probably future fact, action or occurrence.

For actions which are currently in progress or for customary actions, use -는 것 같다.

예 Examples

내일은 비가 올 것 같아요.

It looks like it will probably rain tomorrow.

물건값이 또 오를 것 같아요.

It looks like prices will go up again.

주말이니까 극장에 사람이 많을 것 같아요.

There will probably be many people at the theatre because it is weekend.

두 사람이 서로 사랑하는 것 같아요.

Those two seem to love each other.

밖에 눈이 오는 것 같아요.

It seems to be snowing outside.

82. -아(어/여)도 되다

This ending is used to express the concession "may." Other words, such as 좋다 or 괜찮다can follow -도. They mean either "It's all right" or "It doesn't matter."

예 Examples

여기서 담배 피워도 돼요?

Can I smoke here?

맥주를 마셔도 돼요?

Can I drink beer?

회의에 늦게 와도 됩니다.

> It's alright even if you are late for the meeting.

내일 다시 와도 좋아요.

> It's alright you come again tomorrow.

83. Conjunction "-만"

This conjunction is attached to a clause ending in -니다 and means "although" or "but." The second conjunction tends to be more formal than the first one.

예 Examples

죄송합니다만, 여기가 어디예요?

> Excuse me, but where am I?

다방에 갔습니다만, 그녀를 만나지 못했어요.

> I went to Tabang, but I couldn't meet her.

교통사고가 났습니다만, 운전사는 다치지 않았어요.

> Although there were the traffic accident, the driver didn't get hurt.

84. The sentence ending "-어 보이다"

This ending is attached to the stem of adjectival verbs and means "seem" + "adjective".

예 Examples

그 사람은 키가 커 보입니다.	He seems tall.
그 음식은 매워 보입니다.	The food seems very hot and spicy.
당신이 추워 보입니다.	You looks like cold.
그것이 짜 보입니다.	It seems to be salty.

85. -ㄴ(는) 편이다.

This pattern is used with any verb and indicates one's habitual action. Thus, it is equvalent to "can do something well".

예 Examples

매운 음식을 잘 먹는 편이에요.	I can eat hot food well.
저는 좋아하는 편이에요.	I like it.
저는 열심히 공부하는 편이에요.	I study herd.

86. The Native Korean Numbers :

We have already studied the Chinese numbers in the previous lesson. Here we introduce the native Korean numbers, which are used mostly when counting things, events or persons.

0 공	10 열	20 스물
1 하나	11 열 하나	30 서른
2 둘	12 열 둘	40 마흔
3 셋	13 열 셋	50 쉰
4 넷	14 열 넷	60 예순
5 다섯	15 열 다섯	70 일흔
6 여섯	16 열 여섯	80 여든
7 일곱	17 열 일곱	90 아흔
8 여덟	18 열 여덟	99 아흔 아홉
9 아홉	19 열 아홉	100 백

87. Classifiers :

The classifiers are words used with numerals to designate countable or measurable objects. In English, there are words for counting a certain number of people, paper, cigarettes, or for measuring a certain quantity of gasoline, time, money, distance, etc.

Used with Korean numbers :

- 갑	packs (of cigarettes)	한 갑	두 갑	세 갑	네 갑
- 개	items, units, objects	한 개	두 개	세 개	네 개
- 권	volumes	한 권	두 권	세 권	네 권
- 달	months	한 달	두 달	석 달	넉 달
- 대	vehicles, machines	한 대	두 대	세 대	네 대
- 마리	fish, animals	한 마리	두 마리	세 마리	네 마리
- 말	measure of about 18 livres	한 말	두 말	서 말	너 말
- 번	times	한 번	두 번	세 번	네 번
- 병	bottles	한 병	두 병	세 병	네 병
- 분	honored people	한 분	두 분	세 분	네 분
- 사람	people	한 사람	두 사람	세 사람	네 사람
- 살	years of age	한 살	두 살	세 살	네 살
- 시	o'clock	한 시	두 시	세 시	네 시
- 시간	hours	한 시간	두 시간	세 시간	네 시간
- 자	measures of about 33.3m	한 자	두 자	석 자	넉 자
- 자루	small stick (pencil, brush, etc.)	한 자루	두 자루	세 자루	네 자루
- 장	thin, flat objects (sheets)	한 장	두 장	석 장	넉 장
- 채	buildings, houses	한 채	두 채	세 채	네 채

88. Used with Chinese numbers :

- 개월 months	일 개월	이 개월	삼 개월	사 개월
- 년 years	일 년	이 년	삼 년	사 년
- 도 degrees	일 도	이 도	삼 도	사 도
- 배 multiples	배	이 배	삼 배	사 배
- 번 serial numbers	일 번	이 번	삼 번	사 번
- 번선 track numbers	일 번선	이 번선	삼 번선	사 번선
- 번지 lot numbers	일 번지	이 번지	삼 번지	사 번지
- 분 minutes	일 분	이 분	삼 분	사 분
- 원 won	일 원	이 원	삼 원	사 원
- 월 months of the year	일 월	이 월	삼 월	사 월
- 인 people	일 인	이 인	삼 인	사 인
- 인분 portions	일 인분	이 인분	삼 인분	사 인분
- 일 days of the month	일 일	이 일	삼 일	사 일
- 주일 weeks	일 주일	이 주일	삼 주일	사 주일
- 층 floors	일 층	이 층	삼 층	사 층
- 호실 room numbers	일 호실	이 호실	삼 호실	사 호실

89. The comparison particle "-보다 (더)"

This particle is used to express the equivalent of English "than".

When -보다 is used, the use of 더 is optional.

예 Examples

한국말이 영어보다 더 쉬워요.	Korean is easier than English.
이것이 그것보다 (더) 비싸요.	This is more expensive than that.
비행기가 기차보다 더 빨라요.	The airplane is faster than the train.
그가 나보다 더 미남이에요.	He is more hansome than I.

The particle "-만큼" for base comparison

This particle is attached to the noun. which is used as a base for comparison. It indicates extent, degree, or "as much as".

예 Examples

이 가방은 저 가방만큼 크다.	This bag is as big as that bag.
내 친구는 나만큼 키가 커요.	My friend is as tall as I am.
그는 나만큼 한국말을 잘해요.	He speaks Korean well as I speak.

90. -(으)ㄴ 적이 있다./-(으)ㄴ 일이 있다.

This is attached to action verbs and show experience in the past. This form is interchangeable with -(으)ㄴ 일이 있다.

예 Examples

나는 폴란드에 가본 적이 있어요.	I've been to Poland.
한국 음식을 먹어본 적이 있어요.	I've had Korean food.
한국 영화를 본 일이 있어요.	I've seen Korean movie.
은행에서 돈을 빌린 일이 있어요.	I've borrowed money from the bank.
전에 그를 어디선가 만난 적이 있어요.	I've met him somewhere before.

91. -도록

This form indicates that some action or condition continues "to the point where....", "until...", or "so that...".

피곤하면 쉬도록 하세요.　　If you get tired, take a rest.
나는 해가 뜨도록 잤어요.　　I overslept until the sun rise.
밤이 새도록 책을 읽었어요.　　I read a book until morning.

92. -는지 묻다.

This ending is attached to the end of an interrogative clause within the main sentence. This pattern is equivalent to "one asks when/if..." in English.

예 Examples

언제 그 사람이 여기에 오겠는지 물어봤어요.
I asked when he would come here.
언제 기차가 역에 도착했는지 물어봤어요.
I asked when the train arrived at the station.

93. -어 (아, 여) 있다

This pattern attaches to certain verbs to express the idea that a completed action or state continues to be in effect.

예 Examples

책이 책상 위에 놓여 있다.　　There is a book on the desk.
거리에 차가 밀려 있다.　　A lot of cars are backed up on the street.
독에 물이 가득 들어 있어요.　The jar is filled to the top with water.
붕어가 살아 있군요.　　The carp is alive.

94. -(으)ㄴ 후(에) / Noun 후(에)

The first clause precedes the second in a time sequence. The sequence of events may be more clearly communicated if "후" is used with "-뒤(에)" or "-ㄴ 다음에". The use of the verb in the first clause is limited to the action verb. "후" may follow a noun.

예 Examples

공부가 끝난 후에 가겠어요.	I'll go after my study is finished.
전화한 후에 오세요.	Please come after you phone.
일한 뒤에 쉬세요.	Please rest after working.
그것을 들은 다음에 가겠어요.	I'll go after I heard it.
점심 후에 가겠어요.	I'll go after lunch.
식사 후에 다시 전화하세요.	Please call me after eating meal.
잠시 후에 다시 만납시다.	Let's meet again after a few minutes.

95. "ㅅ" ilregular verbs

Some verb which end in "ㅅ" drop that "ㅅ" before endings begin with a vowel.

예 Examples

낫다	to get well	낫+았습니다 → 나았습니다
짓다	to make	짓+었습니다 → 지었습니다
붓다	to pour	붓+으면 → 부으면

약을 먹어서 나았습니다.	I took medicine, so I've gotten better.
부어라, 마셔라, 기분 내자.	Pour, drink, let's make merry.
모르는 단어는 밑줄을 그으세요.	Underline words you don't know.

96. The Sentence-Final Ending "-아(어, 여) 지다" : "become something"

The pattern -아(-어, -여)지다 is used both with description verbs and action verbs. But it is used mostly with description verbs. This pattern indicates a change or develpment from a certain condition to another.

예 Examples

날씨가 추워졌어요.	The weather got colder.
날씨가 따뜻해집니다.	It's getting warmer.
나는 바빠졌어요.	I became busier.
그분이 젊어졌어요.	He became younger.
낮이 길어집니다.	The days are getting longer.
그것이 비싸졌어요.	It became expensive.
한국말이 쉬워집니다.	Korean is getting easier.
그것이 깨졌어요.	It got breken.

97. -는 것

This pattern -는 것, preceded directly by an action verb stem, indicates "the act (the fact, manner) of doing something. The English equivalent of this pattern is " …ing,", the infinitive "to (do)".

예 Examples

쉬는 것이 제일입니다.	It's best to take a rest.
그분을 도와 주는 것이 좋겠어요.	I think it's better to help him.
빨리 먹는 것이 나빠요.	It's bad to eat quickly.
여행하는 것이 어때요?	How about traveling?
그분은 떠드는 것을 싫어해요.	He hates people who make noise.

98. indirect quotation "-고 하다".

Indirect quotations take the original utterance or thought and rephrase it from the point of view of the speaker. In this process, the original utterance is reduced to the Plain Style (-ㄴ다, -자, -냐, -(으)라), and followed by the particle -고 plus a verb of saying or thinking (often just 하다, which can mean both). The four types (declarative, interrogative, imperative and propositive) are as follows (note that 고 is optional):

	Nouns	Action Verbs	Quality Verbs
Declarative	-(이)라고 하다	-는 (ㄴ)다고 하다	- 다고 하다
Interrogative	-(이)냐고 하다	-(느)냐고 하다	- (으)냐고 하다
Imperative	-	- (으) 라고 하다	-
Propositive	-	- 자고 하다	-

예 Examples

그분은 아직 미혼이라고 합니다.

He says that he is not married yet.

사람들이 나보고 날씬하다고 합니다.

People tell me I'm slim.

그 남자는 나에게 취미가 뭐냐고 물었어요.

He asked me what my hobbies are.

시간 있을 때는 언제든지 놀러 오라고 합니다.

He says to come over and visit whenever you have time

너무 서두르지 말자고 합니다.

He suggests we don't rush too much.

그분이 가르친다고 합니다.

He says he is teaching.

누가 가느냐고 묻습니다.

He asks who is going (there).

그 분이 바쁘다고 합니다.

He says he is busy.

99. -(으)려고

This attaches to action verbs to express am intention or plan (English "intending to, in order to").

예 Examples

서울에 가려고 일찍 일어났어요.

    I got up early to go to Seoul.

차를 사려고 돈을 빌렸어요.

    I borrowed money in order to buy a car.

이 선물을 친구에게 주려고 샀어요.

    I bought this present to give my friend.

예금을 하려고 은행에 갔어요.

    I went to the bank to make a deposit.

여자친구를 만나려고 왔어요.

    I came here to meet my girl friend.

100. Noun + -와/과 Noun

This particle is interchangeable with -하고.

예 Examples

책상과 의자	a desk and a chair
고기와 사과	meat and an apple
모자하고 구두	a hat and shoes

101. -(으)러 가다/오다

This pattern attaches to an action verb stem to indicate a goal or purpose.

 Examples

한 잔 하러 갑시다.

Let's go for a drink.

점심식사하러 식당에 갔어요.

I went to restaurant for lunch.

음악회를 보러 국립극장에 갔어요.

I went to national theatre to see a concert.

영화를 보러 갈까요?

Why don't we go to the movies?

구경하러 온 사람이 많아요.

There are many people who have come to do sightseeing

102. -(으)려면

This connective ending attaches to verb stems and expresses a combination of the intentional or intentive pattern in -(으)려고 하다 and the conditional in -(으)면. Thus, it means "if one intends to do…".

예 Examples

그분을 만나려면 오전에 오십시오.

If you want to meet him, come before lunch.

살을 빼려면 운동을 하십시오.

If you want to lose weight, do exercise.

돈을 찾으려면 은행에 가야 해요.

If you want to withdraw money, you have to go to the bank.

물건을 싸게 사려면 시장에 가야 합니다.

If you want to buy things cheaply, you go to the markets.

103. -에다가

This pattern, -에다가, when attached to nouns, indicates a specific surface on (or onto) which something is written. The English equivalent of it is "in," "on", or "onto." The final word "-가" can sometimes be deleted.

예 Examples

공책에다(가) 쓰세요.

Please write in the notebook.

예금 청구서에다가 액수를 쓰세요.

Please write the amount on the withdrawal slip.

104. -까지

This particle indicates "until", "up to", or "as far as", when preceded by a time expression or a place word.

예 Examples

어디까지 가십니까?	Up to where do you go?
남산까지 갑니다.	I go up to Mt. Mamasn.
두 시 반까지 집에 오세요.	Please come to my home by 2:30.
서울역까지 멀어요?	Is it far up to Seoul station?

105. -지 말다

This attaches to action verb stems to form negative commands and negative suggestions. Verb 말다 is ilregular verb.

	Affirmative	Negative
Imperative	-(으)십시오	-지 마십시오
Suggestion	-(으)십시다	-지 맙시다

문을 닫지 마십시오.   Don't close the door.

담배를 피우지 마십시오.   Don't smoke.

다시 설명하지 마십시오.   Don't explain again.

내일 모이지 맙시다.   Let's not meet tomorrow.

오늘은 만나지 맙시다.   Let's not meet today.

놀지 맙시다.   Let's not spend the time to play

택시를 부르지 맙시다.   Let's not call a taxi.

106. The pluralizing suffix -들

The plural of a noun is formed by attaching the suffix -들 to it. In general, singular and plural are not distinguished in Korean, if the over-all meaning is clear from the context.

예 **Examples**

나무/나무들   tree/trees
책/책들   book/books
사람/사람들   person/people

1) The pluralizing suffix -들, besides being attached to nouns, can be attached directly to any word in a sentence ; this implies a specific plural subject.

예 **Examples**

저리들 가세요.   Go that way, you people.

재미있게들 놀았어요.   We had a good time.

잘들 먹었어요.   We all ate well.

많이들 잡수세요.   Please eat a lot, all of you.

교실에서들 공부해요.   They are studying in the classroom.

가지들 마세요.   Don't go, anybody.

2) The following pronouns may be used either with the pluralizing suffix -들 or without it :

우리/우리들	we (intimate)
저희/저희들	we (humble)
너희/너희들	you (plain)
여러분 /여러분들	you (honorific)

107. -고 말고요

The pattern -고 말고요 is used with any verb, and corresponds to the English "there is no doubt it that…," "it is needless to say that…," "it is a matter of course that…," etc.

예 Examples

그녀가 착하고 말고요.	Of couse she is honest.
그가 멋있고 말고요.	Of course he is hansome.
돈이 있고 말고요.	Of course I have money.
그녀가 예쁘고 말고요.	Of course she is so pretty.
학교에 가고 말고요.	Of course I will go to school.

108. -(으)ㄹ 뻔하다

This pattern -(으)ㄹ 뻔하다 is used to indicate that an action or event had almost occurred.

예 Examples

큰일 날 뻔했어요.	Something serious almost happened.
죽을 뻔했어요.	I nearly died.

그 여자와 결혼할 뻔했어요.   I almost married her.

돈을 잃어버릴 뻔했어요.   I almost lost my money.

거짓말 할 뻔했어요.   I almost told a lie.

미국에 갈 뻔했어요.   I almost went to America.

109. -기 때문에/ Noun 때문에

This ending attaches to the verb stem of a preceding clause and expresses the reason or cause for the action of the second clause (in English "because")

예 Examples

오늘 수업이 없기 때문에 집에서 쉬어요.

    I rest at home because there is on class today.

돈이 모자라기 때문에 그것을 못 샀어요.

    Because I hadn't enough money, I couldn't buy it.

돈 때문에 싸웠어요.

    We fought over because of the money.

시계 때문에 늦었어요.

    I was late because of my watch.

110. Sentential Adverb 그러면, 그러나, 그러므로...

These are sentential adverbs based on the 그러하다 "do so; do thus" which link two sentences together. We can name the following:

예 Examples

그렇지만	but, however
그런데	by the way; and yet...; then (under the circumstances)
그러면	if so; if that is the case, in that case; then
그래서	therefore; thus

그리고	and then; and
그러니까	so; thus; therefore
그러나	but, however (a bit more literary than 그렇지만)
그러므로	therefore; hence (somewhat literary)
그래도	nonetheless; however; all the same; still

예 Examples

그 사람은 마음이 좋습니다.	He is a nice person.
그러면, 소개해 주세요.	Then, introduce him to me.

그 사람은 마음이 좋습니다.	He is a nice person.
그러나, 공부는 못해요.	But, he doesn't study well.

그 사람은 마음이 좋아요.	He is a nice person.
그리고, 잘 생겼어요.	And he is hansome

그 사람은 마음이 좋아요.	He is a nice person.
그러니까, 사귀어 보세요.	So try to get to kncw him.

그 사람은 마음이 좋아요.	He is a nice person.
그래도, 친구가 없어요.	Nonetheless, he has no friends.

111. Noun +하고 같이

This particle -하고 means "with", "in company with": 같이, as an independent word, means "together". The word 같이 in this pattern -하고 같이 can be dropped, making no difference in meaning.

예 Examples

친구하고 같이 먹었습니다.	I ate with my friend.
친구하고 먹었습니다.	I ate with my friend.

친구하고 같이 일하겠어요.　　　I will work with my friend.
친구하고 일하겠습니다.　　　I will work with my friend.
아버지하고 같이 마셨습니다.　　　I drunk with my father.
아버지하고 마셨습니다.　　　I drunk with my father.

112. -한테서/에게서

These auxiliary particles are used after animate nouns to mean "from", and are completely interchangeable.

예 Examples

부모님한테서 전화가 자주 와요.
　　　I often get phone calls from my parents.
친구한테서 생일 선물을 받았어요.
　　　I received a birthday present from my friend.
선배한테서 책을 빌렸어요.
　　　I borrowed a book from my school senior.
한국 사람한테서 초대를 받았어요.
　　　I was invited from a Korean.

1) If the noun indicates an unanimated object, use the particle -에서.

예 Examples

사무실에서 연락을 받았어요.
　　　I received from the office.
고향에서 좋은 소식이 왔어요.
　　　Good news has come in from my hometown.

113. The suffix -씩

예 Examples

하나씩 잡수세요.	Please eat (them) one by one.
매일 세 시간씩 일하세요.	Please work three hours a day.
학생이 둘씩 와요.	The students come by two.
하루에 세 번씩 먹어요.	I eat three times a day.

114. -(으)ㄹ 줄 알다/모르다

This pattern attaches to action verb stems and expresses the idea of "knowing how to do something".

예 Examples

밥을 지을 줄 알아요.	I know how to cook rice.
한자를 읽을 줄 알아요.	I know how to read chines characters.
전화를 걸 줄 알아요.	I know how to phone call.
노래할 줄 알아요.	I know how to sing a song.
한국말 할 줄 알아요.	I can speak Korean.
타자를 칠 줄 알아요.	I can type.
자동차를 고칠 줄 몰라요.	I don't know how to fix the car.

115. -(이)라도

This particle, -(이)라도 is attached directly to nouns. This particle indicates a lack of enthusiasm about one's choice. It's literal meaning is "even if(it be)".

예 Examples

버스라도 타고 갑시다.	Let's settle on riding a bus.

이것이라도 삽시다.　　　　　Let's settle on buying this.
극장이라도 갑시다.　　　　　Let's settle on going to the theater.
냉수라도 한 잔 주세요.　　　Please giving me just some cold water.

116. -지 않으면 안 된다

This is a combination of the long form negative in -지 않아요 and the pattern -으면 안되다. "if you do it, it will not do 〉 you must not do it". Thus, the two negatives combine to give the sense "if you don't do it, it won't do 〉 you must do it."

예 Examples

나는 지금 공부하지 않으면 안 된다.
　　　　I have to study now.(If I don't study now, it won't do)
친구를 만나지 않으면 안 돼요.
　　　　I must meet my friend.
넥타이를 매지 않으면 안 된다.
　　　　You should wear the tie.
국민은 세금을 내지 않으면 안 된다.
　　　　The citizens must pay taxes.
나는 그녀를 사랑하지 않으면 안 된다.
　　　　I must love her.
직장을 얻지 않으면 안 된다.
　　　　I should get a job.
돈을 벌지 않으면 안 된다.
　　　　I must earn some money.

117. -기 위해서 /위하여/위해

In -기 위해서 pattern, the second action is carried out to complete the action in the first sentence.

예 Examples

공부하기 위해서 학교에 다녀요.	We go to school to study.
먹기 위해서 삽니까?	Do you live to eat?
기분 전환하기 위해서,	For changing our mood,
한 잔 합시다.	let's have a drink.
건강을 위해, 매일 운동을 합니다.	I exercise every day for my health.

118. The particle -(이)나

This particle -(이)나, depending on the context or situation, can have many different meanings.

1) Noun + (이)나 ("or something")

한국말이나 공부합시다.	Let us study Korean (or something).
만년필이나 볼펜을 주세요.	Give me a fountain pen or ballpoint pen.

2) 몇 + Noun + (이)나 ("about", "approximately")

몇 권이나 사셨어요?	About how many books did you buy?
몇 사람이나 오셨어요?	About how many people come?

3) Number + Noun + (이)나 ("more than expected")

맥주를 열 병이나 마셨어요.	He drank ten boottles of beer.
	(more than I thought)
벌써 일곱 시나 되었어요.	It's 7 o'clok already.

119. The dependent noun -행

This noun is attached to the traveler's destination. The English equivalent of this is "bound for a certain place".

예 Examples

부산행 기차표	train ticket to Pusan
마산행 기차표	train ticket to Masan
서울행 기차표	train ticket to Seoul
동대문행 기차표	train ticket to Tongdaemun

120. -기도 하다

This is the nominalized ending -기 plus the particle 도. It attaches to any verb base to give the idea "does, or is indeed…; sure enough does or is…", etc. Depending on the context, it expresses either emphasis or exclamation.

예 Examples

아이를 돌보고, 안아주기도 했어요.	I took care of the baby, and also hugged it.
때때로 산에 가기도 해요.	Sometimes I go to mountain.
음식이 맵기도 해요.	This food is hot, too.
집을 짓기도 했고, 팔기도 했어요.	I both built the house and sold it
웃기도 하고 울기도 해요.	I both cried and laughed.

121. -았(었,였)으면 좋다/하다

This pattern may be used with any verb, and indicates a speaker's hope or desire.

날씨가 개었으면 좋겠어요.　　I wish the weather would clear up.

한국에 갔으면 좋겠어요.　　I wish I would go to Korea.

한국말을 잘했으면 좋겠어요.　　I wish I could speak Korean well

지금 영화나 봤으면 좋겠어요.　　I wish I would see a movie now.

그분을 만났으면 해요.　　I wish I would meet him.

맥주나 한 잔 했으면 해요.　　I wish I would drink a glass of beer.

그녀를 사랑했으면 해요.　　I wish I would love her.

122. The particle -만

The particle -만 can be attached to almost any word of a sentence. It refers always to the word to which it is attached, and indicates exclusiveness.

예 **Examples**

그분만 배웁니다.　　He is the only one learning.

한국말만 관심있습니다.　　I am interested only Korean.

김치만 맛있습니다.　　Only Kimchi is delicious.

빨리만 가십시오.　　Let's go only quickly

나는 밤에만 일합니다.　　I work only at night.

123. Sentence A 아니면/또는 Sentence B.

This pattern is used when we connect two sentences. The meaning of this pattern is equivalent to "or" in English. Sometimes this 아니면/또는 can be omitted.

예 **Examples**

어른표, 아니면 학생표요?

Ticket for adults or ticket for students?

그는 공부합니까, 아니면 놉니까?

    Does he study or play?

그녀는 예쁩니까, 아니면 예쁘지 않습니까?

    Is she pretty or not?

내일 놉니까, 아니면 안 놉니까?

    Do you play or not tomorrow?

식당에 갈 겁니까, 아니면 안 갈 겁니까?

    Will you go to the restaurant or not?

사랑합니까? 안 사랑합니까?

    Do you love me or not?

여자입니까? 남자입니까?

    Is it male or female?

지금 비가 옵니까? 안 옵니까?

    Is it raining or not?

124. -자마자

This form indicates that as soon as the action of the first clause is finished that the action of the second clause follows in sequence. Sometimes -자마자 can be shortened -자.

예 Examples

피곤해서 자리에 눕자마자 잠이 들었어요.

    I went to sleep as soon as I laid down because I was tired.

도착하자마자 잘 도착했다고 연락을 했더군요.

    As soon as he arrived he called and said that he had gone safely.

바람이 불자마자 꽃이 떨어졌어요.

    As soon as the wind blew, the flower fell down.

시험이 끝나자마자 여행을 떠났어요.

    As soon as I finished the test, I left a travel.

우리는 만나자마자 싸웠어요.

On meeting together, we fought.

정들자마자 이별이군요.

As soon as we get close, it is time to be apart.

결혼하자마자 헤어졌어요.

As soon as we married, we're parted.

125. -(이)든지

This attaches to question words to signify "regardless of how/ when/ what" etc., that is "whenever, whoever, however". Attached to other nouns, it signifies "one of a series of at least two choices, but I don't care which".

예 Examples

언제든지 좋아요.

Anytime at all will be good.

누구든지 괜찮아요.

Anyone at all will be fine.

어디든지 같이 갑시다.

wherever it is, let's go together.

돈만 있으면 어디든지 갈 수 있어요.

If I just had money, I could go anywhere

모르는 것이 있으면 뭐든지 물어보세요.

If there is something you don't know, just ask me anything.

사과든지 배든지 한 가지만 사세요.

Whether apples or pears, buy just one sort.

126. -(으)ㄴ지

This pattern indicates an interval of time which extends from a definite past to the present. The English equvalent of this pattern is "it's been (such and such) a time since....." or "from the time when....".

예 Examples

결혼한 지 일 년 되었어요.

    It's been a year since we got married.

영화를 본 지 다섯 달 되었어요.

    It's been five months since I saw the movie.

편지를 받은 지가 보름 되었어요.

    It's been fifteen days I got a letter.

그가 나간 지 삼십 분쯤 된 것 같아요.

    It seems it has been about 30 minutes since he went out.

아내를 본 지 오래 되었어요.

    It's been a long time since I saw my wife.

한국에 온 지 석 달 되었어요.

    It's been three months since I came to Korea.

127. The Particle -처럼

This particle -처럼, preceded by a noun, reflects an identical quality or condition of the noun.

예 Examples

내 집처럼 좋은 곳은 없어요.

    There is no good place like my home.

세월처럼 빠른 것은 없어요.

    There is nothing so fast as time.

한국어처럼 재미있는 것은 없어요.

    There is no language as interesting as Korean.

너처럼 나도 잘 할 수 있다.

    I can do well like you.

한 가족처럼 같이 살아요.

    We are living together like family.

128. -(으)ㄹ 무렵

This pattern conveys the meaning of "about time when……", in English.
Sometimes this word, 무렵 attaches to temperal nouns.

예 Examples

동틀 무렵에 해변가에 나가 보세요.
>You try to go out to the beach about sunrise.

내가 대학에 들어갈 무렵 전쟁이 끝났어요.
>The war was over about the time I was ready for university.

새벽에 나간 사람이 해질 무렵에 돌아왔어요.
>He went out at dawn and came back at sun down.

퇴근 시간 무렵에 만납시다.
>Let's meet about the time that we leave from our office.

점심 시간 무렵에 만납시다.
>Let's meet about lunch time.

129. -의

This particle indicates possession. The first noun with the particle modifies
the second noun. In casual conversations, the possessive marker -의 is usually
deleted.

친구(의) 책	friend's book
사업(의) 친구	business friend, friend of business
선생님(의) 연구실	office of the teacher
여자(의) 친구	girl friend
우리(의) 학교	our school, my school

130. Numerals (Dates)

The numerals for counting days are as follows.

하루	one day	내일	tomorrow
이틀	two days	오늘	today
사흘	three days	모레	the day after tomorrow
나흘	four days	글피	two days after tomorrow
닷새	five days	어제	yesterday
엿새	six days	그저께	the day before yesterday
이레	seven days	그그저께	two days before yesterday
여드레	eight days	삼일전	before three days
아흐레	nine days	삼일후	after three days
열흘	ten days		
열하루	eleven days		
열이틀	twelve days		
열닷새(보름)	fifteen days		
스무날	twenty days		

131. -ㅎ Irregular Verbs

Some description verbs ending in the final consonant -ㅎ are irregular.

예 Examples

빨갛다	빨강 + ㄴ → 빨간	to be red
노랗다	노랑 + ㄴ → 노란	to be yellow
까맣다	까망 + ㄴ → 까만	to be black
파랗다	파랑 + ㄴ → 파란	to be blue
하얗다	하양 + ㄴ → 하얀	to be white

그렇다 그렇 + ㄴ → 그런   to be like that
어떻다 어떻 + ㄴ → 어떤   how
이렇다 이렇 + ㄴ → 이런   to be like this

132. -게

This ending attaches to verb stem to form adverbial phrase.

예 Examples

옷을 싸게 샀어요.	I bought the clothes for cheap.
주말을 즐겁게 지내세요.	Spend a pleasurable weekend.
이것을 예쁘게 싸 주세요.	Please wrap this up prettily for me.
설명을 간단하게 하세요.	Please explain simply.
손님을 친절하게 대해요.	Please treat a guest friendly.

133. -말이다

This, a combination of 말 "words; speech; what one says" and the coupal 이다, attaches to nouns and phrases and is used to ascertain the other speaker's meaning in questions, or else to emphasize one's own words in statements.

예 Examples

그 여자 참 멋있어요.	She is really cool.
누구 말입니까?	Who do you mean?
김양 말입니다.	I mean Miss Kim.
에바가 한국에 갑니다.	Ewa goes to Korea.
언제 말입니까?	When do you mean?
내일 말입니다.	I mean tomorrow.

134. -(으)ㄹ 예정이다.

This pattern -(으)ㄹ 예정이다 indicates a speaker's schedule, plan or intention. The suffix (으)ㄹ always indicates the future tense.

예 Examples

그분을 방문할 예정이다.	I'm scheduled to visit him.
수출할 예정이다.	We plan to export cigarettes.
어디서 여행할 예정입니까?	Where are you going to marry?
내일 여행할 예정입니다.	I'm going to travel tomorrow.

135. -(으)ㄹ 뿐(이다)

This conveys the meaning of "doing/ being something else but...." or "only that".

예 Examples

그분은 계획을 세웠을 뿐이다.

He only made the plan.

나는 다만 거기에 갈 뿐이다.

I only went there.

그 사람은 듣기만 할 뿐, 아무 말도 안했어요.

He only listened, and did not talk.

어제는 기분이 안 좋았을 뿐입니다.

I wasn't feeling well yesterday.

내가 아는 사람은 이 사람 뿐입니다.

This is the only one that I know.

그분이 읽는 책은 잡지뿐입니다.

The books he reads are only magazine.

136. -(으)ㄹ 뿐만 아니라

This pattern conveys the meaning of "not only … but also".

예 Examples

오늘은 날씨가 추울 뿐만 아니라 눈도 왔어요.

It was not only cold but it also snowed today.

그 친구는 공부도 잘 할 뿐만 아니라 성격도 좋아요.

He is not only a good student but also has a great personality.

2. 한국어 문법용어 설명(중국어판)

1. 与汉语不同，韩国语中有两种基本的说再见的方式。**안녕히 가세요** 和 **안녕히 계세요。**

　　两者都表示"再见"、不同的是前者表示说话人留在原地对即将离开的人说；后者表示说话人要离去、对留在原地的人道别。

　　"**안녕**" 用于熟悉的年轻朋友之"、但不是礼貌的说法。

2. -(으)세요

- 用于动词词干后、表示命令、请求的终结词尾。-(으)세요 表示尊敬。
- 有收音(받침)的时候、变为"으세요"。

예例

가다	去	가세요	走吧。
오다	来	오세요	来吧。
바쁘다	忙	바쁘세요?	忙吗?
읽다	读	읽으세요	读吧。
안녕하다	安宁	안녕하세요?	你好?
만나다	见面	만나세요?	见面吗?

3. -아요/어요/여요

- 这是一种接在用言词干后的非正式终结词尾、常用于朋友之"。

- 这个终结词尾可用于陈述句、疑问句、祈使句、共动句等。

- 词干是以 아、 오 结尾的后接 아요：词干是以어、 우、 으 或 이 结尾的后接 어요. 如果是以 하-结尾的后接 -어요.

终结词尾 句型	正式型	非正式型
陈述	-ㅂ(습)니다.	-아요/어요/여요.
疑问	-ㅂ(습)니까?	-아요/어요/여요?
命令	-ㅂ(읍)시오.	-아요/어요/여요.
祈使	-ㅂ(읍)시다.	-아요/어요/여요.

- 当词干是以元音结尾并且该元音与后接的元音相连的时候、两个元音发生融合。

缩音

만나+아요 → 만나요	만나다	见面
가+아요 → 가요	가다	去
오+아요 → 와요	오다	来
보+아요 → 봐요	보다	看
일하+여요 → 일해요	일하다	工作
배우+어요 → 배워요	배우다	学习

예 예

바빠요?	忙吗?
예, 바빠요.	是、我很忙。
가요?	去吗?
예, 가요.	是、我去。
또 만나요.	再见。

4. 이것/그것/저것 这个/那个

• 것 是不完全名词、意思是 "某事物"。

1) 事物指代

　　이것　　这个 (事物靠近说话者)

　　그것　　那个 (事物靠近听话者或是双方都知道的东西)

　　저것　　那个 (事物与双方的距离相当)

예 例

이것이 사전입니다.	这是词典。
그것이 펜입니다.	那是铅笔。
저것이 사과입니다.	那是苹果。

在口语中、当이것, 저것, 그것后接主格助词이时、것变为게。

예 例

이것이	(事物靠近说话者)	이게
그것이	(事物靠近听话者或是双方都知道的东西)	그게
저것이	(事物与双方的距离相当)	저게

예 例

이게 무엇입니까?	这是什么?
그게 한국어 책입니다.	这是一本韩语书。
저게 맥주입니다.	那是啤酒。

2) 人称指代

　　이분　　这位 - 人靠近说话者

　　그분　　那位 - 所指的人靠近听话者或是双方都知道的人

　　저분　　那位 - 所至的人与双方的距离相当

예

이분이 의사입니까?   这位是医生吗?

그분이 선생님입니까?   那位是老师吗?

저분이 교수님입니까?   那位是教授吗?

5. 指示代词 이/그/저

이/그/저后面可以接名词。

예

이 책상   这张桌子   저 볼펜   那支圆珠笔

이 연필   这支铅笔   그 책상   那张桌子

6. -ㅂ니까? / - 습니까?

指示的疑问句终结词尾。

有收音的时候、用"습니까";没有的时候、用"ㅂ니까"。

예

가 + ㅂ니까? → 갑니까?   去吗?   가다   去

먹 + 습니까? → 먹습니까?   吃吗?   먹다   吃

읽 + 습니까? → 읽습니까?   读吗?   읽다   读

一般疑问句时、-ㅂ니까 / -습니까读成升调;特殊疑问句(包含谁、什么、何时、为什么、怎么等疑问代词的疑问句)时、 -ㅂ니까 / -습니까反而要读成降调。

예

한국 사람입니까? ↗   是韩国人吗?

돈이 있습니까? ↗   有钱吗?

이름이 무엇입니까? ↘   叫什么名字?
어디에 가십니까? ↘   去哪?

7. -ㅂ니다 / -습니다

- 这是表示陈述句的词尾、语气较为正式。有收音时用 -습니다、没收音时用-ㅂ니다。

예 例

가 + ㅂ니다 → 갑니다   가다   去
마시 + ㅂ니다 → 마십니다   마시다   喝
있 + 습니다 → 있습니다   있다   有
덥 + 습니다 → 덥습니다   덥다   热

8. -이다

- 不同于动词或形容词可以单独存在、-이다必须与体词连用、起到动词的作用、翻译
  为 " 是…… "。

예 例

이것이 책상입니다.   这是桌子。
저것은 시계입니다.   那是鐘。
이것은 책이다.   这是书。
그분은 의사입니다.   那位是医生。
그것은 지도입니까?   那是地图吗?

9. -이 아니다 / -가 아니다

- 相当于 " 不是 " ；前面的词有收音的、用 "이 아니다";没有的、用"가 아니다"。

예 例

이것은 책이 아닙니다.	那不是书。
나는 학생이 아닙니다.	我不是学生。
저것은 공책이 아닙니다.	那不是笔记本。
이것은 우리 집이 아닙니다.	那不是我们家。
저 분은 우리 어머니가 아닙니다.	那位不是我母亲。

10. 当韩国人在说〝감사합니다〞的时候

通常的回答是说 "뭘요", 这相当于汉语的 "别客气"。类似的还有 "천만에요", 也当 "没关系" "别客气" 讲。有的时候，韩国人只是说 "예" 或者 "네"。"감사합니다" 和 "고마워요" 意思相同。

11. 表场所的指示代词

여기	这	이리	这里
거기	那	그리	那里
저기	那	저리	那里
몰라요.	不知道	몰랐어요.	不知道
알아요	知道	알았어요.	知道

12. -가/ -이

-가/-이 这是附在体词(名词和代词的总称)后面的主格助词、作用是用来表示该词为一句话的主语。前面的词干有收音的、用"이"、没有的用"가"。

이것이 책입니다.	这是书。
이름이 무엇입니까?	什么名字?
친구가 옵니다.	朋友来了。
의자가 있습니다.	有椅子。
눈이 옵니까?	下雪吗?

13. 人称代词

　　韩国语当中表示"我"、"你"、"谁"的这些人称代词接主格助词-가时往往有其相应的变化。比如：나+가-〉내가; 저+가-〉제가; 너+가-〉네가;누구+가-〉누가

나 → 내 + 가	내가 말합니다.	我正在说话。
저 → 제 + 가	제가 미스터 정입니다.	我是郑先生。
너 → 네 + 가	네가 간다.	你去。
누구 → 누 + 가	누가 왔습니까?	谁来了。

14. 韩国语的动词类型。

　　韩国语的动词分为4类： 行为动词、形容词、存现动词、系动词

1) 形容词

这些词表示了主语的性质或是条件。

| 나쁘다 | 不好 | 날씨가 나빠요. | 天气不好。 |
| 바쁘다 | 忙 | 저는 오늘 바빠요. | 我今天忙。 |

2) 行为动词

这些词表示一句话中主语的行为和动作。

읽다　读　집에서 신문을 읽어요.　　　　在家读报。

먹다　吃　저는 한국 식당에서 점심을 먹어요.　我在韩国餐厅吃午饭。

3) 存现动词

这些词表示了存现、位置及所有的概念。

있다　在/有　　집에 있어요.　　　我在家。

없다　没有/不在　지우개가 없어요.　我没有橡皮。

4) 系动词

这类动词把一句话中的主语与谓语相连接、表示平等或相同。相当于汉语中的"是"。

이다　　是　　이것이 책이에요.　　　这是书。

아니다　不是　그것은 지도가 아닙니다.　那不是地图。

15. -예요? / -이에요?

-예요?/-이에요? "예요?"表示的是"是..吗？"；"예요?"用于没有收音的词后面。

"이에요?"是跟在有收音的词的后面、意思是跟"예요?"一样的。

예 例

사과예요?　　　　　　　是苹果吗？

고기예요?　　　　　　　是肉吗？

제3과예요?　　　　　　　是第叁课吗？

선물이에요?　　　　　　　是礼物吗？

과일이에요?	是水果吗?
만 원이에요?	是一万元吗?
돈이 아니에요?	不时钱吗?
담배가 아니에요?	不是香烟吗?
그것은 시계예요.	那是钟。
이것은 오늘 신문이에요.	这是今天的报纸。

16. 韩国语会话中的主语经常是省略的

예 例

이것은 얼마예요?	→	얼마예요?	多少钱?
나는 좋아요.	→	좋아요.	我很好。
이것이 비싸요?	→	비싸요?	贵吗?

17. 韩国语中表示数字的汉字词

0 영	10 십	20 이십	100	백
1 일	11 십일	21 이십일	1,000	천
2 이	12 십이	22 이십이	10,000	만
3 삼	13 십삼	23 이십삼	100,000	십만
4 사	14 십사	24 이십사	1,000,000	백만
5 오	15 십오	25 이십오	10,000,000	천만
6 육	16 십육	26 이십육	100,000,000	억
7 칠	17 십칠	27 이십칠	1,000,000,000	십억
8 팔	18 십팔	28 이십팔	1,000,000,001	십억일
9 구	19 십구	29 이십구	1,000,000,011	십억십일

18. -도

　-도、接在体词的后面、表示"也"的意思、有时也表示强调。

예 例

그분은 한국사람입니다.	那位是韩国人。
저도 한국사람입니다.	我也是韩国人。
차가 많습니다.	车很多。
택시도 많습니다.	出租车也多。
나는 모자를 샀습니다.	我买了帽子。
구두도 샀습니다.	皮鞋也买了。
오늘은 시간이 없습니다.	今天我没有空。
물론, 돈도 없습니다.	当然、也没有钱。

19. -을/-를

　-을/를 这是接在体词后面表示其宾语成分的宾格助词、有时可省略。-을用于有收音的体词后、-를用于没有收音的体词后。

예 例

그분은 신문을 봅니다.	他在看报纸。
나는 밥을 잘 먹습니다.	我吃得很多。
이 아이는 빵을 좋아합니다.	这孩子喜欢吃面包。
나는 친구를 기다립니다.	我在等朋友。
커피를 드시겠어요?	要喝咖啡吗?
커피 드시겠어요?	要喝咖啡吗?

20. -겠-

-겠- 接在用言词干后、表示意愿或猜测。

예 例

내일 영화를 보겠습니다.	明天要看电影。
내일 다시 오겠습니다.	我明天再来。
저녁에는 친구를 만나겠습니다.	晚上见朋友。
오늘 밤에 다시 전화하겠습니다.	今晚会再打电话。
저 책이 좋겠어요.	那本书也许是好的
지금 집에 가겠어요.	现在要回家。

21. 문장구조(句子结构):　1) 韩国语的句子结构最少有两个部分组成、主语+谓语

2) 当有宾语的时候、韩国语的句子结构与中文有很大不同，주어(主语)+목적어/(宾语)+서술어(谓语)

예 例

아이가 잡니다.	孩子在睡觉。
꽃이 핍니다.	花开了。
기차가 많습니다.	有很多火车。
날씨가 덥습니다.	天气热。
이것이 무엇입니까?	这是什么?
이분이 간호사입니다.	这是位护士。

예 例

그 학생이 편지를 씁니다.	那个学生正在写信。
나는 잡지를 삽니다.	我在买杂志。
영수가 질문을 합니다.	永珠问问题。
무엇을 먹습니까?	你吃什么?
나는 친구에게 편지를 씁니다.	我给朋友写信。

22. 数字 韩国语有两套数字系统：固有词和汉字词。固有词常用于计数，
汉字词常用于读数，但当数字超过一百的时候只用汉字词。

固有数词

1	하나	11	열하나	10	열
2	둘	12	열둘	20	스물
3	셋	13	열셋	30	서른
4	넷	14	열넷	40	마흔
5	다섯	15	열다섯	50	쉰
6	여섯	16	열여섯	60	예순
7	일곱	17	열일곱	70	일흔
8	여덟	18	열여덟	80	여든
9	아홉	19	열아홉	90	아흔
10	열	20	스물		

汉字数词

1 일	11 십일	10 십	100 백
2 이	12 십이	20 이십	1,000 천
3 삼	13 십삼	30 삼십	10,000 만
4 사	14 십사	40 사십	
5 오	15 십오	50 오십	
6 육	16 십육	60 육십	
7 칠	17 십칠	70 칠십	
8 팔	18 십팔	80 팔십	
9 구	19 십구	90 구십	
10 십	20 이십		

23. 月, 年

1	January	일월	一月	7	July	칠월	七月
2	February	이월	二月	8	August	팔월	八月
3	March	삼월	叁月	9	September	구월	九月
4	April	사월	四月	10	October	시월	十月
5	May	오월	五月	11	November	십일월	十一月
6	June	유월	六月	12	December	십이월	十二月

*6月和10月的说法是有例外的：“육”和“십”的“ㄱ”和“ㅂ”脱落。

24. -은 / -는

　-은/-는 置于体词后以明确一个句子的主题、有时也表示对比或强调。-은用于有收音的体词后、-는用于没有收音的体词后。

예 例

내일은 시간 있어요?	明天有时间吗?
이분은 김선생님입니다.	这位是金老师。
나는 김치를 좋아합니다.	我喜欢吃泡菜。
나는 이 여자를 사랑합니다.	我爱她。

此助词还可以附着在副词和动词之后。

예 例

집에서는 공부하지 않습니까?	你在家不学习吗?
이 책이 비싸지는 않아요.	这本书不贵。
12시에는 점심을 먹어요.	12点吃午饭。
그는 숙제를 잘 해요.	他做作业做得很好。

25. 있다

있다相当于汉语中的 "有" 、 "在" 。反义词是 없다。

예 例

애인이 있습니다.	我有爱人。
시계가 있습니다.	我有手表。
그림이 없습니다.	我没有书。
질문이 있습니까?	有问题吗?
사전이 없습니까?	你没有词典吗?

当主语是被尊敬的对象、用 "계시다" 代替 "있다" 。

예 例

의사 선생님이 계십니다.	医生在。
부모님이 계십니까?	父母都在吗?
아버지가 안 계십니다.	父亲不在。
정 교수님이 안 계십니다.	郑教授不在。

26. 누구人称代词, "谁" 。

当 "누구" 作为主语、后面附着了 "가" 的时候、 "누구" 中的 "구" 便自然脱落。

누가 공부합니까?	谁在学习?
누가 옵니까?	谁来?
누가 갑니까?	谁去?

而当 "누구" + "이다" 和 "누구" "-을/를" 的情况下、 "구" 不脱落。

이분이 누구입니까?　　　　　　　这位是谁?

누구를 기다리십니까?　　　　　　在等谁?

27. 过去式 -았-(-었-/-였-)

　-았-(-었-,-였-)过去式。当前面的词根为ㅏ、ㅗ结尾的、后接았、当前面的词根为ㅓ、

ㅡ、ㅜ、ㅣ时、后接었、当前面是以하다型动词结尾的时、后接였。

1) 当动词语干是以元音词尾的，其过去式为"-았-"。

예 例

过去式	缩写	意 义
가았습니다	갔습니다	(I) went 去了
보았습니다	봤습니다	(I) saw (it) 看了
좋았습니다	-	(It) was good 好

2) 当以"ㅜ、ㅡ、ㅣ"结尾时、过去式为"-었-"。

예 例

过去式	缩写	意 义
먹었습니다	-	(I) ate 吃了
웃었습니다	-	(He)laughed 笑了
읽었습니다	-	(I) read 读了

3) 如果是"-하다"动词、其过去式为"-였-"。

예 例

过去式	缩写	意 义
하였습니다	했습니다	(I) did 做了
산책하였습니다	산책했습니다	(I) took a walk 散步了
일하였습니다	일했습니다	(I) worked 工作了

28. 副词

副词韩国语的副词和汉语一样是用来修饰动词、形容词、其他副词、词组或是整个句子。绝大多数的形容词可以通过加上－게变为副词。

예 例

예쁘게	美丽地	크게	大地
재미있게	有趣的	싸게	便宜地

经常出现的副词有：

가끔	偶尔	아주	很
그러나	但是	아직	还
그런데	但是	아침마다	每天早晨
그리고	又	앞으로	将来
꽤(제법)	十分	자주	经常
너무	太	잘	好好
늘	经常	저녁마다	每天晚上
다시	重新	적어도	至少
대개	大概	점점	渐渐
대단히	很	정신없이	慌张地
드디어	终于	조금	一点儿
때때로	有时	주로	主要
많이	多	참	确实
벌써	已经	천천히	满满地
보통	普通	퍽	很
빨리	快	흔히	时常
상당히	相当	항상	经常

김치는 아주 맛있어요.	泡菜很好吃。
불고기는 대단히 맛있어요.	烤肉很好吃。
그는 늘 공부해요.	他经常学习。
그녀는 항상 신문을 읽어요.	她经常看报纸。
나는 매일 TV를 봐요.	我每天看电视。
나는 정말로 그녀를 사랑해요.	我确实爱她。
빨리 집에 가세요.	快点回家。
때때로 친구를 만나요.	偶尔见朋友。
자주 음악을 들어요.	我经常听音乐。
그녀는 노래를 잘 불러요.	她唱歌唱得好。
나는 그것을 싸게 샀어요.	我买得便宜。
그러나, 아직 그녀를 좋아해요.	但是、还眞喜欢她。

29. 안

안 表示否定的副词、后接用言。

예 例

나는 안 가겠습니다.	我不去。
우유를 안 마십니다.	我不喝牛奶。
라디오를 안 들으십니까?	你不听收音机吗?

在 " 名词+하다 " 句型中、表否定的 " 안 " 置于名词和 " 하다 " 中 " 、同时、名词之后还要附着一个助词。

예 例

그녀는 말을 안 합니다.	她不说话。
학생들은 공부를 안 합니다.	学生不学习。

30. 副词못：

못与안一样是表示否定的副词、常接在动词后、表示客观上的不可能。

예例

그 책을 못 샀습니다.	没能买到那本书。
어젯밤에 못 잤습니다.	昨晚没睡着。
못 도와 주겠습니다.	不能帮你。

못有下面两种的组合方式、못+动词或动词+지 못하다这时它们的意思完全相同。

예例

못 가겠습니다.	不能去。
가지 못 하겠습니다.	
못 읽었습니다.	没有读。
읽지 못 했습니다.	

副词"못"不能附于像"공부하다""등산하다"等"하다"动词之前。但"못"经常置于"하다"和其前面的名词部分之前、例如：

공부를 못 하겠습니다.	不能学习
등산을 못 합니다.	不能登山

31. -지 않다

-지 않다 接在用言词干后表示否定的助词。

예例

오늘 학교에 가지 않아요.	今天不去学校。
요즈음 바쁘지 않습니까?	最近忙吗?

기분이 좋지 않아요.   心情不好。

그녀는 예쁘지 않아요.   她不漂亮。

그는 책을 읽지 않습니다.   他不看书。

32. -아서/-어서/-여서

-아서/-어서/-여서 接在词干后表示前面的内容是后面内容的塬因。还可以表示前后动作的順接。-았/-었/-엮 和 -겠- 不能放在 -아서/-어서/-여서 前面。

예 例

방이 커서 좋습니다.   因为房间大、所以喜欢。

배가 아파서 약을 먹었습니다.   因为肚子疼、所以吃了药。

비가 와서 우산을 샀습니다.   因为下雨、所以买了雨伞。

약속을 어겨서 죄송합니다.   迟到了、对不起。

옷을 많이 입어서 덥습니다.   因为衣服穿得多、所以热。

집에 가서 점심을 먹습니다.   回家吃午饭。

편지를 써서 부치겠습니다.   写完信、寄过去。

그분을 만나서 이야기했어요.   跟他见面、谈了话。

책을 사서 읽읍시다.   买书看。

33. -에

-에 接在表示地点、时"的体词后、指所在的地点或时"。也可以表示行动的目的地。

예 例

영수는 학교에 있습니다.   永淑在学校。

백화점에 물건이 많습니다.   商场里东西很多。

날마다 도서관에 갑니다.   每天去图书馆。

어디에 가십니까?   去哪儿?

일요일에 만나요.   星期天见面。

그는 학교에 갑니다.　　　　　　　他去了学校。

1) "-에 있다"是表场所的句型、"-에"附着在动词"있다"前。

예 例

책이 책상에 있습니다.　　　　书在桌上。
동생이 폴란드에 있습니다.　　弟弟在波兰。
선생님이 교실에 없습니다.　　老师不在教室。
어머니는 집에 계십니다.　　　妈妈在家。

34. 요일 星期的说法

월요일	星期一	금요일	星期五
화요일	星期二	토요일	星期六
수요일	星期叁	일요일	星期日
목요일	星期四		

35. -(으)ㄴ데요/-는데요

-는데요/(으)ㄴ데요 这是接在用言后的终结词尾、表示下面还有话要说但不方便说。
-는데요接在动词后；而-(으)ㄴ데요接在形容词或 "-이다" 后、有收音的形容词用-은
데요、没有收音的形容词用-ㄴ데요。

예 例

하나 사시려고요?　　　　　　　想买吗?
돈이 모자라는데요.　　　　　　我的钱不够。
오늘 저녁에 그 영화를 보러 갈까요?　今晚去看电影吗?
나는 벌써 보았는데요.　　　　我已经看过了。

음식이 없군요.　　　　　　　　　没有吃的了。

더 먹으려고 했는데요.　　　　　　本来想要多吃点儿。

36. -ㄴ(은)가요?/-는가요? :表疑问的尾词、带有非正式但是礼貌的语气、用法同上。

예 例

그분이 친절한가요?　　　　　　他亲切吗?

그분이 누구인가요?　　　　　　他是谁?

그것이 교실인가요?　　　　　　那时教室吗?

무엇을 공부하시는가요?　　　　在学什么?

누가 공부했는가요?　　　　　　谁在学呀?

1) ㄴ(은)가요在现在时态中与形容词和 "-이(다)" 合起来使用。-ㄴ가요接在词尾是元音的形容词之后 ; -은가요接在词尾是辅音的形容词之后。

2) 动词之后接 -는가요

37. -면서
　　:接在动词词干后，表示 "一边……一边……"

예 例

음악을 들으면서 책을 읽었어요.　　　　　边听音乐、边看书。

음식을 먹으면서 신문을 읽지 마세요.　　不要边吃边看报纸。

산보를 하면서 이야기 합시다.　　　　　边散步边说。

그분이 울면서 말했어요.　　　　　　　他边说、边哭。

점심을 잡수시면서 보세요.　　　　　　请您边吃午饭边看。

그분이 웃으면서 이것을 주었어요.　　　他边笑边给我这个。

담배를 피우면서 갑시다.　　　　　　　边抽烟边走、好吗?

가르치면서 나는 많이 배웠어요.　　　　我边教边学。

38. -(으)시-

　-(으)시- 置于用言词干后、表示对作为主语的人的尊敬。有收音的用-으시、没收音的
直接用-시。

예 例

선생님이 가십니다.	老师去了。
이분이 부인이십니까?	是你夫人吗?
내일 회사에 가시겠습니까?	明天去公司吗?
어머니는 신문을 읽으십니다.	妈妈在看报纸。

1) 有些动词不用加-으시-、而是通过完全改变自身的形式来表示尊敬。

예 例

먹다 → 잡수시다	吃
있다 → 계시다	在
자다 → 주무시다	睡

　2) 在说给需要表示尊敬的人听的时候、使用一些特殊的名词、它们在文章中一般充当
宾语。

예 例

밥 → 진지	米饭
말 → 말씀	话
집 → 댁	家

39. -(으)로

예 例

어디로 가십니까?	你去那了?
사무실로 갑니다.	去办公室。
버스로 왔습니다.	坐公共汽车来的。
젓가락으로 먹습니다.	用筷子吃饭。
한국말로 말하십시오.	用韩语说。

40. 무슨

表示"什么"，在体词前面，修饰名词。但무엇可以后接主格助词-가/-이，目的格助词-를/을，叙述格助词-이다。

예 例

그것이 무슨 책이에요?	这是什么书?
무엇이 좋아요?	喜欢什么?
무엇을 공부하세요?	学什么?
이것이 무엇이에요?	这是什么?

41. -에서

根据上下文有两种含义。一种是接在表示场所、地点的名词后表示动作发生的地方、另一种是表示行动的起点、可翻译为"从……"。

예 例

도서관에서 공부를 해요.	在图书馆学习。
방에서 놀아요.	在房间里玩。
공원에서 산책해요.	在公司散步。

| 사무실에서 일해요. | 在办公室工作。 |
| 운동장에서 놀아요. | 在操场玩。 |

1) 表示行动的出发点、相当于汉语的 "从、自"

예 例

그분이 한국에서 와요.	他从韩国来。
세 시에 집에서 떠나요.	叁点钟离开家。
부산에서 서울까지 얼마나 멀어요?	从釜山到汉城有多远?
한 시에서 세 시까지 공부했어요.	从一点学到叁点。

42. -(으)ㄹ까요?

接在动词词干后表示推测、假设或打算。当主语是第一人称单数时表示说话者向对方征求意见、当主语是第一人称复数时表示说话者邀请对方一起做某事。-ㄹ까요用于没有收音的动词、-을까요用于有收音的动词后。

예 例

(제가) 전화를 할까요?	打一下电话?
(제가) 문을 닫을까요?	关一下门。
(우리가) 무엇을 시킬까요?	点什么菜?
(우리가) 내일 일찍 만날까요?	明天早点见。

1) 当只是听话的人做某种动作时、后面用-(으)십시오、当说话人和听话人共同进行时
用-(으)십시다.

예 例

전화하세요.	请打电话。
문을 닫으십시오.	请关门。
내일 만납시다.	明天见。

43. -(으)ㅂ시다

"一起……吧"、表共动。接在动词词干后、-ㅂ시다接在没有收音的动词后、읍시다
用在有收音的动词后。

예 例

动词词干祈使词尾

가+ㅂ시다	→ 갑시다	가다	走
읽+읍시다	→ 읽읍시다	읽다	读
앉+읍시다	→ 앉읍시다	앉다	坐
노래하 + ㅂ시다	→ 노래합시다	노래하다	唱

44. -쯤

接在表时"或数字的体词后、是"大约"、"……上下"的意思

예 例

지금 몇시쯤 되었습니까?	现在几点?
오후 2시쯤 만납시다.	下午2点钟左右见面。
언제쯤 떠나십니까?	什么时候离开?
학생이 400명쯤 왔어요.	一共来了400多名学生。
배를 몇 개쯤 살까요?	买几斤苹果?

45. 句型

韩国语的句子类型：1) 陈述句 2) 疑问句 3) 祈使句 4) 命令句 5) 感叹句

表现形式是根据它们的动词词尾和语调而变化的。这里是五种类型的例子：

예 例

1) 陈述句

오래간만입니다.　　　　　　好久不见。

처음 뵙겠습니다.　　　　　　初次见面。

이제 가봐야 겠습니다.　　　　我该走了。

안 바빠요.　　　　　　　　　我不忙。

2) 疑问句

안녕하십니까?　　　　　　　你好。

메리 스미스입니까?　　　　　你是玛丽史密斯吗?

이분 아세요?　　　　　　　　你认识这位吗?

바쁘세요?　　　　　　　　　忙吗?

3) 祈使句

식당에 갑시다.　　　　　　　去餐厅吧。

학교에 갑시다.　　　　　　　去学校吧。

호텔에서 만납시다.　　　　　在宾馆见面。

4) 命令句

안녕히 가십시오.　　　　　　再见。

안녕히 계십시오.　　　　　　再见

인사하세요.　　　　　　　　打招呼。

5) 感嘆句

참 예쁘구나.　　　　　　　　眞漂亮

참 좋구나.　　　　　　　　　眞好!

46. 韩国语中对长辈的称谓。

对长辈的称谓在韩国语中很少直呼别人的姓名、为了表示对说话人的尊敬可以在人的职位后面加上"님"、如果不清楚对方的职位、也可以在对方的姓后加上"선생님"。

例 与工作相关的称唿

선생님	老师
교수님	教授
의사 선생님	医生
김박사님	金博士
과장님	课长
사장님	社长

例用于称谓后面

김선생님	金老师
이선생님	李老师
박선생님	朴老师
최선생님	崔老师
송선생님	宋老师
정선생님	郑老师

47. 对比自己地位低的人的称谓在这种情况下可以使用〝미스터〞(先生)或〝미스〞(小姐)。

예 例

미스터 김	金先生	김씨	金君
미스터 송	宋先生	송욱씨	松润君
미스 나	罗小姐	나양	罗小姐
미스 한	韩小姐	한양	韩小姐

韩国语人名的写法 ：韩文人名的写法采取姓在前、名在后的顺序。

예 例

정직한	郑直汉
나영숙	羅英淑
조인걸	赵仁洁

48. 님可以在名词后加上 "님" 表示尊敬。

예 例

부모 → 부모님	父母	아들 → 아드님	儿子
선생 → 선생님	老师	딸 → 따님	女儿
박사 → 박사님	博士	아버지 → 아버님	父亲
사장 → 사장님	社长	어머니 → 어머님	母亲

49. 口语中的非敬语体

假如你和一个小孩或者亲密的朋友说话、应该使用非敬语体。下表列出了敬语与非敬语的几种主要类型。注意区别敬语与非敬语的区别。

形式 \ 句型		陈述	疑问	命令	祈使	感叹
正式	-ㅂ니다	-ㅂ니다 -습니다	-ㅂ니까? -습니까?	-(으)십시오	-(으)ㅂ시다	
	-네	-네	-나?	-게	-세	
	-ㄴ다	-는(ㄴ)다 -다	-(으)니? -느(으)냐?	-아(어,여)라	-자	-(는)구나
非正式	-어요	-아(어, 여)요				-(는)군요
	-어	-아(어, 여)				-(는)군

1) 非正式终结词尾-아/-어/-여

예 例

나는 좋아.	我很好。
너는 좋아?	你好吗?
방 좀 쓸어.	打扫房间吧。
열심히 공부해.	好好学习吧。
식당에 가.	去餐厅吧。

2) 正式终结词尾-는다/-ㄴ다/-다 （陈述型）

예 例

나는 매일 일기를 쓴다.	我每天写日记。
오늘은 춥다.	今天很冷。
개가 빵을 먹는다.	狗吃面包。

3) 正式终结词尾 -(으)니/-ㄴ(으)냐 （疑间型）

예 例

힘들지 않니?	难吗?
학교에 가느냐?	去学校吗?

4) 正式终结词尾-아(어,여)라 （命令型）

예 例

답장을 빨리 써라.	快点儿写答案。
우유를 마시어라(마셔라).	喝牛奶吧。
열심히 공부해라.	努力学吧。

5) 正式终结词尾-자 (祈使型)

예 例

집에 가자.　　回家吧。　　　물을 아끼자.　　节约用水
놀자.　　　　去玩吧。　　　얘기하지 말자.　　不要说话

6) 正式终结词尾-(는)구나 (感叹型)

예 例

오늘 무척 덥구나!　　　今天很热。
고기를 잘 먹는구나!　　肉吃得眞多啊。

7) 非正式终结词尾-(는)군 (感叹型)

예 例

오늘 춥군!　　　今天很冷。
잘 달리는군!　　过得好。

50. -지요

接在句尾谓词后表征求意见和肯定自己的说法。相当于汉语中的 "…… 吧"

예 例

제가 돈을 내지요.　　我来付钱。
날씨가 춥지요?　　天气冷吧?
또 만나지요.　　再见。
함께 가지요.　　一起去吧。
그여자 예쁘지요?　　她漂亮吗?

51. -어(아/여)야 하다

接在用言词干后、表"应该……"的意思。

예 例

약속을 지켜야 합니다.	你一定要守约。
학생은 공부를 열심히 해야 합니다.	学生必须努力学习。
방은 밝아야 합니다.	房间必须光线充足。
거짓말은 하지 않아야 합니다.	不应该说谎。
저는 지금 집에 돌아가야 합니다.	我必须现在回家。
밥을 먹어야 합니다.	你必须吃饭。

52. -ㅂ시오

表祈使句的终结词尾、接在动词后、有收音的用으십시오、没收音的用십시오

词尾的变化

예 例

가 + 시+ ㅂ시오→ 가십시오	去
읽 + 으시+ ㅂ시오→ 읽으십시오	读
청소하 + 시+ ㅂ시오→ 창소하십시오	打扫
서 + 시+ ㅂ시오→ 서십시오	站起来
앉 + 으시+ ㅂ시오→ 앉으십시오	坐下来
가져오 + 시+ ㅂ시오→ 가져오십시오	拿过来
찾 + 으시+ ㅂ시오→ 찾으십시오	找

53. 终结词尾

在韩国语的句子结构当中、终结词尾附着在一句话的最后一个动词之后并为该句子作结尾、根据形式的不同、终结词尾可分为四种类型。

	陈述	疑问	命令	祈使
没有收音	-ㅂ니다	-ㅂ니까	-십시오	-ㅂ시다
有收音	-습니다	-습니까	-으십시오	-읍시다

54. 不规则 ㄹ 变化 当词干是以收音 ㄹ 结尾并后接 ㅂ,ㄴ,ㅅ 时, ㄹ 发生音变消失。

예 例

살다	居住
살 + 십시오. → 사십시오.	请住下
울다	哭
울 + 니? → 우니?	在哭吗？
알다	知道
알 + ㅂ니까?→압니까?	知道吗？
팔다	卖
팔 + 십시오→파십시오.	卖吧。

55. "르" 的不规则用法

当词干是以르结尾并后接元音时르发生音变。르前一个音节的元音是아、오时变化如下：모르다 모르+아-〉몰라; 다르다 다르+아-〉달라; 고르다 고르+아-〉골라; 오르다 오르+아-〉올라。其他情况变化如下：찌르다 찌르+어-〉찔러; 흐르다 흐르+어-〉흘러。

예 例

모르 + 아 → 몰라	모르다	不知道
다르 + 아 → 달라	다르다	不一样
고르 + 아 → 골라	고르다	挑选
빠르 + 아 → 빨라	빠르다	快
오르 + 아 → 올라	오르다	爬

56. 后缀기的用法

在韩国语中、很多动词可以通过在其后接后缀기变成动名词。

예 例

살 + 기 → 살기	生活	살다	住
가르치 + 기 → 가르치기	教导	가르치다	教
크 + 기 → 크기	大小	크다	大
공부하 + 기 → 공부하기	学习	공부하다	学习

예 例

가르치기가 쉽습니다.	容易敎。
공부하기가 싫어요.	不爱学习。
살기가 좋아요.	环境很好
그분을 만나기가 어려워요.	很难见到他。

57. -아(어, 여) 주다

-아(어,여)주다接在动词词干后表示"给做……"。当动词词干以아或오结尾、用아주다；当以어、우、 으或이结尾、 用어주다。如果是하다动词、用여주다。

예 例

생일카드 좀 보여 주세요.	请给我看一下生日卡。
주소를 가르쳐 주세요.	请告诉我地址。
종이에 싸 주세요.	请用纸包一下。
좀 도와 주세요.	请帮我。
쉽게 설명해 주세요.	请简单解释一下。
신문을 읽어 주세요.	请帮我念一下报纸。
문을 닫아 주세요.	请关上门。
전기불을 켜 주세요.	请开一下灯。
전화번호 좀 알려 주세요.	请告诉我你的电话号码。

58. 名词+하고+名词

名词＋하고＋名词하고的意思相当于“和”、多用于口语。

가방에 책하고 공책이 있어요.	书和笔记本在包里。
도서관에 사전하고 잡지가 많습니다.	图书馆里有很多书和杂志。
우유하고 빵을 주세요.	给我牛奶和面包。
불고기하고 김밥을 주세요.	给我烤肉和紫菜包饭。
아버지가 과자하고 과일을 사셨습니다.	爸爸买了饼干和水果。

59. -지만

接在用言后表转折、是“虽然……”的意思。

예 例

그는 공부를 열심히 하지만, 성적이 좋지 않아요.

他虽然学习认真但成绩不理想。

바람은 불지만, 비는 안 와요.	虽然刮风、但不下雨。
약은 먹었지만, 낫지않아요.	虽然吃了药、但还没好。

전화번호는 알지만, 주소는 모릅니다.

知道电话号码、但不知道地址。

나는 그녀를 좋아하지만, 사랑하지 않아요.

我喜欢她、但不爱她。

부자이지만, 돈을 안 써요.	虽然是富翁、但不爱花钱。

60. -(으)려고 하다

表示打算要作什么。可翻译为“想……”、“要……”。接在动词词干后、一려고 하다用于没有收音的情况、-으려고 하다用于有收音的情况。

점심을 먹으려고 합니다.	我想吃午饭。
기차가 떠나려고 해요.	火车要开了。
그는 의사가 되려고 해요.	我想当医生。
여행가려고 합니다.	我想去旅行。
내일 전화하려고 합니다.	我想明天打电话。

61. -(으)ㄹ 래요

接在用言词干后、表示向别人请求允许。可翻译为"……好吗？"。-ㄹ 래요用于没有收音的情况、-을 래요用于有收音的情况。

계산서 주실래요?	拿一下帐单好吗?
부산에 갈래요?	去釜山吗?
내일 공부하실래요?	明天学习吗?
아니오, 공부하지 않을래요.	不、不想学习。
저녁에 집에 있을래요?	晚上在家吗?
식사할래요?	要吃饭吗?
맥주 마실래요?	要喝啤酒吗?

62. -(으)니까

接在用言词干后、表原因。 -니까用于没有收音的情况、-으니까用于有收音的情况。

그것이 좋으니까, 삽시다.	那个好、买了吧?
지금 바쁘니까, 내일 오세요.	现在忙、明天再来吧。
돈이 있으니까, 걱정하지 마세요.	我有钱、不用担心。
지금 비가 오니까, 나가지 맙시다.	现在下雨、不要出去。
그분이 주무시니까, 떠들지 마세요.	他在睡觉、不要吵。

사무실에 전화하니까, 그 친구가 없었어요.　　给办公室打电话、他不在。
서울역에 가니까, 사람이 많았습니다.　　到首尔车站、人很多。

63. -아(어/여) 보다

接在动词词干后、表示"尝试做……"

예 例

한식을 먹어 보았어요.　　吃过韩食吗?
그녀를 만나 보겠습니다.　　我会去见她的。
담배를 한 번 피워 보세요.　　试一下抽烟。
한국말로 말해 보세요.　　试一下说韩语。
여기에 한 번 와 봤어요.　　这儿来过一次。

64. -(는)군요

表惊叹、高兴、惊奇的语气助词、接在用言后、形容词直接接 -군요, 动词接 -는군요

예 例

그가 학교에 갔군요.　　他去学校了。
그 여자가 참 예쁘군요.　　她很漂亮。
그분이 한국사람이군요.　　他是韩国人。
그 사전이 여기 있군요.　　词典在这。
집이 좋군요.　　房子眞好啊。
물건 값이 비싸군요.　　眞贵啊!
한국말을 잘 하시는군요.　　韩语说得眞好。

65. -고

接在动词词干后、表示前后两个动作并列或顺接、有时也表示事实的列举。

숙제를 하고, 가겠어요.	做完作业再去。
이것은 싸고, 좋아요.	这个又便宜又好吃。
전화를 하고, 가십시오.	打完电话再去。.
그녀는 정직하고, 예뻐요.	她又诚实又漂亮。
바람이 불고, 눈이 와요.	又刮风、又下雨。
나는 학생이고, 그분은 선생이에요.	我是学生他是老师。
나는 피아노를 치고,	我弹钢琴、
동생은 노래를 불렀어요.	弟弟唱歌。

66. -(으)ㄹ 거예요/-(으)ㄹ 것이다.

接在用言词干后、表示一定的可能性。-ㄹ 거예요 用于没有收音的情况、-을 거예요 用于有收音的情况。-(으)ㄹ 거예요是-(으)ㄹ 것이에요的非正式的说法。

그분이 내일 갈 거예요.	他明天走。
그것이 비쌀 거예요.	那个可能很贵。
그녀가 도착했을 거예요.	她可能已经到了。
그것이 어려울 거예요.	那个可能很难。
내일 집에 있을 것입니다.	明天可能在家。
그 친구는 약속을 잘 지킬 것입니다.	那个朋友会守约的。
이번 방학에 뭐 하실 것입니까?	这个假期你干什么?
저는 지금 숙제를 할 거예요.	我要做作业。

67. -(으)ㄹ지 모르다

接在用言词干后、表猜测。-ㄹ用于没有收音的情况、-을用于有收音的情况。

그분이 집에 있을지 몰라요.　　　　　　不知道他在不在家。

나는 언제 갈지 모르겠어요.　　　　　　不知道什么时候去。

주말에 여행갈지 몰라요.　　　　　　　周末可能去旅行。

68. -고 싶다.

接在动词词干后、可翻译为"想做……"。

새 구두를 사고 싶어요.　　　　　想买一双新皮鞋。

가을에는 여행을 가고 싶어요.　　秋天我想去旅游。

지금 무엇을 하고 싶으세요?　　　现在你想要干嘛?

저는 역사를 배우고 싶어요.　　　我想学历史。

通常用于第一人称陈述句、第二人称仅用与疑问句、如果主语是第叁人称、则用 -고싶어하다 。

아이가 밖에 나가고 싶어합니다.　　　　　孩子想出去。

그가 나를 보고 싶어합니다.　　　　　　　他想见我。

우리 부모님께서 폴란드를 가고 싶어합니다.　我的父母想去波兰。

69. -어(아/여)야 되다.

接在用言词干后、表"应该……"的意思。

가야 합니다.　　　　　　　一定得去。

가야 됩니다.　　　　　　　一定得去。

내셔야 합니다.	一定得付。
내셔야 됩니다.	一定得付。
마셔야 합니다.	一定得喝。
마셔야 됩니다.	一定得喝。

70. -에서 -까지

　接在表示地点的体词后、可翻译为"从……到……"。表示时"的时候一般用-부터 -까지。

예 例

여기서 저기까지 걸어가요.	从这走到那儿。
부산에서 서울까지 기차로 5시간 걸립니다.	从釜山到汉城花五个小时。
12시에서 1시까지는 점심시간입니다.	从十二点到一点是午饭时间。
언제부터 언제까지 일했습니까?	从几点干到几点？
아침부터 저녁까지 공부했어요.	我从早晨学到晚上。

71. -(으)ㄹ 수 있다/없다

　接在动词词干后、表示"能……/不能……"的意思。-ㄹ用于没有收音的情况、-을用于有收音的情况。

예 例

지금 할 수 있어요.	现在就能做。
여기 남을 수 있어요.	能留在这。
도와 줄 수 없어요.	我不能帮你。
나도 한국말 할 수 있어요.	我也能说韩语。
신문을 읽을 수 없어요.	我不能看报纸。

72. 修饰词尾-는/-(으)ㄴ/-(으)ㄹ

接在用言后起到修饰后面体词的作用。接在用言后起到修饰后面体词的作用、加了修饰词尾达到体词可作为一句话的主语、宾语。

1) 动词 + 는 + 名词：表示现在时态；

    가다　　to go　去　　　가 + 는 + 사람 → 가는 사람　　走路的人

    읽다　　to read 读　　　읽 + 는 + 학생 → 읽는 학생　　读书的学生

2) 动词 + (으)ㄴ + 名词：表示过去时态；

    받다　　to receive 收　　받 + 은 + 돈 → 받은 돈　　　收到的钱

    사다　　to buy 买　　　사 + ㄴ + 선물 → 산 선물　　买的礼物

3) 动词 + (으)ㄹ + 名词：表示将来时态；

    마시다　to drink 喝　　마시 + ㄹ + 물 → 마실 물　　要喝的水

    하다　　to do 做　　　하 + ㄹ + 일 → 할 일　　　要做的事情

4) 形容词 + (으)ㄴ + 名词：表示某种性质或状态。

    예쁘다 to be pretty 漂亮　예쁘 + ㄴ + 꽃 → 예쁜 꽃　　美丽的花

    좋다　　to be good 好　　좋 + 은 + 소녀 → 좋은 소녀　好女孩儿

我们把以上内容整理成如下表所示的信息:

用言+ -는/-(으)ㄴ/-(으)ㄹ+体词	时态	例
动词-는名词	现在时	가는 사람
动词-ㄴ/은名词	过去时	간 사람
动词-ㄹ/을名词	将来时	갈 사람
形容词-ㄴ/은名词	现在时	좋은 사람
名词 -이다-ㄴ名词	现在时	사장인 영수 씨

73. 방향 方向

예 例

저쪽	那边	저리	那里
이쪽	这边	이리	这里
그쪽	那边	그리	那里
왼쪽	左边	앞으로	往前
오른쪽	右边	뒤로	往后
똑바로	径直	옆으로	旁边
서쪽으로	西边	북쪽으로	北边
동쪽으로	东边	남쪽으로	南边

74. -(으)ㄹ 때

接在用言的后面、可翻译为"……的时候"。-ㄹ用于没有收音的情况、-을用于有收音的情况。

예 例

한국에 갈 때 비행기로 갔어요.	坐飞机去韩国。
올 때 꽃을 가져 오세요.	来的时候、把花带过来。
택시 탈 때 조심하세요.	打车的时候小心点。
공항에 도착했을 때 친구가 나왔어요.	到飞机场的时候、朋友来接我了。
시간 있을 때 같이 갑시다.	有时"的话一起去吧。
주무실 때 불을 끄세요.	睡觉得时候把灯熄掉。
날씨가 따뜻할 때 가겠어요.	天气暖和的时候去。

"때"也可接在某些名词之后、下面是例子

아침때	早晨	시험때	考试时
저녁때	晚上	졸업때	毕业时
점심때	中午	명절때	节日时
추석때	中秋时	생일때	生日时
방학때	放假时	크리스마스때	圣诞节时

75. - 고 있다 / -는 중이다

接在动词词干后、表示动作正在进行。可翻译为"正在做……"。

예 例

친구를 기다리고 있어요.	我在等朋友。
학생이 수영하고 있어요.	学生正在游泳。
아버지가 주무시고 계세요.	父亲正在睡觉。
바람이 불고 있지 않아요.	现在不刮风了。
무엇을 하고 있습니까?	你在干嘛?
편지를 쓰고 있습니다.	我正在写信。

예 例

친구를 기다리는 중이에요.	我正在等我的朋友。
학생이 수영하는 중이에요.	学生正在游泳。
아버지가 주무시는 중이에요.	父亲正在睡觉。
무엇을 하는 중입니까?	你在干嘛?
TV를 보는 중입니다.	我在看电视。
무엇을 생각하는 중입니까?	你在想什么?

예 例

| 공부하는 중이에요 → 공부 중이에요 |
| 수영하는 중이에요 → 수영 중이에요 |
| 통화하는 중이에요 → 통화 중이에요 |

76. -다가

　　接在动词干后、表示一个动作进行一段时"、由于另外动作的出现而突然中断、转而进行下一个动作的助词。有时가可省略。

예 例

시장에 가다가 와요.	去市场的途中返回来了。
시장에 가다가 왔어요.	去市场的途中返回来了。
공부하다가 잤어요.	学习的时候睡着了。
학교에 가다가 그분을 만났어요.	去学校的路上见到了他。
구두를 신다가 끈이 끊어졌어요.	穿鞋的时候、鞋带断了。
소설을 읽다가 친구하고 같이 외출했습니다.	

还没看完小说、就和朋友出去了。

如果前一个动词包括 "았(었, 였)"、那么它表示两个动作之的暂短停顿。

예 例

시장에 갔다가 은행에도 들렀습니다.

去了市场、顺便去了银行 。

창문을 열었다가 날씨가 추워서 다시 닫았습니다.

开了窗户、但天气很冷、又给关上了。

그 친구는 편지를 썼다가 찢어 버렸습니다.

朋友写完信、又撕了。

77. - 는데

这是接在动词干后为下文提示背景的连接助词。

-는데요接在动词后；而-(으)ㄴ데요接在形容词或 "-이다" 后、有收音的形容词用-은데요、没有收音的形容词用-ㄴ데요。

겨울인데 따뜻해요.	虽然是冬天、但很暖和。
눈이 오는데 집에서 쉽시다.	在下雪呢、在家休息吧。
공부하는데 전화가 왔어요.	学习时、来了电话。
날씨가 좋은데 공원에 갈까요?	天气好、要不要去公园?
그녀는 예쁜데 친절하지 않아요.	她漂亮、但不亲切。

78. - (으)ㄹ까 하다

接在动词后表"打算做什么"、-ㄹ用于没有收音的情况，-을用于有收音的情况。

예 例

주말에 집에서 쉴까 합니다.	周末打算在家休息。
도서관에서 책을 찾을까 합니다.	打算去图书馆找书。
비가 올까 해서, 우산을 가져왔어요.	要下雨了、所以带了雨伞。
여행을 갈까 하고, 서울역에 나왔어요.	想去旅游、所以到了汉城车站。

79. - (으)면

接在用言后表示假设的连接助词、-으用于有收音的情况。

예 例

돈이 있으면 좀 빌려주세요.	有钱的话、借点儿吧。
모르는 것이 있으면 질문하세요.	有不懂的、就问吧。
학교에 가면, 친구를 만날 수 있어요.	去学校、可以见到朋友。
값이 싸면 삽시다.	价格便宜、就买吧。

80. (으)면 좋겠다

接在动词词干后表示愿望。-으用于有收音的情况。

예 例

돈이 많으면 좋겠다.	要是钱多、就好了。
차가 있으면 좋겠어요.	要是有车、就好了。
비가 안 오면 좋겠어요.	要是不下雨、就好了。
날씬했으면 좋겠어요.	要是身材苗条就好了。
방학이 되었으면 좋겠어요.	要是放假了、就好了。

81. -(으)ㄹ 것 같다 / -는 것 같다

接在动词后、表示未来的可能性、可翻译为"好象……"。-ㄹ用于没有收音的情况, -을用于有收音的情况。

要表示当前的动作或经常性的动作用-는 것 같다。

예 例

내일은 비가 올 것 같아요.	明天好象要下雨。
물건값이 또 오를 것 같아요.	物价好象又要涨。
주말이니까 극장에 사람이 많을 것 같아요.	
	因为是周末、所以剧场可能很多人。
두 사람이 서로 사랑하는 것 같아요.	两个人好象相爱了。
밖에 눈이 오는 것 같아요.	外面好象在下雪。

82. -아(어/여)도 되다

接在动词词干后、表示许可。可翻译为"可以……"。좋다或者괜찮다也可以接在-아(어/여)도的后面、意思是一样的。

예 例

여기서 담배 피워도 돼요?	在这儿可以抽烟么?
맥주를 마셔도 돼요?	可以喝啤酒么?

회의에 늦게 와도 됩니다.　　　开会时可以迟到。

내일 다시 와도 좋아요.　　　明天再来也可以。

83. 转折词 "-만"

接在陈述句后表转折。

예 例

죄송합니다만, 여기가 어디예요?　　对不起、这是哪里?

다방에 갔습니다만, 그녀를 만나지 못했어요.

　　　　　　　　　　去了咖啡厅、但没有见到她。

교통사고가 났습니다만, 운전사는 다치지 않았어요.

　　　　　　　　　　出了交通事故、但司机安然无恙。

84. 句子词尾 "-어 보이다"

接在形容词之后、 表示" 看起来……"

예 例

그 사람은 키가 커 보입니다.　　他看上去个子高。

그 음식은 매워 보입니다.　　那道菜看上去很辣。

당신이 추워보입니다.　　你看上去很冷。

그것이 짜 보입니다.　　那个看上去很咸。

85. -ㄴ(는) 편이다.

接在体词词干后、表示习惯性的动作或状态、可翻译为 "比较……"。 -는用于动词,

(으)ㄴ用于形容词、 -ㄴ用于没有收音的形容词、 -은用于有收音的形容词。

예 例

매운 음식을 잘 먹는 편이에요.　　比较能吃辣。

저는 좋아하는 편이에요.　　　　我比较喜欢。

저는 열심히 공부하는 편이에요. 我学习比较认眞。

86. 韩国语固有数字词:

我们在前面的课文里已经学过了汉字数字词、现在我们来学习固有数字词、它常常被用
来计数。

0	공	10	열	20	스물
1	하나	11	열 하나	30	서른
2	둘	12	열 둘	40	마흔
3	셋	13	열 셋	50	쉰
4	넷	14	열 넷	60	예순
5	다섯	15	열 다섯	70	일흔
6	여섯	16	열 여섯	80	여든
7	일곱	17	열 일곱	90	아흔
8	여덟	18	열 여덟	99	아흔 아홉
9	아홉	19	열 아홉	100	백

87. 韩国语中的量词:

与固有词搭配:

-갑	盒	한 갑	두 갑	세 갑	네 갑
-개	个	한 개	두 개	세 개	네 개
-권	本	한 권	두 권	세 권	네 권
-달	月	한 달	두 달	석 달	넉 달

- 대	辆	한 대	두 대	세 대	네 대
- 마리	头	한 마리	두 마리	세 마리	네 마리
- 말	斗	한 말	두 말	서 말	너 말
- 번	次	한 번	두 번	세 번	네 번
- 병	瓶	한 병	두 병	세 병	네 병
- 분	位	한 분	두 분	세 분	네 분
- 사람	人	한 사람	두 사람	세 사람	네 사람
- 살	岁	한 살	두 살	세 살	네 살
- 시	点	한 시	두 시	세 시	네 시
- 시간	小时	한 시간	두 시간	세 시간	네 시간
- 자	尺	한 자	두 자	석 자	넉 자
- 자루	支	한 자루	두 자루	세 자루	네 자루
- 장	张	한 장	두 장	석 장	넉 장
- 채	幢	한 채	두 채	세 채	네 채

88. 与汉字词搭配:

- 개월 个月	일 개월	이 개월	삼 개월	사 개월
- 년 年	일 년	이 년	삼 년	사 년
- 도 度	일 도	이 도	삼 도	사 도
- 배 倍	일 배	이 배	삼 배	사 배
- 번 号	일 번	이 번	삼 번	사 번
- 번선 路线	일 번선	이 번선	삼 번선	사 번선
- 번지 区	일 번지	이 번지	삼 번지	사 번지
- 분 分	일 분	이 분	삼 분	사 분
- 원 元	일 원	이 원	삼 원	사 원
- 월 月	일 월	이 월	삼 월	사 월

- 인人	일 인	이 인	삼 인	사 인
- 인분份	일 인분	이 인분	삼 인분	사 인분
- 일日	일 일	이 일	삼 일	사 일
- 주일周	일 주일	이 주일	삼 주일	사 주일
- 층层	일 층	이 층	삼 층	사 층
- 호실房	일 호실	이 호실	삼 호실	사 호실

89. 比较副词 "-보다 (더)"

接在体词后、表示前后对比。더有时可省略。

예 例

한국말이 영어보다 더 쉬워요.	韩国语比英语容易。
이것이 그것보다 (더) 비싸요.	这个比那个贵。
비행기가 기차보다 더 빨라요.	飞机比火车快。
그가 나보다 더 미남이에요.	他比我帅。

90. -(으)ㄴ 적이 있다./-(으)ㄴ 일이 있다.

接在动词后、可翻译为"曾经做过……"。-ㄴ用于没有收音的动词、-은用于有收音的动词。

예 例

나는 폴란드에 가본 적이 있어요.	我去过波兰。
한국 음식을 먹어본 적이 있어요.	吃过韩食
한국 영화를 본 일이 있어요.	看过韩国电影。
은행에서 돈을 빌린 일이 있어요.	从银行借过钱。
전에 그를 어디선가 만난 적이 있어요.	以前在哪儿见过他。

91. -도록

接在用言词干后、表示"直到……的程度"、"以至于……"。

예例

피곤하면 쉬도록 하세요.	累了、就休息吧。
나는 해가 뜨도록 잤어요.	我睡到太阳升起。
밤이 새도록 책을 읽었어요.	看书看了一夜。
알아들을 수 있도록 천천히 말하세요.	慢点儿说、以便让我听明白。

92. -는지 묻다.

接在动词后、 表示询问。

예例

언제 그 사람이 여기에 오겠는지 물어봤어요.	我问了他什么时候到。
언제 기차가 역에 도착했는지 물어봤어요.	我问了火车什么时候到站。

93. -어 (아, 여) 있다

接在动词后、表一个物体或人正在处于什么状态。

예例

책이 책상 위에 놓여 있다.	书放在桌上。
거리에 차가 밀려 있다.	街上车很多。
독에 물이 가득 들어 있어요.	缸里盛满了水。
붕어가 살아 있군요.	鲤鱼活着呢。

94. -(으)ㄴ 후(에)

接动词后、表时"上的顺接、顺接意思用"-뒤(에)"或"-ㄴ 다음에"可以更好的表达出来。"후"可以接名词之后。-ㄴ用于没有收音的动词、-은用于有收音的动词。

예 例

공부가 끝난 후에 가겠어요.	下课之后回去。
전화한 후에 오세요.	打完电话再来吧。
일한 뒤에 쉬세요.	干完活儿再休息。
그것을 들은 다음에 가겠어요.	听完再走。
점심 후에 가겠어요.	午饭后再去。
식사 후에 다시 전화하세요.	吃完饭再打电话。
잠시 후에 다시 만납시다.	过一会儿见。

95. "ㅅ" 的不规则用法

以"ㅅ"收音结尾的动词词干后接以元音开头的词时、"ㅅ"脱落。

예 例

낫다	好了	낫+았습니다 → 나았습니다
짓다	建造	짓+었습니다 → 지었습니다
붓다	肿	붓+으면 → 부으면

약을 먹어서 나았습니다.	吃了药、所以好了。
부어라, 마셔라, 기분 내자.	喝吧、喝个痛快。
모르는 단어는 밑줄을 그으세요.	在不懂的单词下面画线。

96. 终结词尾 "-아(어, 여) 지다":

接在用言后、强调动作或状态经过一个渐变的过程、组合成的词均为自动词。

날씨가 추워졌어요.　　　天气变冷了。

날씨가 따뜻해집니다.　　　天气变暖和了。

나는 바빠졌어요.　　　我越来越忙。

그분이 젊어졌어요.　　　他变年轻了。

낮이 길어집니다.　　　白天变长了。

그것이 비싸졌어요.　　　东西变贵了。

한국말이 쉬워집니다.　　　韩国语变容易了。

그것이 깨졌어요.　　　变干净了。

97. -는 것

加在动词后面使动词名词化的一种形式。

예 例

쉬는 것이 제일입니다.　　　最好休息。

그분을 도와 주는 것이 좋겠어요.　　　最好帮助他。

빨리 먹는 것이 나빠요.　　　吃得快不好。

여행하는 것이 어때요?　　　出去旅行怎么样?

그분은 떠드는 것을 싫어해요.　　　他不喜欢吵闹。

98. ˝接引语 "-고 하다"

"接引语表引用其它说话者所说的话、所想的事及观点。其内容用(-ㄴ다, -자, -냐, -(으)라)连接、再在后面加上-고、和表说话的词语(常用的为하다)、以下是在四种句型下"接引语的使用方法。

예 例

그분은 아직 미혼이라고 합니다.　　　他说他还没结婚。

사람들이 나보고 날씬하다고 합니다.　　　别人说我身材苗条。

그 남자는 나에게 취미가 뭐냐고 물었어요.　他问我、我的兴趣是什么。

시간 있을 때는 언제든지 놀러 오라고 합니다.　他说只要有空就过来玩。

너무 서두르지 말자고 합니다.　他说不要太急。

그분이 가르친다고 합니다.　他说他教。

누가 가느냐고 묻습니다.　他问谁去。

그 분이 바쁘다고 합니다.　他说他忙。

99. -(으)려고

接在动词后、表示行动的目的或打算、可翻译为"为了……"。-으用于有收音的情况。

예 例

서울에 가려고 일찍 일어났어요.　为了去汉城起得早。

차를 사려고 돈을 빌렸어요.　为了买车、借了钱。

이 선물을 친구에게 주려고 샀어요.　这礼物是为了朋友买的。

예금을 하려고 은행에 갔어요.　为了存款去了银行。

여자친구를 만나려고 왔어요.　为了见女朋友而来的。

	名词	动词	形容词
陈述句	-(이)라고 하다	-는(ㄴ)다고 하다	-다고 하다
疑问句	-(이)냐고 하다	-(느)냐고 하다	-(으)냐고 하다
命令句		-(으)라고 하다	
啓始句		-자고 하다	

100. 名词+와/과+名词

"和"、와用于没有收音的情况、과用于有收音的情况。

예 例

책상과 의자　　　桌子和椅子

고기와 사과　　　肉和苹果

모자하고 구두　　帽子和皮鞋

101. -(으)러 가다/오다

接在动词后、表示行动的目的、可翻译为"去干什么"/"来干什么"

예 例

한 잔 하러 갑시다.	去喝一杯吧。
점심식사하러 식당에 갔어요.	去餐厅吃饭。
음악회를 보러 국립극장에 갔어요.	去国立剧场听音乐会。
영화를 보러 갈까요?	去看电影吗?
구경하러 온 사람이 많아요.	来看的人很多。

102. -(으)려면

接在动词后、由 -(으)려고 和 一면组合而成、可翻译为"如果想……的话"。

예 例

그분을 만나려면 오전에 오십시오.	想要见他就上午来吧。
살을 빼려면 운동을 하십시오.	想要减肥就做运动。
돈을 찾으려면 은행에 가야 해요.	想要取钱就去银行。
물건을 싸게 사려면 시장에 가야 합니다.	想要买便宜的就得去市场。

103. -에다가

这个句型、-에다가、当附于名词之后时、表示"什么东西写在什么上面"、最后一个"가"、有时可以省略。

예 例

공책에다(가) 쓰세요.	请写在记事本上。
예금 청구서에다가 액수를 쓰세요.	请在存单上写金额。

104. -까지

"直到"--这里指地理上的位置或时"。接在体词后。

예 例

어디까지 가십니까?	到哪儿去?
남산까지 갑니다.	到南山。
두 시 반까지 집에 오세요.	两点半以前来我家吧。
서울역까지 멀어요?	离汉城站远吗?

105. -지 말다

祈使句的否定型、接在动词词干后。

	肯定	否定
命令	-(으)십시오	-지 마십시오
共动	-(으)십시다	-지 맙시다

예 例

문을 닫지 마십시오.	不要关门。
담배를 피우지 마십시오.	不要抽烟。
다시 설명하지 마십시오.	不要再解释。
내일 모이지 맙시다.	明天不聚会。
오늘은 만나지 맙시다.	今天不要见面。
놀지 맙시다.	不要玩。
택시를 부르지 맙시다.	不要打车。

106. 后缀 "-들"

接在体词后表示复数。不过如果单复数在上下文中很明显的话、在韩国语中是可以省略的。

예 例

나무/나무들	树
책/책들	书
사람/사람들	人/人们

1) 复数后缀-들、除了可以附着在名词之后、也可直接一句话中任意一个词后、表示特殊的復数主语。

예 例

저리들 가세요.	到那边去吧。
재미있게들 놀았어요.	玩的高兴。
잘들 먹었어요.	吃得好。
많이들 잡수세요.	多吃一点。
교실에서들 공부해요.	在教室学习。
가지들 마세요.	不要去。

2) 以下的名词或代词可加上 "-들" 也可以没有 "-들"、同样都表示復数。

우리/우리들	我们
저희/저희들	我们
너희/너희들	你们
여러분 /여러분들	大家

107. -고 말고요

"-고 말고요" 句型可与任意一个动词相结合使用、相当于汉语的 "……当然怎么样"。

예 例

그녀가 착하고 말고요.	她当然老实。
그가 멋있고 말고요.	他当然帅。

돈이 있고 말고요.　　　　　当然有钱。

그녀가 예쁘고 말고요.　　　她当然漂亮。

학교에 가고 말고요.　　　　当然去学校。

108. -(으)ㄹ 뻔하다

接在动词词干后、表示动作或事件几乎发生。可翻译为"差点儿……"。-ㄹ用于没有收音的情况、-을用于有收音的情况。

예 例

큰일 날 뻔했어요.　　　　　太危险了

죽을 뻔했어요.　　　　　　　差点儿死了

그 여자와 결혼할 뻔했어요.　差点儿跟她结婚了。

돈을 잃어버릴 뻔했어요.　　　差点儿丢了钱。

거짓말 할 뻔했어요.　　　　　差点儿说谎。

미국에 갈 뻔했어요.　　　　　差点儿去了美国。

109. -기 때문에
/ 名词+때문에 接在用言词干后，表原因。

예 例

오늘 수업이 없기 때문에　　　今天不上课、

집에서 쉬어요.　　　　　　　　所以在家休息。

돈이 모자라기 때문에　　　　　钱不够、

그것을 못 샀어요.　　　　　　　所以没有买。

돈 때문에 싸웠어요.　　　　　　为了钱、打架了。

시계 때문에 늦었어요.　　　　　我迟到是因为表坏了。

110. 连接副词 그러면, 그러나, 그러므로……

很多连接副词以그러하다 的形式构成。通常表示连接前后两个句子。下面列举了一些：

예 例

그렇지만	但是그런데	可是
그러면	那么그래서	因而
그리고	又그러니까	所以
그러나	但是그러므로	因此
그래도	但是	

예 例

그 사람은 마음이 좋습니다.	他心肠好。
그러면, 소개해 주세요.	那么给我介绍吧。
그 사람은 마음이 좋습니다.	他心肠好。
그러나, 공부는 못해요.	但是学习不好。
그 사람은 마음이 좋아요.	他心肠好、
그리고, 잘 생겼어요.	长得帅。
그 사람은 마음이 좋아요.	他心肠好、
그러니까, 사귀어 보세요.	跟他交一交朋友看看。
그 사람은 마음이 좋아요.	他心肠好、
그래도, 친구가 없어요.	但是没有朋友。

111.名词+하고 같이

可翻译为"和……一起",같이 在这里可以省略,不影响意思的表达.

예 例

친구하고 같이 먹었습니다.	跟朋友一起吃饭。

친구하고 먹었습니다.	跟朋友一起吃饭。
친구하고 같이 일하겠어요.	跟朋友一起工作。
친구하고 일하겠습니다.	跟朋友一起工作。
아버지하고 같이 마셨습니다.	跟父亲一起喝。
아버지하고 마셨습니다.	跟父亲一起喝。

112. -한테서/에게서

接在表人的体词后、可翻译为 "从……"

예 例

부모님한테서 전화가 자주 와요.	父母经常给我打电话。
친구한테서 생일 선물을 받았어요.	朋友送我礼物。
선배한테서 책을 빌렸어요.	前辈借我书。
한국 사람한테서 초대를 받았어요.	韩国人招待我。

1) 助词 "에서" 表示从一个地方或无生命的个体上获得什么。例如：

예 例

| 사무실에서 연락을 받았어요. | 从办公室接到电话。 |
| 고향에서 좋은 소식이 왔어요. | 从故乡传来好消息。 |

113. 后缀 "씩"

예 例

하나씩 잡수세요.	每天吃一个。
매일 세 시간씩 일하세요.	每天干3个小时。
학생이 둘씩 와요.	每次来两个学生。
하루에 세 번씩 먹어요.	一天吃叁顿。

114. -(으)ㄹ 줄 알다/모르다

接在动词词干后、表示"会做什么"/"不会做什么"。-ㄹ 用于没有收音的情况、-을用于有收音的情况。

예 例

밥을 지을 줄 알아요.	会做饭。
한자를 읽을 줄 알아요.	会读汉字。
전화를 걸 줄 알아요.	会打电话。
노래할 줄 알아요.	会唱歌。
한국말 할 줄 알아요.	会说韩国语。
타자를 칠 줄 알아요.	会打字。
자동차를 고칠 줄 몰라요.	不会修汽车。

115. -(이)라도

接在体词或连接体词的助词后、表示让步。可翻译为"就算是……也……"。

예 例

버스라도 타고 갑시다.	坐公共汽车去也可以。
이것이라도 삽시다.	买这个也可以。
극장이라도 갑시다.	去剧场也行。
냉수라도 한 잔 주세요.	给一杯凉水也行。

116. -지 않으면 안 된다

接在动词词干后、由两个否定构成、是"不做……不行"的意思。可翻译为"必须……"

나는 지금 공부하지 않으면 안 된다.　　　现在我必须学习。

친구를 만나지 않으면 안 돼요.　　　必须见朋友。

넥타이를 매지 않으면 안 된다.　　　必须戴领带。

국민은 세금을 내지 않으면 안 된다.　　　公民必须纳税。

나는 그녀를 사랑하지 않으면 안 된다.　　　我必须爱她。

직장을 얻지 않으면 안 된다.　　　必须找工作。

돈을 벌지 않으면 안 된다.　　　必须挣钱。

117. -기 위해서 /위하여/위해

接在动词词干后、可翻译为 "为了……"

예 例

공부하기 위해서 학교에 다녀요.　　　为了学习而上学。

먹기 위해서 삽니까?　　　为了吃而活吗?

기분 전환하기 위해서, 한 잔 합시다.　　　换换气氛、喝一杯吧。

건강을 위해, 매일 운동을 합니다.　　　为了健康、天天运动。

118. 助词 -(이)나

接在体词后、根据不同的句子有不同的解释。

(1) 名词 + (이)나 ("或什么东西")

한국말이나 공부합시다.　　　学韩国语好了。

만년필이나 그 비슷한 것을 주세요.　　　给我钢笔或类似的。

(2) 몇 + 名词 + (이)나 ("大约" 、 "大概")

몇 권이나 사셨어요?　　　买了几本?

몇 사람이나 오셨어요?　　　来了几个人?

(3) 数字 + 名词 + (이)나 ("比料想的")

맥주를 열 병이나 마셨어요.　　　　　　喝了十瓶酒。

벌써 일곱 시나 되었어요.　　　　　　已经到7点了。

119.　不完全名词-행

接在地名后、表示交通工具(火车、飞机)去的地点。

예 例

부산행 기차표　　　　　　　　　到釜山的火车票。

마산행 기차표　　　　　　　　　到马山的火车票。

서울행 기차표　　　　　　　　　到汉城的火车票。

동대문행 기차표　　　　　　　　到东大门的火车票。

120. -기도 하다

接在用言词干后、根据上下文表示强调或声明。可翻译为"也……"、"还……"。

예 例

아이를 돌보고, 안아주기도 했어요.　　　　(我)看了孩子、而且还抱了他。

때때로 산에 가기도 해요.　　　　　　偶尔也上山。

음식이 맵기도 해요.　　　　　　这个菜真辣。

집을 짓기도 했고, 팔기도 했어요.　　　　不但建房而且售房。

웃기도 하고 울기도 해요.　　　　　　又哭又笑。

121. -았(었/였)으면 좋다/하다

接在动词后、表示说话人的希望或渴望。可翻译为"如果……就好了"

날씨가 개었으면 좋겠어요.   天晴就好了。

한국에 갔으면 좋겠어요.   去韩国就好了。

한국말을 잘했으면 좋겠어요.   会说韩语就好了。

지금 영화나 봤으면 좋겠어요.   现在看电影就好了。

그분을 만났으면 해요.   见到他就好了。

맥주나 한 잔 했으면 해요.   喝一杯就好了。

그녀를 사랑했으면 해요.   我要是能和她相爱就好了。

122. 助词 "-만"

接在体词后、可翻译为 "只有……"

예

그분만 배웁니다.   只有他在学习。

한국말만 관심있습니다.   只对韩语感兴趣。

김치만 맛있습니다.   只有泡菜好吃。

빨리만 가십시오.   快走。

나는 밤에만 일합니다.   我只在晚上工作。

123. 句子A+아니면/또는+句子B

连接助词、连接两个句子。可翻译为 "或者"

예

어른표, 아니면 학생표요?   普通票还是学生票?

그는 공부합니까, 아니면 놉니까?   他是在学习还是在玩?

그녀는 예쁩니까, 아니면 예쁘지 않습니까?   她漂亮还是不漂亮?

내일 놉니까, 아니면 안 놉니까?   明天玩不玩了?

식당에 갈 겁니까, 아니면 안 갈 겁니까?   去不去食堂了?

사랑합니까? 안 사랑합니까?　　　　　　　　爱不爱?

여자입니까? 남자입니까?　　　　　　　　女的还是男的?

지금 비가 옵니까? 안 옵니까?　　　　　　现在下不下雨。

124. -자마자

接在动词词干后、表示前后动作紧接着发生。可翻译为“一……就”。

예例

피곤해서 자리에 눕자마자 잠이 들었어요.　　　困得一躺下就睡着了。

도착하자마자 잘 도착했다고 연락을 했더군요.　一到就来信说一声。

바람이 불자마자 꽃이 떨어졌어요.　　　　　风一刮、花就掉了。

시험이 끝나자마자 여행을 떠났어요.　　　　考试一结束就出去旅行。

우리는 만나자마자 싸웠어요.　　　　　　　我们一见面就打架。

정들자마자 이별이군요.　　　　　　　　　一有感情、就意味着离别。

결혼하자마자 헤어졌어요.　　　　　　　　刚结婚、就分开了。

125. -(이)든지

接在体词后、-이用于有收音的情况。前面是疑问代词的话、可翻译为“不管……”；

前面是其他体词的话、表示有至少两种选择、但我一个也不放在心上。

예例

언제든지 좋아요.　　　　　　　　　　　什么时候都行。

누구든지 괜찮아요.　　　　　　　　　　谁都行。

어디든지 같이 갑시다.　　　　　　　　　不管哪儿都一起去。

돈만 있으면 어디든지 갈 수 있어요.　　　只要有钱哪都能去。

모르는 것이 있으면 뭐든지 물어보세요.　有不懂的都可以问。

사과든지 배든지 한 가지만 사세요.　　　不管苹果还是梨、只买一种。

126. -(으)ㄴ지

接在动词后、表示前面动作所经历的时"。-ㄴ用于没有收音的动词、-은用于有收音的动词。

예 例

결혼한 지 일 년 되었어요.	结婚已经一年。
영화를 본 지 다섯 달 되었어요.	看那部电影已经五个月了。
편지를 받은 지가 보름 되었어요.	收到那封信已经半个月了。
그가 나간 지 삼십 분쯤 된 것 같아요.	他出门已经30分钟了。
아내를 본 지 오래 되었어요.	见到妻子已经很久了。
한국에 온 지 석 달 되었어요.	到韩国已经叁个月了。

127. 助词 " -처럼"

接在体词后、可翻译为"像……一样"

예 例

내 집처럼 좋은 곳은 없어요.	没有象自己的家那样舒服的地方。
세월처럼 빠른 것은 없어요.	没有比日子过的更快的了。
한국어처럼 재미있는 것은 없어요.	没有象韩国语那样有趣的语言。
너처럼 나도 잘 할 수 있다.	我也可以做得象你那样。
한 가족처럼 같이 살아요.	生活得象一家人。

128. -(으)ㄹ 무렵

接在用言后、可翻译为"在……的时候"。-ㄹ用于没有收音的情况、-을用于有收音的情况。

예 例

동틀 무렵에 해변가에 나가 보세요.	黎明的时候到海边吧。

내가 대학에 들어갈 무렵 전쟁이 끝났어요. 我上大学时战争结束了。

새벽에 나간 사람이 해질 무렵에 돌아왔어요.

黎明的时候出去的人傍晚时才回来。

퇴근 시간 무렵에 만납시다. 下班时见面吧。

점심 시간 무렵에 만납시다. 午饭时见面吧。

129. -의

助词"的"、表示所属。在有的情况下可以省略。

친구(의) 책	朋友的书
사업(의) 친구	同事
선생님(의) 연구실	老师的研究室
여자(의) 친구	女朋友
우리(의) 학교	我们的学校

130. 日期的固有说法

하루	一天	열하루	十一天
이틀	两天	열이틀	十二天
사흘	叁天	……	
나흘	四天	……	
닷새	五天	열닷새(보름)	十五天
엿새	六天	……	
이레	七天	……	
여드레	八天		
아흐레	九天		
열흘	十天	스무날	二十天

내일	明天
오늘	今天
모레	后天
글피	大后天
어제	昨天
그제께	前天
그그저께	大前天
삼일전	叁天前
삼일후	叁天后

131. -ㅎ 的不规则用法

一部分以收音"ㅎ"结尾的用言在后接"ㄴ"的情况下、"ㅎ"脱落。

예例

빨갛 + ㄴ → 빨간		红的
노랗다	노랗 + ㄴ → 노란	黄的
까맣다	까맣 + ㄴ → 까만	黑的
파랗다	파랗 + ㄴ → 파란	蓝的
하얗다	하얗 + ㄴ → 하얀	白的
그렇다	그렇 + ㄴ → 그런	那样的
어떻다	어떻 + ㄴ → 어떤	怎样的
이렇다	이렇 + ㄴ → 이런	这样的

132. -게

接在形容词后面把形容词变为副词、起到修饰动词的作用。

예例

| 옷을 싸게 샀어요. | 衣服买得便宜。 |

주말을 즐겁게 지내세요.	周末过得愉快。
이것을 예쁘게 싸 주세요.	把这个包装得漂亮点儿。
설명을 간단하게 하세요.	解释得简单点儿。
손님을 친절하게 대해요.	对客人亲切。

133. -말이다

疑问形式表示对对方所说话的确认、陈述形式则是对自己所说的话的强调。

예 例

그 여자 참 멋있어요.	她真漂亮。
누구 말입니까?	你说谁?
김양 말입니다.	我说的是金小姐。

에바가 한국에 갑니다.	爱娃去了韩国。
언제 말입니까?	什么时候?
내일 말입니다.	明天。

134. -(으)ㄹ 예정이다.

接在动词后、可翻译为"计划……"、"预计……"。-ㄹ用于没有收音的情况、-을用于有收音的情况。

예 例

그분을 방문할 예정이다.	我打算拜访他。
수출할 예정이다.	打算出口。
어디서 여행할 예정입니까?	打算去哪儿旅行?
내일 여행할 예정입니다.	打算明天去旅行。

135. -(으)ㄹ 뿐(이다)

接在用言后、可翻译为"只有……"。

그분은 계획을 세웠을 뿐이다.	他仅仅是计划了而已。
나는 다만 거기에 갈 뿐이다.	我仅仅是去那而已。
그 사람은 듣기만 할 뿐, 아무 말도 안했어요.	他只是听、什么也不说。
어제는 기분이 안 좋았을 뿐입니다.	昨天只是心情不好而已。
내가 아는 사람은 이 사람뿐입니다.	我只认识这位。
그분이 읽는 책은 잡지뿐입니다.	他只看杂志。

136. -(으)ㄹ 뿐만 아니라

接在用言后、可翻译为"不仅仅……而且……"。-ㄹ用于没有收音的情况、-을用于有收音的情况。

예 例

오늘은 날씨가 추울 뿐만 아니라 눈도 왔어요.

今天不仅天气冷、而且下雪了。

그 친구는 공부도 잘 할 뿐만 아니라 성격도 좋아요.

他不仅学习好、而且性格也好。

3. 한국어 문법용어 설명(폴란드어판)

□ **문법 Gramatyka**

1. W przeciwieństwie do języka polskiego "Do widzenia" można powiedzieć na dwa sposoby. Aby pożegnać się nie mówimy 안녕하세요 a raczej 안녕히 가세요 lub 안녕히 계세요, w zależności od tego, czy druga osoba wychodzi, czy zostaje.

1) Jeżeli rozmawiający wychodzą w tym samym czasie, obaj mówią 안녕히 가세요.
2) Jeżeli jeden z rozmawiających zostaje w danym miejscu ci, którzy wychodzą, mówią 안녕히 계세요.
3) "안녕" – używa się między przyjaciółmi. Nie jest to grzeczna forma.

2. Honoryfikatywna forma powstaje poprzez dodanie honoryfikatywnego sufiksu do końcówek –아요/어요/여요 tworząc –세요. Tak jak w zdaniach zakończonych na końcówkę –아요/어요/여요 w zależności od intonacji, forma ta może być wykładnikiem trybu oznajmującego, pytającego, rozkazującego, zachęcającego. Temat czasownika kończący się na spółgłoskę łączy się z –(으)세요.

예 Przykład

가다	iść, pójść	가세요	Proszę iść.
오다	przyjść	오세요	Proszę przyjść.
바쁘다	być zajętym	바쁘세요	(On) jest zajęty.
읽다	czytać	읽으세요	Proszę czytać.
안녕하다	mówić "dzień dobry"	안녕하세요?	Dzień dobry.
만나다	spotykać	만나세요?	Czy spotykasz~?

3. –아요/어요/여요

Ta nieformalna końcówka finitywna czasownika łączy się z jego
tematem i jest często używana w rozmowie pomiędzy bliskimi
przyjaciółmi. W zależności od intonacji wyrażać może tryb oznajmujący,
pytający, rozkazujący, zachęcający.

Temat czasownika kończący się na 아, 오 łączy się z 아요.
Temat czasownika kończący się na 어, 우, 으, 이 łączy się z 어요.
Temat czasownika kończący się na 하 łączy się z 여요.

Tryb ＼ Końcówka	Styl oficjalny	Styl nieoficjalny
Oznajmujący	–ㅂ(습)니다.	–아요/어요/여요.
Pytający	–ㅂ(습)니까?	–아요/어요/여요?
Rozkazujący	–ㅂ(읍)시오.	–아요/어요/여요.
Zachęcający	–ㅂ(읍)시다.	–아요/어요/여요.

Gdy samogłoska kończąca temat czasownika łączy się z początkową
samogłoską końcówki, mają miejsce następujące skróty.

예 Przykład

| 만나+ 아요 → 만나요 | 만나다 | spotykać |
| 가+ 아요 → 가요 | 가다 | iść, pójść |

오 + 아요 → 와요   오다   przyjść
보 + 아요 → 봐요   보다   widzieć
일하 + 여요 → 일해요   일하다   pracować
배우 + 어요 → 배워요   배우다   uczyć się

바빠요?   Czy jesteś zajęty?
예, 바빠요.   Tak jestem zajęty.
가요?   Czy idziesz?
예, 가요.   Tak, idę.
또 만나요.   Do zobaczenia.

4. 이것/저것/그것

Jest to rzeczownik 것 oznaczający "rzecz" poprzedzony zaimkami wskazującymi 이, 그 i 저, które go określają.

1) Kategorie rzeczy

이것 Ta rzecz (obiekt blisko mówiącego)

그것 Tamta rzecz (obiekt blisko mówiącego lub obopólnie zrozumiany)

저것 Tamta rzecz (obiekt daleko od obu mówiących jak i słuchającego)

예 Przykład
이것이 사전입니다.   To jest słownik.
그것이 펜입니다.   To jest pióro.
저것이 사과입니다.   To jest jabłko.

Zwróć uwagę, że w rozmowie, ostatnia spółgłoska może często być opuszczona(이거, 저거, 그거); kiedy rzeczownik 것 łączy się z wykładnikiem przypadku podmiotu 이, może powstać następujące złożenie 게.

예 Przykład

이것이 (To bliżej mówiącego)　　　　　　　이게
그것이 (Tamto bliżej słuchającego)　　　　그게
저것이 (Tamto dalej od obu)　　　　　　　저게

예 Przykład

이게 무엇입니까?　　　　　Co to jest?
그게 한국어 책입니다.　　　To jest książka do języka koreańskiego.
저게 맥주입니다.　　　　　To jest piwo.

2) Kategoria osoby

이분 Ta osoba – osoba blisko mówiącego

그분 Tamta osoba – osoba blisko mówiącego lub obopólnie rozumiana

저분 Tamta osoba – osoba daleko od obu rozmówców i słuchającego.

예 Przykład

이분이 의사입니까?

　　　　　Czy ta osoba (ten pan) jest lekarzem?

그분이 선생님입니까?

　　　　　Czy tamta osoba(tamten pan) jest nauczycielem?

저분이 교수님입니까?

　　　　　Czy tamta osoba(tamten pan) jest profesorem?

5. Zaimki wskazujące 이/그/저

Zaimki te mogą łączyć się ze zwykłymi rzeczownikami.

예 Przykład

이 책상　　to biurko　　　　　저 볼펜　　tamten długopis
이 연필　　ten ołówek　　　　그 책상　　ten student

6. -ㅂ니까? / 습니까?

Finitywna końcówka pytająca.

Gdy temat czasownika zakończony jest samogłoską, używamy -ㅂ니까?.
Gdy temat czasownika zakończony jest spółgłoską, używamy -습니까?.

예 Przykład

가 + ㅂ니까? → 갑니까?	가다	iść, pójść
먹 + 습니까? → 먹습니까?	먹다	jeść
읽 + 습니까? → 읽습니까?	읽다	czytać

Intonacja przechodzi na koniec -ㅂ니까? / 습니까? w przypadku, gdy jest to pytanie "Tak czy Nie" (jeżeli w zdaniu nie ma wyrazu pytającego). W zdaniach zawierających zaimek pytający (Kto, Co, Kiedy, Dlaczego, Jak) intonacja nie wznosi się w końcówce; zamiast tego utrzymuje ten sam poziom a nawet opada trochę na końcu zdania.

예 Przykład

한국 사람입니까? ↗	Czy pan jest Koreańczykiem?
돈이 있습니까? ↗	Ma pan pieniądze?
이름이 무엇입니까? ↘	Jak się pan nazywa?
어디에 가십니까? ↘	Gdzie pan idzie?

7. Kiedy mówimy 감사합니다.

(dziękuję.), Koreańczycy mogą odpowiadać na kilka sposobów.: 뭘요 [muŏllyo], które jest podobne do naszego "cała przyjemność po mojej stronie" albo 천만에요 [chŏnmanejo]; oznaczające "Proszę bardzo" "Nie ma za co"; czasami jednak mówią jedynie 예 [je, ne] czemu odpowiada polskie Tak lub OK.

"감사합니다" i "고마워요" mają takie samo znaczenie.

8. Kategorie miejsc

여기	tutaj	이리	tędy
거기	tam	그리	tamtędy
저기	tam dalej	저리	tamtędy

9. Końcówka –가/ –이

Gramatyczne końcówki –가 oraz –이 są wykładnikami mianownika i komunikują podmiot zdania. –가 występuje po rzeczownikach kończących się na samogłoskę, –이 natomiast dochodzi do rzeczowników o wygłosie spółgłoskowym.

예 Przykład

이것이 책입니다.	To jest książka.
이름이 무엇입니까?	Jak się pan nazywa?
친구가 옵니다.	Przyjaciel przychodzi.
의자가 있습니다.	Jest krzesło.
눈이 옵니다.	Pada śnieg.

10. Zaimki osobowe

Zaimki osobowe 나, 너, 저 oraz zaimek pytajny 누구 posiadają nieregularną formę przypadku.

예 Przykład

나 → 내 + 가	내가 말합니다.	(Ja) mówię.
저 → 제 + 가	제가 미스터 정입니다.	(Ja) jestem Chŏng.
너 → 네 + 가	네가 간다.	(Ty) idziesz.
누구 → 누 + 가	누가 왔습니까?	Kto przyszedł?

11. Niniejsza tabela pokazuje koreańskie zaimki osobowe

Osoba	Poziom	L. pojedyncza	L. mnoga
pierwsza	uprzejmy / uniżony	나/내 Ja 저/제	우리 My 저희
druga	uprzejmy	너/네 Ty	너희 Wy
trzecia	uprzejmy / honoryfikatywny	그 사람 On/Ona 그분	그 사람들 Oni 그분들

12. 바쁘다

jest to czasownik nieregularny.

13. Rodzaje czasowników w języku koreańskim.

Są cztery rodzaje czasowników w języku koreańskim: czasowniki, przymiotniki (które razem z czasownikami tworzą jedną grupę w języku koreańskim), czasowniki typu "być", "mieć", oraz spójki.

1) przymiotniki

Wyrażają stan, bądź jakość gramatycznego podmiotu.

나쁘다 być złym, brzydkim	날씨가 나빠요.	Pogoda jest brzydka.
바쁘다 być zajętym	저는 오늘 바빠요.	Jestem dzisiaj zajęty.

2) czasowniki

Wskazują na działanie wykonywane przez podmiot gramatyczny zdania.

읽다	czytać	집에서 신문을 읽어요.	Czytam gazetę w domu.
먹다	jeść	저는 한국 식당에서 점심을 먹었어요.	
		Jadłem obiad w restauracji koreańskiej.	

3) Czasowniki egzystencjalne, typu "być, mieć"

Wskazują na posiadanie, umiejscowienie czegoś, bądź istnienie.

Odpowiadają polskiemu: "coś jest", "coś się znajduje", "ktoś coś ma".

있다	być / mieć	집에 있어요.	Jestem w domu.
없다	nie mieć/ nie mieć	지우개가 없어요.	Nie ma gumki.

14. Spójki

Ten rodzaj czasowników tworzy wraz z rzeczownikiem orzeczenie imienne.

이다	być	이것이 책이에요.	To jest książka.
아니다	nie być	그것은 지도가 아닙니다.	To nie jest mapa.

15. −예요? / −이에요?

Finitywna końcówka stosowana w pytaniach. Odpowiada polskiemu znaczeniu "Czy to jest....?".-예요? łączy się z rzeczownikami zakończonymi na samogłoskę, zaś -이에요 łączy się z rzeczownikami zakończonymi na spółgłoskę. Obie formy nie różnią się znaczeniowo.

예 Przykład

사과예요?	Czy to jest jabłko?
고기예요?	Czy to jest mięso?
3 과예요?	Czy to jest lekcja 3?
선물이에요?	Czy to jest prezent?
과일이에요?	Czy to jest owoc?

16. Podmiot w zdaniu koreańskim jest bardzo często pomijany.

예 Przykład

이것은 얼마예요? → 얼마예요?	Ile to kosztuje?
나는 좋아요. → 좋아요.	Czuję się dobrze.
이것이 비싸요? → 비싸요?	Czy to jest drogie?

17. 비싸다 być drogim

예 Przykład

비싸요.	Drogie.
아주 비싸요.	Bardzo drogie.
이것 아주 비싸요.	To jest bardzo drogie.
이것도 아주 비싸요.	To też jest bardzo drogie.

18. -도

Partykuła to jest dodawana do rzeczowników, aby wskazać na jedność, identyczność lub tożsamość.(Tłumaczymy ją na język polski jako: także również. Partykuła 도 czasami może wyrażać emfazę).

예 Przykład

그분은 한국사람입니다.	On jest Koreańczykiem.
저도 한국사람입니다.	Ja także jestem Koreańczykiem.
차가 많습니다.	Jest dużo samochodów.
택시도 많습니다.	Jest też dużo taksówek.
나는 모자를 샀습니다.	(Ja) kupiłem czapkę.
구두도 샀습니다.	Kupiłem również buty.
오늘은 시간이 없습니다.	Dzisiaj nie mam czasu.
물론, 돈도 없습니다.	Oczywiście nie mam też pieniędzy.

19. -을/를

To partykuła przypadku, dodawana do rzeczownika, stanowi w zdaniu dopełnienie bliższe. Forma -을 występuje po rzeczowniku zakończonym spółgłoską, partykuła -를 jest partykułą posamogłoskową.

-을/를 (końcówka biernika) może być pomijana w dialektach.

예 Przykład

그분은 신문을 봅니다.	On czyta gazetę.
나는 밥을 잘 먹습니다.	(Ja) chętnie jem ryż.
이 아이는 빵을 좋아합니다.	To dziecko lubi chleb.

나는 친구를 기다립니다.　　(Ja) czekam na przyjaciela.
커피를 드시겠어요?　　Czy wypijesz kawę?
커피 드시겠어요?　　Czy wypijesz kawę?

20. -겠

　　Końcówka -겠 jest dodawana do pierwszego tematu czasownika i wyraża czas przyszły. W zależności od osoby może zarówno wyrażać zamiar wykonania czynności, jak i przypuszczenie mówiącego.

예 Przykład
　　내일 영화를 보겠습니다. Jutro obejrzę film.
　　내일 다시 오겠습니다.　　Jutro znów przyjdę.
　　저녁에는 친구를 만나겠습니다.
　　　　　　Wieczorem spotkam się z przyjacielem.
　　오늘 밤에 다시 전화하겠습니다.
　　　　　　Dzisiaj w nocy znów zadzwonię.
　　저 책이 좋겠어요.
　　　　　　Przypuszczam, że tamta książka będzie dobra.
　　지금 집에 가겠어요.　　Teraz pójdę do domu.

21. 문장 구조 Struktura zdania

1) Zdanie w języku koreańskim jest tworzone przez co najmniej dwa wyrazy i zawsze kończy się czasownikiem, do którego jest dodawana odpowiednia końcówka gramatyczna. Zdanie w języku koreańskim posiada podmiot i orzeczenie.

　　주어 (Podmiot) + 서술어 (Orzeczenie)

예 Przykład

아이가 잡니다.   Dziecko śpi.
꽃이 핍니다.   Kwiaty kwitną.
기차가 많습니다.   Jest dużo pociągów.
날씨가 덥습니다.   Jest gorąco.
이것이 무엇입니까?   Co to jest?
이분이 간호원입니다.   Ta pani jest pielęgniarką.

2) W języku koreańskim występuje następujący szyk zdania z dopełnieniem.

주어 (Podmiot) + 목적어 (Dopełnienie) + 서술어 (Orzeczenie)

예 Przykład

그 학생이 편지를 씁니다.   Ten student pisze list.
나는 신문을 삽니다.   (Ja) kupuję gazetę.
영수가 질문을 합니다.   Yong-su zadaje pytanie.
무엇을 먹습니까?.   Coś je?
나는 친구에게 편지를 씁니다.   (Ja) piszę list do przyjaciela.

22. Numeracja W języku koreańskim liczebniki występują w dwu odrębnych zbiorach: liczebniki rodzime oraz liczebniki sinokoreańskie. Liczebniki rodzime są zwykle używane do liczenia, podczas gdy liczebniki sinokoreańskie są używane do odczytywania cyfr. Liczebników sinokoreańskich również używa się dla liczby 100 i powyżej stu.

Liczebniki rodzime

1	하나	11	열하나	10	열
2	둘	12	열둘	20	스물

3	셋	13	열셋	30	서른
4	넷	14	열넷	40	마흔
5	다섯	15	열다섯	50	쉰
6	여섯	16	열여섯	60	예순
7	일곱	17	열일곱	70	일흔
8	여덟	18	열여덟	80	여든
9	아홉	19	열아홉	90	아흔
10	열	20	스물		

Liczebniki sinokoreańskie

1	일	11	십일	10	십	100	백
2	이	12	십이	20	이십	1000	천
3	삼	13	십삼	30	삼십	10000	만
4	사	14	십사	40	사십		
5	오	15	십오	50	오십		
6	육	16	십육	60	육십		
7	칠	17	십칠	70	칠십		
8	팔	18	십팔	80	팔십		
9	구	19	십구	90	구십		
10	십	20	이십				

23. Nazwy miesięcy

1	일 월	styczeń	7	칠 월	lipiec
2	이 월	luty	8	팔 월	sierpień
3	삼 월	marzec	9	구 월	wrzesień

4	사 월	kwiecień	10	시 월	październik
5	오 월	maj	11	십일 월	listopad
6	유 월	czerwiec	12	십이 월	grudzień

Nazwy 6 i 10 miesiąca stanowią wyjątek: ostatnia spółgłoska jest opuszczana.

24. –은 / –는

Partykuła –은/–는 oznacza topic lub temat zdania, wyraża również kontrast i emfazę. Może być dodawana do wszystkich przypadków z wyjątkiem partykuły, podmiotu i orzeczenia, które są ø pomijane przed topikiem zdania. Kiedy sufiks rzeczownika jest zakończony spółgłoską, następuje partykuła –은, natomiast kiedy sufiks rzeczownika jest zakończony samogłoską następuje partykuła –는.

예 Przykład

내일은 시간 있어요?	Czy masz jutro czas?
이분은 김선생님입니다.	To jest pan Kim.
나는 김치를 좋아합니다.	(Ja) lubię Kimch'i.
나는 이 여자를 사랑합니다.	(Ja) kocham tę kobietę.

Partykuła –은/–는 może być również dodawana do przysłówków lub do końcówek czasowników.

예 Przykład

집에서는 공부하지 않습니까?	Czy nie uczysz się w domu?
이 책이 비싸지는 않아요.	Ta książka nie jest droga.
12시에는 점심을 먹어요.	Jem obiad o godzinie 12°°.
그는 숙제를 잘 해요.	On dobrze odrabia pracę domową.

25. 있다

Czasownik 있다 oznacza "być" i pokrywa się z polskim czasownikiem "być", oznacza również "mieć" oraz "znajdować się". Forma przecząca odpowiada "nie ma".

예 Przykład

애인이 있습니다.	(Ja) mam przyjaciela/przyjaciókę.
시계가 있습니다.	(Ja) mam zegarek.
그림이 없습니다.	(Ja) nie mam obrazu.(Nie ma obrazu.)
질문이 있습니까?	Czy masz pytanie? (Czy są pytania?)
사전이 없습니까?	Czy nie masz słownika?

Kiedy podmiotem jest starsza osoba, stosujemy 계시다 zamiast 있다.

예 Przykład

의사 선생님이 계십니다.	Jest pan doktor.
부모님이 계십니까?	Czy rodzice są (w domu)?
아버지가 안 계십니다.	Ojca nie ma (w domu).
정 교수님이 안 계십니다.	Nie ma pana profesora Chonga.

26. Gdy zaimek łączy się z końcówką mianownika −가, druga sylaba −구 zostaje opuszczona.

예 Przykład

누가 공부합니까?	Kto się uczy?
누가 옵니까?	Kto przychodzi?
누가 갑니까?	Kto idzie?

Jednakże 누구 używane jest również w innych konstrukcjach

gramatycznych: z czasownikiem 이다 oraz z końcówką -을/를.

27. Czas przeszły -았-(-었-/-였-)

Czas przeszły jest używany do określenia sytuacji, która miała miejsce w przeszłości, lub warunków, które istniały wcześniej. Czas przeszły tworzy się przez wstawienie infiksu -았-(-었-/-였-) pomiędzy temat czasownika a końcówkę, tak jak -ㅂ(습)니다, -ㅂ(습)니까? itd.

1) Gdy temat kończy się na samogłoskę ㅏ lub ㅗ, należy użyć -았-.

예 Przykład

Forma czasu przeszłego	Forma ściągnięta	Znaczenie
가았습니다	갔습니다	poszedłem/poszłam
보았습니다	봤습니다	widziałem/widziałam
좋았습니다	brak	To było dobre

2) Gdy temat kończy się na pozostałe samogłoski (ㅓ, ㅜ, ㅡ, ㅣ) należy użyć -었-.

예 Przykład

Forma czasu przeszłego	Forma ściągnięta	Znaczenie
먹었습니다	brak	Jadłem/ Jadłam
웃었습니다	brak	śmiał się
읽었습니다	brak	Czytałem/Czytałam

3) Gdy temat kończy się na -하다 należy użyć -였-.

예 Przykład

Forma czasu przeszłego	Forma ściagnięta	Znaczenie
하였습니다	했습니다	Zrobiłem/ Zrobiłam
산책하였습니다	산책했습니다	Spacerowałem/Spacerowałam
일하였습니다	일했습니다	Pracowałem/Pracowałam

28. Przysłówki

W języku koreańskim, jak w każdym języku, przysłówki są modyfikacją czasowników, przymiotników, i innych przysłówków, zwrotów lub całych zdań. Najczęstszym sposobem tworzenia przysłówków odczasownikowych jest dodanie końcówki −게 do tematu czasownika.

예 Przykład

예쁘게	pięknie, ładnie	크게	wielce, bardzo
재미있게	interesująco, ciekawie	싸게	tanio

Najczęściej pojawiające się przysłówki:

가끔	czasami, okazjonalnie	아주	bardzo
그러나	lecz	아직	ciągle, nadal
그런데	ale	아침마다	co rano
그리고	i, a	앞으로	w przyszłości
꽤(제법)	zupełnie, całkiem	자주	często
너무	zbyt	잘	dobrze
늘	zawsze	저녁마다	co wieczór
다시	znów, ponownie	적어도	w końcu
대개	zazwyczaj	점점	stopniowo
대단히	bardzo	정신없이	nieprzytomnie
드디어	ostatecznie	조금	trochę

때때로	czasami	주로	częściej
많이	dużo, wiele	참	prawdziwie
벌써	już	천천히	wolno
보통	zwyczajnie	퍽	bardzo
빨리	szybko	흔히	częściej
상당히	znacznie, dosyć	항상	zawsze

예 Przykład

김치는 아주 맛있어요.	Kimch'i jest bardzo smaczne.
불고기는 대단히 맛있어요.	Pulgogi jest niezrównanie smaczne.
그는 늘 공부해요.	On zawsze się uczy.
그녀는 항상 신문을 읽어요.	Ona zawsze czyta gazetę.
나는 매일 T.V를 봐요.	Oglądam telewizję codziennie.
나는 정말로 그녀를 사랑해요.	Kocham ją prawdziwie.
빨리 집에 가세요.	Proszę iść szybko do domu.
때때로 친구를 만나요.	Czasami spotykam przyjaciela.
자주 음악을 들어요.	Często słucham muzyki.
그녀는 노래를 잘 불러요.	Ona śpiewa bardzo dobrze.
나는 그것을 싸게 샀어요.	Kupiłem to tanio.
그러나, 아직 그녀를 좋아해요.	Ale nadal(ciągle) ją lubię.

29. 안

Jest to przysłówek używany do wyrażania negacji i tworzenia zdań przeczących.

예 Przykład

나는 안 가겠습니다.	Nie pójdę.
우유를 안 마십니다.	Nie piję mleka.
라디오를 안 들으십니까?	Czy nie słuchasz radia?

W przypadku struktur N + 하다, 안 umieszczany jest pomiędzy rzeczownikiem a 하다. W takich przypadkach zazwyczaj za rzeczownikiem umieszcza się partykułę.

예 Przykład

그녀는 말을 안 합니다.   Ona nie mówi.
학생들은 공부를 안 합니다.   Studenci się nie uczą.

30. Posiłkowy element negacji 못

Wykładnik gramatyczny umieszczony jest przed zaprzeczanym czasownikiem; wyraża znaczenie niemożności, zaprzeczenia lub odmowy. W języku polskim tłumaczy się: "nie mogę....".

예 Przykład

그 책을 못 샀습니다.   Nie mogłem kupić tej książki.
어젯밤에 못 잤습니다.   Nie mogłem spać ostatniej nocy.
못 도와 주겠습니다.   Nie będę mógł ci pomóc.

Formy tej używa się w syntetycznej formie negacji 못 + czasownik; lub analitycznej formie negacji czasownik + 지 못하다. Obie formy nie różnią się znaczeniowo.

예 Przykład

못 가겠습니다.   Nie mogę iść.
가지 못 하겠습니다.
못 읽었습니다.   Nie mogłem czytać.
읽지 못 했습니다.

Formy tej stosuje się przed takimi czasownikami, jak: 공부하다

(uczyć się) i 등산하다(wspinać się). Są one połączeniem rzeczownika i czasownika posiłkowego −하다. W takim wypadku umieszczony jest on bezpośrednio przed czasownikiem posiłkowym −하다.

예 Przykład

공부를 못 하겠습니다.	Nie mogę się uczyć.
등산을 못 합니다.	Nie potrafię się wspinać.

31. Forma negacji −지 않다

Negacja czasowników i przymiotników w języku koreańskim posiada dwie formy: syntetyczną i analityczną. Użyta w lekcji forma −지 않다. reprezentuje tę drugą postać. Składa się ona z dwóch odrębnych elementów: niefinitywnej formy czasownika, utworzonej przez dodanie do tematu końcówki −지, oraz posiłkowego czasownika przeczącego 않다, który spełnia właściwą funkcję orzeczenia i przyjmuje końcówki różnych kategorii gramatycznych: honoryfikatywności, czasu i innych.

예 Przykład

오늘 학교에 가지 않아요.	Dzisiaj nie idę do szkoły.
요즈음 바쁘지 않습니까?	Nie jest pan ostatnio zajęty?
기분이 좋지 않아요.	Nie jestem w dobrym humorze(nastroju).
그녀는 예쁘지 않아요.	Ona nie jest ładna.
그는 책을 읽지 않습니다.	On nie czyta książek.

32. −아서/−어서/−여서

Końcówka ta dodawana jest do drugiego tematu czasowników

i przymiotników i tworzy orzeczenie zdania podrzędnego, komunikującego czynność uprzednią w stosunku do czynności wyrażanej przez orzeczenie główne. W języku koreańskim związek połączonych w taki sposób zdań ma częściej (choć nie zawsze) charakter przyczynowy, toteż końcówce tej pod względem znaczeniowym odpowiadają polskie wyrazy ponieważ i dlatego, bądź też spójniki i, czy więc.

예 Przykład

방이 커서 좋습니다.	Pokój jest duży, więc mi się podoba.
배가 아파서 약을 먹었습니다.	Boli mnie brzuch, więc wziąłem lekarstwo.
비가 와서 우산을 샀습니다.	Padał deszcz, więc kupiłem parasol.
약속을 어겨서 죄송합니다.	Przepraszam, że zapomniałem o spotkaniu.
옷을 많이 입어서 덥습니다.	Ubrałem się ciepło i jest mi (za) gorąco.
집에 가서 점심을 먹습니다.	Pójdę do domu i zjem obiad.
편지를 써서 부치겠습니다.	Napiszę list i wyślę go.
그분을 만나서 이야기했어요.	Spotkałem go i rozmawialiśmy.
책을 사서 읽읍시다.	Kupmy (tę) książkę i poczytajmy.

33. −에

Ta partykuła wyraża lokalizację (na, w) oraz cel przy czasownikach określających ruch (do, dla, ku, w kierunku). np. na północ

예 Przykład

영수는 학교에 있습니다.	YongSoo jest w szkole.
백화점에 물건이 많습니다.	Jest dużo towarów w centrum handlowym.
날마다 도서관에 갑니다.	Chodzę do biblioteki codziennie.

어디에 가십니까?　　　　　Dokąd idziesz?
일요일에 만나요.　　　　　Spotkamy się w niedzielę.
그는 학교에 갑니다.　　　　On chodzi do szkoły.

1) -에 있다 jest partykułą lokalizacji -에 dodaną do czasownika 있다.

예 Przykład
책이 책상에 있습니다.　　　　　Książka jest na biurku.
동생이 폴란드에 있습니다.　　　　Mój młodszy brat jest w Polsce.
선생님이 교실에 없습니다.　　　　Nie ma nauczyciela w klasie.
어머니는 집에 계십니다.　　　　　Matka jest w domu.

34. Dni tygodnia

월요일	poniedziałek	금요일	piątek
화요일	wtorek	토요일	sobota
수요일	środa	일요일	niedziela
목요일	czwartek		

35. -(으)ㄴ데요/-는데요

Forma ta w swej podstawowej funkcji używana jest jako orzeczenie zdania podrzędnego lub współrzędnego przeciwstawnego i odpowiada w języku polskim połączeniu czasownika z jakimś spójnikiem przeciwstawnym typu a, lecz, ale, czy też natomiast. W języku mówionym jednak, forma ta używana jest także w połączeniu z końcówką -요 jako samodzielne orzeczenie zdania pojedynczego. Wyraża ona twierdzenie mniej kategoryczne i dlatego odczuwana jest przez mówiących jako grzeczniejsza. Przypomina to zastępowanie w języku polskim formy chcę przez formę chciałbym z analogicznych powodów lub też wyrażanie tego samego przez modalną formę może.

예 Przykład

하나 사시려고요?	Czy kupisz jedno?
돈이 모자라는데요.	Mam za mało pieniędzy.
오늘 저녁에 그 영화를	Czy pójdziemy dziś wieczorem.
보러 갈까요?	obejrzeć ten film?
나는 벌써 보았는데요.	Ja już go widziałem.
음식이 없군요.	Nie ma już nic do jedzenia.
더 먹으려고 했는데요.	A ja chciałem jeszcze coś jeść.

36. −ㄴ(은)가요?/−는가요?

Ta końcówka używana jest w pytaniach lub dla wyrażenia wątpliwości. Może się łączyć ze wszystkimi czasownikami.

예 Przykład

그분이 친절한가요?	Czy on jest miły?
그분이 누구인가요?	Kim on jest?
그것이 교실인가요?	Czy to jest klasa?
무엇을 공부하시는가요?	Czego się uczysz?
누가 공부했는가요?	Kto się uczył?

1) ㄴ(은)가요 używane jest z przymiotnikami w czasie teraźniejszym i z −이다 w czasie teraźniejszym zakończonym samogłoską ; −은가요? łączy się z tematem czasowników zakończonych spółgłoską.

2) We wszystkich innych przypadkach używamy 는가요.

37. -면서

Czasownikowa końcówka -면서 wyraża w zdaniach złożonych równoczesność czynności i jest końcówką niefinitywną. Odpowiada polskim imiesłowom współczesnym, zakończonym na -ąc.

예 Przykład

담배를 피우면서 술을 마시지 마세요.

Paląc papierosa, nie pij alkoholu.

음식을 먹으면서 신문을 읽지 마세요.

Jedząc, nie czytaj gazety.

산보를 하면서 이야기 합시다.　　Porozmawiajmy spacerując.

그분이 울면서 말했어요.　　On mówił płacząc.

점심을 잡수시면서 보세요.　　Oglądaj to jedząc obiad.

그분이 웃으면서 이것을 주었어요.　　Dał mi to śmiejąc się.

담배를 피우면서 갑시다.　　Chodźmy paląc papierosy.

가르치면서 나는 많이 배웠어요.

Dużo nauczyłem się ucząc innych.

38. -(으)시-

Ten honoryfikatywny sufiks, dodawany do tematu czasowników tworzy formę grzecznościową. Jeżeli temat czasownika kończy się na samogłoskę ,sufiks występuje w formie -시-, zaś gdy temat czasownika kończy się na spółgłoskę, sufiks występuje w formie -으시. Poprzez (으)시 honoryfikujemy osobę, będącą podmiotem w zdaniu.

예 Przykład

선생님이 가십니다.　　Nauczyciel idzie.

이분이 부인이십니까?　　Czy ta osoba jest pana żoną?

내일 회사에 가시겠습니까?　　Czy pojedzie pan jutro do firmy?

어머니는 신문을 읽으십니다.　　Mama czyta gazetę.

1) Niektóre czasowniki nie tworzą formy honoryfikatywnej poprzez (으)
시, a poprzez całkowitą zmianę tematu.

예 Przykład

자다 → 주무시다   spać
먹다 → 잡수시다   jeść
있다 → 계시다   być

2) Istnieją również słowa, które wyrażają szacunek wobec przedmiotów
związanych z osobą do której odnosimy się w formie honoryfikatywnej.

예 Przykład

밥 → 진지   gotowany ryż
말 → 말씀   słowa
집 → 댁   dom

39. –(으)로

Występuje z rzeczownikami w funkcji narzędnika, bądź odpowiada
polskim przyimkom do lub ku. Jeżeli rzeczownik kończy się na
samogłoskę, używamy –르, jeśli na inne spółgłoski używany –(으)로.

예 Przykład

어디로 가십니까?   Dokąd pan idzie?
사무실로 갑니다.   Idę do biura.
버스로 왔습니다.   Przyjechałem autobusem.
젓가락으로 먹습니다.   Jem pałeczkami.
한국말로 말하십시오.   Proszę mówić po koreańsku.

40. 무슨 na znaczenie "jaki" i występuje jako określnik rzeczownika następującego po nim. Natomiast 무엇 "coś" jest używany zawsze albo z partykułą biernika −를/을, lub ze spójką −이다, tworzącą orzeczenie imienne.

예 Przykład

그것이 무슨 책이에요?	Jaka to jest książka?/Co to za książka?
무엇이 좋아요?	Co jest dobre?
무엇을 공부하세요?	Czego się uczysz?
이것이 무엇이에요?	Co to jest?

41. −에서

Użycie partykuły 에서 zależy od kontekstu, bądź sytuacji. Ma ona dwa znaczenia. Pierwsze z nich, "w, na" wskazuje na miejsce, gdzie odbywa się akcja. Partykuła −에서 łączy się z rzeczownikami. Występują z nią czasowniki wskazujące na akcję, działanie; tzn. kiedy wykonuje się coś w danym miejscu.

예 Przykład

도서관에서 공부를 해요.	Uczę się w bibliotece.
방에서 놀아요.	Bawię się w pokoju.
공원에서 산책해요.	Spaceruję w parku.
사무실에서 일해요.	Pracuję w biurze.
운동장에서 놀아요.	Gram na boisku.

1) Drugie znaczenie, to "z, od"; wskazuje na miejsce początku, źródła, przyczyny itp..

그분이 한국에서 와요.　On przyjeżdża z Korei.
세 시에 집에서 떠나요.　Wyszedłem z domu o trzeciej.
부산에서 서울까지 얼마나 멀어요?
　　　　　　　　Jak daleko jest z Pusanu do Seulu.
한 시에서 세 시까지 공부했어요.
　　　　　　　　Uczyłem się od godziny pierwszej do trzeciej.

42. -(으)ㄹ까요?

Jest to końcówka finitywna, stosowana w zdaniu pytającym, dodawana do tematu czasownika. Może wyrażać jakąś intencję, przypuszczenie. Gdy podmiot występuje w pierwszej osobie liczby pojedynczej ("ja"), rozmówca używa tej formy, aby uzyskać opinię odbiorcy dotyczącą tego ,co robi rozmówca. Gdy podmiot występuje w pierwszej osobie liczby mnogiej ("my"), rozmówca używa tej formy, aby zaproponować rozmówcy, odbiorcy wykonanie razem określonej czynności.

Jeśli temat czasownika kończy się na samogłoskę, używamy -ㄹ까요, a jeśli na spółgłoskę -을까요.

예 Przykład
(제가) 전화를 할까요?　Czy (ja) mam zadzwonić?
(제가) 문을 닫을까요?　Czy mam zamknąć drzwi?
(우리가) 무엇을 시킬까요?　Co zamawiamy?
(우리가) 내일 일찍 만날까요?　Spotkamy się jutro wcześniej?

1) Gdy podmiot występuje w pierwszej osobie liczby pojedynczej, odpowiadamy używając -(으)십시오, zaś gdy podmiot występuje w pierwszej osobie liczby mnogiej, odpowiadamy używając -(으)십시다.

예 Przykład
　　전화 하세요.　　　　　　　　　Proszę (do mnie) zadzwonić.
　　문을 닫으십시오.　　　　　　　Proszę zamknąć drzwi.
　　내일 만납시다.　　　　　　　　Spotkajmy się jutro.

43. -(으)ㅂ시다

Jest to końcówka finitywna, hortatywna; używana wtedy, gdy rozmówca chce wykonać określoną czynność razem z odbiorcą. Jeżeli temat czasownika kończy się na samogłoskę, używamy -ㅂ시다, jeżeli temat czasownika kończy się na spółgłoskę, dodajemy -읍시다.

예 Przykład

가　　　　　+　　　　　ㅂ시다　　　　→　　　　갑시다　가다 iść
temat czasownika　　　　　końcówka finitywna zachęcająca(hortatywna)

읽　　　+　　　읍시다 → 읽읍시다　　　czytać
앉　　　+　　　읍시다 → 앉읍시다　　　usiąść
노래하　+　　　ㅂ시다 → 노래합시다　　śpiewać

44. -쯤

Jest dodawane do rzeczowników określających czas ,lub liczebników i wyraża niepewną, bądź przybliżoną ilość lub zakres.

예 Przykład

지금 몇 시쯤 되었습니까?　　　　Która jest teraz mniej więcej?
오후 2시쯤 만납시다.　　　　　　Spotkajmy się około drugiej.
언제쯤 떠나십니까?　　　　　　　Kiedy mniej więcej pan wyjeżdża?
학생이 400명쯤 왔어요.　　　　　Przyszło około czterystu studentów.
배를 몇 개쯤 살까요?　　　　　　Ile gruszek mniej więcej mam kupić?

45. Formy wyrażeń

W zdaniu koreańskim używa się pięciu form wyrażeń w zdaniu: 1) oznajmującego 2) pytającego 3) zachęcającego 4) rozkazującego i 5) wykrzyknikowego. Te formy wyrażeń są determinowane przez końcówkę czasownika i intonację.

예 Przykład
1) Oznajmujące

오래간만입니다.	Minęło dużo czasu, odkąd pana widziałem.
처음 뵙겠습니다.	Miło mi pana poznać.
이제 가봐야 겠습니다.	Muszę już iść.
안 바빠요.	Nie jestem zajęty.

2) Pytające

안녕하십니까?	Jak się masz? (Dzień dobry.)
메리 스미스입니까?	Czy pani jest Mary Smith?
이분 아세요?	Czy zna pan tę osobę?
바쁘세요?	Czy jest pan zajęty?

3) Zachęcające

식당에 갑시다.	Chodźmy do restauracji.
학교에 갑시다.	Chodźmy do szkoły.
호텔에서 만납시다.	Spotkajmy się w hotelu.

4) Rozkazujące

안녕히 가십시오.	Do widzenia (dosł.: Proszę iść w pokoju)
안녕히 계십시오.	Do widzenia (dosł.: Proszę pozostać w pokoju)
인사하세요.	Proszę się przywitać.

5) Wykrzyknikowe

참 예쁘구나.	Ale jesteś ładna!
참 좋구나.	Jak miło!

46. Koreańczycy rzadko zwracają się do kogokolwiek po imieniu, bez dodania właściwego tytułu. Zwracają się do rozmówcy albo przez sam tytuł związany z jego pracą, zawodem, pozycją; bądź dodając tytuł do nazwiska razem z rzeczownikowym sufiksem 님, okazując w ten sposób szacunek osobie do której mówią.Jeśli nie znają zawodu osoby, używają zwykle zwrotu 선생님("nauczyciel" plus honoryfikatywny sufiks rzeczownikowy).

Przykłady użycia tytułów związanych z pracą

선생님	nauczyciel
교수님	profesor
의사 선생님	lekarz
김박사님	dr. Kim(tytuł naukowy)
과장님	manager
사장님	prezydent firmy

Przykłady użycia nazwisk

김선생님	pan Kim
이선생님	pan Lee
박선생님	pan Park
최선생님	pan Choi
송선생님	pan Song
정선생님	pan Jong

47. Jeżeli jednak ktoś z dłuższym stażem pracy zwraca się do stosunkowo młodego (nowo zatrudnionego) praownika (często po średniej szkole lub college'u), niższego od niego pozycją, lub wiekiem, używa zwykle słów zapożyczonych z języka angielskiego, 미스터(dla mężczyzny) i 미스(dla kobiety). Taki sposób zwracania się do siebie jest bardzo rozpowszechniony w nowoczesnych firmach koreańskich.

예 Przykład

미스터 김	pan Kim	김씨	pan Kim
미스터 송	pan Song	송욱씨	pan Songuk
미스 나	panna Na	나양	panna Na
미스 한	panna Han	한양	panna Han

Zapisywanie nazwisk koreańskich

W języku koreańskim imię poprzedzone jest najpierw zawsze nazwiskiem.

예 Przykład

정직한	Jong Jik Han
나영숙	Na Yong Sook
조인걸	Jo In Gol

48. Sufiks -님

Sufiks -님 łączy się z rzeczownikami osobowymi, poprzez które okazuje się osobie szacunek.

예 Przykład

부모 → 부모님	rodzice	아들 → 아드님	syn
선생 → 선생님	nauczyciel	딸 → 다님	córka

박사 → 박사님　doktor(tytuł naukowy)　아버지 → 아버님　tata
사장 → 사장님　prezydent firmy　어머니 → 어머님　matka

49. Poufałe formy

Mówiąc do dzieci lub bliskich przyjaciół używa się form poufałych. Możliwe jest również stosowanie form honoryfikatywnych na poziomie poufałym; na przykład, gdy pytamy dziecko o jego rodziców 엄마계셔? ("Czy jest mama?"). Oto tabela przedstawiająca główne poziomy i rodzaje grzeczności. Proszę porównać różnice między formami grzecznymi a poufałymi.

Poziom		Zdanie oznajmujące	Zdanie pytające	Zdanie rozkazujące	Zdanie zachęcające	Zdanie wykrzyknikowe
Formalny	-ㅂ니다	-ㅂ니다 -습니다	-ㅂ니까? -습니까?	-(으)십시오	-(으)ㅂ시다	
	-네	-네	-나?	-게	-세	
	-ㄴ다	-는(ㄴ)다 -다	-(으)니? -느(으)냐?	-아(어,여)라	-자	-(는)구나
Nieformalny	-어요	-어요	-아(어, 여)요			-(는)군요
	-어	-어	-아(어, 여)			-(는)군

1) Nieformalna końcówka -아/-어/-여

예 Przykład

나는 좋아.	U mnie dobrze.
너는 좋아?	U ciebie dobrze?
방 좀 쓸어.	Zamieć pokój.
열심히 공부해.	Ucz się pilnie.
식당에 가.	Chodźmy do restauracji.

2) Formalna końcówka -는다/-ㄴ다/-다

예 Przykład

나는 매일 일기를 쓴다.   Codziennie piszę pamiętnik.
오늘은 춥다.   Dziś jest zimnc.
개가 빵을 먹는다.   Pies je chleb.

3) Formalna końcówka -(으)니/-ㄴ(으)냐

예 Przykład

힘들지 않니?   Nie jest ci ciężko?
학교에 가느냐?   Idziesz do szkcły?

4) Formalna końcówka -(아)(어, 여)라

예 Przykład

답장을 빨리써라.   Odpisz szybko.
우유를 마시어라(마셔라).   Napij się mleka.
열심히 공부해라.   Ucz się pilnie.

5) Formalna końcówka -자 (zachęcająca)

예 Przykład

집에 가자.   Chodźmy do dcmu.
물을 아끼자.   Oszczędzajmy wodę.
놀자.   Pobawmy się.
애기하지 말자.   Nie mówmy nic.

6) Formalna końcówka -(는)구나 (wykrzyknikowa)

예 Przykład

오늘 무척 덥구나!   Ale dziś jest gcrąco!
고기를 잘 먹는구나!   Jak ładnie jesz mięso!

7) Nieformalna końcówka -(는)군 (wykrzyknikowa)

예 Przykład
오늘 춥군!   Ale dziś zimno!
잘 달리는군!   Dobrze biegnie!

50. -지요

Jest to końcówka finitywna, która łączy się z tematem czasownika,
lub przymiotnika. Używa się jej, gdy nadawca chce uzyskać zgodę,
potwierdzenie czegoś u odbiorcy. W zależności od intonacji można jej
używać w zdaniu oznajmującym, pytającym, rozkazującym.

예 Przykład
제가 돈을 내지요.   Ja zapłacę.
날씨가 춥지요?   Jest zimno, tak?
또 만나지요.   Spotkajmy się znowu.
함께 가지요.   Chodźmy razem.
그여자 예쁘지요.   Ona jest ładna, tak?

51. -어(아/여)야 하다

Konstrukcja ta wyraża konieczność "musieć, trzeba, powinno się".
Końcówka łączy się z drugim tematem czasownika.

예 Przykład
약속을 지켜야 합니다.   Musisz dotrzymywać obietnic.
학생은 공부를 열심히 해야 합니다.

                                   Studenci muszą się uczyć pilnie.
방은 밝아야 합니다.   Pokój musi być jasny.

거짓말은 하지 않아야 합니다.   Nie wolno kłamać.
저는 지금 집에 돌아가야 합니다. Muszę wracać teraz do domu.
밥을 먹어야 합니다.   Trzeba zjeść.

52. -ㅂ시오

Ta końcówka rozkazu używana jest wtedy, gdy nadawca prosi o wykonanie jakiejś czynności, lub coś nakazuje odbiorcy. Forma ta występuje z honoryfikatywnym sufiksem -시-. Jeśli temat czasownika zakończony jest samogłoską, używamy -십시오, zaś jeśli temat czasownika zakończony jest spółgłoską używamy -으십시오.

예 Przykład

가 + 시	+ 시오	→	가십시오	iść
읽 + 으시	+ ㅂ시오	→	읽으십시오	czytać
청소하 + 시	+ ㅂ시오	→	창소하십시오	sprzątać
서 + 시	+ ㅂ시오	→	서십시오	wstawać, stać
앉 + 으시	+ ㅂ시오	→	앉으십시오	usiąść
가져오 + 시	+ ㅂ시오	→	가져오십시오	przynieść
찾 + 으시	+ ㅂ시오	→	찾으십시오	szukać

53. Końcówki finitywne

W strukturze zdania koreańskiego, końcówka finitywna łączy się z tematem ostatniego czasownika w zdaniu, kończąc je tym samym. Można je podzielić na cztery rodzaje.

forma temat	Oznajmujące	Pytające	Rozkazujące	Zachęcające
Kończący się samogłoską	-ㅂ니다	-ㅂ니까	-십시오	-ㅂ시다
Zakończony na spółgłoskę	-습니다	-습니까	-으십시오	-읍시다

54. Nieregularne czasowniki z ㄹ

W czasownikach z ㄹ jest ono opuszczane przed końcówkami zaczynającymi się od spółgłosek ㄴ, ㅂ lub ㅅ.

예 Przykład

살다　　　żyć
살 + 십시오. → 사십시오.　　　Proszę żyć.
울다　　　płakać
울 + 니? → 우니?　　　Płaczesz?
알다　　　wiedzieć
알 + ㅂ니까? → 압니까?　　　Wie pan?
팔다　　　sprzedawać
팔 + 십시오 → 파십시오.　　　Proszę to sprzedawać .

55. Nieregularne czasowniki z 르

Przed końcówkami zaczynającymi się od 아 lub 어 opuszcza się 으 i dodaje ㄹ.

예 Przykład

모르 + 아 → 몰라　　　모르다　　　nie wiedzieć
다르 + 아 → 달라　　　달라　　　być innym
고르 + 아 → 골라　　　고르다　　　wybierać
빠르 + 아 → 빨라　　　빠르다　　　być szybkim
오르 + 아 → 올라　　　오르다　　　wspinać się

56. Nominalna końcówka -기

W języku koreańskim większość czasowników można przekształcić w
rzeczowniki odczasownikowe, poprzez dodanie końcówki -기 do tematu
czasownika. W języku polskim tłumaczy się ją zwykle za pomocą
bezokolicznika.

예 Przykład

살 + 기 → 살기	życie	살다	żyć
가르치 + 기 → 가르치기	uczenie	가르치다	uczyć
크 + 기 → 크기	wielkość	크다	być zimnym
공부하 + 기 → 공부하기	nauka/uczenie się	공부하다	uczyć się

예 Przykład

가르치기가 쉽습니다.	Łatwo jest uczyć.
공부하기가 싫어요.	Nie znoszę się uczyć.
살기가 좋아요.	Mieszkać jest dobrze.
그분을 만나기가 어려워요.	Trudno go spotkać.

57. -아(어, 여)주다

Ten czasownik posiłkowy łączy się z drugim tematem czasowników
i wyraża czynność wykonywaną przez odbiorcę na rzecz mówiącego.
Jeżeli temat czasownika jest zakończony na samogłoski 아 lub 오,
używamy 아주다, jeśli temat czasownika kończy się na 어, 우, 으 lub
이, używamy 어주다. Jeśli temat czasownika jest zakończony na 하,
używamy -여주다.

예 Przykład

생일카드 좀 보여 주세요.	Proszę mi pokazać karty urodzinowe.
주소를 가르쳐 주세요.	Proszę mnie zawiadomić.

종이에 싸 주세요.　　　　　Proszę zawinąć w papier.
좀 도와 주세요.　　　　　　Proszę mi pomóc.
쉽게 설명해 주세요.　　　　Proszę wytłumaczyć to jasno.
신문을 읽어 주세요.　　　　Proszę przeczytać gazetę.
문을 닫아 주세요.　　　　　Proszę zamknąć drzwi.
전기불을 켜 주세요.　　　　Proszę zapalić światło.
전화번호 좀 알려 주세요.　　Proszę podać mi numer telefonu.

58. Rzeczownik 하고 rzeczownik

Partykuła ta łączy dwa rzeczowniki i odpowiada polskiemu "A i B"/"A oraz B".

가방에 책하고 공책이 있어요.　　　　Książka i zeszyt są w torbie.
도서관에 사전하고 잡지가 많습니다.　W bibliotece jest dużo słowników i czasopism.
우유하고 빵을 주세요.　　　　　　　Poproszę mleko i chleb.
불고기하고 김밥을 주세요.　　　　　Poproszę pulgogi i Kimbap.
아버지가 과자하고 과일을 사셨습니다. Tata kupił ciastka i owoce.

59. -지만

Niefinitywna końcówka. Łączy się z tematem czasowników i ma znaczenie przeciwstawne do tego, co zostało potwierdzone w pierwszym zdaniu. W języku polskim odpowiada słowom: "ale", "lecz".

예 Przykład
그는 공부를 열심히 하지만, On pilnie się uczy,
성적이 좋지 않아요.　　　ale wyników nie ma dobrych.

바람은 불지만, 비는 안 와요.

Wieje wiatr, ale nie pada.

약은 먹었지만, 낫지않아요.

Wziąłem lekarstwo, ale mi nie przeszło.

전화번호는 알지만,　　　　　Znam numer telefonu,
주소는 모릅니다.　　　　　　ale nie znam adresu.

그는 공부를 열심히 하지만,　On pilnie się uczy,
성적이 좋지 않아요.　　　　ale wyników nie ma dobrych.

바람은 불지만, 비는 안 와요.

Wieje wiatr, ale nie pada.

약은 먹었지만, 낫지않아요.

Wziąłem lekarstwo, ale mi nie przeszło.

전화번호는 알지만,　　　　　Znam numer telefonu,
주소는 모릅니다.　　　　　　ale nie znam adresu.

나는 그녀를 좋아하지만, 사랑하지 않아요.

Lubię ją, ale jej nie kocham.

부자이지만, 돈을 안 써요.

On jest bogaty, ale pieniędzy nie wydaje.

60. -(으)려고 하다

Jeśli czasownik kończy się na samogłoskę, używamy -려고 하다,
natomiast jeśli czasownik kończy się na spółgłoskę, używamy -으려고 하다.

예 Przykład

점심을 먹으려고 합니다.　　　Zamierzam jeść obiad.
기차가 떠나려고 해요.　　　　Pociąg zaczyna odjeżdżać.
그는 의사가 되려고 해요.　　　On chce zostać lekarzem.
여행가려고 합니다.　　　　　Zamierzam podróżować.
내일 전화하려고 합니다.　　　Jutro zamierzam dzwonić.

61. –(으)ㄹ 래요

Jest to finitywna końcówka, która występuje z czasownikami wyrażającymi czynność, oraz czasownikiem 있다. Wyraża zamiar, plan zrobienia czegoś.

예 Przykład

계산서 주실래요?	Czy mogę dostać rachunek.
부산에 갈래요?	Czy pojedziesz do Pusan?
내일 공부하실래요?	Będzie się pan jutro uczył?
아니오, 공부하지 않을래요.	Nie, nie będę się uczył.
저녁에 집에 있을래요?	Będzie pan/pani w domu wieczorem?
식사할래요?	Zje pan/pani?
맥주 마실래요?	Napije się pan/pani piwa?

62. –(으)니까

Ta niefinitywna końcówka łączy się z tematem czasowników, lub przymiotników. Nadaje zdaniu charakter przyczyny i wtedy tłumaczymy ją na polski "ponieważ", "więc"; bądź też wskazuje, że czynność w tym zdaniu wystąpiła wcześniej, niż w zdaniu następującym po niej.

예 Przykład

그것이 좋으니까, 삽시다.

    To jest dobre, więc kupmy to.

지금 바쁘니까, 내일 오세요.

    Jestem teraz zajęty/–a, więc proszę przyjść jutro.

돈이 있으니까, 걱정하지 마세요.

    Mam pieniądze, więc proszę się nie martwić.

지금 비가 오니까, 나가지 맙시다.

    Ponieważ teraz pada deszcz, nie wychodźmy.

그분이 주무시니까, 떠들지 마세요.

       Proszę nie hałasować, bo on śpi.

사무실에 전화하니까, 그 친구가 없었어요.

       Kiedy dzwoniłem do biura, nie było go.

서울역에 가니까,

       Było dużo ludzi,

사람이 많았습니다.

       kiedy poszedłem na dworzec w Seulu.

63. –아(어/여) 보다

Jest to konstrukcja, która ma znaczenie: próbować coś zrobić. Składa się z końcówki i posiłkowego czasownika.

예 Przykład

한식을 먹어 보았어요.	Czy próbowałeś już koreańskiego jedzenia.
그녀를 만나 보겠습니다.	Spróbują się z nią spotkać.
담배를 한 번 피워 보세요.	Spróbuj tych papierosów.
한국말로 말해 보세요.	Spróbuj mówić po koreańsku.
여기에 한 번 와 봤어요.	Byłem tu raz.

64. –(는)군요

Ta finitywna końcówka występuje z czasownikami, przymiotnikami, spójką –이다 i wyraża zachwyt, zdziwienie, zaskoczenie.

예 Przykład

그가 학교에 갔군요.	O! On poszedł do szkoły.
그 여자가 참 예쁘군요.	Ale ona jest ładna!
그분이 한국사람이군요.	To Koreańczyk!

그 사전이 여기 있군요.	No przecież ten słownik jest tutaj.
집이 좋군요.	Ale ładny dom!
물건 값이 비싸군요.	Te ceny są naprawdę wysokie.
한국말을 잘 하시는군요.	Ale pan ładnie mówi po koreańsku.

65. –고

Ta niefinitywna końcówka występuje z tematem czasowników (przymiotników, spójki). Łączy dwa zdania mające równorzędne znaczenie. Jest używana również, gdy wylicza się kolejne fakty, lub gdy zdarzenia występują po sobie w następstwie.

예 Przykład

숙제를 하고, 가겠어요.	Robię pracę domową i pójdę.
이것은 싸고, 좋아요.	To jest tanie i dobre.
전화를 하고, 가십시오.	Proszę zadzwonić i pójść (tam).
그녀는 정직하고, 예뻐요.	Ona jest uczciwa i ładna.
바람이 불고, 눈이 와요.	Wiatr wieje i pada śnieg.
나는 학생이고, 그분은 선생이에요.	Ja jestem studentem, a ten pan jest nauczycielem.
나는 피아노를 치고, 동생은 노래를 불렀어요.	Gram na pianinie, a moja młodsza siostra śpiewa.

66. –(으)ㄹ 거예요/–(으)ㄹ 것이다.

Forma –(으)ㄹ 거예요 jest formą skończoną (nieformalną) od (으)ㄹ 것이에요. Występuje z czasownikami (przymiotnikami, spójką) i wyraża prawdopodobieństwo.

예 Przykład

그분이 내일 갈 거예요.	Ona chyba jutro pojedzie.
그것이 비쌀 거예요.	To jest pewnie drogie.
그녀가 도착했을 거예요.	Ona pewnie już dojechała.
그것이 어려울 거예요.	To jest pewnie trudne.
내일 집에 있을 것입니다.	Będę (raczej) w domu jutro.
그 친구는 약속을 잘 지킬 것입니다.	On raczej dotrzymał obietnicy.
이번 방학에 뭐 하실 거예요?	Co będzie pan robił w bieżące wakacje?
저는 지금 숙제를 할 거예요.	Teraz odrobię(raczej) lekcje.

67. –(으)ㄹ지 모르다

Konstrukcja zawiera w sobie pytanie i tłumaczymy ją na polski: "nie wiem, czy", "nie wiadomo, czy". Czasownikom nadaje znaczenie czasu przyszłego.

예 Przykład

그분이 집에 있을지 몰라요.	Nie wiem, czy on będzie w domu.
나는 언제 갈지 모르겠어요.	Nie wiem, kiedy pojadę.
주말에 여행갈지 몰라요.	Nie wiem, czy w weekend pojadę w podróż.

68. –고 싶다.

Ta finitywna końcówka wyraża chęć nadawcy do zrobienia czegoś. Odpowiada polskiemu: "chcę" albo "chciałbym".

예 Przykład

새 구두를 사고 싶어요.	Chcę kupić nowe buty.
가을에는 여행을 가고 싶어요.	Chcę pojechać na jesieni w podróż.

지금 무엇을 하고 싶으세요?   Co chciałbyś teraz zrobić?
저는 역사를 배우고 싶어요.   Chcę uczyć się historii.

Konstrukcja ta używana jest najczęściej w pierwszej osobie (ja, my) w zdaniu oznajmującym, oraz w drugiej osobie w pytaniach. Gdy podmiot występuje w trzeciej osobie używa się konstrukcji – 고싶어하다.

예 Przykład
아이가 밖에 나가고 싶어합니다.Dziecko chce wyjść na dwór.
그가 나를 보고 싶어 합니다.   On chce się ze mną zobaczyć.
우리 부모님께서 폴란드를 가고 싶어합니다.
                    Moi rodzice chcą pojechać do Polski.

69. –어(아/여)야 되다.

Ta konstrukcja ma takie samo znaczenie jak konstrukcja –어(아, 여)야 하다.

예 Przykład
가야 합니다.   Muszę iść.
가야 됩니다.   Muszę iść.
내셔야 합니다.   Muszę zapłacić.
내셔야 됩니다.   Muszę zapłacić.
마셔야 합니다.   Muszę się napić.
마셔야 됩니다.   Muszę się napić.

70. –에서 –까지(od – do)

Końcówki te łączy się z czasownikami, określającymi miejsce lub czas i wskazują na miejsce, w którym zaczęła się czynność, oraz miejsce w którym się skończyła; bądź też określają granice czasowe.

Końcówki –부터 –까지 używane są w takim samym znaczeniu. Generalnie jednak –에서 –까지 używane jest przy lokalizacji miejsca, zaś –부터 –까지, przy lokalizacji czasowej.

예 Przykład
여기서 저기까지 걸어가요.
Pójdziemy na piechotę stąd dotąd.
부산에서 서울까지 기차로 5시간 걸립니다.
Z Pusanu do Seulu jedzie się pociągiem 5 godzin.
12시에서 1시까지는 점심시간입니다.
Pora obiadowa trwa od dwunastej do pierwszej.
언제부터 언제까지 일했습니까?
Od kiedy do kiedy pan pracował?
아침부터 저녁까지 공부했어요.
Uczyłem się od rana do wieczora.

71. Konstrukcja –(으)ㄹ 수 있다/없다

Konstrukcja ta występuje w połączeniu z czasownikami wyrażającymi czynność, oraz czasownikiem 있다. Wyraża możliwość, bądź umiejętność.

예 Przykład
지금 할 수 있어요.　　　　Mogę to robić teraz.
여기 남을 수 있어요.　　　　Możesz(Może pan/pani) tu zostać.
도와 줄 수 없어요.　　　　Nie mogę ci pomóc.
나도 한국말 할 수 있어요.　　Ja też umiem mówić po koreańsku.
신문을 읽을 수 없어요.　　　　Nie umiem(umie) czytać gazety.

72. Przydawkowe formy -는/-(으)ㄴ/-(으)ㄹ

Są to końcówki, które łączy się z tematem czasownika lub przymiotnika i określają rzeczownik. Określany rzeczownik wraz przydawką tworzą frazę rzeczownikową, która może funkcjonować w zdaniu jako podmiot, dopełnienie, itp..

1) Czasownik + 는 + rzeczownik: wyraża przebieg czynności w czasie teraźniejszym.

| 가다 | iść | 가 + 는 + 사람 | → | 가는 사람 |
| 읽다 | czytać | 읽 + 는 + 학생 | → | 읽는 학생 |

2) Czasownik + (으)ㄴ + rzeczownik: wyraża ukończenie czynności w czasie przeszłym.

| 받다 | dostać | 받 + 은 + 돈 | → | 받은 돈 |
| 사다 | kupić | 사 + ㄴ + 선물 | → | 산 선물 |

3) Czasownik + (으)ㄹ + rzeczownik: tworzy formę czasu przyszłego,w którym rozmówca przewiduje, bądź przypuszcza coś.

| 마시다 | pić | 마시 + ㄹ + 물 | → | 마실 물 |
| 하다 | robić | 하 + ㄹ + 일 | → | 할 일 |

4) Czasownik + (으)ㄴ + rzeczownik: wyraża cechy, które opisuje w czasie teraźniejszym.

| 예쁘다 | być ładnym | 예쁘 + ㄴ + 꽃 | → | 예쁜 꽃 |
| 좋다 | być dobrym | 좋 + 은 + 소녀 | → | 좋은 소녀 |

73. 방향 Kierunek

예 Przykład

저쪽	tamta strona	저리	tam
이쪽	ta strona	이리	tu
그쪽	tamta strona	그리	tam
왼쪽	na lewo	앞으로	z przodu
오른쪽	na prawo	뒤로	z tyłu
똑바로	prosto	옆으로	z boku
서쪽으로	na zachód	북쪽으로	na północ
동쪽으로	na wschód	남쪽으로	na południe

74. -(으)ㄹ 때

Ta niefinitywna końcówka dochodzi do tematu czasownika i określa czas, w którym nastąpiła czynność.

예 Przykład

한국에 갈 때 비행기로 갔어요.

Kiedy jechałem do Korei, poleciałem samolotem.

올 때 꽃을 가져 오세요.

Gdy pan przyjedzie, proszę przynieść mi kwiaty.

택시탈 때 조심하세요.

Proszę uważać, gdy będzie pan wsiadał do taksówki.

공항에 도착했을 때 친구가 나왔어요.

Gdy dojechałem na lotnisko, pojawił się (mój) przyjaciel.

시간 있을 때 같이 갑시다.

Chodźmy razem, gdy będzi pan miał czas.

주무실 때 불을 끄세요.

Kiedy idziesz spać, wyłącz światło.

날씨가 따뜻할 때 가겠어요.

Pojadę, gdy będzie ładna pogoda.

W niektórych przypadkach samo 때 łączy się z rzeczownikiem.

예 Przykład
아침때 pora ranna   시험때   pora egzaminacyjna
저녁때 pora wieczorowa   졸업때   czas ukończenia szkoły
점심때 pora obiadowa   명절때   pora świąteczna
추석때 pora święto Dziękczynienia   방학때   czas wkacyjny
생일 때 urodziny   크리스마스때   pora Bożego Narodzenia

75. – 고 있다 / –는 중이다

Te dwie konstrukcje występują z tematem czasowników i wskazują na trwanie czynności w trakcie mówienia.

예 Przykłady
친구를 기다리고 있어요.   Czekam na przyjaciela.
학생이 수영하고 있어요.   Student pływa.
아버지가 주무시고 계세요.   Mój ojciec śpi.
바람이 불고 있지 않아요.   Wiatr nie wiał.
무엇을 하고 있습니까?   Co robisz?
편지를 쓰고 있습니다.   Piszę właśnie list

예 Przykłady
친구를 기다리는 중이에요.   Czekam na przyjaciela.
학생이 수영하는 중이에요.   Student pływa.
아버지가 주무시는 중이에요.   Mój ojciec śpi.
무엇을 하는 중입니까?   Co robisz?
TV를 보는 중입니다.   Oglądam telewizję.
무엇을 생각하는 중입니까?   O czym myślisz?

예 Przykłady
공부하는 중이에요 → 공부 중이에요

수영하는 중이에요 → 수영 중이에요
통화하는 중이에요 → 통화 중이에요

76. –다가

Czynność, która miała miejsce została przerwana lub zakłócona innym działaniem. Czasami opuszcza się "가".

예 Przykłady

시장에 가다가 와요.	Szedłem na bazar, ale wracam.
시장에 가다가 왔어요.	Szedłem na bazar, ale wróciłem.
공부하다가 잤어요.	Ucząc się, zasnąłem.
학교에 가다가 그분을 만났어요.	Spotkałem go idąc do szkoły.
구두를 신다가 끈이 끊어졌어요.	Wkładając buty zerwała mi się sznurówka.
소설을 읽다가 친구하고 같이 외출했습니다.	Czytałem powieść i wyszedłem razem z przyjacielem.

Jeśli pierwszy czasownik występuje w czasie przeszłym – "았 (었, 였)", to dwie czynności są oddzielone.

예 Przykłady

시장에 갔다가 은행에도 들렀습니다.
　　Poszedłem na targ, a potem wstąpiłem też do banku.
창문을 열었다가 날씨가 추워서 다시 닫았습니다.
　　Otworzyłem okno, ale było zimno, więc je zamknąłem.
그 친구는 편지를 썼다가 찢어 버렸습니다.
　　Napisałem list do przyjaciela, a potem go podarłem.

77. – 는데

Ta niefinitywna końcówka łączy się z tematem czasowników (przymiotników, spójki). Wskazuje na tło lub okoliczności.

Czasowniki przybierają formę –는데 zaś przymiotniki –(으)는데.

Przymiotniki zakończone na samogłoskę łączą się z –ㄴ데, a zakończone na spółgłoskę z –은데.

예 Przykłady

겨울인데 따듯해요.	Jest zima, ale jest ciepło.
눈이 오는데 집에서 쉽시다.	Pada śnieg, więc zostańmy w domu.
공부하는데 전화가 왔어요.	Ktoś zadzwonił kiedy się uczyłem.
날씨가 좋은데 공원에 갈까요?	Jest ładna pogoda, więc pójdziemy do parku?
그녀는 예쁜데 친절하지 않아요.	Ona jest ładna, ale nie jest miła.

78. – (으)ㄹ까 하다

Konstrukcja ta komunikuje przypuszczenie podjęcia działania w przyszłości.

예 Przykłady

주말에 집에서 쉴까 합니다.	Może odpocznę w domu w ten weekend.
도서관에서 책을 찾을까 합니다.	Może poczytam książkę w bibliotece.
비가 올까 해서,	Wezmę parasol,
우산을 가져왔어요.	bo może będzie padać.
여행을 갈까 하고,	Pojechałem na dworzec Seulski,
서울역에 나왔어요.	myśląc, że może wybrałbym się w podróż.

79. –(으)면

Ta niefinitywna końcówka łączy się z tematem czasowników i wyraża warunek ("jeśli"), poprzedzając stan, bądź czynność w zdaniu następującym po niej.

Jeśli czasownik kończy się samogłoską, używamy –면, a jeśli spółgłoską używamy –(으)면.

예 Przykłady

돈이 있으면 좀 빌려 주세요.	Jeśli masz pieniądze, pożycz mi trochę, proszę.
모르는 것이 있으면 질문하세요.	Jeśli jest coś, czego Pan nie wie, proszę pytać.
학교에 가면,	Jeżeli idę do szkoły,
친구를 만날 수 있어요.	mogę spotkać się z przyjacielem.
값이 싸면 삽시다.	Jeżeli będzie tani, kupmy go.

80. –(으)면 좋겠다

Konstrukcja ta łączy się z tematem czasowników i wyraża chęć lub pragnienie. Stosujemy ją, gdy podmiot jest w pierwszej osobie.

예 Przykłady

돈이 많으면 좋겠다.	Chciałbym mieć dużo pieniędzy.
차가 있으면 좋겠어요.	Chciałbym mieć samochód.
비가 안 오면 좋겠어요.	Mam nadzieję, że nie będzie padać.
날씬했으면 좋겠어요.	Chciałabym być szczupła.
방학이 되었으면 좋겠어요.	Chciałabym, żeby już były wakacje.

81. –(으)ㄹ 것 같다 / 는 것 같다

Ta końcówka łączy się z tematem czasowników i wyraża czyjeś
przypuszczenie na temat zdarzenia, działania w przyszłości.

Jeżeli czynność ma miejsce w chwili mówienia, bądź zdarza się od
czasu do czasu, używamy konstrukcji –는 것 같다

예 Przykłady
내일은 비가 올 것 같아요.　　　Chyba będzie jutro padać.
물건 값이 또 오를 것 같아요.　　　Chyba ceny pójdą znowu w górę.
주말이니까 극장에 사람이 많을 것 같아요.
　　　　Jest weekend, więc w teatrze będzie dużo ludzi.
두 사람이 서로 사랑하는 것 같아요.
　　　　Oni chyba się kochają.
밖에 눈이 오는 것 같아요.　　　Chyba pada śnieg na zewnątrz.

82. –아(어/여)도 되다

Ta konstrukcja wyraża przyzwolenie – "można".

Po –도 mogą wystąpić również czasowniki posiłkowe 좋다 lub 괜찮다,
które oznaczają "jest w porządku".

예 Przykłady
여기서 담배 피워도 돼요?　　　Czy mogę tu zapalić?
맥주를 마셔도 돼요?　　　Mogę się napić piwa?
회의에 늦게 와도 됩니다.
　　　　Nic się nie stanie jeśli spóźni się Pan na zebranie.
내일 다시 와도 좋아요.　　　Możesz przyjść znów jutro.

83. Końcówka "-만"

-만 łączy się z końcówką orzeczenia -습니다 i tłumaczymy ją jako "chociaż", "ale".

예 Przykłady

죄송합니다만, 여기가 어디예요?

  Przepraszam, co to za miejsce?

다방에 갔습니다만, 그녀를 만나지 못했어요.

  Poszedłem do kawiarni, ale jej nie spotkałem.

교통사고가 났습니다만, 운전사는 다치지 않았어요.

  Chociaż zdarzył się wypadek, kierowca rie doznał obrażeń.

84. Konstrukcja "-어 보이다"

Ta konstrukcja łączy się z tematem przymiotników i tłumaczymy ją jako "wydaje się" ; "wygląda na".

예 Przykłady

그 사람은 키가 커 보입니다. On wydaje się być wysoki.

그 음식은 매워 보입니다. To jedzenie jest chyba ostre.

네가 추워보인다. Wygląda na to, że się przeziębiłeś.

그것이 짜 보입니다. Wydaje się, że to jest słone.

85. -ㄴ(는) 편이다.

Tej konstrukcji używa się z czasownikami i wyraża ona czynność zwyczajową.

예 Przykłady

매운 음식을 잘 먹는 편이에요.	Raczej nie jem ostrego jedzenia.
저는 좋아하는 편이에요.	Raczej to lubię.
저는 열심히 공부하는 편이에요.	Raczej uczę się pilnie.

86. Rodzime liczebniki koreańskie

Przedstawione są tu rodzime liczebniki koreańskie, których używa się głównie przy liczeniu rzeczy, osób.

0 공	10 열	20 스물
1 하나	11 열 하나	30 서른
2 둘	12 열 둘	40 마흔
3 셋	13 열 셋	50 쉰
4 넷	14 열 넷	60 예순
5 다섯	15 열 다섯	70 일흔
6 여섯	16 열 여섯	80 여든
7 일곱	17 열 일곱	90 아흔
8 여덟	18 열 여덟	99 아흔 아홉
9 아홉	19 열 아홉	100 백

87. Klasyfikatory

Są to rzeczowniki używane z liczebnikami dla określenia przedmiotu możliwego do zmierzenia, lub policzenia. Stosuje się je przy wyliczaniu ludzi, papieru, papierosów, itp. albo do zmierzenia ilości benzyny, czasu, odległości.

z liczebnikami koreańskim

– 갑	paczka (papierosów)	한 갑	두 갑	세 갑	네 갑
– 개	rzeczy, przedmioty	한 개	두 개	세 개	네 개
– 권	tomy	한 권	두 권	세 권	네 권
– 달	miesiące	한 달	두 달	석 달	넉 달
– 대	maszyny	한 대	두 대	세 대	네 대
– 마리	zwierzęta	한 마리	두 마리	세 마리	네 마리
– 말	miara ok. 18ℓ	한 말	두 말	서 말	너 말
– 번	ilość razy	한 번	두 번	세 번	네 번
– 병	butelki	한 병	두 병	세 병	네 병
– 분	osoby (honoryfikatywnie)	한 분	두 분	세 분	네 분
– 사람	osoby	한 사람	두 사람	세 사람	네 사람
– 살	lata	한 살	두 살	세 살	네 살
– 시	godziny	한 시	두 시	세 시	네 시
– 시간	godziny	한 시간	두 시간	세 시간	네 시간
– 자	miara ok. 33.3cm	한 자	두 자	석 자	넉 자
– 자루	mały podłużny przedmiot (ołówek, pędzel)	한 자루	두 자루	세 자루	네 자루
– 장	cienki, płaski, przedmiot (papier)	한 장	두 장	석 장	넉 장
– 채	domy	한 채	두 채	세 채	네 채

88. Z liczebnikami chińskimi

– 개월	miesiąc	일 개월	이 개월	삼 개월	사 개월
– 년	lata	일 년	이 년	삼 년	사 년

- 도	stopnie	일 도	이 도	삼 도	사 도
- 배	wielokrotność	배	이 배	삼 배	사 배
- 번	kolejny numer	일 번	이 번	삼 번	사 번
- 번선	numer linii	일 번선	이 번선	삼 번선	사 번선
- 번지	numer miejsca	일 번지	이 번지	삼 번지	사 번지
- 분	minuty	일 분	이 분	삼 분	사 분
- 원	wony	일 원	이 원	삼 원	사 원
- 월	miesiące	일 월	이 월	삼 월	사 월
- 인	ludzie	일 인	이 인	삼 인	사 인
- 인분	porcje	일 인분	이 인분	삼 인분	사 인분
- 일	dni	일 일	이 일	삼 일	사 일
- 주일	tygodnie	일 주일	이 주일	삼 주일	사 주일
- 층	piętra	일 층	이 층	삼 층	사 층
- 호실	numery pokojów	일 호실	이 호실	삼 호실	사 호실

89. Końcówka "보다"

Używa się jej porównaniach i odpowiada polskiemu "niż", "bardziej niż".
Użycie "더" jest dowolne.

예 Przykłady

한국말이 영어보다 더 쉬워요. Język koreański jest łatwiejszy niż
angielski.
이것이 그것보다 (더) 비싸요. To jest droższe od tamtego.
비행기가 기차보다 더 빨라요. Samolot jest szybszy od pociągu.
그가 나보다 더 미남이에요. On jest bardziej przystojny niż ja.

90. -(으)ㄴ 적이 있다.

Końcówka ta łączy się z czasownikami i wyraża doświadczenie uzyskane w przeszłości. Stosuje się ją zamiennie z konstrukcją -(으)ㄴ 일이 있다.

예 Przykłady

나는 폴란드에 가본 적이 있어요.　　Byłem w Polsce.
한국 음식을 먹어본 적이 있어요.　　Jadłem koreańskie jedzenie.
한국 영화를 본 일이 있어요.　　Widziałem koreański film.
은행에서 돈을 빌린 일이 있어요.　　Pożyczałem pieniądze z banku.
전에 그를 어디선가 만난 적이 있어요.

　　　　　　　　Spotkałem go gdzieś wcześniej.

91. -도록

Ta końcówka wskazuje, że czynność jest kontynuowana i tłumaczaczymy ją jako: "do momentu, aż...", "aż do...", "tak, aby..."

예 Przykłady

피곤하면 쉬도록 하세요.　　Jeśli jest Pan zmęczony, proszę
　　　　　　　　odpocząć.
나는 해가 뜨도록 잤어요.　　Przespałem aż do wschodu słońca.
밤이 새도록 책을 읽었어요.　Czytałem książkę aż do rana.
알아 들을 수 있도록　　Proszę mówić powoli tak,
천천히 말하세요.　　abym mógł zrozumieć.

92. -는지 묻다.

Konstrukcję tę stosuje się w zakończeniu podrzędnego zdania

pytającego i tłumaczy się jako "pyta się kiedy/czy...".

예 Przykłady
언제 그 사람이 여기에 오겠는지 물어봤어요.
Zapytałem, kiedy przyjedzie tutaj.
언제 기차가 역에 도착했는지 물어봤어요.
Spytałem, kiedy pociąg przyjechał na dworzec.

93. -어 (아, 여) 있다

Konstrukcji tej używamy z określonymi czasownikami, wyrażając, że czynność lub stan trwają.

예 Przykłady

책이 책상 위에 놓여 있다.	Książka leży na biurku.
거리에 차가 밀려 있다.	Na ulicy jest tłoczno od samochodów.
독에 물이 가득 들어 있어요.	Dzban jest wypełniony wodą do pełna.
붕어가 살아 있군요.	Te karpie żyją!

94. -(으)ㄴ 후(에) / Rzeczownik 후(에)

Zdanie pierwsze poprzedza drugie w następstwie czasu.

Następstwo zdarzeń może być mocniej zaakcentowane, jeśli występuje zamiast "후" -뒤(에) lub -ㄴ 다음에. Przed "후" może występować sam rzeczownik.

예 Przykłady
공부가 끝난 후에 가겠어요.　　Pójdę po skończeniu nauki.

전화한 후에 오세요.

Proszę przyjść po tym, jak Pan zadzwoni.

일한 뒤에 쉬세요.

Proszę odpocząć po pracy.

그것을 들은 다음에 가겠어요.

Wysłucham tego i pójdę.

점심 후에 가겠어요.

Pójdę po obiedzie.

식사 후에 다시 전화하세요.

Proszę zadzwonić znowu po posiłku.

잠시 후에 다시 만납시다.

Spotkamy się znowu za chwilę.

95. Czasowniki nieregularne z "ㅅ"

W niektórych czasownikach zakończonych na "ㅅ", opuszcza się "ㅅ" przed samogłoskami.

예 Przykłady

낫다   polepszyć się   낫+ 았습니다 → 나았습니다
짓다   budować   짓+ 었습니다 → 지었습니다
붓다   nalewać   붓+ 으면 → 부으면

약을 먹어서 나았습니다.

　　　Wziąłem lekarstwo, więc polepszyło mi się.

부어라, 마셔라, 기분 내자.

　　　Nalej, pijmy, niech będzie wesoło.

모르는 단어는 밑줄을 그으세요.

　　　Proszę podkreślić słowa, których nie znacie.

96. Konstrukcja "-아(어, 여) 지다" : "stawać się"

Konstrukcji tej używa się zarówno z czasownikami, jak i z przymiotnikami. Głównie jednak stosuje się ją z przymiotnikami. Wyraża zmianę stanu, przejście w inny stan.

예 Przykłady

날씨가 추워졌어요.	Zrobiło się zimniej.
날씨가 따뜻해집니다.	Robi się cieplej.
나는 바빠졌어요.	Stałem się bardziej zajęty.
그분이 젊어졌어요.	On zrobił się młodszy.
낮이 길어집니다.	Dni robią się dłuższe.
그것이 비싸졌어요.	Podrożało.
한국말이 쉬워집니다.	Koreański stał się łatwiejszy.
그것이 깨졌어요.	Stłukło się.

97. –는 것

Końcówki tej używa się w połączeniu z czasownikami i oznacza ona "fakt zrobienia czegoś". Najczęściej tłumaczymy ją w zdaniu poprzez bezokolicznik.

예 Przykłady

쉬는 것이 제일입니다.	Najlepiej jest odpoczywać.
그분을 도와 주는 것이 좋겠어요.	Lepiej będzie mu pomóc.
빨리 먹는 것이 나빠요.	To źle szybko jeść.
여행하는 것이 어때요?	Jak z podróżowaniem?
그분은 떠드는 것을 싫어해요.	On nie znosi ludzi, którzy hałasują.

98. Mowa zależna. Konstrukcja "–고 하다".

Mowy zależnej używamy do przytoczenia czyjejś oryginalnej wypowiedzi z punktu widzenia nadawcy. Orzeczenie w cudzej wypowiedzi podlega zmianom i zostaje sprowadzone do formy uproszczonej (-ㄴ다, -자, -냐, -(으)라), po której następuje końcówka -고 oraz czasownik pomocniczy. Oto cztery typy zdań użyte w formie zależnej (stosowanie 고 nie jest wymagane).

	Rzeczowniki	Czasowniki	Przymiotniki
oznajmujące	-(이)라고 하다	-는 (ㄴ)다고 하다	- 다고 하다
pytające	-(이)냐고 하다	-(느)냐고 하다	- (으)냐고 하다
rozkazujące	-	- (으) 라고 하다	-
zachęcające	-	- 자고 하다	-

예 Przykłady

그분은 아직 미혼이라고 합니다.　On mówi, że jeszcze się nie ożenił.

사람들이 나보고 날씬하다고 합니다.

　Ludzie mówią, że jestem szczupła.

그 남자는 나에게 취미가 뭐냐고 물었어요.

　Zapytał mnie jakie mam hobby.

시간이 있을 때는 언제든지 놀러 오라고 합니다.

　Powiedział, żebym przyszła kiedykolwiek będę miała czas.

너무 서두르지 말자고 합니다.

　Zaproponował, żebyśmy się nie śpieszyli.

그분이 가르친다고 합니다.　Mówi, że naucza.

누가 가느냐고 묻습니다.　Pyta, kto tam idzie.

그 분이 바쁘다고 합니다.　Mówi, że jest zajęty.

99. -(으)려고

Końcówkę tę przyłącza się do czasowników oznaczających czynność. Wyraża ona intencję.

예 Przykład

서울에 가려고 일찍 일어났어요.

　Wstałem wcześnie, aby wyruszyć do Seulu.

차를 사려고 돈을 빌렸어요.

>Pożyczyłem pieniądze, aby kupić samochód.

이 선물을 친구에게 주려고 샀어요.

>Kupiłem ten prezent, aby podarować go przyjacielowi.

예금을 하려고 은행에 갔어요.

>Poszedłem do banku, aby założyć konto.

여자친구를 만나려고 왔어요.

>Przyszedłem, aby spotkać się z koleżenką.

100. rzeczownik + -와/과 rzeczownik "(i, oraz, z)"

końcówkę -와/과 stosuje się wymiennie z -하고

예 Przykład

책상과 의자	biurko i krzesło
고기와 사과	mięso i jabłko
모자하고 구두	kapelusz i buty

101. -(으)러 가다/오다

Końcówka -(으)러 가다/오다 przyłączana jest do czasowników oznaczających działanie, czynność i wyraża cel, przyczynę.

예 Przykłady

한 잔 하러 갑시다.	Chodźmy czegoś się napić.
점심식사하러 식당에 갔어요.	Poszedłem do restauracji, aby zjeść obiad.
음악회를 보러 국립극장에 갔어요.	Poszłam do Teatru Narodowego na koncert.
영화를 보러 갈까요?	Pójdziemy obejrzeć film?
구경하러 온 사람이 많아요.	Dużo tu zwiedzjących.

102. –(으)려면

Końcówki tej używa się z czasownikami i oznacza ona intencję. Jest to odpowiednik angielskiego "If one intends to do..."

예 Przykłady

그분을 만나려면 오전에 오십시오.　Jeśli chcesz go spotkać, przyjdź przed południem.

살을 빼려면 운동을 하십시오.　Jeśli chcesz schudnąć, ćwicz.

돈을 찾으려면 은행에 가야 해요.　Jeśli chcesz pobrać pieniądze, idź do banku.

물건을 싸게 사려면 시장에 가야 합니다.
　Jeśli chcesz kupić tanio, idź na rynek.

103. –에다가 "w, na, do"

Końcówka rzeczownika –에다가 oznacza umiejscowienie danego przedmiotu. Czasami "–가" jest pomijane.

예 Przykłady

공책에다(가) 쓰세요.　　Proszę zapisać to w notesie.
예금 청구서에다가 액수를 쓰세요.
　　Proszę wpisać sumę do formularza wypłaty.

104. –까지

Sufiks ten oznacza "do", "aż do", odnosi się zarówno do czasu, jak i odległości.

예 Przykłady

어디까지 가십니까?	Jak daleko pan jedzie?
남산까지 갑니다.	Jadę aż do Namsan.
두 시 반까지 집에 오세요.	Przyjdź do domu nie później niż o 2:30.
서울역까지 멀어요?	Czy daleko do dworca seulskiego?

105. -지 말다

-지 말다 jest końcówką czasownika (orzeczenia) i oznacza zakaz, lub odradzanie.

	twierdzenie	negatywny
tryb rozkazujący	-(으)십시오	-지 마십시오
sugestia, rada	-(으)십시다	-지 맙시다

예 Przykład

문을 닫지 마십시오.	Proszę nie zamykać drzwi.
담배를 피우지 마십시오.	Proszę nie palić.
다시 설명하지 마십시오.	Proszę jeszcze raz nie wyjaśniać.
내일 모이지 맙시다.	Nie spotykajmy się jutro.
오늘은 만나지 맙시다.	Nie spotykajmy się dziś.
놀지 맙시다.	Nie traćmy czasu.
택시를 부르지 맙시다.	Nie wołajmy taksÓwki.

106. -들

Końcówka liczby mnogiej -들. Liczbę mnogą rzeczownika tworzy się poprzez dodanie sufiksu 들. Zazwyczaj w języku koreańskim nie tworzy się liczby mnogiej w ten sposób, jeśli wynika ona z kontekstu.

예 Przykłady

나무/나무들	drzewo /drzewa
책/책들	książka/książki
사람/사람들	człowiek/ludzie

1) Końcówka ta może być również dodana do każdego innego słowa w zdaniu, tworząc liczbę mnogą podmiotu.

예 Przykład

저리들 가세요.	Idźcie tędy.
재미있게들 놀았어요.	Dobrze się bawiliśmy.
잘들 먹었어요.	Smakowało nam.
많이들 잡수세요.	Smacznego (wszystkim).
교실에서들 공부해요.	Oni się uczą w klasie.
가지들 마세요.	Nie idźcie.

2) Następujące zaimki mogą być używane zarówno z jak i bez

końcówki -들

우리/우리들	my
저희/저희들	my (forma uniżona)
너희/너희들	wy
여러분 /여러분들	wy (forma honoryfikatywna)

107. -고 말고요 "oczywiście" "to oczywiście"

-고 말고요 używane jest z każdym czasownikiem i wyraża oczywistość.

그녀가 착하고 말고요.   To oczywiście, że ona ma dobre serce.

그가 멋있고 말고요.   Oczywiście, że on jest przystojny.

돈이 있고 말고요.   Oczywiście, że mam pieniądze.

그녀가 예쁘고 말고요.   Oczywiście, że ona jest piękna.

학교에 가고 말고요.   Oczywiście, że pójdę do szkoły.

108. -(으)ㄹ 뻔하다

Końcówka ta oznacza "O mało co", "O mały włos" i wskazuje na uniknięcie jakiegoś zdarzenia.

큰일 날 뻔했어요.   O mały włos stałoby się coś strasznego.

죽을 뻔했어요.   O mało nie umarłam.

그 여자와 결혼할 뻔했어요.   Prawie się z nią ożeniłem.

돈을 잃어버릴 뻔했어요.   Mało brakowało, a straciłabym pieniądze.

거짓말 할 뻔했어요.   Mało brakowało, a skłamałbym.

미국에 갈 뻔했어요.   O mały włos poleciałabym do Stanów Zjednoczonych.

109. -기 때문에 /rzeczownik 때문에 "bo", "ponieważ"

Końcówka ta przyłączana jest do pierwszego zdania i oznacza przyczynę sytuacji zaistniałej w drugim zdaniu.

오늘 수업이 없기 때문에   Nie ma dziś zajęć,

집에서 쉬어요.   więc siedzę w domu.
돈이 모자라기 때문에   Nie kupiłam tego,
그것을 못 샀어요.   bo nie miałam pieniędzy.
돈 때문에 싸웠어요.   Kłóciliśmy się z pcwodu pieniędzy.
시계 때문에 늦었어요.   Spóźniłam się z powodu zegarka.

110. 그러면, 그러나, 그러므로

Używamy w funkcji łącznika zdań.

예 Przykłady

그렇지만	lecz, jednak	그런데	jednakże
그러면	więc, jeśli	그래서	więc, a więc
그리고	i, a potem	그러니까	więc, ponieważ
그러나	ale, jednak	그러므로	dlatego
그래도	mimo wszystko, a jednak, mimo to		

예 Przykłady

그 사람은 마음이 좋습니다.   To bardzo miła osoba.
그러면, 소개해 주세요.   Więc mnie jej przedstaw.

그 사람은 마음이 좋습니다.   On jest bardzo miły.
그러나, 공부는 못해요.   Ale nie ma głowy do nauki.

그 사람은 마음이 좋아요.   To bardzo miły człowiek.
그리고, 잘 생겼어요.   A do tego przystojny.

그 사람은 마음이 좋아요.   On jest bardzo miły.
그러니까, 사귀어 보세요.   Więc się z nim zapoznaj.

그 사람은 마음이 좋아요.   On jest bardzo miły.
그래도, 친구가 없어요.   A mimo to nie ma przyjaciół.

111. Rzeczownik +하고 같이 "z", "razem z", "w towarzystwie". Słowo 같이 jest słowem samodzielnym i oznacza "razem". Może być pominięte, i nie zmieni to znaczenia zdania.

예 Przykłady

친구하고 같이 먹었습니다.	Zjadłem razem z kolegą.
친구하고 먹었습니다.	Zjadłem razem z kolegą.
친구하고 같이 일하겠어요.	Będę pracować z kolegą.
친구하고 일하겠습니다.	Będę pracować z kolegą.
아버지하고 같이 마셨습니다.	Piłem razem z ojcem.
아버지하고 마셨습니다.	Piłem razem z ojcem.

112. -한테서/에게서

Końcówka ta używana jest z rzeczownikami osobowymi i oznacza "od". Obie są całkowicie zamienne.

예 Przykłady

부모님한테서 전화가 자주 와요.	Często dostaję telefony od rodziców.
친구한테서 생일 선물을 받았어요.	Otrzymałam od przyjaciela prezent na urodziny.
선배한테서 책을 빌렸어요.	Dostałem książkę od kolegi z wyższego roku.
한국 사람한테서 초대를 받았어요.	Otrzymałem zaproszenie od Koreańczyków.

1) Z rzeczownikami nieosobowymi używa się końcówki -에서 'Z'.

예 Przykłady

사무실에서 연락을 받았어요.   Otrzymałem wiadomość z biura.

고향에서 좋은 소식이 왔어요.   Otrzymałem dobre wiadomości z rodzinnego miasta.

113. Końcówka ta przyłączana jest do liczebnika lub do klasyfikatora z liczebnikiem.

예 Przykłady

하나씩 잡수세요.   Jedz po jednym.

매일 세 시간씩 일하세요.   Pracuj codziennie po trzy godziny.

학생이 둘씩 와요.   Studenci przychodzą parami.

하루에 세 번씩 먹어요.   Jem trzy razy dziennie.

114. –(으)ㄹ 줄 알다/모르다

"umieć coś robić", "wiedzieć", "wiedzieć jak coś robić".

예 Przykłady

밥을 지을 줄 알아요.   Umiem gotować ryż.

한자를 읽을 줄 알아요.   Znam znaki chińskie.

전화를 걸 줄 알아요.   Umiem korzystać z telefonu.

노래할 줄 알아요.   Umiem śpiewać.

한국말할 줄 알아요.   Umiesz mówić po koreańsku.

타자를 칠 줄 알아요.   Umiem pisać na maszynie.

자동차를 고칠 줄 몰라요.   Nie umiem naprawić samochodu.

115. –(이)라도

Końcówkę tę dodaje się bezpośrednio do rzeczownika lub do innego sufiksu przy rzeczowniku -(이)라도 ozacza brak entuzjazmu przy dokonanym wyborze "niech będzie i tak".

예 Przykłady

버스라도 타고 갑시다.	Jedźmy choćby autobusem.
이것이라도 삽시다.	Kupmy chociaż to.
극장이라도 갑시다.	Chodźmy przynajmniej do teatru.
냉수라도 한 잔 주세요.	Daj mi chociaż trochę zimnej wody.

116. -지 않으면 안 된다

Jest to kombinacja analitycznej formy przeczenia -지 않아요 i końcówki -으면 안되다. Ma ona znaczenie "Jeśli tego nie zrobisz, będzie źle" ("trzeba coś robić")

예 Przykłady

나는 지금 공부하지 않으면 안 된다.	Muszę się teraz uczyć.
친구를 만나지 않으면 안 돼요.	Muszę się spotkać z przyjacielem.
넥타이를 매지 않으면 안 된다.	Czy muszę włożyć krawat?
국민은 세금을 내지 않으면 안 된다.	Obywatele muszą płacić podatki.
나는 그녀를 사랑하지 않으면 안 된다.	Nie mogę jej nie kochać.
직장을 얻지 않으면 안 된다.	Muszę zdobyć pracę.
돈을 벌지 않으면 안 된다.	Muszę zarabiać pieniądze.

117. -기 위해서 /위하여/위해 "dla, aby"

Czynność w zdaniu, do którego przyłączona jest ta końcówka, jest uwarunkowana drugim członem zdania.

예 Przykłady

공부하기 위해서 학교에 다녀요.   Chodzę do szkcły, aby się uczyć.
먹기 위해서 삽니까?   Czy żyjesz, aby jeść?
기분 전환하기 위해서,   Wypijmy jednego,
한 잔 합시다.   dla poprawy nastroju.
건강을 위해, 매일 운동을 합니다.   Codziennie rano gimnastykuję
się dla zdrowia.

118. –(이)나

Końcówka ta w zależności od kontekstu może mieć różne znaczenia.

(1) Rzeczownik + (이)나 "coś w tym rodzaju"

한국말이나 공부합시다.

Pouczmy się koreańskiego albo czegoś w tym rodzaju.

만년필이나 그 비슷한 것을 주세요.

Daj mi pióro albo coś w tym rodzaju

(2) 몇 + rzeczownik + (이)나 "około, w przybliżeniu"

몇 권이나 사셨어요?   Mniej więcej, ile książek kupiłeś?

몇 사람이나 오셨어요?   Jak dużo ludzi przyszło, tak w przybliżeniu?

(3) Liczebnik + rzeczownik + (이)나

맥주를 열 병이나 마셨어요.   Wypiłam jakieś 10 butelek piwa.

벌써 일곱 시나 되었어요.   Już chyba siÓdma.

119. Słówko zależne –행

Słowa tego używa się w zestawieniu z miejscem docelowym podróży.

예 Przykłady

부산행 기차표	Bilet lotniczy do Pusan
마산행 기차표	Bilet kolejowy do Masan
서울행 기차표	Bilet autobusowy do Seulu
동대문행 기차표	Bilet na metro do stacji Tongdaemun

120.– 기도 하다

Końcówka ta przyłączana jest do każdego czasownika. Znaczenie oddaje angielskie "does, or is indeed". W zależności od kontekstu może wyrażać podkreślenie, nacisk na dany czasownik.

예 Przykłady

아이를 돌보고, 안아주기도 했어요.	Pilnowałem dziecka i (od czasu do czasu) obejmowałem je.
때때로 산에 가기도 해요.	Czasami chodzę w góry.
음식이 맵기도 해요.	Ta żywność jest również ostra.
집을 짓기도 했고, 팔기도 했어요.	Zbudowałem ten dom i sprzedałem go.
웃기도 하고 울기도 해요.	Płakałem i śmiałem się jednocześnie.

121. –았(었,였)으면 좋다/하다 "Byłoby wspaniale, gdyby……"

Końcówka ta może być użyta z każdym czasownikiem, wyraża nadzieję, życzenie.

예 Przykłady

날씨가 개었으면 좋겠어요.	Chciałabym, aby pogoda się poprawiła.
한국에 갔으면 좋겠어요.	Chciałabym pojechać do Korei.

한국말을 잘했으면 좋겠어요.　Byłoby wspaniale mówić dobrze po koreańsku.

지금 영화나 봤으면 좋겠어요.　Chciałabym teraz obejrzeć jakiś film.

그분을 만났으면 해요.　Chciałabym go spotkać.

맥주나 한 잔 했으면 해요.　Mam ochotę na szklankę piwa.

그녀를 사랑했으면 해요.　Byłoby cudownie, gdybym mógł ją kochać.

122. Końcówka –만 ("tylko, jedynie, wyłącznie")

Końcówka –만 może być przyłączona prawie do każdego słowa w zdaniu. Odnosi się wówczas do danego słowa, do którego została przyłączona i oznacza wyłączność.

예 Przykład

그분만 배웁니다.　Tylko on się uczy.

한국말만 관심있습니다.　Interesuje mnie wyłącznie język polski.

김치만 맛있습니다.　Smakuje mi tylko Kimch'i.

빨리만 가십시오.　Musimy iść naprawdę szybko.

나는 밤에만 일합니다.　Pracuję tylko w nocy.

123. Zdanie A 아니면/또는 zdanie B.

Wzoru tego używamy, kiedy łączymy dwa zdania. Znaczeniowo odpowiada poskiemu "czy". Czasami 아니면/또는 można opuścić.

예 Przykład

어른표, 아니면 학생표요?　Bilet normalny, czy ulgowy?

그는 공부합니까, 아니면 놉니까?

Czy on się uczy, czy się bawi?

그녀는 예쁩니까, 아니면 예쁘지 않습니까?

Czy ona jest ładna, czy nie?

내일 놉니까, 아니면 안 놉니까?

Przyjdziesz jutro, czy nie przyjdziesz?

식당에 갈 겁니까, 아니면 안 갈 겁니까?

Czy pÓjdziesz do resturacji, czy nie?

사랑합니까? 안 사랑합니까?　Kochasz ją, czy jej nie kochasz?

여자입니까? 남자입니까?　Czy to jest kobieta, czy mężczyzna?

지금 비가 옵니까? 안 옵니까?　Pada, czy nie pada?

124. -자(마자)

Forma ta wskazuje nam, że jak tylko czynność wyrażona w pierwszym zdaniu zakończy się, nastąpi po niej czynność wyrażona w zdaniu drugim.

Czasami -자마자 używa się w skróconej formie -자.

예 Przykłady

피곤해서 자리에 눕자마자 잠이 들었어요.

　Ponieważ byłem zmęczony, jak tylko położyłem się, zasnąłem.

도착하자마자 잘 도착했다고 연락을 했더군요.

　Jak tylko dotarł na miejsce, zadzwonił, że dojechał zczęśliwie.

바람이 불자마자 꽃이 떨어졌어요.

　Jak tylko powiał wiatr, opadły kwiaty.

시험이 끝나자마자 여행을 떠났어요.

　Jak tylko skończyły się egzaminy, wyruszyłem w podróż.

우리는 만나자마자 싸웠어요.

　Jak tylko spotkaliśmy się, zaraz się kłóciliśmy.

결혼하자마자 헤어졌어요.

　Jak tylko pobraliśmy się, zaraz się rozstaliśmy.

125. -(이)든지

Forma ta przyłączana jest do pytajników, którym nadaje znaczenie "nieważne jak/kiedy/co"itd., co tłumaczymy jakc "kiedykolwiek, jakikolwiek".

Z innymi rzeczownikami nadaje znaczenie " jeden z co najmniej dwóch możliwych wyborów, lecz nieważne, który".

예 Przykład
언제든지 좋아요.
Kiedykolwiek (to będzie), będzie dobrze.
누구든지 괜찮아요
Ktokolwiek (to będzie), będzie w porządku.
어디든지 같이 갑시다.   Chodźmy dokądkolwiek.
돈만 있으면 어디든지 갈 수 있어요.
Gdybym miał pieniądze, pojechałbym gdziekolwiek.
모르는 것이 있으면 뭐든지 물어 보세요.
Jeśli jest coś, czego nie wiesz, pytaj mnie o cokolwiek.
사과든지 배든지 한 가지만 사세요.
Kup tylko jeden rodzaj, nieważne, czy to będą jabłka, czy gruszki.

126. -(으)ㄴ지

Forma ta wskazuje na odstęp czasu, który upłynął od określonego momentu w przeszłości aż do momentu obecnego. Polskim odpowiednikiem jest "minęło (tyle a tyle) odkąd......", "od czasu, kiedy ...."

예 Przykład
결혼한 지 일 년 되었어요.   Minął rok, odkąd się pobraliśmy.

영화를 본 지 다섯 달 되었어요.
 Od czasu, kiedy oglądałem ten film, minęło pięć miesięcy.
편지를 받은 지가 보름 되었어요.
 Od czasu, kiedy dostałem list, minęło piętnaście dni.
그가 나간 지 삼십 분쯤 된 것 같아요.
 Wydaje mi się, że minęło trzydzieści minut, odkąd on wyszedł.
아내를 본 지 오래 되었어요.
 Minęło bardzo długo, od czasu, kiedy widziałem swoją żonę.
한국에 온 지 석 달 되었어요.
 Minęły trzy miesiące, odkąd przyjechałem do Korei.

127.-처럼

Partykuła −처럼, poprzedzana rzeczownikiem określa, że coś jest identyczne w jakości, lub określa stan rzeczownika.

예 Przykład

내 집처럼 좋은 곳은 없어요.	Nie ma lepszego miejsca, niż dom.
세월처럼 빠른 것은 없어요.	Nic nie mija tak szybko, jak czas.
한국어처럼 재미있는 것은 없어요.	Nie ma ciekawszego języka, niż koreański.
너처럼 나도 잘 할 수 있다.	Ja też mogę zrobić to tak jak ty.
한 가족처럼 같이 살아요.	Żyjemy razem tak jak jedna rodzina.

128. −(으)ㄹ 무렵

Formy tej używamy w znaczeniu " mniej więcej wtedy, kiedy......", "około" w języku polskim.

Czasami 무렵 przyłączane jest do rzeczowników określających czas.

> 동틀 무렵에 해변가에 나가 보세요.
>> Proszę spróbować pójść na plażę około wschodu słońca.
> 내가 대학에 들어갈 무렵 전쟁이 끝났어요.
>> Wojna skończyła się mniej więcej wtedy, kiedy zdawałem na uniwersytet.
> 새벽에 나간 사람이 해질 무렵에 돌아왔어요.
>> Wyszedł o świcie i wrócił około zachodu słońca.
> 퇴근 시간 무렵에 만납시다.
>> Spotykajmy się mniej więcej wtedy, kiedy kończą się godziny pracy.
> 점심 시간 무렵에 만납시다.
>> Chodźmy razem mniej więcej w porze obiadu.

129. -의

Partykuła ta wskazuje nam na formę dzierżawczą. Pierwszy rzeczownik z partykułą określa drugi rzeczownik. W mowie potocznej forma dzierżawcza -의 jest zwykle opuszczana.

친구(의) 책	książka przyjaciela
사업(의) 친구	przyjaciel w interesach
선생님(의) 연구실	biuro nauczyciela
여자(의) 친구	przyjaciel dziewczyny
우리(의) 학교	nasza szkoła

130. Liczebniki (dni)

Liczebniki do okreslami dni są następujące.

하루	jeden dzień	열하루	jednaście dni	내일	jutro
이틀	dwa dni	열이틀	dwanaście dni	오늘	dzisiaj
사흘	trzy dni	...		모레	pojutrze
나흘	cztery dni	...		글피	popojutrze
닷새	pięć dni	열닷새		어제	wczoraj
엿새	sześć dni	...		그저께	przedwczoraj
이레	siedem dni	...		그그저께	dwa dni temu
여드레	osiem dni			삼일전	trzy dni temu
아흐레	dziewięć dni			삼일후	za trzy dni
열흘	dziesięć dni			스무날	dwadzieścia dni

131. -ㅎ Przymotniki nieregularne.

Niektóre przymiotniki posiadające w zakończeniu spółgłoskę -ㅎ, są nieregularne.

예 Przykład

빨갛다	빨갛 + ㄴ → 빨간	być czerwonym
노랗다	노랑 + ㄴ → 노란	być żółtym
까맣다	까맣 + ㄴ → 까만	być czarnym
파랗다	파랑 + ㄴ → 파란	być niebieskim
하얗다	하얗 + ㄴ → 하얀	być białym
그렇다	그렇 + ㄴ → 그런	być takim
어떻다	어떻 + ㄴ → 어떤	jak, jaki
이렇다	이렇 + ㄴ → 이런	być takim

132. -게

Końcówka ta jest przyłączana do tematu przymiotnika, tworząc w ten sposób formę przysłówkową.

예 Przykład

옷을 싸게 샀어요.	Kupiłem tanio ubrania.
주말을 즐겁게 지내세요.	Spędziłem przyjemnie weekend.
이것을 예쁘게 싸 주세요.	Proszę to ładnie opakować.
설명을 간단하게 하세요.	Proszę wytłumaczyć to prosto.
손님을 친절하게 대해요.	Przyjmij gości miło.

133. -말이다

Jest to kombinacja słowa 말 "język, mowa i spójki" 이다, przyłączanej do rzeczowników i fraz. Używana jest w pytaniu, gdy chcemy upewnić się o czym mówi drugi rozmówca, lub w zdaniu twierdzącym dla podkreślenia czegoś.

예 Przykład

그 여자 참 멋있어요.	Ona jest naprawdę elegancka.
누구 말입니까?	O kim mówisz?
김 양 말입니다.	Mam na myśli panią Kim.
에바가 한국에 갑니다.	Ewa jedzie do Korei.
언제 말입니까?	Kiedy?
내일 말입니다.	Jutro.

134. -(으)ㄹ 예정이다.

Wyrażenie -(으)ㄹ 예정이다 wskazuje na zamiary rozmówcy, plany lub intencje. Sufiks (으)ㄹ zawsze wskazuje, że jest to czas przyszły.

예 Przykład

그분을 방문할 예정이다.	Zamierzam go odwiedzić.
수출할 예정이다.	Planujemy eksportować papierosy.
어디서 여행할 예정입니까?	Gdzie zamierzacie podróżować?
내일 여행할 예정입니다.	Jutro planuję podróż.

135. -(으)ㄹ 뿐(이다)

Wyrażenie to oznacza "nie robić nic innego jak ; nie być niczym innym, jak....." ; "tylko".

예 Przykłady

그분은 계획을 세웠을 뿐이다.	On tylko planuje.
나는 다만 거기에 갈 뿐이다.	Idę tylko tam.
그 사람은 듣기만 할 뿐, 아무 말도 안했어요.	On tylko słuchał i nic nie mówił.
어제는 기분이 안 좋았을 뿐입니다.	Wczoraj miałem tylko zły nastrój.
내가 아는 사람은 이 사람 뿐입니다.	To jedyna osoba, jaką znam.
그분이 읽는 책은 잡지뿐입니다.	Z książek, to on czyta tylko czasopisma.

136. -(으)ㄹ 뿐만 아니라

Wyrażenie to tłumaczy się jako "nie tylko, lecz również"

예 Przykład

오늘은 날씨가 추울 뿐만 아니라 눈도 왔어요.
  Nie tylko było zimno, ale również padał śnieg.
그 친구는 공부도 잘 할 뿐만 아니라 성격도 좋아요.
  Ten przyjaciel nie tylko dobrze się uczy, ale ma również dobry charakter.

단어색인
문법색인

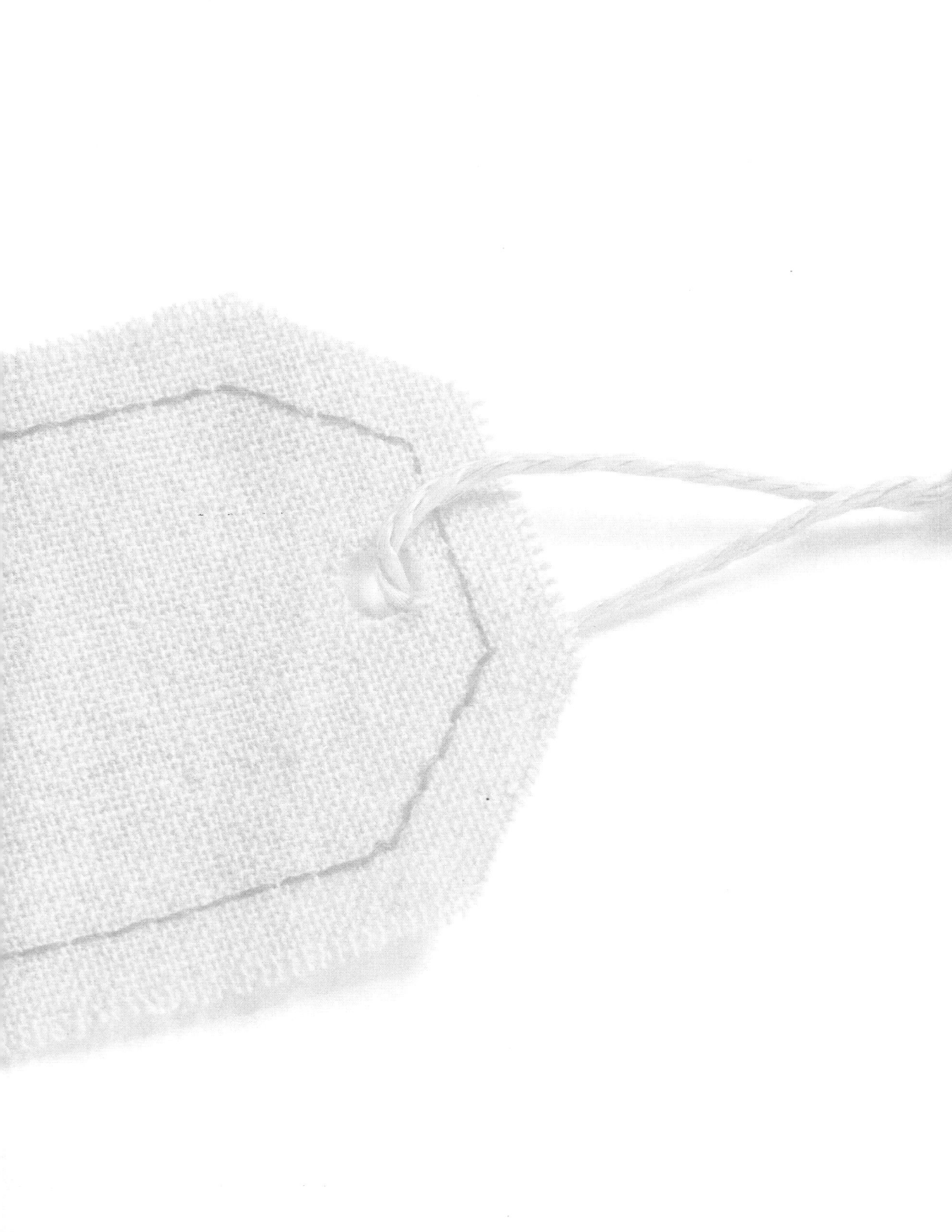

단어색인

배경제시 116
배타적 43
범주 13, 17, 33, 35, 42, 59, 62, 63,
        64, 84, 94, 95, 96, 486
변이형태 230
보격조사 18, 21, 55
보유조동사 62, 64
보조사 16, 17, 34, 41, 42, 43, 44,
        45, 46, 47, 48, 49, 50, 51,
        52, 53, 54, 55
보조용언 6, 57, 61, 62, 63, 64, 65,
        66, 67, 68, 69, 71, 75, 77,
        80, 82, 83, 84, 85, 89, 484,
        485, 486, 487
복문 112, 113
본동사 65, 66, 67, 68, 69, 70, 72,
        73, 75, 77, 78, 80, 83, 84,
        89, 90
봉사조동사 62, 64
부담제거 72, 73, 75, 90
부사 13, 18, 21, 22, 25, 34, 36, 38,
        39, 40, 41, 42, 43, 45, 46,
        47, 53, 54, 59, 73, 78, 485
부사격조사 18, 25, 26, 34, 54, 487
부정문 99, 100, 101
부정법 63, 73, 99, 101, 123
부정보조형용사 63
부정서술어 44, 45, 53
부정조동사 62, 63, 64
불규칙형 97
비격식체 51
비교격조사 34
비대립 141, 142
비변별적 142
비성절음 143, 160
비음 139, 140, 149, 160, 170
비존대어 98
빈도수 112, 122, 124

ㅅ

ㅅ 첨가 156
사동법 63, 101, 103, 105, 123, 124
사동조동사 62, 63
사동접미사 104
사성 133

상관속 140, 160
상승 136
상태동사 66, 69
상태보조형용사 63
상황 49, 52, 53, 73, 75, 93, 117,
        118, 127, 238
생략 20, 21, 23, 24, 25, 31, 39, 40,
        56, 72, 118, 133, 143
생략구조 117
서술격조사 18, 56
서술문 111
서술절 21, 22
선천적 129
선행모음 196, 216, 218
선행명사 17, 18, 22, 35, 36, 41, 42
선행문 115, 117, 119
성문음 139, 140
성조 17, 133, 228
세망족 228
소주어 55
손등 229, 230, 231
손짓 227
수단 31, 32, 33, 40
수사 13, 59
수의적 217, 219
수준별 92, 93, 95, 122, 123
순치음 139, 140
습득 15, 28, 29, 61, 92, 93, 98, 101,
        127, 128, 129, 143, 160
시상 106
시인보조형용사 63
시인조동사 62, 63
시제 13, 59, 105, 106, 107, 108,
        109, 114, 124, 484
시행조동사 62, 64
신정보 43, 44
실용문법 12, 57, 92, 93, 94, 95, 123
실용적 12, 58
쌍자음 171

ㅇ

아랍어 129
안울림소리 170
양성모음 97, 114, 197
양순음 139, 140

색인 479

문법색인

간노 히로오미(1991), "일본인을 위한 한국어 교재개발과 교수방법", 교육 한글 제4호.

강춘원(1994), 「you can speak Korean」, Hollym.

강현화 외(2003), 「대조분석론-한국어·스페인어 문형 대조를 바탕으로」, 역락.

강홍구(1994), "현대 국어의 보조동사 연구", 「웅진 언어학」4호, 웅진 어문학회.

강홍구(1999), "국어 보조동사의 통사·의미론적 연구", 충남대 박사학위 논문.

고영근(1970), "특수조사의 의미분석 -'까지, 마저, 조차'- 를 중심으로", 「문법연구」3, 광문사, 7~22쪽.

고영근(1987), "서법과 양태의 상관관계", 「국어학」신연구Ⅰ, 탑출판사.

국립국어연구원 편(2000), 한국어 연수교재, 국립국어연구원.

국립국어연구원(2000), 「표준국어 대사전」, 두산동아.

권순구(2004), "국어 보조용언 연구", 충남대 대학원 석사학위 논문.

김기혁(1983), "보조동사의 생산성", 「연세어문학」16.

김기혁(1987), "국어 보조동사 연구", 연세대학교 박사학위 논문.

김명희(1984), "국어 동사구조에 나타나는 의미관계 연구", 이화여대 박사학위 논문.

김미영(1989), 「국어 용언의 접어화」, 한국문화사.

김병원(1988), "외국어로서의 한국어 교육원리, 일본에서의 한국어 교육", 이중언어학회.

김석득(1986), "도움 풀이씨의 형태, 통어적 차원", 「말」11, 연세대 한국어학당.

김성화(2003), 「국어의 상 연구」, 한신문화사.

김승곤(1996), 「현대나라말본」, 박이정.

김영기(1991), "외국어로서의 한국어 교육", 교육한글 제 4호, 한글학회.

김영란(2009), 「한·중 공간 감각어의 다의구조연구 - 한국어에 대한 중국어 대응표현을 중심으로-」, 경북대학교대학원 박사학위논문.

김영석(1991), 「영어음운론」, 한신문화사.

김영태(2002), 「현대국어 보조용언 연구」, 문창사.

김용석(1983), "한국어의 보조동사 연구", 「배달말」8, 배달말학회.

김유정(1998), 「외국어로서의 한국어문법교육」, 「한국어교육」9-1, 국제한국어교육학회, 135~151쪽.

김재욱(2003), "외국어로서의 한국어 문법 교육", 「이중언어학회」22호, 이중언어학회, 163~180쪽.

김정숙(2002), 「한국어표준문법」, 국립국어연구원.

김충배(1991), 「영어 교육론」, 한신문화사.

김흥규(1986), 「한국어1」, 고려대 민족문화연구소.

김지은(1998), 「우리말 양태용언 연구」, 한신문화사.

김차균(1993), 「우리말의 음운」, 태학사.

남기심(1981), 국어문법의 시제 문제에 관한 연구, 탑출판사.

남기심(1989), "접속어미와 부사형 어미", 「말」10, 연세대 한국어학당

남기심(1993), 「국어조사의 용법'-에'와 '-로'를 중심으로」, 서광학술자료사.

남기심, 고영근(1989), 「표준국어문법론」, 탑출판사.

남기심, 고영근(1998), 표준국어문법론, 탑출판사.

남기심 외(2007), 「외국인을 위한 한국어교육의 방법과 실제」, 한국방송통신대 출판부.

류목상(1980), "국어의 보조서술어에 관한 연구", 남광우 박사 회갑기념 논총, 일조각.

민현식(1993), "현대 국어 보조용언 처리의 재검토", 「어문논집」3, 숙명여자대학교.

민현식 외(2005), 「한국어 교육론2」, 한국문화사.

박선옥(2002), "국어 보조동사 연구", 중앙대 박사학위 논문.

박숙자 외(2006), 「간명 한국어 어법」, 중국우반출판사.

박영순(2001), 외국어로서의 한국어교육론, 월인.

방송통신대 평생교육원 편(2005), 「외국어로서의 한국어학」, 방송통신디출판부.

백봉자(1987), "교포 2세와 한국어 쓰기 교육", 이중언어학회.

백봉자(1998), "한국어 교수법", 제2회 국외 한국어 교사 연수회, 한글학회.

백봉자(2002), 「외국어로서의 한국어문법사전」, 연세대학교 출판부.

서정수(2002), 「외국어로서의 한국어 교육을 위한 새 문법 체계」, 「외국어로서의 한국어 교육」 27, 연세대학교 한국어학당.

서정수(1980), "보조용언에 관한 연구", 「한양어문연구」2, 한양대학교.

서정수(1994), 국어문법, 뿌리 깊은 나무.

서정수(1996), 「현대 한국어 문법 연구의 개관」, 한국문화사.

성광수(1974), 「국어조사에 대한 연구」, 형설출판사.

성광수(1976), "국어의 간접피동에 대하여", 「문법연구」3, 문법학회.

성광수(1999), 「격표현과 조사의 의미」, 월인.

성기철(1997), "보조조사 '까지,조차,마저'의 의미 특성", 「한국어 교육」8-2, 국제한국어교육학회.

성진선(2002), 외국인을 위한 한국어 교육의 연구, 창원대 대학원 석사학위논문.

손세모돌(1991), "보조동사 '주다'의 결합제약과 의미", 「한국학논집」19, 한양한국학연구소.

손세모돌(1993), "국어 보조용언에 대한 연구", 한양대 박사학위 논문.

손세모돌(1996), 「국어 보조용언 연구」, 한국문화사.

송 민(1988), "일본어권에서의 한국어 교수 대비책, 일본에서의 한국어 교육", 이중언어학회.

송철의(1993), "자음의 발음", 새국어생활 제 3권 제 1호, 국립국어연구원.

신동수(1990), 「영어와 한국어의 음운체계의 대조분석」, 강원대 석사학위논문.

안명철(1983), "현대 한국어 양상 연구", 「국어연구」56, 서울대.

연변 과기대 편(2001), 한국어 교육의 과제와 발전 방향, 제5회 연토회.

연세대 한국어학당 편(1996), 한국어 1~6, 연세대 출판부.

우인혜(1992), "용언 '지다'의 의미와 기본기능", 「말」17, 연세대 한국어학당

우인혜(1997), 우리말 피동연구, 한국문화사.

우인혜 외(2005), 「쉬운 한국어 문법」, 한국문화사.

우형식(1986), "지각동사 '보다'의 경험과 추정", 「연세어문학」 19, 연세대.

우형식(2003), 「학습활동을 겸한 한국어문법론」,부산외국어대학교 출판부.

우형식(2006), "한국어 문법교육과 덩이 형태", 「한국어 문법교육의 방법과 실제」, 한국어교육연구회.

유영길(1995), "국어 보조동사 연구", 한국 외국어 대학원 석사학위 논문.

윤재원(1989), 「국어 보조조사의 담화 분석적 연구」, 형설출판사.

이기동(1976), "조동사 '지다', '놓다', '주다'의 의미 연구", 「한글」 161호-166호, 한글학회.

이기동(1977), "동사 '오다', '가다'의 의미 분석", 「말」 2, 연세대 한국어학당.

이기동(1978), "조동사 '지다'의 의미 연구", 「한글」 161, 한글학회.

이기동(1979), "진행형, '-고 있다'의 의미", 「건국대학보」81

이관규(1986), "국어 보조동사 연구", 고려대 박사학위 논문.

이관규(1999), 「학교문법론」, 월인.

이관규 외(2006), 「문법을 어떻게 가르칠 것인가?」, 한국문화사.

이금희(1996), "현대 국어 보조동사 연구", 성균관대 석사학위 논문.

이대규(1998), 외국인을 위한 한국어 교재의 분석 및 평가, 부산대 교육대학원.

이미혜(2002), "한국어 문법교육에서 '표현항목' 설정에 대한 연구, 「한국어 교육」 13-2, 국제 한국어 교육학회.

이병운(1998), 외국어로서의 한국어 조사교육, 부산대 교육대학원.

이상복(1986), "보조동사 '보다'의 의미-통사론적 고찰", 「국어학 신연구」 I , 탑출판사.

이승재(1993), "모음의 발음", 새국어 생활, 제 3권 제 1호, 국립국어연구원.

이익섭(1992), 「국어 표기법 연구」, 서울대 출판부.

이정택(1988), '-고'와 공존하는 도움 풀이씨 연구", 「한글」200, 한글학회.

이주행(1976), "국어 조동사의 연구", 「한국 국어 교육 연구회 논문집」 11.

이춘근(2002), 문법교육론, 이회.

이필영(1993), 국어의 인용구문 연구, 탑출판사.

이호영(1996), 「국어음성학」, 태학사.

이현복(1989), 「한국어의 표준발음」, 교육과학사.

임지룡(1997), 「인지의미론」, 탑출판사.

임호빈 외 2인(1997), 「외국인을 위한 한국어문법」, 연세대학교 출판부.

임호빈 외 2인(1999), Korean Grammar for International Learners, 연세대 출판부.

장경희(1986), 현대국어의 양태범주 연구, 부산대 교육대학원.

전상범(1988), 「영어 음성학」, 을유문화사.

전수태(1987), 「국어 이동동사의 의미 연구」, 유신문화사.

정언학(2002), "중세국어 보조용언 연구", 서강대학교 박사학위 논문.

정정덕(1983), "국어 보조용언 연구", 「논문집」 5-2, 마산대학교.

정정덕(1986), "국어 접속어미의 의미·통사론적 연구", 한양대 박사학위 논문.

정정덕(1999), 「Practical Korean」, 창원대 출판부.

정정덕(2003), "외국인을 위한 한국어 교수법", 제5회 연토회, 중국연변 과학기술대학.

정정덕(2003), "외국인을 위한 한국어 문법교육1", 「인문논총」10집, 창원대인문과학연구소.

정정덕(2003), 无師自通韓國語, 外語敎学 研究出版社(北京).

정정덕(2003), Practical Korean for Foreigners, 창원대 출판부.

정정덕(2005), "언어권별 한국어 교수법", 「사림어문연구」15집, 사림어둔학회

정정덕(2007), 「혼자 공부하는 한국어」, 중국외연사.

차욱승 외(2006), 「신편 한국어 실용어법」, 중국외연사.

차현실(1983), "보조용언의 인식양상 I ", 「논문집」 13, 경기대학교.

채완(1977), 「현대국어 특수조사 연구」, 「국어연구」39.

최길시(1998), 「한국어 교육의 실제」, 태학사.

최현배(1937), 「우리말본」, 정음사.

한국어사전 편찬회편(1995), 「국어대사전」, 이숭녕 외 4명, 학문당.

한국어세계화추진위원회 편(2003), 국외 한국어 교육 자료의 실태 및 개발방향, 제4차 한국어
        세계화 국제 학술대회.

한재영 외(2005), 「한국어 교수법」, 태학사.

한재영 외 5인(2008), 「한국어 문법교육」, 태학사.

허   웅(1983), 「국어학」, 샘문화사.

허   용(1999), "조사", 「외국인을 위한 한국어 교육의 방법과 실제」, 방송통신대 출판부.

허   용(2001), 「부사격조사에 대한 한국어 교육학적 접근」, 「이중언어학」제19호, 이중언어학
        회, 365~390쪽.

허   용 외 6인(2005), 「외국어로서의 한국어 교육학 개론」, 박이정.

허   웅(1983), 국어학, 샘문화사.

허   웅(1985), 「국어 음운학」, 샘문화사.

허철구(1991), "국어의 보조동사 연구", 한국어연구회.

호광수(2002), 「국어 보조용언 구성 연구」, 역락.

홍사만(1983), 「국어특수조사론」, 학문사.

홍은표(1990), "격조사", 국어교육 어디까지 왔나, 동아출판사.

Harmar, J.(1987), Teaching and Learning Grammar, Longman.

J, Schacher(1974), "An Error in Error Analysis", language learning 24.00

Keedong Lee(1993), A Korean Grammar on Semantic-Pragmatic Principle, 한국문화사.

P, Ladefode(1995), 「음성학입문」, 한신문화사.

저자 소개

정정덕 鄭政德

학력

연세대 국어국문학과 졸업
연세대 교육대학원 교육학석사
한양대 대학원 문학박사

경력
- 창원대 어학교육원장, 기획처장, 교수회의장,
  교무처장, 경남주부대학 학장,
  한국어교육연구회 회장역임
- 폴란드 바르샤바대학과 중국 북경외국어대학 정부 파견교수
- 창원대학교 인문대학 국어국문학과 교수, 국제교류원장
- 현재 대학원, 교육대학원 원장

저서
- 『언어와 인간(언어학개론)』
- 『말・사랑・삶(교양언어학)』
- 『ROZMÓWKI KOREAŃSKIE』
- 『Practical Korean』
- 『Practical Korean for Foreigners』
- 『無師自通韓國語』
- 『Korean for Foreign Students』
- 『운남성 소수민족의 언어와 문자』 역서
- 『韓國语语音入门』

논문
- "한국어 합성어의 구문적 연구"
  〈석사학위논문〉
- "국어접속어미의 의미・통사론적 연구"
  〈박사학위논문〉
- 그 외 40 여편

언어권별 한국어 문법교육

초판 인쇄│2011년 7월 13일
초판 발행│2011년 7월 19일

저　　자 정정덕

책임편집 홍선아

발 행 처 도서출판 지식과 교양
등　　록 제2010-19호
주　　소 132-908 서울시 도봉구 창5동 320번지 행정지원센터 B104호
전　　화 02-900-4520 / 02-900-4521
팩　　스 02-900-1541
전자우편 kncbook@hanmail.net

ISBN 978-89-94955-30-8 93710　　　　　　　정가 33,000원

이 도서의 국립중앙도서관 출판도서목록(CIP)은 e-CIP홈페이지(http://www.nl.go.kr/ecip)에서
이용하실 수 있습니다. (CIP제어번호: CIP2011002842)